企业清算重整兼并重组工具用书

中国企业清算重整与兼并重组财税政策汇编

主编　王辉

参编　何贵昌　贾赛赛　周闻宇

陈燕旋　赵继平　王育柳

彭诗岚　张　莹　赵　倩

法律出版社 LAW PRESS·CHINA

出 版 说 明

企业清算、重整与兼并重组涉及财税事项广泛、财税关系复杂，有关财税法规和政策性文件繁多。深圳市卓效清算事务有限公司长期担任大型企业清算、重整管理人和兼并重组顾问，积累了丰富的财税经验。为方便有关人士研究和正确运用财税政策，高效推进企业清算、重整与兼并重组工作，我们编辑了这本《中国企业清算重整与兼并重组财税政策汇编》。

本书收录的财税政策均经执业多年的注册会计师和律师精心选辑。全书共分三编：

第一编，财务。收录《中华人民共和国会计法》及中央财税部门关于企业清算、重整与兼并重组审计、财务核算和财务管理等方面的法规和政策性文件。

第二编，税务。收录《中华人民共和国企业所得税法》及中央财税部门关于企业清算、重整与兼并重组方面的税收法规和政策性文件，分企业所得税、增值税、土地增值税、出口退税、契税、个人所得税以及涉税批复7个部分。

第三编，地方财税。收录北京、上海、广东、江苏、浙江、湖南和安徽等20余个地方的财税政策性文件。

本书出版得到了深圳市中级人民法院公司清算和破产审判庭慈云西庭长的大力支持，在此表示感谢。专题编辑企业清算、重整与兼并重组方面的财税政策法规，全国尚无先例。因视野和经验所限，本书或有疏漏，敬请读者提出宝贵意见，以便再版时修正。

编者

2019年2月

目　　录

第一编　财　　务

第二编 税 务

一、企业所得税

二、增值税

七、涉税批复

第三编　地方财税

北京

上海

广东

安徽

第一编　财　　务

中华人民共和国会计法

(1985年1月21日第六届全国人民代表大会常务委员会第九次会议通过根据1993年12月29日第八届全国人民代表大会常务委员会第五次会议《关于修改〈中华人民共和国会计法〉的决定》第一次修正　1999年10月31日第九届全国人民代表大会常务委员会第十二次会议修订根据2017年11月4日第十二届全国人民代表大会常务委员会第三十次会议《关于修改〈中华人民共和国会计法〉等十一部法律的决定》第二次修正)

第一章　总　　则

第一条　为了规范会计行为,保证会计资料真实、完整,加强经济管理和财务管理,提高经济效益,维护社会主义市场经济秩序,制定本法。

第二条　国家机关、社会团体、公司、企业、事业单位和其他组织(以下统称单位)必须依照本法办理会计事务。

第三条　各单位必须依法设置会计帐簿,并保证其真实、完整。

第四条　单位负责人对本单位的会计工作和会计资料的真实性、完整性负责。

第五条　会计机构、会计人员依照本法规定进行会计核算,实行会计监督。

任何单位或者个人不得以任何方式授意、指使、强令会计机构、会计人员伪造、变造会计凭证、会计帐簿和其他会计资料,提供虚假财务会计报告。

任何单位或者个人不得对依法履行职责、抵制违反本法规定行为的会计人员实行打击报复。

第六条　对认真执行本法,忠于职守,坚持原则,做出显著成绩的会计人员,给予精神的或者物质的奖励。

第七条　国务院财政部门主管全国的会计工作。

县级以上地方各级人民政府财政部门管理本行政区域内的会计工作。

第八条　国家实行统一的会计制度。国家统一的会计制度由国务院财政部门根据本法制定并公布。

国务院有关部门可以依照本法和国家统一的会计制度制定对会计核算和会计监督有特殊要求的行业实施国家统一的会计制度的具体办法或者补充规定,报国务院财政部门审核批准。

中国人民解放军总后勤部可以依照本法和国家统一的会计制度制定军队实施国家统一的会计制度的具体办法,报国务院财政部门备案。

第二章　会 计 核 算

第九条　各单位必须根据实际发生的经济业务事项进行会计核算,填制会计凭证,登记会计帐簿,编制财务会计报告。

任何单位不得以虚假的经济业务事项或者资料进行会计核算。

第十条　下列经济业务事项,应当办理会计手续,进行会计核算:

(一)款项和有价证券的收付;

(二)财物的收发、增减和使用;

（三）债权债务的发生和结算；

（四）资本、基金的增减；

（五）收入、支出、费用、成本的计算；

（六）财务成果的计算和处理；

（七）需要办理会计手续、进行会计核算的其他事项。

第十一条 会计年度自公历1月1日起至12月31日止。

第十二条 会计核算以人民币为记帐本位币。

业务收支以人民币以外的货币为主的单位，可以选定其中一种货币作为记帐本位币，但是编报的财务会计报告应当折算为人民币。

第十三条 会计凭证、会计帐簿、财务会计报告和其他会计资料，必须符合国家统一的会计制度的规定。

使用电子计算机进行会计核算的，其软件及其生成的会计凭证、会计帐簿、财务会计报告和其他会计资料，也必须符合国家统一的会计制度的规定。

任何单位和个人不得伪造、变造会计凭证、会计帐簿及其他会计资料，不得提供虚假的财务会计报告。

第十四条 会计凭证包括原始凭证和记帐凭证。

办理本法第十条所列的经济业务事项，必须填制或者取得原始凭证并及时送交会计机构。

会计机构、会计人员必须按照国家统一的会计制度的规定对原始凭证进行审核，对不真实、不合法的原始凭证有权不予接受，并向单位负责人报告；对记载不准确、不完整的原始凭证予以退回，并要求按照国家统一的会计制度的规定更正、补充。

原始凭证记载的各项内容均不得涂改；原始凭证有错误的，应当由出具单位重开或者更正，更正处应当加盖出具单位印章。原始凭证金额有错误的，应当由出具单位重开，不得在原始凭证上更正。

记帐凭证应当根据经过审核的原始凭证及有关资料编制。

第十五条 会计帐簿登记，必须以经过审核的会计凭证为依据，并符合有关法律、行政法规和国家统一的会计制度的规定。会计帐簿包括总帐、明细帐、日记帐和其他辅助性帐簿。

会计帐簿应当按照连续编号的页码顺序登记。会计帐簿记录发生错误或者隔页、缺号、跳行的，应当按照国家统一的会计制度规定的方法更正，并由会计人员和会计机构负责人（会计主管人员）在更正处盖章。

使用电子计算机进行会计核算的，其会计帐簿的登记、更正，应当符合国家统一的会计制度的规定。

第十六条 各单位发生的各项经济业务事项应当在依法设置的会计帐簿上统一登记、核算，不得违反本法和国家统一的会计制度的规定私设会计帐簿登记、核算。

第十七条 各单位应当定期将会计帐簿记录与实物、款项及有关资料相互核对，保证会计帐簿记录与实物及款项的实有数额相符、会计帐簿记录与会计凭证的有关内容相符、会计帐簿之间相对应的记录相符、会计帐簿记录与会计报表的有关内容相符。

第十八条 各单位采用的会计处理方法，前后各期应当一致，不得随意变更；确有必要变更的，应当按照国家统一的会计制度的规定变更，并将变更的原因、情况及影响在财务会计报告中说明。

第十九条 单位提供的担保、未决诉讼等或有事项，应当按照国家统一的会计制度的规定，在财务会计报告中予以说明。

第二十条 财务会计报告应当根据经过审核的会计帐簿记录和有关资料编制，并符合本法和国家统一的会计制度关于财务会计报告的编制要求、提供对象和提供期限的规定；其他法律、行政法规另有规定的，从其规定。

财务会计报告由会计报表、会计报表附注和财务情况说明书组成。向不同的会计资料使用者提供的财务会计报告，其编制依据应当一致。有关法律、行政法规规定会计报表、会计报表附注和财务情况说明书须经注册会计师审计的，注册会计师及其所在的会计师事务所出具的审计报告应当随同财务会计报告一并提供。

第二十一条 财务会计报告应当由单位负责人和主管会计工作的负责人、会计机构负责人（会计主管人员）签名并盖章；设置总会计师的单位，还须由总会计师签名并盖章。

单位负责人应当保证财务会计报告真实、完整。

第二十二条 会计记录的文字应当使用中文。在民族自治地方，会计记录可以同时使用当地通用的一种民族文字。在中华人民共和国境内的外商投资企业、外国企业和其他外国组织的会计记录可以同时使用一种外国文字。

第二十三条 各单位对会计凭证、会计帐簿、财务会计报告和其他会计资料应当建立档案，妥善保管。会计档案的保管期限和销毁办法，由国务院财政部门会同有关部门制定。

第三章 公司、企业会计核算的特别规定

第二十四条 公司、企业进行会计核算，除应当遵守本法第二章的规定外，还应当遵守本章规定。

第二十五条 公司、企业必须根据实际发生的经济业务事项，按照国家统一的会计制度的规定确认、计量和记录资产、负债、所有者权益、收入、费用、成本和利润。

第二十六条 公司、企业进行会计核算不得有下列行为：

（一）随意改变资产、负债、所有者权益的确认标准或者计量方法，虚列、多列、不列或者少列资产、负债、所有者权益；

（二）虚列或者隐瞒收入，推迟或者提前确认收入；

（三）随意改变费用、成本的确认标准或者计量方法，虚列、多列、不列或者少列费用、成本；

（四）随意调整利润的计算、分配方法，编造虚假利润或者隐瞒利润；

（五）违反国家统一的会计制度规定的其他行为。

第四章 会 计 监 督

第二十七条 各单位应当建立、健全本单位内部会计监督制度。单位内部会计监督制度应当符合下列要求：

（一）记帐人员与经济业务事项和会计事项的审批人员、经办人员、财物保管人员的职责权限应当明确，并相互分离、相互制约；

（二）重大对外投资、资产处置、资金调度和其他重要经济业务事项的决策和执行的相互监

督、相互制约程序应当明确；

（三）财产清查的范围、期限和组织程序应当明确；

（四）对会计资料定期进行内部审计的办法和程序应当明确。

第二十八条 单位负责人应当保证会计机构、会计人员依法履行职责，不得授意、指使、强令会计机构、会计人员违法办理会计事项。

会计机构、会计人员对违反本法和国家统一的会计制度规定的会计事项，有权拒绝办理或者按照职权予以纠正。

第二十九条 会计机构、会计人员发现会计帐簿记录与实物、款项及有关资料不相符的，按照国家统一的会计制度的规定有权自行处理的，应当及时处理；无权处理的，应当立即向单位负责人报告，请求查明原因，作出处理。

第三十条 任何单位和个人对违反本法和国家统一的会计制度规定的行为，有权检举。收到检举的部门有权处理的，应当依法按照职责分工及时处理；无权处理的，应当及时移送有权处理的部门处理。收到检举的部门、负责处理的部门应当为检举人保密，不得将检举人姓名和检举材料转给被检举单位和被检举人个人。

第三十一条 有关法律、行政法规规定，须经注册会计师进行审计的单位，应当向受委托的会计师事务所如实提供会计凭证、会计帐簿、财务会计报告和其他会计资料以及有关情况。

任何单位或者个人不得以任何方式要求或者示意注册会计师及其所在的会计师事务所出具不实或者不当的审计报告。

财政部门有权对会计师事务所出具审计报告的程序和内容进行监督。

第三十二条 财政部门对各单位的下列情况实施监督：

（一）是否依法设置会计帐簿；

（二）会计凭证、会计帐簿、财务会计报告和其他会计资料是否真实、完整；

（三）会计核算是否符合本法和国家统一的会计制度的规定；

（四）从事会计工作的人员是否具备专业能力、遵守职业道德。

在对前款第（二）项所列事项实施监督，发现重大违法嫌疑时，国务院财政部门及其派出机构可以向与被监督单位有经济业务往来的单位和被监督单位开立帐户的金融机构查询有关情况，有关单位和金融机构应当给予支持。

第三十三条 财政、审计、税务、人民银行、证券监管、保险监管等部门应当依照有关法律、行政法规规定的职责，对有关单位的会计资料实施监督检查。

前款所列监督检查部门对有关单位的会计资料依法实施监督检查后，应当出具检查结论。有关监督检查部门已经作出的检查结论能够满足其他监督检查部门履行本部门职责需要的，其他监督检查部门应当加以利用，避免重复查帐。

第三十四条 依法对有关单位的会计资料实施监督检查的部门及其工作人员对在监督检查中知悉的国家秘密和商业秘密负有保密义务。

第三十五条 各单位必须依照有关法律、行政法规的规定，接受有关监督检查部门依法实施的监督检查，如实提供会计凭证、会计帐簿、财务会计报告和其他会计资料以及有关情况，不得拒绝、隐匿、谎报。

第五章 会计机构和会计人员

第三十六条 各单位应当根据会计业务的需要，设置会计机构，或者在有关机构中设置会计人员并指定会计主管人员；不具备设置条件的，应当委托经批准设立从事会计代理记帐业务的中介机构代理记帐。

国有的和国有资产占控股地位或者主导地位的大、中型企业必须设置总会计师。总会计师的任职资格、任免程序、职责权限由国务院规定。

第三十七条 会计机构内部应当建立稽核制度。

出纳人员不得兼任稽核、会计档案保管和收入、支出、费用、债权债务帐目的登记工作。

第三十八条 会计人员应当具备从事会计工作所需要的专业能力。

担任单位会计机构负责人（会计主管人员）的，应当具备会计师以上专业技术职务资格或者从事会计工作三年以上经历。

本法所称会计人员的范围由国务院财政部门规定。

第三十九条 会计人员应当遵守职业道德，提高业务素质。对会计人员的教育和培训工作应当加强。

第四十条 因有提供虚假财务会计报告，做假帐，隐匿或者故意销毁会计凭证、会计帐簿、财务会计报告，贪污，挪用公款，职务侵占等与会计职务有关的违法行为被依法追究刑事责任的人员，不得再从事会计工作。

第四十一条 会计人员调动工作或者离职，必须与接管人员办清交接手续。

一般会计人员办理交接手续，由会计机构负责人（会计主管人员）监交；会计机构负责人（会计主管人员）办理交接手续，由单位负责人监交，必要时主管单位可以派人会同监交。

第六章 法律责任

第四十二条 违反本法规定，有下列行为之一的，由县级以上人民政府财政部门责令限期改正，可以对单位并处三千元以上五万元以下的罚款；对其直接负责的主管人员和其他直接责任人员，可以处二千元以上二万元以下的罚款；属于国家工作人员的，还应当由其所在单位或者有关单位依法给予行政处分：

（一）不依法设置会计帐簿的；

（二）私设会计帐簿的；

（三）未按照规定填制、取得原始凭证或者填制、取得的原始凭证不符合规定的；

（四）以未经审核的会计凭证为依据登记会计帐簿或者登记会计帐簿不符合规定的；

（五）随意变更会计处理方法的；

（六）向不同的会计资料使用者提供的财务会计报告编制依据不一致的；

（七）未按照规定使用会计记录文字或者记帐本位币的；

（八）未按照规定保管会计资料，致使会计资料毁损、灭失的；

（九）未按照规定建立并实施单位内部会计监督制度或者拒绝依法实施的监督或者不如实提供有关会计资料及有关情况的；

（十）任用会计人员不符合本法规定的。

有前款所列行为之一，构成犯罪的，依法追究刑事责任。

会计人员有第一款所列行为之一，情节严重的，五年内不得从事会计工作。

有关法律对第一款所列行为的处罚另有规定的，依照有关法律的规定办理。

第四十三条 伪造、变造会计凭证、会计帐簿，编制虚假财务会计报告，构成犯罪的，依法追究刑事责任。

有前款行为，尚不构成犯罪的，由县级以上人民政府财政部门予以通报，可以对单位并处五千元以上十万元以下的罚款；对其直接负责的主管人员和其他直接责任人员，可以处三千元以上五万元以下的罚款；属于国家工作人员的，还应当由其所在单位或者有关单位依法给予撤职直至开除的行政处分；其中的会计人员，五年内不得从事会计工作。

第四十四条 隐匿或者故意销毁依法应当保存的会计凭证、会计帐簿、财务会计报告，构成犯罪的，依法追究刑事责任。

有前款行为，尚不构成犯罪的，由县级以上人民政府财政部门予以通报，可以对单位并处五千元以上十万元以下的罚款；对其直接负责的主管人员和其他直接责任人员，可以处三千元以上五万元以下的罚款；属于国家工作人员的，还应当由其所在单位或者有关单位依法给予撤职直至开除的行政处分；其中的会计人员，五年内不得从事会计工作。

第四十五条 授意、指使、强令会计机构、会计人员及其他人员伪造、变造会计凭证、会计帐簿，编制虚假财务会计报告或者隐匿、故意销毁依法应当保的会计凭证、会计帐簿、财务会计报告，构成犯罪的，依法追究刑事责任；尚不构成犯罪的，可以处五千元以上五万元以下的罚款；属于国家工作人员的，还应当由其所在单位或者有关单位依法给予降级、撤职、开除的行政处分。

第四十六条 单位负责人对依法履行职责、抵制违反本法规定行为的会计人员以降级、撤职、调离工作岗位、解聘或者开除等方式实行打击报复，构成犯罪的，依法追究刑事责任；尚不构成犯罪的，由其所在单位或者有关单位依法给予行政处分。对受打击报复的会计人员，应当恢复其名誉和原有职务、级别。

第四十七条 财政部门及有关行政部门的工作人员在实施监督管理中滥用职权、玩忽职守、徇私舞弊或者泄露国家秘密、商业秘密，构成犯罪的，依法追究刑事责任；尚不构成犯罪的，依法给予行政处分。

第四十八条 违反本法第三十条规定，将检举人姓名和检举材料转给被检举单位和被检举人个人的，由所在单位或者有关单位依法给予行政处分。

第四十九条 违反本法规定，同时违反其他法律规定的，由有关部门在各自职权范围内依法进行处罚。

第七章 附 则

第五十条 本法下列用语的含义：

单位负责人，是指单位法定代表人或者法律、行政法规规定代表单位行使职权的主要负责人。

国家统一的会计制度，是指国务院财政部门根据本法制定的关于会计核算、会计监督、会计机构和会计人员以及会计工作管理的制度。

第五十一条 个体工商户会计管理的具体办法,由国务院财政部门根据本法的原则另行规定。

第五十二条 本法自2000年7月1日起施行。

财政部、国务院国有资产监督管理委员会钢铁煤炭行业国有资产处置损失有关财务处理问题

（财资〔2018〕1 号　2018 年 1 月 3 日发布并实施）

国务院各部委、各直属机构，各省、自治区、直辖市、计划单列市财政厅（局），新疆生产建设兵团财务局，各中央管理企业：

为贯彻落实党中央、国务院关于推进供给侧结构性改革的决策部署，按照《国务院关于钢铁行业化解过剩产能实现脱困发展的意见》（国发〔2016〕6 号）和《国务院关于煤炭行业化解过剩产能实现脱困发展的意见》（国发〔2016〕7 号）有关精神，根据《企业财务通则》（财政部令第 41 号）等规定，现就钢铁、煤炭行业化解过剩产能处置国有资产过程中有关资产损失的财务处理问题通知如下。

一、根据国发〔2016〕6 号、国发〔2016〕7 号文件开展化解钢铁、煤炭过剩产能工作的国有及国有控股企业（以下简称去产能企业），实施经省级人民政府和国资委组织验收合格的去产能项目过程中，以报废拆除、有偿转让等方式处置的设备、厂房、土地使用权、原材料等各类资产形成的损失财务处理，适用本通知。开展钢铁、煤炭去产能工作的其他企业参照执行。

本通知所称资产损失，是指上述资产的账面价值加上处置费用减去处置收入后的金额。

二、去产能企业应当及时确认和处理去产能过程中发生的资产损失，做到账实相符。

（一）去产能企业持续经营的，资产损失作为当期损益处理。

（二）去产能企业通过公司制改制、股权（产权）转让、合并等方式实施重组中发生的资产损失，报经股东（大）会、党委（党组）、董事会、总经理办公会等内部决策机构批准后，依次冲减未分配利润、任意盈余公积、法定盈余公积、资本公积和实收资本。

（三）去产能企业关闭或者破产的，应当及时进行清算，将资产损失计入清算损益。

三、履行出资人职责的机构和部门应当对所监管企业资产处置加强监督和检查，确保去产能企业按规定处理相关资产损失。

四、去产能企业资产损失对当期经营业绩产生重大影响的，履行出资人职责的机构和部门在业绩考核中适当予以考虑。

五、去产能企业处理资产损失对企业可持续经营可能造成重大不利影响的，可以向履行出资人职责的机构和部门申请进行清产核资。

六、去产能企业应当依法接受财政部门的财务监督、国家审计机关的审计监督以及履行出资人职责的机构和部门的监督。

七、本通知自印发之日起施行。本通知印发前企业根据国发〔2016〕6 号、国发〔2016〕7 号文件开展去产能工作涉及资产处置损失的财务处理，可以按照本通知执行。

八、国有及国有控股企业按照国务院有关要求推进钢铁、煤炭以外行业化解过剩产能工作，实施经省级人民政府和国资委组织验收合格的去产能项目过程中涉及资产处置损失的财务处理，参照本通知执行。

企业破产清算有关会计处理规定

（财会〔2016〕23号 2016年12月20日发布并实施）

第一章 总 则

第一条 为规范企业破产清算的会计处理，向人民法院和债权人会议等提供企业破产清算期间的相关财务信息，根据《中华人民共和国会计法》、《中华人民共和国企业破产法》（以下简称破产法）及其相关规定，制定本规定。

第二条 本规定适用于经法院宣告破产处于破产清算期间的企业法人（以下简称破产企业）。

第二章 编制基础和计量属性

第三条 破产企业会计确认、计量和报告以非持续经营为前提。

第四条 企业经法院宣告破产的，应当按照法院或债权人会议要求的时点（包括破产宣告日、债权人会议确定的编报日、破产终结申请日等，以下简称破产报表日）编制清算财务报表，并由破产管理人签章。

第五条 破产企业在破产清算期间的资产应当以破产资产清算净值计量。本规定所称的资产，是指破产法规定的债务人（破产企业）财产。

破产资产清算净值，是指在破产清算的特定环境下和规定时限内，最可能的变现价值扣除相关的处置税费后的净额。最可能的变现价值应当为公开拍卖的变现价值，但是债权人会议另有决议或国家规定不能拍卖或限制转让的资产除外；债权人会议另有决议的，最可能的变现价值应当为其决议的处置方式下的变现价值；按照国家规定不能拍卖或限制转让的，应当将按照国家规定的方式处理后的所得作为变现价值。

第六条 破产企业在破产清算期间的负债应当以破产债务清偿价值计量。

破产债务清偿价值，是指在不考虑破产企业的实际清偿能力和折现等因素的情况下，破产企业按照相关法律规定或合同约定应当偿付的金额。

第三章 确认和计量

第七条 破产企业被法院宣告破产的，应当按照破产资产清算净值对破产宣告日的资产进行初始确认计量；按照破产债务清偿价值对破产宣告日的负债进行初始确认计量；相关差额直接计入清算净值。

第八条 破产企业在破产清算期间的资产，应当按照破产资产清算净值进行后续计量，负债按照破产债务清偿价值进行后续计量。破产企业应当按照破产报表日的破产资产清算净值和破产债务清偿价值，对资产和负债的账面价值分别进行调整，差额计入清算损益。

第九条 破产清算期间发生资产处置的，破产企业应当终止确认相关被处置资产，并将处置所得金额与被处置资产的账面价值的差额扣除直接相关的处置费用后，计入清算损益。

破产清算期间发生债务清偿的，破产企业应当按照偿付金额，终止确认相应部分的负债。在偿付义务完全解除时,破产企业应当终止确认该负债的剩余账面价值,同时确认清算损益。

第十条 破产清算期间发生各项费用、取得各项收益应当直接计入清算损益。

第十一条 在破产清算期间,破产企业按照税法规定需缴纳企业所得税的,应当计算所得税费用,并将其计入清算损益。所得税费用应当仅反映破产企业当期应交的所得税。

第十二条 破产企业因盘盈、追回等方式在破产清算期间取得的资产,应当按照取得时的破产资产清算净值进行初始确认计量,初始确认计量的账面价值与取得该资产的成本之间存在差额的,该差额应当计入清算损益。

第十三条 破产企业在破产清算期间新承担的债务,应当按照破产债务清偿价值进行初始确认计量,并计入清算损益。

第四章 清算财务报表的列报

第十四条 破产企业应当按照本规定编制清算财务报表,向法院、债权人会议等报表使用者反映破产企业在破产清算过程中的财务状况、清算损益、现金流量变动和债务偿付状况。

第十五条 破产企业的财务报表包括清算资产负债表、清算损益表、清算现金流量表、债务清偿表及相关附注。

法院宣告企业破产的,破产企业应当以破产宣告日为破产报表日编制清算资产负债表及相关附注。

法院或债权人会议等要求提供清算财务报表的,破产企业应当根据其要求提供清算财务报表的时点确定破产报表日,编制清算资产负债表、清算损益表、清算现金流量表、债务清偿表及相关附注。

向法院申请裁定破产终结的,破产企业应当编制清算损益表、债务清偿表及相关附注。

第十六条 清算资产负债表反映破产企业在破产报表日资产的破产资产清算净值,以及负债的破产债务清偿价值。

资产项目和负债项目的差额在清算资产负债表中作为清算净值列示。

第十七条 清算损益表反映破产企业在破产清算期间发生的各项收益、费用。清算损益表至少应当单独列示反映下列信息的项目:资产处置净收益(损失)、债务清偿净收益(损失)、破产资产和负债净值变动净收益(损失)、破产费用、共益债务支出、所得税费用等。

第十八条 清算现金流量表反映破产企业在破产清算期间货币资金余额的变动情况。清算现金流量表应当采用直接法编制,至少应当单独列示反映下列信息的项目:处置资产收到的现金净额、清偿债务支付的现金、支付破产费用的现金、支付共益债务支出的现金、支付所得税的现金等。

第十九条 债务清偿表反映破产企业在破产清算期间发生的债务清偿情况。债务清偿表应当根据破产法规定的债务清偿顺序,按照各项债务的明细单独列示。债务清偿表中列示的各项债务至少应当反映其确认金额、清偿比例、实际需清偿金额、已清偿金额、尚未清偿金额等信息。

第二十条 破产企业应当在清算财务报表附注中披露下列信息:

(一)破产资产明细信息;

(二)破产管理人依法追回的账外资产明细信息;

(三)破产管理人依法取回的质物和留置物的明细信息;

(四)未经法院确认的债务的明细信息;

(五)应付职工薪酬的明细信息;

(六)期末货币资金余额中已经提存用于向特定债权人分配或向国家缴纳税款的金额;

(七)资产处置损益的明细信息,包括资产性质、处置收入、处置费用及处置净收益;

(八)破产费用的明细信息,包括费用性质、金额等;

(九)共益债务支出的明细信息,包括具体项目、金额等。

第五章 附 则

第二十一条 在本规定施行之后经法院宣告破产的企业,应当按照本规定进行会计处理。

第二十二条 本规定自发布之日起施行。《国有企业试行破产有关会计处理问题暂行规定》(财会字〔1997〕28号)同时废止。

附:1. 会计科目使用说明及账务处理

2. 破产企业清算财务报表及其附注

附1:

会计科目使用说明及账务处理

一、科目设置

破产企业的会计档案等财务资料经法院裁定由破产管理人接管的,应当在企业被法院宣告破产后,可以比照原有资产、负债类会计科目,根据实际情况设置相关科目,并增设相关负债类、清算净值类和清算损益类等会计科目。破产企业还可以根据实际需要,在一级科目下自行设置明细科目。

(一)负债类科目设置

1.“应付破产费用”科目,本科目核算破产企业在破产清算期间发生的破产法规定的各类破产费用。

2.“应付共益债务”科目,本科目核算破产企业在破产清算期间发生的破产法规定的各类共益债务。

共益债务,是指在人民法院受理破产申请后,为全体债权人的共同利益而管理、变卖和分配破产财产而负担的债务,主要包括因管理人或者债务人(破产企业,下同)请求对方当事人履行双方均未履行完毕的合同所产生的债务、债务人财产受无因管理所产生的债务、因债务人不当得利所产生的债务、为债务人继续营业而应当支付的劳动报酬和社会保险费用以及由此产生的其他债务、管理人或者相关人员执行职务致人损害所产生的债务以及债务人财产致人损害所产生的债务。

(二)清算净值类科目设置

“清算净值”科目,本科目核算破产企业在破产报表日结转的清算净损益科目余额。破产企业资产与负债的差额,也在本科目核算。

(三)清算损益类科目设置

1.“资产处置净损益”科目,本科目核算破产企业在破产清算期间处置破产资产产生的、扣除相关处置费用后的净损益。

2.“债务清偿净损益”科目,本科目核算破产企业在破产清算期间清偿债务产生的净损益。

3.“破产资产和负债净值变动净损益”科目,本科目核算破产企业在破产清算期间按照破产资产清算净值调整资产账面价值,以及按照破产债务清偿价值调整负债账面价值产生的净损益。

4. “其他收益”科目，本科目核算除资产处置、债务清偿以外，在破产清算期间发生的其他收益。

5. “破产费用”科目，本科目核算破产企业破产清算期间发生的破产法规定的各项破产费用，主要包括破产案件的诉讼费用，管理、变价和分配债务人资产的费用，管理人执行职务的费用、报酬和聘用工作人员的费用。本科目应按发生的费用项目设置明细账。

6. “共益债务支出”科目，本科目核算破产企业破产清算期间发生的破产法规定的共益债务相关的各项支出。

7. “其他费用”科目，本科目核算破产企业破产清算期间发生的除破产费用和共益债务支出之外的各项其他费用。

8. “所得税费用”科目，本科目核算破产企业破产清算期间发生的企业所得税费用。

9. “清算净损益”科目，本科目核算破产企业破产清算期间结转的上述各类清算损益科目余额。

破产企业可根据具体情况增设、减少或合并某些会计科目。

二、账务处理

（一）破产宣告日余额结转。

法院宣告企业破产时，应当根据破产企业移交的科目余额表，将部分会计科目的相关余额转入以下新科目，并编制新的科目余额表。

1. 原“应付账款”、“其他应付款”等科目中属于破产法所规定的破产费用的余额，转入“应付破产费用”科目。

2. 原“应付账款”、“其他应付款”等科目中属于破产法所规定的共益债务的余额，转入“应付共益债务”科目。

3. 原“商誉”、“长期待摊费用”、“递延所得税资产”、“递延所得税负债”、“递延收益”、“股本”、“资本公积”、“盈余公积”、“其他综合收益”、“未分配利润”等科目的余额，转入“清算净值”科目。

（二）破产宣告日余额调整。

1. 关于各类资产。破产企业应当对拥有的各类资产（包括原账面价值为零的已提足折旧的固定资产、已摊销完毕的无形资产等）登记造册，估计其破产资产清算净值，按照其破产资产清算净值对各资产科目余额进行调整，并相应调整“清算净值”科目。

2. 关于各类负债。破产企业应当对各类负债进行核查，按照第六条规定对各负债科目余额进行调整，并相应调整“清算净值”科目。

（三）处置破产资产。

1. 破产企业收回应收票据、应收款项类债权、应收款项类投资，按照收回的款项，借记“现金”、“银行存款”等科目，按照应收款项类债权或应收款项类投资的账面价值，贷记相关资产科目，按其差额，借记或贷记“资产处置净损益”科目。

2. 破产企业出售各类投资，按照收到的款项，借记“现金”、“银行存款”等科目，按照相关投资的账面价值，贷记相关资产科目，按其差额，借记或贷记“资产处置净损益”科目。

3. 破产企业出售存货、投资性房地产、固定资产及在建工程等实物资产，按照收到的款项，借记“现金”、“银行存款”等科目，按照实物资产的账面价值，贷记相关资产科目，按应当缴纳的税费贷记“应交税费”科目，按上述各科目发生额的差额，借记或贷记“资产处置净损益”科目。

4. 破产企业出售无形资产，按照收到的款项，借记“现金”、“银行存款”等科目，按照无形资产的账面价值，贷记“无形资产”科目，按应当缴纳的税费贷记“应交税费”科目，按上述各科目发生额的差额，借记或贷记“资产处置净损益”科目。

5. 破产企业的划拨土地使用权被国家收回，国家给予一定补偿的，按照收到的补偿金额，借记“现金”、“银行存款”等科目，贷记“其他收益”科目。

6. 破产企业处置破产资产发生的各类评估、变价、拍卖等费用，按照发生的金额，借记“破产费用”科目，贷记“现金”、“银行存款”、“应付破产费用”等科目。

（四）清偿债务

1. 破产企业清偿破产费用和共益债务，按照相关已确认负债的账面价值，借记“应付破产费用”、“应付共益债务”等科目，按照实际支付的金额，贷记“现金”、“银行存款”等科目，按其差额，借记或贷记“破产费用”、“共益债务支出”科目。

2. 破产企业按照经批准的职工安置方案，支付的所欠职工的工资和医疗、伤残补助、抚恤费用，应当划入职工个人账户的基本养老保险、基本医疗保险费用和其他社会保险费用，以及法律、行政法规规定应当支付给职工的补偿金，按照相关账面价值借记“应付职工薪酬”等科目，按照实际支付的金额，贷记“现金”、“银行存款”等科目，按其差额，借记或贷记“债务清偿净损益”科目。

3. 破产企业支付所欠税款，按照相关账面价值，借记“应交税费”等科目，按照实际支付的金额，贷记“现金”、“银行存款”等科目，按其差额，借记或贷记“债务清偿净损益”科目。

4. 破产企业清偿破产债务，按照实际支付的金额，借记相关债务科目，贷记“现金”、“银行存款”等科目。

破产企业以非货币性资产清偿债务的，按照清偿的价值借记相关负债科目，按照非货币性资产的账面价值，贷记相关资产科目，按其差额，借记或贷记“债务清偿净损益”科目。

债权人依法行使抵销权的，按照经法院确认的抵销金额，借记相关负债科目，贷记相关资产科目，按其差额，借记或贷记“债务清偿净损益”科目。

（五）其他账务处理。

1. 在破产清算期间通过清查、盘点等方式取得的未入账资产，应当按照取得日的破产资产清算净值，借记相关资产科目，贷记“其他收益”科目。

2. 在破产清算期间通过债权人申报发现的未入账债务，应当按照破产债务清偿价值确定计量金额，借记“其他费用”科目，贷记相关负债科目。

3. 在编制破产清算期间的财务报表时，应当对所有资产项目按其于破产报表日的破产资产清算净值重新计量，借记或贷记相关资产科目，贷记或借记“破产资产和负债净值变动净损益”科目；应当对所有负债项目按照破产债务清偿价值重新计量，借记或贷记相关负债科目，贷记或借记“破产资产和负债净值变动净损益”科目。

4. 破产企业在破产清算期间，作为买入方继续履行尚未履行完毕的合同的，按照收到的资产的破产资产清算净值，借记相关资产科目，按照相应的增值税进项税额，借记“应交税费”科目，按照应支付或已支付的款项，贷记“现金”、“银行存款”、“应付共益债务”或“预付款项”等科目，按照上述各科目的差额，借记“其他费用”或贷记“其他收益”科目；企业作为卖出方继续履行尚未履行完毕的合同的，按照应收或已收的金额，借记“现金”、“银行存款”、“应收账款”等科目，按照转让的资产账面价值，贷记相关资产科目，按照应缴纳相关税费，贷记“应交税费”科目，按照上述各科目的差额，借记“其他费用”科目或贷记“其他收益”科目。

5. 破产企业发生破产法第四章相关事实，破产管理人依法追回相关破产资产的，按照追回资产的破产资产清算净值，借记相关资产科目，贷记“其他收益”科目。

6. 破产企业收到的利息、股利、租金等孳息，借记“现金”、“银行存款”等科目，贷记“其他收益”科目。

7. 破产企业在破产清算终结日，剩余破产债务不再清偿的，按照其账面价值，借记相关负债科目，贷记“其他收益”科目。

8. 在编制破产清算期间的财务报表时，有已实现的应纳税所得额的，考虑可以抵扣的金额后，应当据此提存应交所得税，借记“所得税费用”科目、贷记“应交税费”科目。

9. 在编制破产清算期间的财务报表时，应当将“资产处置净损益”、“债务清偿净损益”、“破产资产和负债净值变动净损益”、“其他收益”、“破产费用”、“共益债务支出”、“其他费用”、“所得税费用”科目结转至“清算净损益”科目，并将“清算净损益”科目余额转入“清算净值”科目。

附 2：

破产企业清算财务报表及其附注

一、清算资产负债表及其附注

清算资产负债表

会清 01 表

编制单位：　　　　____年____月____日　　　　单位：元

资产	行次	期末数	负债及清算净值	行次	期末数
货币资金			负债：		
应收票据			借款		
应收账款			应付票据		
其他应收款			应付账款		
预付款项			预收款项		
存货			其他应付款		
金融资产投资			应付债券		
长期股权投资			应付破产费用		
投资性房地产			应付共益债务		
固定资产			应付职工薪酬		
在建工程			应交税费		
无形资产			……		
……					
资产总计			负债合计		
			清算净值：		
			清算净值		
			负债及清算净值总计		

本表反映破产企业在破产报表日关于资产、负债、清算净值及其相互关系的信息。

本表列示的项目不区分流动和非流动，其中，“应收账款”或“其他应收款”项目，应分别根据“应收账款”或“其他应收款”的科目余额填列，同时，“长期应收款”科目余额也在上述两项目中分析填列；“借款”项目，应根据“短期借款”和“长期借款”科目余额合计数填列；“应付账款”或“其他应付款”项目，应分别根据“应付账款”、“其他应付款”的科目余额填列，同时，“长期应付款”科目余额也在该项目中分析填列；“金融资产投资”项目，应根据“以公允价值计量且其变动计入当期损益的金融资产”、“持有至到期投资”和“可供出售金融资产”的科目余额合计数填列。

本表的“清算净值”项目反映破产企业于破产报表日的清算净值。本项目应根据“清算净值”科目余额填列。

破产企业应当在破产资产负债表附注中，区分是否用作担保，分别披露破产资产明细信息。

破产企业应当在破产资产负债表附注中，披露依法追回的账外资产、取回的质物和留置物等明细信息，如追回或取回有关资产的时间、有关资产的名称、破产资产清算净值等。

破产企业应当在破产资产负债表附注中，分别披露经法院确认以及未经法院确认的债务的明细信息，如债务项目名称以及有关金额等。

破产企业应当在破产资产负债表附注中，披露应付职工薪酬的明细信息，如所欠职工的工资和医疗、伤残补助、抚恤费用，所欠的应当划入职工个人账户的基本养老保险、基本医疗保险费用，以及法律、行政法规规定应当支付给职工的补偿金。

二、清算损益表及其附注

清算损益表

会清 02 表

编制单位：　　　　____年____月____日至____年____月____日　　　　单位：元

项目	行次	本期数	累计数
一、清算收益（清算损失以“－”号表示）			
（一）资产处置净收益（净损失以“－”号表示）			
（二）债务清偿净收益（净损失以“－”号表示）			
（三）破产资产和负债净值变动净收益（净损失以“－”号表示）			
（四）其他收益			
小计			
二、清算费用			
（一）破产费用（以“－”号表示）			
（二）共益债务支出（以“－”号表示）			
（三）其他费用（以“－”号表示）			
（四）所得税费用（以“－”号表示）			
小计			
三、清算净收益（清算净损失以“－”号表示）			

本表反映破产企业在清算期间发生的各项收益、费用。本期数反映破产企业从上一破产报表日至本破产报表日期间有关项目的发生额，累计数反映破产企业从被法院宣告破产之日至本破产报表日期间有关项目的发生额。

“资产处置净收益”项目，根据“资产处置净损益”科目的发生额填列，如为净损失以“－”号表示。

“债务清偿净收益”项目，根据“债务清偿净损益”科目的发生额填列，如为净损失以“－”号表示。

“破产资产和负债净值变动净收益”项目，根据“破产资产和负债净值变动净损益”科目的发生额填列，如为净损失以“－”号表示。

“清算净收益”项目，根据“清算净损益”科目的发生额填列，如为清算净损失以“－”号表示。“清算净收益”项目金额应当为“清算收益”与“清算费用”之和。

破产企业应当在清算损益表附注中，披露资产处置损益的明细信息，包括资产性质、处置收入、处置费用及处置净收益。

破产企业应当在清算损益表附注中，披露破产费用的明细信息，包括费用性质、金额等。

破产企业应当在清算损益表附注中，披露共益债务支出的明细信息，包括具体项目、金额等。

三、清算现金流量表及其附注

清算现金流量表

会清 03 表

编制单位：　　　　　　　＿＿年＿＿月＿＿日至＿＿＿＿年＿＿月＿＿日　　　　　　　单位:元

	行次	本期数	累计数
一、期初货币资金余额			
二、清算现金流入			
(一)处置资产收到的现金净额			
(二)收到的其他现金			
清算现金流入小计			
三、清算现金流出			
(一)清偿债务支付的现金			
(二)支付破产费用的现金			
(三)支付共益债务的现金			
(四)支付所得税费用的现金			
(五)支付的其他现金			
清算现金流出小计			
四、期末货币资金余额			

清算现金流量表反映破产企业在破产清算期间货币资金余额的变动情况,本表应当根据货币资金科目的变动额分析填列。本期数反映破产企业从上一破产报表日至本破产报表日期间有关项目的发生额,累计数反映破产企业从被法院宣告破产之日至本破产报表日期间有关项目的发生额。

破产企业应当在清算现金流量表附注中,披露期末货币资金余额中已经提存用于向特定债权人分配或向国家缴纳税款的金额。

四、债务清偿表

债务清偿表

会清 04 表

编制单位：　　　　____年____月____日　　　　单位：元

债务项目	行次	期末数	经法院确认债务的金额	清偿比例	实际需清偿金额	已清偿金额	尚未清偿金额
		①	②	③	④=②×③	⑤	⑥=④-⑤
有担保的债务：							
××银行				×			
××企业				×			
……				×			
小计				×			
普通债务：							
第一顺序：劳动债务							
其中：应付职工薪酬							
……							
……							
第二顺序：国家税款债务							
其中：应交税费							
……							
……							
第三顺序：普通债务							
其中：借款							
——××银行							
——××企业							
应付债务工具							
——××银行							
——××企业							
应付票据							
应付款项							
——××银行							
——××企业							
小计				×			
合计				×			

本表反映破产企业债务清偿情况。

本表应按有担保的债务和普通债务分类设项。

期末数为负债按照破产债务清偿价值确定的金额。

经法院确认的债务金额为经债权人申报并由法院确认的金额；未经确认的债务，无需填写该金额。

清偿比例为根据破产法的规定，当破产资产不足以清偿同一顺序的清偿要求时，按比例进行分配时所采用的比例。

规范“三去一降一补”有关业务的会计处理规定

（财会〔2016〕17号　2016年9月22日发布并实施）

一、关于国有独资或全资企业之间无偿划拨子公司的会计处理

在“三去一降一补”工作中，有关企业集团出于深化国企改革或去产能、调结构等原因，按照国有资产监管部门（以下简称国资监管部门）有关规定，对所属的子公司的股权进行集团之间的无偿划拨。本规定所称的国有独资或全资企业，包括国有独资公司、非公司制国有独资企业、国有全资企业、事业单位投资设立的一人有限责任公司及其再投资设立的一人有限责任公司。国有独资或全资企业之间按有关规定无偿划拨子公司，导致对被划拨企业的控制权从划出企业转移到划入企业的，应当进行以下会计处理：

（一）划入企业的会计处理。

1. 个别财务报表。被划拨企业按照国有产权无偿划拨的有关规定开展审计等，上报国资监管部门作为无偿划拨依据的，划入企业在取得被划拨企业的控制权之日，编制个别财务报表时，应当根据国资监管部门批复的有关金额，借记“长期股权投资”科目，贷记“资本公积（资本溢价）”科目（若批复明确作为资本金投入的，记入“实收资本”科目，下同）。

2. 合并财务报表。划入企业在取得被划拨企业的控制权后编制合并财务报表，一般包括资产负债表、利润表、现金流量表和所有者权益变动表等：

（1）合并资产负债表。划入企业应当以被划拨企业经审计等确定并经国资监管部门批复的资产和负债的账面价值及其在被划拨企业控制权转移之前发生的变动为基础，对被划拨企业的资产负债表进行调整，调整后应享有的被划拨企业资产和负债之间的差额，计入资本公积（资本溢价）。

（2）合并利润表。划入企业编制取得被划拨企业的控制权当期的合并利润表时，应包含被划拨企业自国资监管部门批复的基准日起至控制权转移当期期末发生的净利润。

（3）合并现金流量表。划入企业编制取得被划拨企业的控制权当期的合并现金流量表时，应包含被划拨企业自国资监管部门批复的基准日起至控制权转移当期期末产生的现金流量。

（4）合并所有者权益变动表。划入企业编制当期的合并所有者权益变动表时，应包含被划拨企业自国资监管部门批复的基准日起至控制权转移当期期末的所有者权益变动情况。合并所有者权益变动表可以根据合并资产负债表和合并利润表编制。

（二）划出企业的会计处理。

1. 个别财务报表。划出企业在丧失对被划拨企业的控制权之日，编制个别财务报表时，应当按照对被划拨企业的长期股权投资的账面价值，借记“资本公积（资本溢价）”科目（若批复明确冲减资本金的，应借记“实收资本”科目，下同），贷记“长期股权投资（被划拨企业）”科目；资本公积（资本溢价）不足冲减的，依次冲减盈余公积和未分配利润。

2. 合并财务报表。划出企业在丧失对被划拨企业的控制权之日，编制合并财务报表时，不应再将被划拨企业纳入合并财务报表范围，终止确认原在合并财务报表中反映的被划拨企业相关资产、负债、少数股东权益以及其他权益项目，相关差额冲减资本公积（资本溢价），资本公积（资本溢价）不足冲减的，依次冲减盈余公积和未分配利润。同时，划出企业与被划拨企业之间在控

制权转移之前发生的未实现内部损益，应转入资本公积（资本溢价），资本公积（资本溢价）不足冲减的，依次冲减盈余公积和未分配利润。

二、关于即将关闭出清的“僵尸企业”的会计处理

（一）即将关闭出清的“僵尸企业”自身的会计处理。

根据《国务院关于钢铁行业化解过剩产能实现脱困发展的意见》（国发〔2016〕6号）和《国务院关于煤炭行业化解过剩产能实现脱困发展的意见》（国发〔2016〕7号）等文件规定，地方可以综合运用兼并重组、债务重组和破产清算等方式，加快处置“僵尸企业”，实现市场出清。

企业按照政府推动化解过剩产能的有关规定界定为“僵尸企业”且列入即将关闭出清的“僵尸企业”名单的（以下简称此类“僵尸企业”），应自被列为此类“僵尸企业”的当期期初开始，对资产改按清算价值计量、负债改按预计的结算金额计量，有关差额计入营业外支出（收入）。此类“僵尸企业”不应再对固定资产和无形资产计提折旧或摊销。

此类“僵尸企业”应在附注中披露财务报表的编制基础及其原因、财务报表上有关资产和负债的状况、清理的进展情况、是否会因资产变现以及负债清偿等原因需预计大额的损失或额外负债等重要信息。

此类“僵尸企业”进入破产清算程序且被法院指定的破产管理人接管的，应改按有关破产清算的会计处理规定进行会计处理。

（二）即将关闭出清的“僵尸企业”的母公司的会计处理。

此类“僵尸企业”的母公司（以下简称母公司）应当区分个别财务报表和合并财务报表进行会计处理：

1. 母公司在编制个别财务报表时，对该子公司长期股权投资，应当按照资产负债表日的可收回金额与账面价值孰低进行计量，前者低于后者的，其差额计入资产减值损失。

2. 母公司在编制合并财务报表时，应当以该子公司按本条规定编制的财务报表为基础，按与该子公司相同的基础对该子公司的资产、负债进行计量，计量金额与原在合并财务报表中反映的相关资产、负债以及商誉的金额之间的差额，应计入当期损益。母公司因其所属子公司进入破产清算程序且被法院指定的破产管理人接管等，丧失了对该子公司控制权的，不应再将其纳入合并财务报表范围。

3. 母公司应当在合并财务报表附注中披露子公司财务报表的编制基础及其原因、母公司计量基础的有关变化对其当期财务状况、经营成果、现金流量等方面的影响、子公司清理的进展情况、是否会因资产变现以及负债清偿等原因需预计大额的损失或额外负债等重要信息。

（三）即将关闭出清的“僵尸企业”的母公司以外的其他权益性投资方的会计处理。

本规定所称的其他权益性投资方，是指对此类“僵尸企业”具有共同控制或能够施加重大影响的投资企业。这些投资企业对该“僵尸企业”的长期股权投资，应当按照可收回金额与账面价值孰低进行计量，前者低于后者的，其差额计入资产减值损失。

三、关于中央企业对工业企业结构调整专项奖补资金的会计处理

根据《财政部关于印发〈工业企业结构调整专项奖补资金管理办法〉的通知》（财建〔2016〕253号，以下简称253号文），中央财政将安排工业企业结构调整专项奖补资金（以下简称专项奖补资金），用于支持地方政府和中央企业推动钢铁、煤炭等行业化解过剩产能。

中央企业在收到预拨的专项奖补资金时，应当暂通过“专项应付款”科目核算，借记“银行存款”等科目，贷记“专项应付款”科目。中央企业按要求开展化解产能相关工作后，按照253号文规定的计算标准等，能够合理可靠地确定因完成任务所取得的专项奖补资金金额的，借记“专项应付款”科目，贷记有关损益科目；不能合理可靠地确定因完成任务所取得的专项奖补资金金额的，应当经财政部核查清算后，按照清算的有关金额，借记“专项应付款”科目，贷记有关损益科目；预拨的专项奖补资金小于企业估计应享有的金额的，不足部分的差额借记“其他应收款”；因未能完成有关任务而按规定向财政部缴回资金的，按缴回资金金额，借记“专项应付款”科目，贷记“银行存款”等科目。

四、本规定自发布之日起施行，不要求追溯调整。

财政部关于中央企业重组中退休人员统筹外费用财务管理问题的通知

（财企〔2010〕84 号　2010 年 5 月 21 日发布）

党中央有关部门，国务院各部委、各直属机构，全国人大常委会办公厅、全国政协办公厅，解放军总后勤部、武警总部，各省、自治区、直辖市、计划单列市财政厅（局），新疆生产建设兵团财务局，各中央管理企业：

《财政部关于企业重组有关职工安置费用财务管理问题的通知》（财企〔2009〕117 号）发布后，对规范企业重组有关职工安置费用财务处理行为，维护重组企业、职工和股东的合法权益发挥了积极作用。但在执行中，部分中央企业反映，退休人员统筹外费用预提依据不明确，不便执行。现就中央企业重组中退休人员有关统筹外费用的财务管理问题，进一步通知如下：

一、企业向重组基准日之前退休的人员支付的统筹外费用，符合以下情形之一的，经履行国有资产出资人职责的机构、部门批准后，可以从重组前企业净资产中预提：

（一）根据企业所在设区的市以上人民政府及其人力资源社会保障部门的文件规定支付的。

（二）根据 2003 年底以前企业的行业管理部门或者集团公司的制度规定支付的，或者已纳入企业 2003 年度财务会计报告并按规定经审计的。

（三）自 2004 年初至财企〔2009〕117 号通知印发前，为缓解物价上涨对退休人员生活待遇的影响，根据集团公司的制度规定支付给 2003 年底以前退休人员的。

集团公司指直接由履行国有资产出资人职责的机构、部门监管的企业集团本部（母公司）。集团公司的制度，应当是明确规定支付退休人员统筹外费用的对象、范围、条件、项目、标准等的正式文件。

二、不符合本通知第一条规定情形的退休人员统筹外费用，以及重组基准日之后退休的人员统筹外费用，均不得从重组前企业净资产中预提。仍需支付的，由重组后管理退休人员的企业自行承担。

企业重组不涉及财企〔2009〕117 号通知规定的产权关系变动、股权结构调整的，或者未发生重组的企业，其退休人员统筹外费用，应当作为职工福利费从当期费用中列支，不得从净资产中扣除或者预提。

三、履行国有资产出资人职责的机构、部门应当依法审核重组企业的退休人员统筹外费用预提方案。审核时，应当统筹考虑所监管范围内不同行业企业之间和企业集团内部的分配差距等因素。重复和雷同的统筹外费用项目，应当要求企业予以整合或者调整。

企业集团三级（孙公司）及以下企业，重组涉及退休人员统筹外费用预提的，履行国有资产出资人职责的机构、部门可以规定由集团公司按照本通知规定进行审核。

四、企业退休人员统筹外费用是国家为保障企业老职工退休后的养老、医疗等生活待遇，允许有条件的企业在基本养老保险、基本医疗保险之外发放的阶段性、过渡性、有限性福利补贴。企业应当按照以下原则和要求管理退休人员统筹外费用，并向退休人员做好政策解释工作：

（一）量力而行。连年亏损、资不抵债或者无法按时足额发放在职职工工资的企业，不具备发放统筹外费用的政策条件,不要与其他企业盲目攀比。

(二)公平合理。统筹外费用包括养老、医疗、丧葬费用项目,企业不得重复设置,不得随意提高标准,不得以工资形式发放。不同时期退休的人员间,统筹外费用项目及标准不搞"一刀切"。纳入企业补充养老保险(企业年金)的人员,企业不得在此之外再为其预提用于养老的统筹外费用。领取统筹外费用的退休人员,企业不得再将其纳入企业补充养老保险(企业年金)。

(三)制度规范。企业应当按国家有关规定建立健全统筹外费用管理制度,明确支付对象、范围、条件、项目、标准等,经职工代表大会审议,并报履行国有资产出资人职责的机构、部门或其授权的企业管理机构批准后执行。

五、企业应当在年度财务会计报告中,披露统筹外费用支付情况。会计师事务所在审计企业年度会计报表时,应当对企业统筹外费用的合法合规性及支付情况予以关注。

中央下放地方政策性关闭破产有色金属矿山企业尾矿库闭库治理安全工程项目和补助资金管理暂行办法

（财企〔2009〕120号　2009年7月8日公布并实施）

第一章　总　　则

第一条　为保证中央下放地方政策性关闭破产有色金属矿山企业尾矿库闭库治理安全工程项目的有效实施，及时消除尾矿库安全隐患，保障人民群众生命财产安全，提高资金使用效率，制定本办法。

第二条　本办法适用于经全国企业兼并破产和职工再就业工作领导小组批准实施了政策性关闭破产的中央下放地方的有色金属矿山企业遗留的未实施闭库治理、经鉴定属于危库险库病库、且未由重组企业或其他企业使用的尾矿库（以下统称尾矿库）。

第三条　尾矿库闭库治理工作由尾矿库责任企业或地方政府指定的单位（以下统称治理责任单位）承担，并实行项目管理。地方县级以上（含县级）政府及其安全监管部门具体负责尾矿库闭库治理安全工程项目的监督管理，中央财政对尾矿库闭库治理的安全工程项目资金给予适当补助。

第四条　尾矿库闭库的治理责任单位按下述情形确定：

（一）现由原关闭破产企业上级集团公司（单位）管理的尾矿库，该集团公司（单位）为治理责任单位；

（二）已经移交所在地政府或其它企业管理且未使用的尾矿库，其接收单位为治理责任单位；

（三）企业整体关闭破产、目前无主管单位的尾矿库，由辖区县级以上（含县级）人民政府负责确定治理责任单位。

第二章　项目实施

第五条　尾矿库治理责任单位负责委托有相应资质的安全评价机构和环境影响评价机构，编制尾矿库闭库安全评价报告和环境影响评价报告，并按规定报送并取得安全监管、环境保护部门的审核批复。

第六条　尾矿库治理责任单位负责委托有相应资质的设计单位编制尾矿库闭库设计，并报省级安全监管部门审批。

第七条　尾矿库治理责任单位根据审核通过的尾矿库闭库设计方案，编制资金申请报告，并报省级财政部门初审。

第八条　省级财政部门会同省级安全监管部门对尾矿库治理责任单位提交的尾矿库闭库治理安全工程项目申请报告进行初审。初审通过的项目由省级财政部门和安全监管部门联合上报财政部、安全监管总局。申请报告应附闭库设计及治理方案、安全评价报告、环境影响评价报告、资金申请报告等材料（含电子文档）。

第九条　财政部会同安全监管总局对省级财政部门、安全监管部门上报的通过初审的尾矿库闭库治理安全工程项目申请报告进行合规性审核，对通过审查的项目下达核准和资金补助通知。

第十条 尾矿库治理责任单位要按照国家建设工程项目管理的规定，建立健全项目管理的各项规章制度，不得擅自改变主要治理内容和治理标准。

第十一条 尾矿库治理责任单位必须委托有相应资质的施工单位进行工程施工，与工程施工单位签订专门的安全管理协议，明确各自的安全管理职责，严格执行建设项目安全环保设施的相关规定，确保施工安全和工程质量。

第十二条 尾矿库闭库治理安全工程项目实行工程招投标制和监理制，尾矿库治理责任单位负责组织项目施工、监理招标等工作。

第十三条 尾矿库治理责任单位应在项目开工前向所在省安全监管部门上报项目开工情况；尾矿库闭库治理安全工程项目不能按计划实施的，尾矿库治理责任单位应当及时向省级安全监管部门报告情况，说明原因，并提出改进措施。

第十四条 尾矿库闭库治理安全工程项目竣工后，由省级安全监管部门组织竣工验收，尾矿库治理责任单位要按照国家有关规定妥善保管项目有关档案和验收材料。

第三章　补助资金管理

第十五条 本办法所称尾矿库闭库治理安全工程项目资金是指闭库治理中因整治尾矿坝、库区和排洪系统或采用取砂回填方式闭库所发生的各项直接费用。

第十六条 中央财政对尾矿库闭库治理安全工程项目资金，按下述比例给予补助：

（一）现由原关闭破产企业上级集团公司（单位）或接收单位管理的尾矿库，中央财政补助70%；

（二）对企业整体关闭破产或无主管单位的尾矿库，中央财政补助90%；

（三）特别困难地区（国家级贫困县或少数民族自治县（旗）），由中央财政全额负担。

第十七条 财政部按照核准的尾矿库闭库治理安全工程项目资金和规定的补助比例，核定并下达中央财政专项补助资金。

第四章　监 督 检 查

第十八条 财政部、安全监管总局对尾矿库闭库治理安全工程项目实施情况进行检查，并对重点尾矿库闭库治理安全工程项目竣工验收情况进行抽查。

第十九条 省级财政部门要严格审查尾矿库闭库治理安全工程项目的工程投资概算，做好初审工作，确保中央财政专项补助资金的合理使用，并监督落实好治理工程项目的地方配套资金。

第二十条 省级安全监管部门要认真做好尾矿库闭库治理安全工程项目安全评价报告备案和闭库设计及治理方案的初审工作，确保闭库治理工作科学、合理。

第二十一条 对于违反规定，虚报冒领、截留、挪用尾矿库闭库治理资金的，中央财政将追回补助资金。同时，按照《财政违法行为处罚条例》（国务院令第427号）规定进行处理。

第二十二条 对指令或授意项目单位提供虚假情况、骗取中央财政资金的，以及对项目单位的资金申请报告审查不严、造成资金损失的，要依据《行政机关公务员处分条例》等有关规定严肃追究有关单位和人员的责任,构成犯罪的,由司法机关依法追究刑事责任。

第二十三条 中介机构在评价、设计、监理等过程中弄虚作假或提出的意见严重失真的,安全监管、环境保护等有关部门将依照有关规定,给予通报批评、取消资格、降低资质等级等相应处罚,并向社会公布。

第五章 附 则

第二十四条 本办法由财政部会同安全监管总局负责解释。

第二十五条 本办法自公布之日起施行。

财政部关于企业重组有关职工安置费用财务管理问题的通知

（财企〔2009〕117 号　2009 年 6 月 25 日发布并实施）

党中央有关部门，国务院各部委、各直属机构，总后勤部、武警总部，全国人大常委会办公厅，全国政协办公厅，各中央管理企业，各省、自治区、直辖市、计划单列市财政厅（局），新疆生产建设兵团财务局：

国家出资企业在改制、产权转让、合并、分立、托管等方式实施重组过程中，职工安置问题事关有关人员的切身利益、企业的健康持续发展以及构建和谐社会大局。当前，在有关职工安置费用的财务管理中，存在制度不健全、政策不统一、执行不规范等问题，导致国有资产流失和社会分配不公。为进一步规范企业重组行为，正确评估企业净资产价值，维护职工和国有权益，现就涉及产权关系变动、股权结构调整的企业重组中，有关职工安置费用财务管理问题通知如下：

一、企业重组过程中，按照国家有关规定支付给解除、终止劳动合同的职工的经济补偿，以及为移交社会保障机构管理的职工一次性缴付的社会保险费，按照《企业财务通则》（财政部令第 41 号）第六十条规定执行，其中产权转让的按本通知第七条规定执行。

二、企业重组过程中涉及的离退休人员和内退人员有关费用，应按照“人随资产、业务走”的原则，由承继重组前企业相关资产及业务的企业承担。

企业对上述费用实行预提的，在重组过程中评估企业净资产价值时，根据权责一致原则，对企业资产未来可能实现的收益，也应当予以评估确认。

企业对预提的上述费用不符合本通知规定的，在重组过程中评估企业净资产价值时，应当按照本通知规定予以调整确认。

三、企业重组过程中，对符合重组企业所在设区的市以上人民政府规定的离退休人员统筹外费用，经批准可以从重组前企业净资产中预提，预提年限应当按照中国保监会发布的《中国人寿保险业务经验生命表》计算。

国家对离休人员安置另有规定的，从其规定。

四、企业重组过程中，对符合法律、行政法规以及国务院劳动保障部门规定条件的内退人员，其内退期间的生活费和社会保险费，经批准可以从重组前企业净资产中预提。

内退人员的生活费标准不得低于本地区最低工资标准的 70%，同时不得高于本企业平均工资的 70%，并应与企业原有内退人员待遇条件相衔接，经职工代表大会审议后，在内退协议中予以明确约定。

五、重组企业按照本通知第三、四条预提的有关费用，应当分别计算离退休人员和内退人员的预提年限，并以重组基准日相关费用为基数，以同期限历史平均通胀率计算未来各期企业应支付的费用后，再按照同期限银行贷款利率进行贴现计算。预提费用计算公式如下：

一次性预提费用 = $\sum Tt = 1ft \times (1 + r1)t(1 + r2)t$

其中，T 为预提年限，ft 为预提年限内第 t 期费用，r1 为预提年限同期限内历史平均通胀率，r2 为预提年限同期限银行贷款利率。

六、企业实行分立式重组，将离退休人员和内退人员移交存续企业或者由上级集团公司集中管理的，上述预提费用由重组后企业以货币资金形式支付给管理单位。重组后企业如货币资金不足，可以自重组完成日起5年内分期支付，但应当按照重组基准日5年期银行贷款利率向管理单位支付分期付款的利息。有关利息支出作为重组后企业财务费用处理。

七、企业重组涉及产权转让的，按照本通知第一条、第二条规定应当支付、缴付或者预提的各项职工安置费用，在资产评估之前不得从拟转让的净资产中扣除，也不得从转让价款中直接抵扣，应当从产权转让收入中优先支付。对已经按照《企业会计准则》预提的职工安置费用余额，在资产评估之前应当调增拟转让的净资产。

八、重组企业离退休人员及内退人员的管理单位应当对预提费用实行专户管理，并按约定从专户中向相关人员支付费用。预提资金不足支付相关费用的或者有结余的，按《企业会计准则》的相关规定计入管理单位当期损益。

九、本通知自发布之日起施行。以前各地区、各部门有关财务规定与本通知不一致的，以本通知为准。本通知施行前已经按规定报经批准的企业重组行为与本通知不一致的，不予追溯调整。

上市公司执行企业会计准则监管问题解答

（会计部函〔2009〕60号 2009年第2期）

问题1：对于上市公司的控股股东、控股股东控制的其他关联方、上市公司的实质控制人对上市公司进行直接或间接的捐赠、债务豁免等单方面的利益输送行为，如何进行会计处理？

解答：由于交易是基于双方的特殊身份才得以发生，且使得上市公司明显的、单方面的从中获益，因此，监管中应认定为其经济实质具有资本投入性质，形成的利得应计入所有者权益。上市公司与潜在控股股东之间发生的上述交易，应比照上述原则进行监管。

问题2：上市公司收到的由其控股股东或其他原非流通股股东根据股改承诺为补足当期利润而支付的现金，如何进行会计处理？

解答：应作为权益性交易计入所有者权益。

问题3：实务中存在上市公司的非流通股股东通过向上市公司直接或间接捐赠（如豁免上市公司债务）作为向流通股股东支付股改对价的情形，如何进行会计处理？

解答：鉴于证监会公告〔2008〕48号发布前对此类股权分置改革对价会计处理的具体规定不明确，对于证监会公告〔2008〕48号发布日前有关股改方案已经相关股东会议表决通过的上市公司，如果能够在2008年报披露日前完成股改，上市公司可以将非流通股东作为股改对价的直接或间接捐赠计入当期损益。除此之外，非流通股股东作为股改对价的直接或间接捐赠均应计入所有者权益。

问题4：对于上市公司因破产重整而进行的债务重组交易，何时确认债务重组收益？

解答：由于涉及破产重整的债务重组协议执行过程及结果存在重大不确定性，因此，上市公司通常应在破产重整协议履行完毕后确认债务重组收益，除非有确凿证据表明上述重大不确定性已经消除。

中央企业清产核资工作方案

（国资评价〔2003〕58 号　2003 年 9 月 2 日发布）

为了适应我国国有经济管理体制改革和国有资产监督管理的需要，认真贯彻落实《企业国有资产监督管理暂行条例》，摸清中央企业"家底"，核实中央企业资产质量，为中央企业执行《企业会计制度》和做好企业业绩考核、绩效评价以及国有资本保值增值工作创造条件，国资委决定从 2003 年 9 月起分期组织中央企业开展清产核资工作。

一、清产核资工作目标

（一）全面摸清中央企业"家底"，如实暴露企业存在的矛盾和问题，真实、完整地反映企业资产状况、财务状况和经营成果，促进提高企业会计信息质量。

（二）全面清查核实中央企业各项资产损失情况，并根据国家清产核资政策规定进行处理，促进企业解决历史遗留问题，为执行《企业会计制度》创造条件。

（三）通过对中央企业所属事业单位清产核资工作，核实事业单位资产、权益等状况，规范中央企业会计核算和财务报告制度，促进真实反映企业经营实力。

（四）全面清查核实中央企业所属境外子企业各类资产、负债和所有者权益，规范境外企业财务监督管理和财务报告制度，促进加强境外国有资产监督管理工作。

二、清产核资工作安排

为配合中央企业执行《企业会计制度》工作，国资委监管的中央企业清产核资工作从 2003 年 9 月分批开始，分别用 5 个月时间完成清产核资主体工作任务，全部工作于 2004 年 10 月结束。具体分以下几个阶段进行：

（一）前期准备（2003 年 6～8 月）。在对中央企业进行调查排队基础上，提出中央企业分批开展清产核资工作计划，制订《中央企业清产核资工作方案》、《国有企业清产核资办法》及相关配套制度，并下发工作文件、报表和工作软件。

（二）工作部署（2003 年 9 月初）。对中央企业清产核资工作进行工作部署，明确领导组织和办事机构，落实清产核资工作任务。各中央企业明确或建立相应的组织或办事机构，制定切实可行的工作方案，做好组织动员工作。

（三）业务培训（2003 年 9 月）。计划组织 2 期中央企业清产核资工作培训班，培训中央企业清产核资工作人员，具体讲解清产核资工作政策、制度和办法及清产核资报表和软件。

（四）组织实施。分批组织中央企业开展清产核资工作，全面完成账务清理、资产清查、数据汇总上报等主体工作任务，全部工作于 2004 年 10 月结束。

三、清产核资清查时间点

为了保证中央企业清产核资各项工作有序进行，根据企业自身实际情况及国家关于执行《企业会计制度》工作总体安排，中央企业清产核资工作将采取分期分批方式组织进行。具体安排如下：

（一）2002 年前已申请执行或已执行《企业会计制度》的有关中央企业，按照财政部规定的有关工作要求，做好有关资金核实工作，直接向国资委申报资产损失处理，可不再组织清产核资工作。

（二）申请2003年执行《企业会计制度》的中央企业，清产核资主体工作时间为2003年9—12月，资产清查时间点为2002年12月31日，全部工作于2004年3月底结束。

（三）申请在2004年或2005年执行《企业会计制度》的中央企业，清产核资主体工作时间为2004年1—6月，资产清查时间点为2003年12月31日，全部工作于2004年10月底结束。

（四）总公司设在港澳地区的中资企业和其他特殊情况企业清产核资工作另行商定。

四、清产核资工作内容

（一）账务清理。指以清产核资资产清查点为基准对企业母公司及其所属企业和事业单位的各类帐户、会计凭证、会计账簿以及企业内部资金往来和借款情况进行全面核对和清理，做到账账相符、账证相符、账表相符。

（二）资产清查。指对企业各项资产进行全面清理、核对和查实。重点做好各类应收及预付账款、各项对外投资、账外资产的清理，以及企业有关抵押、担保等事项的核对。

（三）价值重估。指对企业账面价值和实际价值背离较大的主要固定资产和流动资产按照国家规定方法、标准进行重新估价。

（四）损溢认定。指依据国家清产核资政策和有关财务会计制度规定，对企业申报的各项资产损溢和资金挂账进行认定，并对执行《企业会计制度》预计损失进行确认。

（五）资金核实。指根据企业上报的资产盘盈和资产损失、资金挂账等清产核资工作结果，依据国家清产核资政策和有关财务会计制度规定，组织进行审核并批复准予账务处理，重新核定企业实际占用的国有资本金数额。

（六）完善制度。指企业在完成清产核资工作后，认真分析在资产及财务日常管理中存在的问题，提出相应整改措施和实施《企业会计制度》计划，逐步健全和完善各项规章制度，巩固清产核资成果，防止前清后乱。

五、清产核资工作组织领导

中央企业清产核资工作，由国资委统一领导、统一组织、分步实施，有关清产核资的重大问题由国资委研究决定。各中央企业具体组织所属企业、单位开展清产核资工作。

（一）国资委负责中央企业清产核资工作部署，制定清产核资规章制度和工作方案，对企业清产核资工作及中介机构审计工作进行督促、指导和核查。

（二）中央企业应结合企业自身实际情况，成立清产核资领导小组，并指定内部有关机构或成立临时办事机构，具体负责组织实施工作。

（三）中央企业所属事业单位、境外企业清产核资工作要按照中央企业清产核资工作统一部署和要求开展，具体工作实施按其财务隶属关系组织进行。

六、清产核资工作要求

为确保清产核资工作质量，提高工作效率，开展清产核资工作的中央企业应遵循以下工作要求：

（一）中央企业清产核资工作应认真执行《国有企业清产核资办法》等制度规定（另行下发），做到全面彻底、不重不漏、账实相符，切实摸清“家底”，保证清产核资工作结果真实、可靠。

（二）中央企业在清产核资工作中应坚持实事求是的原则，如实暴露存在问题。对清查出的各项资产损失均应按有关要求取得合法证据或具有法定效力的经济鉴证材料，不得虚报、瞒报。

（三）中央企业对清出的各项资产损失和资金挂账，应认真清理、分类排队、查明原因，根据企业实际情况，依据国家清产核资政策和有关财务会计制度规定，认真研究提出处理意见。

（四）中央企业经批准财务核销的各项不良债权、不良投资及实物资产损失，要建立“账销案存”管理制度，认真加强有关管理工作，组织力量或成立专门机构继续进行清理和追索，避免国有资产流失。

（五）中央企业通过开展清产核资，如实反映企业所属单位在经营管理中存在的矛盾和问题，对资不抵债难以持续经营的，应在认真调查研究的基础上做好分类排队，依法予以合并、歇业、撤销、出售和破产，加快推动企业组织结构的调整，促进提高国有资本总体运营效益。

（六）除涉及国家安全的特殊企业以外，中央企业清产核资工作结果须委托符合资质条件的社会中介机构进行审计，并上报企业清产核资审计报告。

（七）中央企业在清产核资工作中，要指定专门机构和专人负责，及时将工作的进展情况、存在的问题、工作组织和意见或建议，通过简报、情况反映、专题报告或阶段工作总结等形式报送国资委（统计评价局）。

国有企业资产损失认定工作规则

（国资评价〔2003〕72号　2003年9月13日公布并实施）

第一章　总　　则

第一条　为加强对国有及国有控股企业（以下简称企业）清产核资工作的监督管理，规范企业资产损失的核实和认定工作，根据《国有企业清产核资办法》和国家有关财务会计制度，制定本规则。

第二条　本规则所称的资产损失，是指企业清产核资清查出的在基准日之前，已经发生的各项财产损失和以前年度的经营潜亏及资金挂账等。

第三条　企业清产核资中清查出的各项资产损失，依据《国有企业清产核资办法》及本规则规定进行核实和认定。

第四条　企业清产核资中清查出各项资产损失的核实和认定，依据有关会计科目，按照货币资金损失、坏账损失、存货损失、待摊费用挂账损失、投资损失、固定资产损失、在建工程和工程物资损失、无形资产损失、其他资产损失等分类分项进行。

第五条　国有资产监督管理机构按照国家有关规定负责对企业清产核资中清查出的资产损失进行审核和认定工作。

第二章　资产损失认定的证据

第六条　在清产核资工作中，企业需要申报认定的各项资产损失，均应提供合法证据，包括：具有法律效力的外部证据、社会中介机构的经济鉴证证明和特定事项的企业内部证据。

第七条　具有法律效力的外部证据，是指企业收集到的司法机关、公安机关、行政部门、专业技术鉴定部门等依法出具的与本企业资产损失相关的具有法律效力的书面文件，主要包括：

（一）司法机关的判决或者裁定；

（二）公安机关的立案结案证明、回复；

（三）工商管理部门出具的注销、吊销及停业证明；

（四）企业的破产清算公告及清偿文件；

（五）政府部门的公文及明令禁止的文件；

（六）国家及授权专业技术鉴定部门的鉴定报告；

（七）保险公司对投保资产出具的出险调查单，理赔计算单等；

（八）符合法律条件的其他证据。

第八条　社会中介机构的经济鉴证证明，是指社会中介机构按照独立、客观、公正的原则，在充分调查研究、论证和分析计算基础上，进行职业推断和客观评判，对企业的某项经济事项发表的专项经济鉴证证明或鉴证意见书，包括：会计师事务所、资产评估机构、律师事务所、专业鉴定机构等出具的经济鉴证证明或鉴证意见书。

第九条　特定事项的企业内部证据，是指本企业在财产清查过程中，对涉及财产盘盈、盘亏或者实物资产报废、毁损及相关资金挂账等情况的内部证明和内部鉴定意见书等，主要包括：

（一）会计核算有关资料和原始凭证；

（二）资产盘点表；

（三）相关经济行为的业务合同；

（四）企业内部技术鉴定小组或内部专业技术部门的鉴定文件或资料（数额较大、影响较大的资产损失项目，应当聘请行业内专家参加技术鉴定和论证）；

（五）企业的内部核批文件及有关情况说明；

（六）由于经营管理责任造成的损失，要有对责任人的责任认定及赔偿情况说明。

第十条 对作为资产损失的所有证据，企业都应当根据内部控制制度和财务管理制度，进行逐级审核，认真把关；承担企业清产核资专项财务审计业务的中介机构应根据独立审计准则规定做好相关证据的复核、甄别工作，逐项予以核实和确认。

第三章 资产损失认定的原则

第十一条 为保证企业资产状况的真实性和财务信息的准确性，企业对清产核资中清查出的已丧失了使用价值或者转让价值、不能再为企业带来经济利益的账面无效资产，凡事实确凿、证明充分的，依据国家财务会计制度和清产核资政策规定，认定为损失，经批准后可予以财务核销。

第十二条 企业对清产核资中清查出的各项资产损失，应当积极组织力量逐户逐项进行认真清理和核对，取得足以说明损失事实的合法证据，并对损失的资产项目及金额按规定的工作程序和工作要求进行核实和认定。

对数额较大、影响较大的资产损失项目，企业应当逐项作出专项说明，承担专项财务审计业务的中介机构应当重点予以核实。

第十三条 企业对清产核资中清查出的各项资产损失，虽取得外部法律效力证明，但其损失金额无法根据证据确定的，或者难以取得外部具有法律效力证明的有关资产损失，应当由社会中介机构进行经济鉴证后出具鉴证意见书。

第十四条 企业对经批准核销的不良债权、不良投资等损失，应当认真加强管理，建立“账销案存”管理制度，组织力量或成立专门机构进一步清理和追索，避免国有资产流失。

第十五条 企业对经批准核销的报废毁损固定资产、存货、在建工程等实物资产损失，应当分类排队，进行认真清理，对有利用价值或者能收回残值的，应当积极进行处理，以最大限度降低损失。

第十六条 企业清查出的由于会计技术性差错引起的资产不实，不属于资产损失的认定范围，应当由企业依据会计准则规定的会计差错更正办法，经会计师事务所审计提出相关意见后自行处理。

第十七条 企业集团内部单位之间、母公司与子公司之间的互相往来款项、投资和关联交易，债务人核销债务要与债权人核销债权同等金额、同时进行，并签订书面协议，互相提供处理债权或者债务的财务资料。

第四章 货币资金损失的认定

第十八条 货币资金损失是指企业清查出的现金短缺和各类金融机构存款发生的有关

损失。

第十九条 企业清查出的现金短缺,将现金短缺数扣除责任人赔偿后的数额,依据下列证据,确认为损失:

(一)现金保管人确认的现金盘点表(包括倒推至基准日的记录);

(二)现金保管人对于短款的说明及相关核准文件;

(三)由于管理责任造成的,应当有对责任人的责任认定及赔偿情况说明;

(四)涉及刑事犯罪的应当提供有关司法涉案材料。

第二十条 企业清查出的存款中金融机构已付、企业未付的款项,依据财产清查基准日的银行对账单及相应的银行存款余额调节表,要逐笔查明银行已付、企业未付款项的形成原因,确认与收款人的债权债务关系,核实情况分清责任。对不能收回款项,比照本规则坏账损失的认定要求,进行损失认定。

第五章 坏账损失的认定

第二十一条 坏账损失是指企业不能收回的各项应收款项造成的损失,主要包括:应收账款和其他应收款、应收票据、预付账款等发生坏账造成的损失。

第二十二条 对在清产核资中清查出的各项坏账,企业应当逐项分析形成原因,对有合法证据证明确实不能收回的应收款项,分别不同情况,认定为损失。

第二十三条 债务单位已被宣告破产、注销、吊销工商登记或者被政府责令关闭等,造成应收款项无法收回的,依据下列证据,认定为损失:

(一)法院的破产公告和破产清算的清偿文件;

(二)工商部门的注销、吊销证明;

(三)政府部门有关行政决定文件。

对上述情形中已经清算的,应当扣除债务人清算财产实际清偿部分后,对不能收回的款项,认定为损失。

对尚未清算的,由社会中介机构进行职业推断和客观评判后出具经济鉴证证明,对确实不能收回的部分,认定为损失。

第二十四条 债务人已失踪、死亡的应收款项,在取得公安机关出具的债务人已失踪、死亡的证明后,确定其遗产不足清偿部分或无法找到承债人追偿债务的,由社会中介机构进行职业推断和客观评判后出具经济鉴证证明,认定为损失。

第二十五条 债务人因遭受战争、国际政治事件及自然灾害等不可抗力因素影响,对确实无法收回的应收款项,由企业作出专项说明,经社会中介机构进行职业推断和客观评判后出具经济鉴证证明,认定为损失。

第二十六条 逾期不能收回的应收款项,有败诉的法院判决书、裁定书,或者胜诉但无法执行或债务人无偿债能力被法院裁定终(中)止执行的,依据法院的判决、裁定或终(中)止执行的法律文书,认定为损失。

第二十七条 在逾期不能收回的应收款项中,单笔数额较小、不足以弥补清收成本的,由企业作出专项说明,经社会中介机构进行职业推断和客观评判后出具经济鉴证证明,认定为损失。

第二十八条 逾期3年以上的应收款项,企业有依法催收磋商记录,确认债务人已资不抵债、连续3年亏损或连续停止经营3年以上的,并能认定在最近3年内没有任何业务往来,由社会中介机构进行职业推断和客观评判后出具鉴证证明,认定为损失。

第二十九条 逾期3年以上的应收款项,债务人在境外及港、澳、台地区的,经依法催收仍不能收回的,在取得境外中介机构出具的有关证明,或者取得我国驻外使(领)馆或商务机构出具的有关证明后,认定为损失。

第三十条 对逾期3年以上的应收款项,企业为了减少坏账损失而与债务人协商,按一定比例折扣后收回(含收回的实物资产)的,根据企业董事会或者经理(厂长)办公会审议决定(二级及以下企业应有上级母公司的核准文件)和债权债务双方签订的有效协议,以及已收回资金的证明,其折扣部分,认定为损失。

第六章 存货损失的认定

第三十一条 存货损失是指有关商品、产成品、半成品、在产品以及各类材料、燃料、包装物、低值易耗品等发生的盘盈、盘亏、变质、毁损、报废、淘汰、被盗等造成的净损失,以及存货成本的高留低转资金挂账等。

第三十二条 对盘盈和盘亏的存货,扣除责任人赔偿后的差额部分,依据下列证据,认定为损失:

(一)存货盘点表;

(二)社会中介机构的经济鉴证证明;

(三)其他应当提供的材料:

1. 存货保管人对于盘盈和盘亏的情况说明;

2. 盘盈存货的价值确定依据(包括相关入库手续、相同相近存货采购发票价格或者其他确定依据);

3. 盘亏存货的价值确定依据;

4. 企业内部有关责任认定、责任人赔偿说明和内部核批文件。

第三十三条 对报废、毁损的存货,将其账面价值扣除残值及保险赔偿或责任人赔偿后的差额部分,依据下列证据,认定为损失:

(一)单项或者批量金额较小的存货,由企业内部有关部门出具技术鉴定证明;

(二)单项或者批量金额较大的存货,应取得国家有关技术鉴定部门或具有技术鉴定资格的社会中介机构出具的技术鉴定证明;

(三)涉及保险索赔的,应当有保险公司理赔情况说明;

(四)其他应当提供的材料:

1. 企业内部关于存货报废、毁损情况说明及审批文件;

2. 残值情况说明;

3. 企业内部有关责任认定、责任人赔偿说明和内部核批文件。

第三十四条 对被盗的存货,将其账面价值扣除保险理赔以及责任人赔偿后的差额部分,依据以下证据,认定为损失:

(一)向公安机关的报案记录;公安机关立案、破案和结案的证明材料;

(二)涉及责任人的责任认定及赔偿情况说明;

（三）涉及保险索赔的，应有保险公司理赔情况说明。

第三十五条 对已削价、折价处理的存货，由企业有关部门说明情况，依据有关会计凭证将原账面价值与已收回价值的差额部分，认定为损失。

第三十六条 对清查出的存货成本高留低转部分，由企业作出专项说明，经社会中介机构进行职业推断和客观评判后出具经济鉴证证明，认定为损失。

第七章 待摊费用挂账损失的认定

第三十七条 企业清查出的已经失去摊销意义的费用项目，由企业作出相关事项说明，经社会中介机构进行职业推断和客观评判后出具经济鉴证证明，认定为损失。

第三十八条 企业清查出的长期应摊未摊费用，由企业作出难以自行消化的未摊销专项说明，经社会中介机构进行职业推断和客观评判后出具经济鉴证证明，认定为损失。

第三十九条 企业清查出的有关应提未提费用，由企业作出专项说明，经社会中介机构进行职业推断和客观评判后出具经济鉴证证明，认定为损失。

第四十条 企业清查出的以前年度由于国家外汇汇率政策调整引起的汇兑损失挂账，由企业作出专项说明，经社会中介机构进行职业推断和客观评判后出具经济鉴证证明，认定为损失。

第八章 投资损失的认定

第四十一条 投资损失是指企业发生的不良股权或者债权投资造成的损失，包括长期投资损失和短期投资损失。对清查出的不良投资，企业要逐项进行原因分析，对有合法证据证明不能收回的，认定为损失。

第四十二条 被投资单位已破产、清算、被撤销、关闭或被注销、吊销工商登记等，造成难以收回的不良投资，依据下列证据，认定为损失：

（一）法院的破产公告或者破产清算的清偿文件；

（二）工商部门的注销、吊销文件；

（三）政府部门的有关行政决定文件。

对已经清算的，扣除清算财产清偿后的差额部分，认定为损失。

尚未清算的，由社会中介机构经过职业推断和客观评判后出具经济鉴证证明，对被投资单位剩余财产确实不足清偿投资的差额部分，认定为损失。

第四十三条 对企业有关参股投资项目金额较小，确认被投资单位已资不抵债、连续经营亏损3年以上或连续停止经营3年以上的，由社会中介机构进行职业推断和客观评判后出具经济鉴证证明，对确实不能收回的部分，认定为损失。

第四十四条 企业经营期货、证券、外汇等短期投资未进行交割或清理的，不能认定为损失。

第九章 固定资产损失的认定

第四十五条 固定资产损失是指企业房屋建筑物、机器设备、运输设备、工具器具等发生的盘盈、盘亏、淘汰、毁损、报废、丢失、被盗等造成的净损失。

第四十六条 对盘盈的固定资产，依据下列证据，确认为固定资产盘盈入账。

（一）固定资产盘点表；

（二）使用保管人对于盘盈情况说明材料；

（三）盘盈固定资产的价值确定依据（同类固定资产的市场价格、类似资产的购买合同、发票或竣工决算资料）；

（四）单项或批量数额较大固定资产的盘盈，企业难以取得价值确认依据的，应当委托社会中介机构进行估价，出具估价报告。

第四十七条 对盘亏的固定资产，将其账面净值扣除责任人赔偿后的差额部分，依据下列证据，认定为损失：

（一）固定资产盘点表；

（二）盘亏情况说明（单项或批量金额较大的固定资产盘亏，企业要逐项作出专项说明，由社会中介机构进行职业推断和客观评判后出具经济鉴证证明）；

（三）社会中介机构的经济鉴证证明；

（四）企业内部有关责任认定和内部核准文件等。

第四十八条 对报废、毁损的固定资产，将其账面净值扣除残值、保险赔偿和责任人赔偿后的差额部分，依据下列证据，认定为损失：

（一）企业内部有关部门出具的鉴定证明；

（二）单项或批量金额较大的固定资产报废、毁损，由企业作出专项说明，应当委托有技术鉴定资格的机构进行鉴定，出具鉴定证明；

（三）不可抗力原因（自然灾害、意外事故）造成固定资产毁损、报废的，应当有相关职能部门出具的鉴定报告。如消防部门出具的受灾证明；公安部门出具的事故现场处理报告、车辆报损证明；房管部门的房屋拆除证明；锅炉、电梯等安检部门的检验报告等；

（四）企业固定资产报废、毁损情况说明及内部核批文件；

（五）涉及保险索赔的，应当有保险理赔情况说明。

第四十九条 对被盗的固定资产，将其账面净值扣除责任人的赔偿和保险理赔后的差额部分，依据下列证据，认定为损失：

（一）向公安机关的报案记录；公安机关立案、破案和结案的证明材料；

（二）企业内部有关责任认定、责任人赔偿说明和内部核批文件；

（三）涉及保险索赔的，应当有保险理赔情况说明。

第十章 在建工程和工程物资损失的认定

第五十条 在建工程损失和工程物资损失是指企业已经发生的因停建、废弃和报废、拆除的在建工程项目造成的损失，以及因此而引起的相应工程物资报废或者削价处理等发生的损失。

第五十一条 因停建、废弃和报废、拆除的在建工程，将其账面投资扣除残值后的差额部分，依据下列证据，认定为损失：

（一）国家明令停建项目的文件；

（二）规划等有关政府部门出具的工程停建、拆除通知文件；

（三）企业对报废、废弃的在建工程项目出具的鉴定意见和原因说明及核批文件；单项数额较大的在建工程报废，应当有行业专家参与的技术鉴定意见；

（四）工程项目实际投入的价值确定依据。

第五十二条 由于自然灾害和意外事故毁损的在建工程，将其账面投资扣除残值、保险赔偿及责任赔偿后的差额部分，依据下列证据，认定为损失：

（一）有关自然灾害或者意外事故证明；

（二）涉及保险索赔的，应当有保险理赔情况说明；

（三）企业内部有关责任认定、责任人赔偿说明和核准文件。

第五十三条 工程物资发生损失的，比照本规则存货损失的认定要求，进行损失认定。

第十一章 无形资产和其他资产损失的认定

第五十四条 无形资产损失是指某项无形资产已经被其他新技术所代替或已经超过了法律保护的期限，已经丧失了使用价值和转让价值，不能给企业再带来经济利益，而使该无形资产成为无效资产，其账面尚未摊销的余额，形成无形资产损失。

第五十五条 企业清查出的无形资产损失，依据有关技术部门提供的鉴定材料，或者已经超过了法律保护的期限证明文件，将尚未摊销的无形资产账面余额，认定为损失。

第五十六条 企业或有负债（包括担保、抵押、委托贷款等行为造成的损失）成为事实负债后，对无法追回的债权，分别按有关资产损失认定要求，进行损失认定。

（一）对外提供担保损失。被担保人由于不能按期偿还债务，本企业承担了担保连带还款责任，经清查和追索，被担保人无偿还能力，对无法追回的，比照本规则坏账损失的认定要求，进行损失认定。

（二）抵押损失。由于企业没能按期赎回抵押资产，使抵押资产被拍卖或变卖，其账面价值与拍卖或变卖价值的差额部分，依据拍卖或变卖证明，认定为损失。

（三）委托贷款损失。企业委托金融机构向其他单位贷出的款项，对贷款单位不能按期偿还的，比照本规则投资损失的认定要求，进行损失认定。

第五十七条 国家特准储备物资发生损失的，按有关规定的审批程序另行报批。

第十二章 附 则

第五十八条 企业应按照《会计档案管理办法》的规定，妥善保管清产核资工作档案，清产核资各种工作底稿、各项资产损失认定证明和会计基础材料，应分类装订成册，按规定期限保存。

第五十九条 本规则自公布之日起施行。

国有企业清产核资工作规程

（国资评价〔2003〕73号　2003年9月13日公布并实施）

第一章　总　　则

第一条　为规范国有及国有控股企业（以下简称企业）清产核资工作，保证工作质量，提高工作效率，根据《国有企业清产核资办法》和国家有关财务会计制度，制定本工作规程。

第二条　企业开展清产核资工作，应当依据《国有企业清产核资办法》规定及本工作规程明确的工作程序、工作方法、工作要求和工作步骤等组织进行。

第三条　企业开展清产核资工作，有关立项申请、账务清理、资产清查、价值重估、损溢认定、报表编制、中介审计、结果申报、资金核实、账务处理、完善制度等工作任务，应当遵循本工作规程相关要求。

第四条　制定企业清产核资工作规程的目的，是为了促进建立依法管理、公开透明、监督制衡的企业清产核资工作基本程序和工作规范。

第二章　立 项 申 请

第五条　企业开展清产核资工作，除国有资产监督管理机构特殊规定外，均应当根据实际情况和国家清产核资有关要求提出申请，经批准同意后组织实施。

属于由国有资产监督管理机构要求开展清产核资工作的，企业依据国有资产监督管理机构的工作通知或者工作方案，组织实施。

第六条　企业发生《国有企业清产核资办法》第八条所规定的有关经济行为的，依据国家清产核资有关政策和企业经济行为需要，由母公司统一向同级国有资产监督管理机构提出开展清产核资工作申请报告。

第七条　企业清产核资工作申请报告主要包括以下内容：

（一）企业情况简介；

（二）开展清产核资工作的原因；

（三）开展清产核资工作基准日（清查时点）；

（四）清产核资工作范围；

（五）清产核资工作组织方式；

（六）需要说明的其他事项。

第八条　企业清产核资工作申请报告，应当附报能够说明开展清产核资理由的相关文件或材料。

国有控股企业开展或者参加清产核资工作，应当附报企业董事会或者股东会的相关决议。

第九条　企业开展清产核资工作的范围应当包括：企业总部及所属全部的子企业（含下属事业单位、分支机构、境外子企业等，下同）。对于因特殊原因不能参加清产核资工作的子企业，企业应当附报有关名单并说明原因，经批准后可以账面数作为清产核资工作结果。

第十条　企业所属下列子企业可以不列入参加清产核资工作范围，直接以企业账面数作为企业清产核资工作结果：

(一)子企业新成立不到1年的；

(二)子企业因某种特定经济行为在上一年度已组织进行过资产评估的；

(三)子企业资产、财务状况良好，经财务审计确实不存在较大资产损失或者潜亏挂账的。

第十一条　国有资产监督管理机构在收到企业报送的清产核资工作申请报告后，应当依据清产核资制度及时予以审核和答复。

(一)对于符合开展清产核资工作条件的，国有资产监督管理机构应在规定时间内出具同意企业开展清产核资工作的文件；

(二)对于不符合开展清产核资工作条件的，国有资产监督管理机构应当及时通知企业并告之原因。

第十二条　企业经核准同意开展清产核资工作后，应当指定内设的财务管理或资产管理等机构或者成立多部门组成的临时机构作为具体工作办事机构，负责本企业清产核资有关工作的组织和协调，并与国有资产监督管理机构建立工作联系。

第十三条　企业经核准同意开展清产核资工作后，应当于接到同意文件15个工作日内，根据国家有关清产核资工作政策、工作制度和工作要求，制定本企业清产核资工作的具体实施方案，并报同级国有资产监督管理机构备案(其中应当抄报本企业监事会1份)。

第十四条　企业清产核资工作的具体实施方案，主要包括以下内容：

(一)企业开展清产核资工作目标；

(二)企业清产核资办事机构基本情况；

(三)企业清产核资工作组织方式；

(四)企业清产核资工作内容；

(五)企业清产核资工作步骤和时间安排；

(六)企业清产核资工作要求及工作纪律；

(七)需要说明的其他事项。

第十五条　企业在清产核资中，应当认真做好本企业内部户数清理工作，确定基本清查单位或项目，明确工作范围，落实工作责任制。基本清查单位和清产核资工作组织，原则上按照企业财务隶属关系划分和确定。

第三章　账务清理

第十六条　为保证企业的账账相符、账证相符，企业在清产核资工作中必须认真做好账务清理工作，即：对企业总公司及子企业所有账户进行清理，以及总公司同各子企业之间的各项内部资金往来、存借款余额、库存现金和有价证券等基本账务情况进行全面核对和清理，以保证企业各项账务的全面和准确。

第十七条　企业账务清理应当以清产核资工作基准日为时点，采取倒轧账的方式对各项账务进行全面清理，认真做好内部账户结算和资金核对工作。

通过账务清理要做到总公司内部各部门、总公司同各子企业之间、子企业相互之间往来关系清楚、资金关系明晰。

第十八条　企业对在金融机构开立的人民币支付结算的银行基本存款账户、一般存款账户、临时存款账户、专用存款账户,以及经常项目外汇账户、资本项目外汇账户等要进行全面清理。

第十九条 企业在清产核资中,应当认真清理企业及所属子企业各种违规账户或者账外账,按照国家现行有关金融、财会管理制度规定,检查本企业在各种金融机构中开立的银行账户是否合规,对违规开立的银行账户应当坚决清理;对于账外账的情况,一经发现,应当坚决纠正。

第二十条 企业在清产核资工作中,应当认真清查公司总部及所有子企业的各项账外现金,对违反国家财经法规及其他有关规定侵占、截留的收入,或者私存私放的各项现金(即"小金库")进行全面清理,应当认真予以纠正,及时纳入企业账内。

第二十一条 企业在清产核资中,应当认真对企业总部及所属子企业对内或者对外的担保情况、财产抵押和司法诉讼等情况进行全面清理,并根据实际情况分类排队,并采取有效措施防范风险。

第二十二条 企业在账务清理中,对清理出来的各种由于会计技术性差错因素造成的错账,应当根据会计准则关于会计差错调整的规定自行进行账务调整。

第四章 资产清查

第二十三条 企业应当在清产核资过程中认真组织力量做好资产清查工作,对企业的各项资产进行全面的清理、核对和查实。社会中介机构应按照独立审计准则的相关规定对资产盘点进行监盘。

第二十四条 企业在组织资产清查时,应当把实物盘点同核实账务结合起来,在盘点过程中要以账对物、以物核账,做好细致的核对工作,保证企业做到账实相符。

(一)企业资产清查工作应当把清理资产同核查负债和所有者权益结合起来,对企业的负债、权益认真清理,对于因会计技术差错造成的不实债权、债务进行甄别并及时改正;对清查出来的账外权益、负债要及时入账,以确保企业的资产、负债及权益的真实、准确。

(二)企业资产清查工作应当重点做好各类应收及预付账款、各项对外投资、账外资产的清理,查实应收账款的债权是否存在,核实对外投资初始成本的现有实际价值。

第二十五条 企业对流动资产清查核实的范围和内容包括现金、各种存款、各种应收及预付款项、短期投资和存货等。

第二十六条 现金清查主要是确定货币资金是否存在;货币资金的收支记录是否完整;库存现金、银行存款以及其他货币资金账户的余额是否正确。

第二十七条 对库存现金的清查,应当查看库存现金是否超过核定的限额,现金收支是否符合现金管理规定;核对库存现金实际金额与现金日记账户余额是否相符;编制库存现金盘点表。对库存外币依币种清查,并以清查时点当日之银行外币买入牌价换算。

备用金余额加上各项支出凭证的金额应等于当初设置备用金数额。截止清查时点时,应当核对企业现金日记账的余额与库存现金的盘点金额是否相符;如有差异,应说明原因。

第二十八条 对其他货币资金,主要是清查外埠存款、银行汇票存款、银行本票存款、在途货币资金、信用卡存款、信用证存款等,按其他货币资金账户及其明细分类账逐一核对。

第二十九条 对银行存款,主要清查企业在开户银行及其他金融机构各种存款账面余额与银行及其他金融机构中该企业的账面余额是否相符;对银行存款的清查,应根据银行存款对账单、存款种类及货币种类逐一查对、核实。检查银行存款余额调节表中未达账项的真实性;检查非记账本位币折合记账本位币所采用的折算汇率是否正确，折算差额是否已按规定进行账务处理。

（一）存款明细要依不同银行账户分列明细，应当区分人民币及各种外币；

（二）定期存款应当出具银行定期存款单；

（三）各项存款应当由银行出具证明文件；

（四）外币存款应当按外币币种及银行分列；

（五）银行存款账列有利息收入时应当详加注明。

第三十条 应收及预付款项的清查内容包括应收票据、应收账款、其他应收款、预付账款和待摊费用。

（一）清查应收票据时，企业应当按其种类逐笔与购货单位或者银行核对查实；

（二）清查应收账款、其他应收款和预付账款时，企业应当逐一与对方单位核对，以双方一致金额记账。对有争议的债权要认真清理、查证、核实，重新明确债权关系。对长期拖欠，要查明原因，积极催收；对经确认难以收回的款项，应当明确责任，做好有关取证工作；

（三）应当认真清理企业职工个人借款并限期收回。

第三十一条 短期投资的清查主要对国库券、各种特种债券、股票及其他短期投资进行清理，取得股票、债券及基金账户对账单，与明细账余额核对，盘点库存有价证券，与相关账户余额进行核对。

第三十二条 存货的清查内容主要包括：原材料、辅助材料、燃料、修理用备件、包装物、低值易耗品、在产品、半成品、产成品、外购商品、协作件以及代保管、在途、外存、外借、委托加工的物资（商品）等。

（一）各企业都应当认真组织清仓查库，对所有存货全面清查盘点；对清查出的积压、已毁损或需报废的存货，应当查明原因，组织相应的技术鉴定，并提出处理意见；

（二）对长期外借未收回的存货，应当查明原因，积极收回或按规定作价转让；

（三）代保管物资由代保管单位协助清查，并将清查结果告知产权单位。

第三十三条 固定资产清查的范围主要包括房屋及建筑物、机器设备、运输设备、工具器具和土地等。

（一）对固定资产要查清固定资产原值、净值，已提折旧额，清理出已提足折旧的固定资产、待报废和提前报废固定资产的数额及固定资产损失、待核销数额等；

（二）租出的固定资产由租出方负责清查，没有登记入账的要将清查结果与租入方进行核对后，登记入账；

（三）对借出和未按规定手续批准转让出去的资产，应当认真清理收回或者补办手续；

（四）对清查出的各项账面盘盈（含账外）、盘亏固定资产，要认真查明原因，分清工作责任，提出处理意见；

（五）经过清查后的各项固定资产，依据用途（指生产性或非生产性）和使用情况（指在用、未使用或不需用等）进行重新登记，建立健全实物账卡；

（六）对清查出的各项未使用、不需用的固定资产，应当查明购建日期、使用时间、技术状况和主要参数等，按调拨（其价值转入受拨单位）、转生产用、出售、待报废等提出处理意见；

（七）土地清查的范围包括企业依法占用和出租、出借给其他企业使用的土地，企业举办国内联营、合资企业以使用权作价投资或入股的土地，企业与外方举办的中外合资、合作经营企业以使用权作价入股的土地。

第三十四条 长期投资的清查主要包括总公司和子企业以流动资产、固定资产、无形资产等各种资产的各种形式投资。

(一)在清查对外长期投资时，凡按股份或者资本份额拥有实际控制权的，一般应采用权益法进行清查；没有实际控制权的，按企业目前对外投资的核算方式进行清查。核查内容包括：有关长期投资的合同、协议、章程，有权力部门的批准文件，确认目前拥有的实际股权、原始投入、股权比例、分红等项内容；

(二)企业在境外的长期投资清查主要包括以资金、实物资产、无形资产在境外投资举办的各类独资、合资、联营、参股公司等企业中的各项资产，由中方投资企业认真查明管理情况和投资效益。

第三十五条 在建工程(包括基建项目)清查的范围和内容主要是在建或停缓建的国家基建项目、技术改造项目，包括完工未交付使用(含试车)、交付使用未验收入账等工程项目、长期挂账但实际已经停工报废的项目。在建工程要由建设单位负责按项目逐一进行清查，主要登记在建工程的项目性质、投资来源、投资总额、实际支出、实际完工进度和管理状况。

对在建工程的毁损报废要详细说明原因，提供合规证明材料。对清理出来的在建工程中已完工未交付使用和交付使用未验收入账的工程，企业应当及时入账。

第三十六条 无形资产清查的范围和内容包括各项专利权、商标权、特许权、版权、商誉、土地使用权及房屋使用权等。对无形资产的清查进行全面盘点，确定其真实价值及完整内容，核实权属证明材料，检查实际摊销情况。

第三十七条 递延资产及其他资产清查的范围和内容包括开办费、租入固定资产改良支出及特准储备物资等，应当逐一清理，认真核查摊销余额。

第三十八条 负债清查的范围和内容包括各项流动负债和长期负债。流动负债要清查各种短期借款、应付及预收款项、预提费用及应付福利费等；长期负债要清查各种长期借款、应付债券、长期应付款、住房周转金等。对负债清查时企业、单位要与债权单位逐一核对账目，达到双方账面余额一致。

第三十九条 企业在对以上资产进行全面清查的基础上，根据国家有关清产核资损失认定的有关规定，在社会中介机构的配合下，收集相关证据，为资产损失、资金挂账的认定工作做好准备。

第五章 价 值 重 估

第四十条 企业凡在以前开展清产核资工作(包括第五次全国清产核资工作，配合军队、武警部队和政法机关移交企业，中央党政机关脱钩企业，科研机构整体转制及日常开展的清产核资工作)时已进行过资产价值重估的，或者因特定经济行为需要已经组织过资产评估工作的，原则上不再进行资产价值重估。

第四十一条 中央企业在清产核资中，属第四十条规定以外，且企业账面价值和实际价值背离较大的主要固定资产和流动资产确需进行重新估价的，须在企业清产核资立项申请报告中就有关情况及原因进行专项说明，由国务院国有资产监督管理委员会审批。

第四十二条 地方所出资企业需在清产核资中进行资产价值重估的，须由省级国有资产监督管理机构核准同意。

第四十三条 企业在清产核资中经核准同意进行资产价值重估工作的，原则上应当采取物价指数法。对于特殊情况经批准后，也可采用重置成本法等其他方法进行。

第四十四条 物价指数法是以资产购建年度价格为基准价格，按国家有关部门制定的《清产核资价值重估统一标准目录》(1995 年)中列出的价格指数，对资产价值进行统一调整估价的方法。

第六章 损溢认定

第四十五条 企业在进行账务清理、资产清查的基础上，对各项清理出来的资产盘盈、资产损失和资金挂账，依据国家清产核资政策和有关财务会计制度规定，认真、细致地做好资产损溢的认定工作。

第四十六条 企业在清产核资中对清理出来的各项资产盘盈、资产损失和资金挂账的核实和认定，具体按照《国有企业资产损失认定工作规则》的有关规定进行。

第四十七条 企业在清产核资中对各项资产盘盈、资产损失和资金挂账的核实和认定都必须取得合法证据。合法证据包括：

(一)具有法律效力的外部证据；

(二)社会中介机构的经济鉴证证明；

(三)特定经济行为的企业内部证据。

第四十八条 企业在清产核资中，要认真组织做好资产盘盈、资产损失和资金挂账有关证明的取证与证据甄别。在取得各项相关证据和资料后，企业应当认真甄别各项证明材料的可靠性和合理性；承担清产核资专项财务审计业务的社会中介机构要对企业提供的各项证据真实性、可靠性进行核实和确认。

第四十九条 企业在清产核资中对清理出的各种账外资产以及账外的债权、债务等情况在进行认真分析的基础上，作出详细说明，报国有资产监督机构审核批准后及时调整入账。

第五十条 企业在清产核资工作中，对证据充分、事实确凿的各项资产损失、资金挂账，经社会中介机构专项财务审计后，可以按照国家清产核资政策规定向国有资产监督管理机构申报认定和核销。

第五十一条 企业在清产核资中应当严格区分内部往来、内部关联交易的损失情况，在上报子企业的资产损失时，作为投资方采用权益法核算的，母公司不重复确认为损失。

第七章 报表编制

第五十二条 《企业清产核资报表》是在清产核资各项工作的基础上，依据各工作阶段所获得的数据和资料，进行整理、归类、汇总和分析，编制反映企业清产核资基准日资产状况、清查结果和资金核实的报告文件。

国务院国有资产监督管理委员会负责统一制定和下发《企业清产核资报表》格式。

第五十三条 企业在清产核资工作中，在进行账务清理、资产清查等工作并填制《清产核资工作基础表》的基础上，应当认真、如实地分别填制《企业清产核资报表》。

第五十四条 《清产核资工作基础表》是企业开展资产清查工作的基本底表。企业在清产核资过程中可根据企业自身情况对《清产核资工作基础表》进行必要的修改或调整。

第五十五条 《企业清产核资报表》分为清产核资工作情况表和清产核资损失挂账分项明细表两个部分：

（一）清产核资工作情况表主要包括：资产清查表、基本情况表、资金核实申报表、资金核实分户表、损失挂账情况表；

（二）清产核资损失挂账分项明细表反映企业申报的资产盘盈、资产损失和资金挂账分项明细情况，具体按照不同单位、损失类别等列示。

第五十六条 《企业清产核资报表》编制工作，要明确分工，精心组织，积极做好内部相关业务机构的协调和配合，确保报表数据的真实、合法和完整，并依次装订成册，由企业法人签字并加盖公章。

第五十七条 企业在清产核资工作中编制的《企业清产核资报表》和《清产核资工作基础表》应当作为工作档案的一部分，按照有关档案管理的要求妥善保管。

第八章 中介审计

第五十八条 企业清产核资工作结果应当按照规定委托符合资质条件的社会中介机构进行专项财务审计。涉及国家安全的特殊企业经同意后，由企业自行组织开展清产核资工作。

第五十九条 社会中介机构要按照独立、客观、公正的原则，履行必要的审计程序，依据独立审计准则等相关规定，认真核实企业的各项清产核资材料，并按照规定参与清点实物实施监盘。

第六十条 企业在清产核资工作中要分清与社会中介机构的职责分工，明确工作关系，细化工作程序，分清工作责任。如选择多家社会中介机构的，应当指定其中一家社会中介机构为主审机构牵头负责，并明确主审所与协作所的分工、责任等关系。

第六十一条 社会中介机构在清产核资专项财务审计工作和经济鉴证中享有法律规定的权力，承担法律规定的义务。任何企业和个人不得干涉社会中介机构正常职业行为。社会中介机构要在清产核资工作中保守企业的各项商业秘密。

第六十二条 社会中介机构对企业资产损溢，应当在充分调查研究、论证的基础上，进行职业推断和客观评判，出具经济鉴证证明，并对其真实性、可靠性负责。

社会中介机构对企业清产核资结果，应当在认真核实和详细分析的基础上，根据独立、客观、公正原则，出具专项财务审计报告，并对其准确性、可靠性负责。

第六十三条 社会中介机构在清产核资专项财务审计工作结束后，应当对企业的内控机制等情况进行审核的基础上，出具管理意见书，提出企业的改进相关管理的具体措施和建议。

第九章 结果申报

第六十四条 企业对清查出的各项资产盘盈（包括账外资产）、资产损失和资金挂账等，应当区别情况，按照国家有关清产核资政策规定，分别提出具体处理意见，及时向同级国有资产监督管理机构报送清产核资结果申报材料。

第六十五条 从企业收到清产核资立项批复文件起，应于6个月内完成清产核资各项主体工作，并向国有资产监督管理机构报送清产核资工作报告；在规定时间内不能完成工作的，需报经国有资产监督管理机构同意。

第六十六条 清产核资结果申报材料具体包括:清产核资工作报告、清产核资报表、专项财务审计报告及有关备查材料。

第六十七条 企业清产核资工作报告主要包含以下内容:

(一)企业清产核资基本情况简介;

(二)清产核资工作结果;

(三)对清产核资暴露出来的企业资产、财务管理中存在的问题、原因进行分析并提出改进措施等。

第六十八条 企业清产核资报表应包括企业总部及所属全部子企业的资产状况,以反映企业总体经营实力,并采取合并方式编制。企业所属子企业的清产核资报表以送电子文档格式附报。

第六十九条 专项财务审计报告由社会中介机构出具,主要内容包括:清产核资范围及内容;清产核资行为依据及法律依据;清产核资组织实施情况;清产核资审核意见;社会中介机构认为需要专项说明的重大事项;报告使用范围说明等。另外,还应当附申报资产损失分项明细表;资产损失申报核销项目说明及相关工作材料等。

第七十条 企业各项资产损失、资金挂账的原始凭证资料及具有法律效力证明材料的复印件,如材料较多应单独汇编成册,编注页码,列出目录。

清产核资企业及相关社会中介机构要对所提供证明材料的复印件与原件的一致性负责。

第十章 资金核实

第七十一条 国有资产监督管理机构对企业经过账务清理、资产清查等基础工作后上报的各项资产盘盈、资产损失、资金挂账等进行认定,重新核实企业实际占用的全部法人财产和国家资本金。

第七十二条 国有资产监督管理机构在收到企业报送的清产核资报告后,按照国家有关清产核资政策、国家现行的财务会计制度及相关规定,对上报材料的内容进行审核。

属于国有控股企业的应向国有资产监督管理机构附报董事会或者股东会相关决议。

第七十三条 对企业上报的各项资产损失、资金挂账有充分证据的,国有资产监督管理机构在清产核资企业申报的处理意见及社会中介机构的专项财务审计意见基础上,依据企业的承受能力等实际情况,提出相应的损失挂账处理意见。企业有消化能力的应以企业自行消化为主;如企业确无消化能力的可按相关规定冲减所有者权益。

第七十四条 对确实因客观原因在企业申报清产核资资金核实结果时,相关资产损失、资金挂账的证据不够充分,国有资产监督管理机构无法审定核准的,经同意企业可继续收集证据,在不超过一年的时间内另行补报(1次)。

第十一章 账务处理

第七十五条 企业在接到清产核资资金核实批复文件后,依据批复文件的要求,按照国家现行的财务、会计制度的规定,对企业总公司及子企业进行账务处理。

第七十六条 企业对因采用权益法核算引起的由于子企业损失被核销造成的长期投资损失,在经批准核销后,按照会计制度的规定同时调整相关会计科目。

第七十七条 企业在接到清产核资的批复60个工作日内要将账务处理结果报同级国有资

产监督管理机构并抄送企业监事会(1份)。主要内容有:

(一)总公司按照国有资产监督管理机构批复的清产核资资金核实结果,对列入清产核资范围的各子企业下达的账务调整批复;

(二)企业应当对未能按照国有资产监督管理机构批复的清产核资资金核实结果调账部分的原因进行详细说明并附相关证明材料;

(三)企业所属控股、参股子企业按照批复的损失额等比例进行摊销。

第七十八条 企业对经同意核销的各项不良债权、不良投资,要建立账销案存管理制度,组织力量和建立相关机构积极清理和追索;对同意核销的各项实物资产损失,应当组织力量积极处置、回收残值,避免国有资产流失。

第七十九条 企业在接到清产核资的批复30个工作日内,按规定程序到同级国有资产监督管理机构办理相应的产权变更登记手续。企业注册资本发生变动的,在接到清产核资的批复后,在规定的时间内,按规定程序到工商行政管理部门办理工商变更登记手续。

第十二章 完善制度

第八十条 企业在清产核资的基础上,应当针对清产核资工作中暴露出来的资产及财务管理等方面问题,对资产盘盈、资产损失和资金挂账等形成原因进行认真分析,分清管理责任,提出相关整改措施,巩固清产核资工作成果,防止前清后乱。

第八十一条 企业在清产核资的基础上,按照国家现行的财务、会计及资产管理制度规定并结合企业实际情况,建立健全各项资产包括固定资产、流动资产、无形资产、递延资产、在建工程等管理制度,完善内部资产与财务管理办法。

第八十二条 企业在清产核资的基础上,应当进一步加强会计核算,完善各项内控机制,加强对企业内部各级次的财务监督,建立资产损失责任制度,完善经济责任审计和子企业负责人离任审计制度。

第八十三条 企业在清产核资的基础上,应当认真研究各项风险控制管理制度,尤其是对企业担保、委托贷款资金等事项,提出控制风险的可行的办法,加强担保及委托资金的管理与控制。

第八十四条 企业在清产核资的基础上,应当建立和完善财务信息披露制度,将本企业投资、经营、财务以及企业经营过程中的重大事项,按照国家法律、法规的要求及时向出资人、董事会和股东披露,规范会计信息的披露。

第八十五条 企业应当根据清产核资工作结果,对所属各子企业的资产及财务状况进行认真分析,对确已资不抵债或不能持续经营的,应当根据实际情况提出合并、分立、解散、清算和关闭破产等工作措施,促进企业内部结构的调整,提高企业资产营运效益。

第八十六条 企业内部的纪检监察部门应当积极介入本企业的清产核资工作,对发现的严重违纪违规问题,应当移交有关部门调查处理;涉嫌违法的问题,应当及时移送司法机关处理。

第十三章 附　　则

第八十七条 企业应当按照《会计档案管理办法》的规定,妥善保管清产核资工作档案。清产核资各种工作底稿、各项证明材料原件等会计基础材料应装订成册,按规定存档。

第八十八条 本工作规程自公布之日起施行。

国有企业清产核资资金核实工作规定

(国资评价〔2003〕74号　2003年9月13日公布并实施)

第一条　为规范国有及国有控股企业(以下简称企业)清产核资工作,促使解决企业历史遗留问题,真实反映企业的资产质量和财务状况,依据《国有企业清产核资办法》和国家有关清产核资政策,制定本规定。

第二条　资金核实是指国有资产监督管理机构根据清产核资企业上报的各项资产盘盈、资产损失和资金挂账等清产核资工作结果,依据国家清产核资政策和有关财务会计制度规定,组织进行审核并批复予以账务处理,重新核定企业实际占用国有资本金数额的工作。

第三条　企业开展清产核资工作,应当按照《国有企业清产核资办法》的有关规定,认真组织做好账务清理、资产清查等各项基础工作,如实反映企业资产质量和财务状况,做到全面彻底、账账相符、账实相符,保证企业清产核资结果的真实性、可靠性和完整性,严禁弄虚作假,避免国有资产流失。

第四条　企业清产核资工作结果应当按照规定经社会中介机构进行专项财务审计,查出的资产盘盈、资产损失和资金挂账应当提供相关合法证据或者社会中介机构经济鉴证证明等具有法律效力的证明材料。

承担企业清产核资专项财务审计工作和出具经济鉴证证明的社会中介机构,应当依据《独立审计准则》等有关规定,对企业清理出的各项资产盘盈、资产损失和资金挂账等清产核资工作结果进行客观、公正审计和经济鉴证,并对审计结果和经济鉴证证明的真实性、可靠性承担责任。

第五条　企业清理出的各项资产盘盈、资产损失和资金挂账等的认定与处理,按照事实确凿、证据充分、程序合规的原则,依据《企业清产核资办法》规定的工作程序和工作要求,由清产核资企业向国有资产监督管理机构申报批准,并按照资金核实批复结果调整账务。

第六条　企业应当按照规定要求在清产核资资金核实工作中向国有资产监督管理机构提交以下申报材料:

(一)企业清产核资工作报告,主要包括:清产核资工作基准日、工作范围、工作内容、工作结果和基准日的资产财务状况,以及相关处理意见;

(二)企业清产核资报表,包括:基准日企业基本情况表、各类资产损失明细情况表等;

(三)社会中介机构专项财务审计报告;

(四)企业申报处理的资产盘盈、资产损失和资金挂账的有关意见专项说明。企业申报处理的资产盘盈、资产损失和资金挂账的专项说明和各类资产损失明细情况表,应当逐笔写明发生日期、损失原因、政策依据、处理方式以及有关原始凭证资料和具有法律效力的证明材料齐全情况,并分类汇编成册;

(五)有关资产盘盈、资产损失和资金挂账备查材料,主要包括:企业清产核资原始凭证材料和具有法律效力的证明材料(可以用复印件),作为企业清产核资工作备查和存档资料,应当分类汇编成册,并列出目录,以便于工作备查;

(六)需要提供的其他材料。

第七条　企业清产核资资金核实工作按照以下程序进行:

（一）企业在账务清理、资产清查等工作基础上，经社会中介机构对清产核资专项财务审计和有关资产损失提出合规证据或者经济鉴证证明后，对清理出的各项资产盘盈、资产损失和资金挂账，按照国家清产核资政策和有关财务会计制度，分项提出处理意见，编制清产核资报表，撰写企业清产核资工作报告；

（二）企业向国有资产监督管理机构上报企业清产核资工作报告、清产核资报表、社会中介机构专项财务审计报告，并附相关合法证据及经济鉴证证明等材料；

（三）国有资产监督管理机构在规定工作时限内，对上报的企业清产核资工作报告、清产核资报表、社会中介机构专项财务审计报告及相关材料进行审核，并对资金核实结果进行批复；

（四）企业按照国有资产监督管理机构有关资金核实批复文件，依据国家财务会计制度有关规定，调整企业会计账务，并按照有关规定办理相关产权变更登记及工商变更登记。

第八条 对于企业在清产核资中查出的资产盘盈与资产损失相抵后，盘盈资产大于资产损失部分，根据财政部等六部门联合下发的《关于进一步贯彻落实国务院办公厅有关清产核资政策的通知》（财清〔1994〕15号，以下简称财清15号文件）的规定，经国有资产监督管理机构审核批准后，相应增加企业所有者权益。

第九条 依据《国务院办公厅关于扩大清产核资试点工作有关政策的通知》（国办发〔1993〕29号）和财清15号文件规定，企业清产核资中查出的各项资产损失和资金挂账数额较小，企业能够自行消化的，可以按照国家有关财务会计制度规定，经国有资产监督管理机构征求财政部门意见批准后分年计入损益处理；对查出的企业各项资产损失和资金挂账数额较大、企业无能力自行消化弥补的，经国有资产监督管理机构审核批准后，可冲减企业所有者权益。

第十条 企业查出的各项资产损失和资金挂账，经国有资产监督管理机构审核批准冲减所有者权益的，可依次冲减盈余公积金、资本公积金和实收资本。

对企业执行《企业会计制度》查出的各项资产损失和资金挂账，依据国家有关清产核资政策规定，以及财政部《关于国有企业执行〈企业会计制度〉有关财务政策问题的通知》（财企〔2002〕310号，以下简称企业310号文件）有关规定，经国有资产监督管理机构审核批准的，可以依次冲减以前年度未分配利润、公益金、盈余公积金、资本公积金和实收资本。

第十一条 企业应当依据国有资产监督管理机构资金核实批复文件，及时调整会计账务，并将调账结果在规定时限内报国有资产监督管理机构备案（其中抄送国有重点大型企业监事会1份）。

第十二条 企业有关资产损失和资金挂账经国有资产监督管理机构审核批准后，冲减所有者权益应当保留的资本金数额不得低于法定注册资本金限额，不足冲减部分依据财企310号文件规定，暂作待处理专项资产损失，并在3年内分期摊销，尚未摊销的余额，在资产负债表“其他长期资产”项目中列示，并在年度财务决算报告中的会计报表附注中加以说明。

第十三条 企业经批准冲销的有关不良债权、不良投资和有关实物资产损失等，应当建立“账销案存”管理制度，并组织力量或者成立专门机构进一步清理和追索，避免国有资产流失；对以后追索收回的残值或者资金应当按国家有关财务会计制度规定，及时入账并作有关收入处理。

第十四条 企业对清产核资各项基础工作资料应当认真整理，建立档案，妥善保管，并按照会计档案保管期限予以保存。

第十五条 企业对清产核资中反映出的各项经营管理中的矛盾和问题，应当认真总结经验，分清责任，建立和健全各项管理制度，完善相关内部控制机制，并做好组织落实工作。企业应当在清产核资工作的基础上，建立资产损失责任追究制度和健全企业不良资产管理制度，巩固清产核资成果。

第十六条 本规定自公布之日起施行。

国有企业清产核资经济鉴证工作规则

（国资评价〔2003〕78号　2003年9月18日公布并实施）

第一章　总　　则

第一条　为规范国有及国有控股企业（以下简称企业）清产核资经济鉴证行为，保证企业清产核资结果的真实、可靠和完整，根据《国有企业清产核资办法》（以下简称《办法》）和国家有关财务会计制度规定，制定本规则。

第二条　本规则适用于组织开展清产核资工作的企业以及承办企业清产核资经济鉴证及专项财务审计业务的有关社会中介机构（以下简称中介机构）。

第三条　本规则所称清产核资经济鉴证工作，是指中介机构按照国家清产核资政策和有关财务会计制度规定，对企业清理出的有关资产盘盈、资产损失及资金挂账（以下简称损失及挂账）进行经济鉴证，对企业清产核资结果进行专项财务审计，以及协助企业资产清查和提供企业建章健制咨询意见等工作。

第四条　本规则所称中介机构主要是指具有经济鉴证业务执业资质的会计师事务所、资产评估事务所和律师事务所等。

第五条　中介机构在企业清产核资经济鉴证工作中，应根据《办法》和国家有关财务会计制度规定的工作要求、工作程序和工作方法，按照独立、客观、公正的原则，在充分调查研究、论证和分析基础上，对企业提供的清产核资资料和清查出的损失及挂账进行职业推断和客观评判，提出鉴证意见，出具清产核资专项财务审计报告和经济鉴证证明。

第二章　中介委托

第六条　按照《办法》规定，除涉及国家安全的特殊企业外，企业开展清产核资工作均须委托中介机构承办其经济鉴证业务，并应当依法签订业务委托约定书，明确委托目的、业务范围及双方责任、权利和义务。

第七条　企业按照国家有关法律法规规定或者特定经济行为要求申请进行清产核资的，以及企业所属子企业由于国有产权转让、出售等经济行为使产权发生重大变动（涉及控股权转移）需开展清产核资的，由企业母公司统一委托中介机构，并将委托结果报同级国有资产监督管理机构备案。

第八条　企业根据各级国有资产监督管理机构的要求必须开展清产核资工作的，以及企业母公司由于国有产权转让、出售等经济行为使产权发生重大变动（涉及控股权转移）需开展清产核资的，由同级国有资产监督管理机构统一委托中介机构。

第九条　承办企业清产核资经济鉴证业务的中介机构，必须具备以下条件：

（一）依法成立，具有经济鉴证或者财务审计业务执业资格；

（二）3年内未因违法、违规执业受到有关监管机构处罚，机构内部执业质量控制管理制度健全；

（三）中介机构的资质条件与委托企业规模相适应。

第十条 承办企业清产核资经济鉴证业务的中介机构专业工作人员应当具备以下条件：

（一）项目负责人应当为具有有效执业资格的注册会计师、注册评估师、律师等；

（二）相关工作人员应当具有相应的专业技能，并且熟悉国家清产核资操作程序和资金核实政策规定。

第十一条 承办企业清产核资经济鉴证业务的中介机构或者相关工作人员，与委托企业存在可能损害独立性利害关系的，应当按照规定回避。

第十二条 承办企业清产核资经济鉴证业务的中介机构在接受企业委托后，应当根据清产核资经济鉴证业务量需要，选定相对固定的专业人员参加清产核资经济鉴证工作，以保证工作按期完成。

第三章 损失及挂账鉴证

第十三条 企业在清产核资工作过程中，对于清查出的下列损失及挂账，应当委托中介机构进行经济鉴证：

（一）企业虽然取得了外部具有法律效力的证据，但其损失金额无法根据证据确定的；

（二）企业难以取得外部具有法律效力证据的有关不良应收款项和不良长期投资损失；

（三）企业损失金额较大或重要的单项存货、固定资产、在建工程和工程物资的报废、毁损；

（四）企业各项盘盈和盘亏资产；

（五）企业各项潜亏及挂账。

第十四条 在企业损失及挂账经济鉴证工作中，中介机构和相关工作人员应当实施必要的、合理的鉴证程序：

（一）督促和协助企业及时取得相关损失及挂账的具有法律效力的外部证据；

（二）在企业难以取得相关损失及挂账具有法律效力的外部证据时，中介机构及相关工作人员应当要求企业提供相关损失及挂账的内部证据；

（三）中介机构赴工作现场进行深入调查研究，取得相关调查资料；

（四）根据收集的上述材料，中介机构进行职业推断和客观评判，对企业相关损失及挂账的发生事实和可能结果进行鉴证；

（五）通过认真核对与分析计算，对企业相关损失及挂账的金额进行估算及确认；

（六）对收集的上述材料进行整理，形成经济鉴证材料；

（七）出具鉴证意见书。

第十五条 企业损失及挂账的鉴证意见书应符合以下要求：

（一）对于企业的相关损失及挂账应按照类别逐项出具鉴证意见；

（二）鉴证意见应当内容真实、表述客观、依据充分、结论明确。

第十六条 在企业损失及挂账经济鉴证工作中，中介机构及相关工作人员必须认真查阅企业有关财务会计资料和文件，勘察业务现场和设施，向有关单位和个人进行调查与核实；对企业故意不提供或者提供虚假会计资料和相关损失及挂账证据的，中介机构及相关工作人员有权对相关损失及挂账不予鉴证或者不发表鉴证意见。

第四章 专项财务审计

第十七条 企业清产核资专项财务审计业务，原则上应当由一家中介机构承担，但若开展清产核资的企业所属子企业分布地域较广，清产核资专项财务审计业务量较大时，多家中介机构(一般不超过5家)可以同时承办同一户企业的清产核资专项财务审计业务，并由承担母公司专项财务审计业务的中介机构担任主审，负责总审计工作。

第十八条 主审中介机构一般应承担企业清产核资专项财务审计业务量的50%以上(含50%)，负责全部专项审计工作的组织、协调和质量控制，并对出具的企业清产核资专项财务审计报告的真实性、合法性负责。

第十九条 在企业清产核资专项财务审计工作中，中介机构及相关审计人员应当实施必要的审计流程，取得充分的审计证据。具体包括：

(一)制定清产核资专项财务审计工作计划，明确审计目的、审计范围和审计内容，拟定审计工作基础表和审计工作底稿格式，并对参加专项审计工作的相关审计人员进行培训；

(二)对企业清产核资基准日的会计报表进行审计，以保证企业清产核资基准日账面数的准确；

(三)负责企业资产清查的监盘工作；

(四)核对、询证、查实企业债权、债务；

(五)对企业损失及挂账进行审核，协助和督促企业取得损失及挂账所必须的外部具有法律效力的证据，其他中介机构出具的经济鉴证证明，以及提供特定事项的内部证明，并对其真实性和合规性进行审计；

(六)出具企业清产核资专项财务审计报告。

第二十条 在企业清产核资专项财务审计工作中，中介机构及相关审计人员应当审计的重点事项有：

(一)货币资金：重点审计企业的现金是否存在短缺，各类银行存款是否与银行对账单存在差异，其他货币资金是否存在损失等；

(二)应收款项：重点审计应收款项的账龄分析及其回函确认的情况，坏账损失的确认情况；

(三)存货：重点审计存放时间长、闲置、毁损和待报废的存货；

(四)长期投资：重点审核企业的长期投资产权清晰状况、核算方法、被投资单位的财务状况等；

(五)固定资产：重点审计固定资产的主要类型、折旧年限、折旧方法和使用状况；

(六)在建工程：重点审计在建工程的主要项目和工程结算情况，停建和待报废工程的主要原因；

(七)待摊费用、递延资产及无形资产：重点审计是否存在潜亏挂账的项目；

(八)各类盘盈资产：重点审计盘盈的原因和作价依据；

(九)各类盘亏资产：重点审计盘亏的原因、责任及金额；

(十)各项待处理资产损失：重点审核其申报审批程序是否符合企业内部控制制度和相关管理办法及相关政府部门的有关规定；

(十一)企业的内部控制制度：重点审计企业内部控制制度是否健全、有效。

第五章 审计报告

第二十一条 在实施了必要的审计流程和收集了充分、适当的审计证据后，承办企业清产核资专项财务审计业务的中介机构应当及时出具企业清产核资专项财务审计报告。

第二十二条 对于单独承办同一企业全部清产核资专项财务审计业务的中介机构，不仅应当出具该企业清产核资专项财务审计报告，还应当对该企业有较大损失的子企业出具分户清产核资专项财务审计报告。

第二十三条 对于同时承办同一企业清产核资专项财务审计业务的多家中介机构，应当分别对其审计的子企业出具分户清产核资专项财务审计报告，并报送主审中介机构，主审中介机构在此基础上出具企业清产核资专项财务审计报告。

第二十四条 企业清产核资专项财务审计报告的基本格式为：

（一）封面：标明清产核资专项审计项目的名称、中介机构名称、项目工作日期等；

（二）目录：应对专项审计报告全文编注页码，并以此列出报告正文及附表或者附件的目录；

（三）报告正文：应做到内容真实、证据确凿、依据充分、结论清楚、数据准确、文字严谨；

（四）相关工作附表及附件：

1. 损失挂账分项明细表；

2. 损失挂账申报核销项目审核说明；

3. 损失挂账的证明材料（应当分类装订成册，若证明材料过多，则作为备查材料）；

4. 主审会计师的资质证明和中介机构营业执照复印件；

5. 其他有关材料。

第二十五条 清产核资专项审计报告正文的格式为：清产核资工作范围、清产核资行为依据及法律依据、清产核资组织实施情况、清产核资审核结果、清产核资处理意见、中介机构认为需要专项说明的重大事项及报告使用范围说明等。

第二十六条 在损失挂账分项明细表中，应当将企业申报处理的损失挂账按单位和会计科目逐笔列示。具体格式为：损失项目名称、损失原因、发生时间、项目原值、申报损失金额、企业处理意见、关键证据及索引号和中介机构处理意见等。

第二十七条 在损失挂账申报核销项目审核说明中，中介机构应当对损失挂账分项明细表中列示的各类损失项目，按单位和会计科目逐项编写损失挂账项目说明。具体格式为：序号、申报损失项目名称、申报核销金额（以人民币元为单位）、关键证据、中介机构的审核意见等。

第二十八条 中介机构及相关审计人员在清产核资专项财务审计报告中应当重点披露的内容有：

（一）企业的会计责任和中介机构的审计责任；

（二）审计依据、审计方法、审计范围和已实施的审计流程；

（三）对企业损失及挂账的核实情况；

（四）处理损失及挂账，对企业的经营和财务状况将产生的影响；

（五）在清产核资专项财务审计工作中发现的有可能对企业损失及挂账的认定产生重大影响的事项；

（六）在清产核资专项财务审计工作中发现的企业重大资产和财务问题以及向企业提出的有关改进建议；

（七）对企业内部控制制度的完整性、适用性、有效性以及执行情况发表意见。

第六章　工作责任与监督

第二十九条　企业负责人对企业提供的会计资料以及申报的清产核资工作结果的真实性、完整性承担责任；中介机构对所出具的清产核资专项财务审计报告和损失及挂账经济鉴证意见的准确性、可靠性承担责任。

第三十条　承办企业清产核资经济鉴证业务的中介机构及相关工作人员应认真遵循相关执业道德规范：

（一）严格按照《办法》和国家有关财务会计制度规定，认真做好企业清产核资损失及挂账经济鉴证和专项财务审计工作；

（二）恪守独立、客观、公正的原则，做到诚信为本，不虚报、瞒报和弄虚作假；

（三）认真按照业务约定书的约定履行责任；

（四）严守企业的商业秘密，未经许可不得擅自对外公布受托企业的清产核资结果及相关材料。

第三十一条　国有资产监督管理机构负责中介机构及相关工作人员的企业清产核资经济鉴证监督工作，建立企业清产核资经济鉴证质量抽查工作制度，对中介机构出具的清产核资专项财务审计报告和企业损失及挂账经济鉴证意见的质量进行必要检查和监督。

第三十二条　承办企业清产核资经济鉴证业务的中介机构及相关工作人员在实际工作中违反国家有关法律法规规定的，国有资产监督管理机构可及时终止其清产核资经济鉴证业务，并视情节轻重，移交有关部门依法进行处罚；触犯刑律的，依法移送司法机关处理。

第三十三条　在国有资产监督管理机构对资金核实结果批复后，承办企业清产核资经济鉴证业务的中介机构应当及时协助企业按批复文件的要求进行调账。

第七章　附　　则

第三十四条　企业和承办企业清产核资经济鉴证业务的中介机构，应当按照《会计档案管理办法》的规定，妥善保管好清产核资各类工作底稿及相关材料，并做好归档管理工作。

第三十五条　本规则自公布之日起施行。

国有企业清产核资办法

（国务院国有资产监督管理委员会主任办公会议审议通过
2003年9月9日国务院国有资产监督管理委员会令第1号公布并施行）

第一章 总 则

第一条 为加强对企业的国有资产监督管理，规范企业清产核资工作，真实反映企业的资产及财务状况，完善企业基础管理，为科学评价和规范考核企业经营绩效及国有资产保值增值提供依据，根据《企业国有资产监督管理暂行条例》等法律、法规，制定本办法。

第二条 本办法所称清产核资，是指国有资产监督管理机构根据国家专项工作要求或者企业特定经济行为需要，按照规定的工作程序、方法和政策，组织企业进行账务清理、财产清查，并依法认定企业的各项资产损溢，从而真实反映企业的资产价值和重新核定企业国有资本金的活动。

第三条 国务院，各省、自治区、直辖市人民政府，设区的市、自治州级人民政府履行出资人职责的企业及其子企业或分支机构的清产核资，适用本办法。

第四条 企业清产核资包括账务清理、资产清查、价值重估、损溢认定、资金核实和完善制度等内容。

第五条 企业清产核资清查出的各项资产损失和资金挂账，依据国家清产核资有关法律、法规、规章和财务会计制度的规定处理。

第六条 各级国有资产监督管理机构是企业清产核资工作的监督管理部门。

第二章 清产核资的范围

第七条 各级国有资产监督管理机构对符合下列情形之一的，可以要求企业进行清产核资：

（一）企业资产损失和资金挂账超过所有者权益，或者企业会计信息严重失真、账实严重不符的；

（二）企业受重大自然灾害或者其他重大、紧急情况等不可抗力因素影响，造成严重资产损失的；

（三）企业账务出现严重异常情况，或者国有资产出现重大流失的；

（四）其他应当进行清产核资的情形。

第八条 符合下列情形之一，需要进行清产核资的，由企业提出申请，报同级国有资产监督管理机构批准：

（一）企业分立、合并、重组、改制、撤销等经济行为涉及资产或产权结构重大变动情况的；

（二）企业会计政策发生重大更改，涉及资产核算方法发生重要变化情况的；

（三）国家有关法律、法规规定企业特定经济行为必须开展清产核资工作的。

第三章 清产核资的内容

第九条 账务清理是指对企业的各种银行账户、会计核算科目、各类库存现金和有价证券等基本财务情况进行全面核对和清理,以及对企业的各项内部资金往来进行全面核对和清理,以保证企业账账相符,账证相符,促进企业账务的全面、准确和真实。

第十条 资产清查是指对企业的各项资产进行全面的清理、核对和查实。在资产清查中把实物盘点同核实账务结合起来,把清理资产同核查负债和所有者权益结合起来,重点做好各类应收及预付账款、各项对外投资、账外资产的清理,以及做好企业有关抵押、担保等事项的清理。

企业对清查出的各种资产盘盈和盘亏、报废及坏账等损失按照清产核资要求进行分类排队,提出相关处理意见。

第十一条 价值重估是对企业账面价值和实际价值背离较大的主要固定资产和流动资产按照国家规定方法、标准进行重新估价。

企业在以前清产核资中已经进行资产价值重估或者因特定经济行为需要已经进行资产评估的,可以不再进行价值重估。

第十二条 损溢认定是指国有资产监督管理机构依据国家清产核资政策和有关财务会计制度规定,对企业申报的各项资产损溢和资金挂账进行认证。

企业资产损失认定的具体办法另行制定。

第十三条 资金核实是指国有资产监督管理机构根据企业上报的资产盘盈和资产损失、资金挂账等清产核资工作结果,依据国家清产核资政策和有关财务会计制度规定,组织进行审核并批复准予账务处理,重新核定企业实际占用的国有资本金数额。

第十四条 企业占用的国有资本金数额经重新核定后,应当作为国有资产监督管理机构评价企业经营绩效及考核国有资产保值增值的基数。

第四章 清产核资的程序

第十五条 企业清产核资除国家另有规定外,应当按照下列程序进行:

(一)企业提出申请;

(二)国有资产监督管理机构批复同意立项;

(三)企业制定工作实施方案,并组织账务清理、资产清查等工作;

(四)聘请社会中介机构对清产核资结果进行专项财务审计和对有关损溢提出鉴证证明;

(五)企业上报清产核资工作结果报告及社会中介机构专项审计报告;

(六)国有资产监督管理机构对资产损溢进行认定,对资金核实结果进行批复;

(七)企业根据清产核资资金核实结果批复调账;

(八)企业办理相关产权变更登记和工商变更登记;

(九)企业完善各项规章制度。

第十六条 所出资企业由于国有产权转让、出售等发生控股权转移等产权重大变动需要开展清产核资的,由同级国有资产监督管理机构组织实施并负责委托社会中介机构。

第十七条 子企业由于国有产权转让、出售等发生控股权转移等重大产权变动的,可以由所出资企业自行组织开展清产核资工作。对有关资产损溢和资金挂账的处理,按规定程序申报批准。

第十八条 企业清产核资申请报告应当说明清产核资的原因、范围、组织和步骤及工作基准日。

对企业提出的清产核资申请，同级国有资产监督管理机构根据本办法和国家有关规定进行审核，经同意后批复企业开展清产核资工作。

第十九条 企业实施清产核资按下列步骤进行：

（一）指定内设的财务管理机构、资产管理机构或者多个部门组成的清产核资临时办事机构，统称为清产核资机构，负责具体组织清产核资工作；

（二）制定本企业的清产核资实施方案；

（三）聘请符合资质条件的社会中介机构；

（四）按照清产核资工作的内容和要求具体组织实施各项工作；

（五）向同级国有资产监督管理机构报送由企业法人代表签字、加盖公章的清产核资工作结果申报材料。

第二十条 企业清产核资实施方案以及所聘社会中介机构的名单和资质情况应当报同级国有资产监督管理机构备案。

第二十一条 企业清产核资工作结果申报材料主要包括下列内容：

（一）清产核资工作报告。主要反映本企业的清产核资工作基本情况，包括：企业清产核资的工作基准日、范围、内容、结果，以及基准日资产及财务状况；

（二）按规定表式和软件填报的清产核资报表及相关材料；

（三）需申报处理的资产损溢和资金挂账等情况，相关材料应当单独汇编成册，并附有关原始凭证资料和具有法律效力的证明材料；

（四）子企业是股份制企业的，还应当附送经该企业董事会或者股东会同意对清产核资损溢进行处理的书面证明材料；

（五）社会中介机构根据企业清产核资的结果，出具经注册会计师签字的清产核资专项财务审计报告并编制清产核资后的企业会计报表；

（六）其他需提供的备查材料。

第二十二条 国有资产监督管理机构收到企业报送的清产核资工作结果申报材料后，应当进行认真核实，在规定时限内出具清产核资资金核实的批复文件。

第二十三条 企业应当按照国有资产监督管理机构的清产核资批复文件，对企业进行账务处理，并将账务处理结果报国有资产监督管理机构备案。

第二十四条 企业在接到清产核资的批复 30 个工作日内，应当到同级国有资产监督管理机构办理相应的产权变更登记手续，涉及企业注册资本变动的，应当在规定的时间内到工商行政管理部门办理工商变更登记手续。

第五章　清产核资的组织

第二十五条 企业清产核资工作按照统一规范、分级管理的原则，由同级国有资产监督管理机构组织指导和监督检查。

第二十六条 各级国有资产监督管理机构负责本级人民政府批准或者交办的企业清产核资组织工作。

第二十七条 国务院国有资产监督管理委员会在企业清产核资中履行下列职责：

（一）制定全国企业清产核资规章、制度和办法；

（二）负责所出资企业清产核资工作的组织指导和监督检查；

（三）负责对所出资企业的各项资产损溢进行认定，并对企业占用的国有资本进行核实；

（四）指导地方国有资产监督管理机构开展企业清产核资工作。

第二十八条 地方国有资产监督管理机构在企业清产核资中履行下列监管职责：

（一）依据国家有关清产核资规章、制度、办法和规定的工作程序，负责本级人民政府所出资企业清产核资工作的组织指导和监督检查；

（二）负责对本级人民政府所出资企业的各项资产损溢进行认定，并对企业占用的国有资本进行核实；

（三）指导下一级国有资产监督管理机构开展企业清产核资工作；

（四）向上一级国有资产监督管理机构及时报告工作情况。

第二十九条 企业清产核资机构负责组织企业的清产核资工作，向同级国有资产监督管理机构报送相关资料，根据同级国有资产监督管理机构清产核资批复组织企业本部及子企业进行调账。

第三十条 企业投资设立的各类多元投资企业的清产核资工作，由实际控股或协议主管的上级企业负责组织，并将有关清产核资结果及时通知其他有关各方。

第六章 清产核资的要求

第三十一条 各级国有资产监督管理机构应当加强企业清产核资的组织领导，加强监督检查，对企业清产核资工作结果的审核和资产损失的认定，应当严格执行国家清产核资有关的法律、法规、规章和有关财务会计制度规定，严格把关，依法办事，严肃工作纪律。

第三十二条 各级国有资产监督管理机构应当对企业清产核资情况及相关社会中介机构清产核资审计情况进行监督，对社会中介机构所出具专项财务审计报告的程序和内容进行检查。

第三十三条 企业进行清产核资应当做到全面彻底、不重不漏、账实相符，通过核实“家底”，找出企业经营管理中存在的矛盾和问题，以便完善制度、加强管理、堵塞漏洞。

第三十四条 企业在清产核资工作中应当坚持实事求是的原则，如实反映存在问题，清查出来的问题应当及时申报，不得瞒报虚报。

企业清产核资申报处理的各项资产损失应当提供具有法律效力的证明材料。

第三十五条 企业在清产核资中应当认真清理各项长期积压的存货，以及各种未使用、剩余、闲置或因技术落后淘汰的固定资产、工程物资，并组织力量进行处置，积极变现或者收回残值。

第三十六条 企业在完成清产核资后，应当全面总结，认真分析在资产及财务日常管理中存在的问题，提出相应整改措施和实施计划，强化内部财务控制，建立相关的资产损失责任追究制度，以及进一步完善企业经济责任审计和企业负责人离任审计制度。

第三十七条 企业清产核资中产权归属不清或者有争议的资产，可以在清产核资工作结束后，依据国家有关法规，向同级国有资产监督管理机构另行申报产权界定。

第三十八条 企业对经批复同意核销的各项不良债权、不良投资及实物资产损失，应当加强管理，建立账销案存管理制度，组织力量或成立专门机构积极清理和追索，避免国有资产流失。

第三十九条 企业应当在清产核资中认真清理各项账外资产、负债，对经批准同意入账的各项盘盈资产及同意账务处理的有关负债,应当及时纳入企业日常资产及财务管理的范围。

第四十条 企业对清产核资中反映出的各项管理问题应当认真总结经验,分清工作责任,建立各项管理制度,并严格落实。应当建立健全不良资产管理机制,巩固清产核资成果。

第四十一条 除涉及国家安全的特殊企业以外,企业清产核资工作结果须委托符合资质条件的社会中介机构进行专项财务审计。

第四十二条 社会中介机构应当按照独立、客观、公正的原则,履行必要的审计程序,认真核实企业的各项清产核资材料,并按规定进行实物盘点和账务核对。对企业资产损溢按照国家清产核资政策和有关财务会计制度规定的损溢确定标准,在充分调查研究、论证的基础上进行职业推断和合规评判,提出经济鉴证意见,并出具鉴证证明。

第四十三条 进行清产核资的企业应当积极配合社会中介机构的工作,提供审计工作和经济鉴证所必要的资料和线索。企业和个人不得干预社会中介机构的正常执业行为。社会中介机构的审计工作和经济鉴证工作享有法律规定的权力,承担法律规定的义务。

第四十四条 企业及社会中介机构应当根据会计档案管理的要求,妥善保管有关清产核资各项工作的底稿,以备检查。

第七章 法律责任

第四十五条 企业在清产核资中违反本办法所规定程序的,由同级国有资产监督管理机构责令其限期改正;企业清产核资工作质量不符合规定要求的,由同级国有资产监督管理机构责令其重新开展清产核资。

第四十六条 企业在清产核资中有意瞒报情况,或者弄虚作假、提供虚假会计资料的,由同级国有资产监督管理机构责令改正,根据《中华人民共和国会计法》和《企业国有资产监督管理暂行条例》等有关法律、法规规定予以处罚;对企业负责人和直接责任人员依法给予行政和纪律处分。

第四十七条 企业负责人和有关工作人员在清产核资中,采取隐瞒不报、低价变卖、虚报损失等手段侵吞、转移国有资产的,由同级国有资产监督管理机构责令改正,并依法给予行政和纪律处分;构成犯罪的,依法追究刑事责任。

第四十八条 企业负责人对申报的清产核资工作结果真实性、完整性承担责任;社会中介机构对企业清产核资审计报告的准确性、可靠性承担责任。

第四十九条 社会中介机构及有关当事人在清产核资中与企业相互串通,弄虚作假、提供虚假鉴证材料的,由同级国有资产监督管理机构会同有关部门依法查处;构成犯罪的,依法追究刑事责任。

第五十条 国有资产监督管理机构工作人员在对企业清产核资工作结果进行审核过程中徇私舞弊,造成重大工作过失的,应当依法给予行政和纪律处分;构成犯罪的,依法追究刑事责任。

第八章 附 则

第五十一条 各省、自治区、直辖市和计划单列市的国有资产监督管理机构可依据本办法制定本地区的具体实施办法。

第五十二条 各中央部门管理的企业的清产核资工作参照本办法执行。

第五十三条 本办法实施前的有关企业清产核资工作的规章制度与本办法不一致的，依照本办法的规定执行。

第五十四条 本办法由国务院国有资产监督管理委员会负责解释。

第五十五条 本办法自公布之日起施行。

企业资产损失财务处理暂行办法

(财企〔2003〕233 号　2003 年 9 月 3 日发布　自 2003 年 10 月 5 日起执行)

第一条　为了建立、健全企业内部控制制度,规范企业资产损失财务管理行为,加强企业财务管理,根据《企业财务通则》的规定,制定本办法。

第二条　资产损失是指企业实际发生的各项资产的灭失,包括坏账损失、存货损失、固定资产及在建工程损失、担保损失、股权投资或者债权投资损失以及经营证券、期货、外汇交易损失等。

第三条　坏账损失是指企业确实不能收回的各种应收款项。企业坏账损失根据《财政部关于建立健全企业应收款项管理制度的通知》(财企〔2002〕513 号)的规定确认。

第四条　存货、固定资产及在建工程等实物资产盘盈、盘亏净损失,依据完整、有效的清查盘点明细资料和企业内部有关责任部门审定结果确认。

存货、固定资产及在建工程等实物资产毁损、报废、霉烂变质、超过保质期且无转让价值,经过专业的质量检测或者技术鉴定的,扣除残值、保险赔偿和责任人员赔偿后的余额,根据质量检测结果、保险理赔资料等确认为资产损失。车辆、船舶、锅炉、电梯等资产毁损、报废,国家另有规定的,从其规定。

第五条　企业发生的股权投资损失,分别以下情况确认:

(一)对不具有控制权的股权投资,投资期限届满或者投资期限已超过 10 年,且被投资单位因连续 3 年经营亏损导致资不抵债的,企业根据被投资单位经注册会计师审计的资产负债表、损益表确认投资损失;被投资单位破产、注销工商登记或者县级以上人民政府决定关闭等,企业根据取得的相关法律文件、资料确认投资损失。

(二)对具有控制权的股权投资,被投资企业由于经营亏损的,企业应当按照权益法核算投资损失;被投资企业由于违法经营或其他原因导致终止的,企业依据被投资企业注销工商登记或者被依法关闭、宣告破产等法律文件及其清算报告确认投资损失;如果转让股权投资,企业依据生效的股权转让协议、被投资企业董事会决议确认投资损益。

第六条　企业发生的债权投资损失,属于债券投资的,按照本办法第九条的规定确认;属于债券以外的其他债权投资的,区别以下情形确认:

(一)被投资方已经终止的,根据被投资方清算报告确认。

(二)被投资方尚未终止的,可以根据与有关当事方签定的债权转让或者清偿协议确认,但投资期限未满的,有关协议应当进行公证;如果涉诉,应当根据有关法律文件、资料确认。

第七条　由于自然灾害或者其他意外事故等不可抗力因素造成的资产损失,扣除残值、保险赔款或者其他责任赔偿后的余额,企业应当根据自然灾害或者意外事故的证据、保险理赔资料,确认为资产损失。

由于刑事犯罪造成的资产损失,企业应当根据司法机关结案材料,扣除残值、保险赔款或者其他责任赔偿后,将余额确认为资产损失。

第八条　企业对外担保承担连带责任导致资产损失,应当依法行使追索权,落实内部追债责任。对无法追回的债权,按照本办法第三条的规定确认坏账损失。

第九条　企业经营期货、证券、外汇交易发生的损失,根据企业内部业务授权资料,依据有关交易结算机构提供的合法的交易资金结算单据逐笔确认。超出内部业务授权范围的交易损失，企业应当追究业务人员的经济责任。

第十条 企业发生资产损失,应当按照以下内部程序处理:

(一)企业内部有关责任部门经过取证,提出报告,阐明资产损失的原因和事实;

(二)企业内部审计(监察)部门经过追查责任,提出结案意见;

(三)涉及诉讼的资产损失,企业应当委托律师出具法律意见书;

(四)企业财务管理部门经过审核后,对确认的资产损失提出财务处理意见,按照企业内部管理制度提交董事会或者经理(厂长)办公会审定。

第十一条 企业对属于违法、违纪行为造成的资产损失,应当按照有关法律、法规以及党纪、政纪和企业内部管理规章的规定,对负有直接责任的主管人员和其他直接责任人员予以处理;涉嫌犯罪的,应当移交司法机关追究其法律责任。

第十二条 企业在生产经营期间发生的资产损失,应当及时清查核实,作为本期损益处理,按照会计制度规定的方法进行核算。

企业处理的资产损失,注册会计师在审计企业财务报告时予以重点关注,并在财务会计报告中予以披露。

第十三条 企业由于以下情形而清查全部资产的,清查的资产损失可以核销所有者权益:

(一)企业合并或者分立;

(二)实施公司制改建;

(三)非公司制企业整体出售;

(四)根据有关规定清产核资;

(五)依法清理整顿或者变更管理关系;

(六)其他依法改变企业组织形式行为。

第十四条 国有企业涉及本办法第十三条规定可以核销所有者权益的资产损失,应当根据企业董事会或者经理(厂长)办公会审定的意见,上报企业国有资本持有单位按《企业国有资产监督管理条例》有关规定处理。

国有资产监督管理机构对由其履行出资人职责的国有企业审批核销国有权益,应当抄送企业的主管财政机关,其中审批处理的资产损失涉及企业损益的,应当事先征求主管财政机关的意见。

第十五条 依法宣告破产的企业,进入破产程序以后,不得自行核销资产损失。在人民法院受理破产案件前6个月至破产宣告之日的期间内,破产企业以下行为无效,由此造成损失的资产应当由清算机构依法追回:

(一)隐匿、私分或者无偿转让资产;

(二)非正常压价出售资产;

(三)对原来没有资产担保的债务提供资产担保;

(四)提前清偿未到期债务;

(五)放弃自己的债权。

第十六条 各省、自治区、直辖市、计划单列市财政厅(局)可以根据本办法,结合本地区具体情况制定实施细则。

第十七条 本办法自2003年10月5日起执行。

关于执行《企业会计制度》和相关会计准则有关问题解答(三)

(财会〔2003〕29号　2003年8月22日发布并实施)

近年来,随着《企业会计制度》及相关会计准则(以下简称"会计制度及相关准则")的陆续发布实施,有关会计要素的确认和计量原则发生了一些变化;同时,国家税收政策改革过程中,根据市场经济的发展和企业的现实情况也对企业所得税法规作出了一些调整。由此,使得会计制度及相关准则中就收益、费用和损失的确认、计量标准与企业所得税法规的规定产生了某些差异。对于因会计制度及相关准则就有关收益、费用或损失的确认、计量标准与税法规定的差异,其处理原则为:企业在会计核算时,应当按照会计制度及相关准则的规定对各项会计要素进行确认、计量、记录和报告,按照会计制度及相关准则规定的确认、计量标准与税法不一致的,不得调整会计账簿记录和会计报表相关项目的金额。企业在计算当期应交所得税时,应在按照会计制度及相关准则计算的利润总额(即,"利润表"中的"利润总额",下同)的基础上,加上(或减去)会计制度及相关准则与税法规定就某项收益、费用或损失确认和计量等的差异后,调整为应纳税所得额,并据以计算当期应交所得税。

由于会计与税收的目的不同,对某项收益、费用和损失的确认、计量标准与税法的规定会存在一定的差异,但如果差异过大,会增加纳税人进行纳税调整的成本。为此,经协调,国家税务总局最近下发了《关于执行〈企业会计制度〉需要明确的有关所得税问题的通知》(国税发〔2003〕45号),对贯彻执行《企业会计制度》需要调整的若干所得税政策作了进一步明确。现就企业执行会计制度及相关准则,并结合国税发〔2003〕45号文件中涉及的有关问题,对下列交易或事项的会计处理与税法规定的差异所涉及的企业所得税纳税调整事宜解答如下(下列各项解答仅为就某一交易或事项有关会计处理及其涉及的所得税纳税调整事项的说明,不包括除该交易或事项以外的其他所得税纳税调整事项):

一、问:企业对外捐赠资产在计算所得税时应如何进行会计处理及进行纳税调整?

答:按照会计制度及相关准则规定,企业将自产、委托加工的产成品和外购的商品、原材料、固定资产、无形资产和有价证券等用于捐赠,应将捐赠资产的账面价值及应交纳的流转税等相关税费,作为营业外支出处理;按照税法规定,企业将自产、委托加工的产成品和外购的商品、原材料、固定资产、无形资产和有价证券等用于捐赠,应分解为按公允价值视同对外销售和捐赠两项业务进行所得税处理,即税法规定企业对外捐赠资产应视同销售计算交纳流转税及所得税。捐赠行为所发生的支出除符合税法规定的公益救济性捐赠,可在按应纳税所得额的一定比例范围内税前扣除外,其他捐赠支出一律不得在税前扣除。

(一)企业对外捐赠资产的会计处理

企业在将自产、委托加工的产成品和外购的商品、原材料、固定资产、无形资产和有价证券等用于捐赠时,应按捐出资产的账面价值及涉及的应交增值税、消费税等相关税费(不含所得税,下同),借记"营业外支出"科目,按捐出资产已计提的减值准备,借记有关资产减值准备科目,按捐出资产的账面余额,贷记"原材料"、"库存商品"、"无形资产"等科目,按捐出资产涉及的应交增值税、消费税等相关税费,贷记"应交税金"等科目。涉及捐出固定资产的,应首先通过"固定资产清理"科目,对捐出固定资产的账面价值、发生的清理费用及应交纳的相关税费等进行核算,再将“固定资产清理”科目的余额转入“营业外支出”科目。

企业对捐出资产已计提了减值准备的,在捐出资产时,应同时结转已计提的资产减值准备。

(二)纳税调整及相关所得税的会计处理

1.纳税调整金额的计算

因会计制度及相关准则与税法规定就捐赠资产应计入损益的金额不同而产生的差异为永久性差异,无论是按应付税款法还是按纳税影响会计法核算所得税的企业,均应按照当期应交的所得税确认为当期的所得税费用。企业在计算捐赠当期的应纳税所得额时,应在按照会计制度及相关准则计算的利润总额的基础上,加上按以下公式计算的因捐赠事项产生的纳税调整金额:

因捐赠事项产生的纳税调整金额 = {按税法规定认定的捐出资产的公允价值 - [按税法规定确定的捐出资产的成本(或原价) - 按税法规定已计提的累计折旧(或累计摊销额)] - 捐赠过程中发生的清理费用及缴纳的可从应纳税所得额中扣除的除所得税以外的相关税费} + 因捐赠事项按会计规定计入当期营业外支出的金额 - 税法规定允许税前扣除的公益救济性捐赠金额

企业在按照会计制度及相关准则计算的利润总额的基础上加上按照上述公式计算的纳税调整金额,即为当期应纳税所得额。

2.计算当期应交所得税和确认当期所得税费用有关的会计处理

企业应按当期应纳税所得额与现行所得税税率计算的应交所得税金额,确认为当期所得税费用及当期应交所得税,借记“所得税”科目,贷记“应交税金—应交所得税”科目。

二、问:企业接受捐赠资产应如何进行会计处理及进行纳税调整?

答:按照会计制度及相关准则规定,企业接受捐赠取得的资产,应按会计制度及相关准则的规定确定其入账价值。同时,企业按税法规定确定的接受捐赠资产的入账价值在扣除应交纳的所得税后,计入资本公积,即对接受捐赠的资产,不确认收入,不计入企业接受捐赠当期的利润总额;按照税法规定,企业接受捐赠的资产,应将按税法规定确定的入账价值确认为捐赠收入,并入当期应纳税所得额,计算缴纳企业所得税。企业取得的非货币性资产捐赠收入金额较大,并入一个纳税年度缴税确有困难的,经主管税务机关审核确认,可以在不超过5年的期间内均匀计入各年度应纳税所得额。

上述“接受捐赠资产按税法规定确定的入账价值”是指根据有关凭据等确定的、应计入应纳税所得额的接受捐赠非货币性资产的价值和由捐赠企业代为支付的增值税进项税额,不含按会计制度及相关准则规定应计入受赠资产成本的由受赠企业另外支付或应付的相关税费;如接受捐赠的资产为货币性资产,则指实际收到的金额。“接受捐赠资产按会计制度及相关准则规定确定的入账价值”是指按会计制度及相关准则规定计入受赠资产成本的金额,包括接受捐赠非货币性资产的价值(不含可抵扣的增值税进项税额)和因接受捐赠资产另外支付的构成受赠资产成本的相关税费;如接受捐赠的资产为货币性资产,则指实际收到的金额。这里的货币性资产指现金、银行存款及其他货币资金,除货币性资产以外的资产为非货币性资产。

(一)企业接受捐赠资产的会计处理

企业接受捐赠资产按税法规定确定的入账价值,应通过“待转资产价值”科目核算。企业应在“待转资产价值”科目下设置“接受捐赠货币性资产价值”和“接受捐赠非货币性资产价值”两个明细科目。

企业取得的货币性资产捐赠,应按实际取得的金额,借记“现金”或“银行存款”等科目,贷记

“待转资产价值—接受捐赠货币性资产价值”科目;企业取得的非货币性资产捐赠,应按会计制度及相关准则规定确定入账价值,借记“库存商品”、“固定资产”、“无形资产”、“长期股权投资”等科目,一般纳税人如涉及可抵扣的增值税进项税额的,按可抵扣的增值税进项税额,借记“应交税金—应交增值税(进项税额)”科目,按接受捐赠资产按税法规定确定的入账价值,贷记“待转资产价值—接受捐赠非货币性资产价值”科目,按企业因接受捐赠资产支付或应付的金额,贷记“银行存款”、“应交税金”等科目。

(二)纳税调整及相关所得税的会计处理

1. 纳税调整金额的计算

企业应在当期利润总额的基础上,加上因接受捐赠资产产生的应计入当期应纳税所得额的接受捐赠资产按税法规定确定的入账价值或是经主管税务机关审核确认当期应计入应纳税所得额的待转捐赠非货币性资产价值部分,计算出当期应纳税所得额。

2. 计算当期应交所得税和确认当期所得税费用有关的会计处理

企业在计算当期应交所得税和所得税费用时,应按以下规定进行会计处理:

(1)如果接受捐赠资产按税法规定确定的入账价值全部计入当期应纳税所得额的,企业应按已记入“待转资产价值”科目的账面余额,借记“待转资产价值—接受捐赠货币性资产价值(或接受捐赠非货币性资产价值)”科目,按接受捐赠资产按税法规定确定的入账价值与现行所得税税率计算的应交所得税,或接受捐赠资产按税法规定确定的入账价值在抵减当期亏损后(包括企业以前年度发生的尚在税法规定允许抵扣期间内的亏损,下同)的余额与现行所得税税率计算的应交所得税,贷记“应交税金—应交所得税”科目,按其差额,贷记“资本公积—其他资本公积(或接受捐赠非现金资产准备)”科目。

执行本问题解答后,取消“资本公积”科目的“接受现金捐赠”明细科目,并将“资本公积—接受现金捐赠”明细科目的余额全部转入“其他资本公积”明细科目。

(2)如果企业接受捐赠的非货币性资产金额较大,经批准可以在不超过5年的期间内分期平均计入各年度应纳税所得额的,各期计算交纳所得税时,企业应按经主管税务机关审核确认当期应计入应纳税所得额的待转捐赠非货币性资产价值部分,借记“待转资产价值”科目,按当期计入应纳税所得额的待转捐赠非货币性资产价值与现行所得税税率计算的应交所得税,或按当期计入应纳税所得额的待转捐赠非货币性资产价值在抵减当期亏损后的余额与现行所得税税率计算的应交所得税金额,贷记“应交税金—应交所得税”科目,按其差额,贷记“资本公积—接受捐赠非现金资产准备”科目。

三、问:企业发生的销售退回涉及的所得税应如何进行会计处理和纳税调整?

答:按照会计制度及相关准则规定,企业销售商品发生的销售退回,其相关的收入、成本等一般应直接冲减退回当期的销售收入和销售成本等。属于资产负债表日后事项涉及的报告年度所属期间的销售退回,应当作为资产负债表日后调整事项,调整报告年度相关的收入、成本等;按照税法规定,企业发生的销售退回,只要购货方提供退货的适当证明,可冲减退货当期的销售收入。企业年终申报纳税汇算清缴前发生的属于资产负债表日后事项的销售退回,所涉及的应纳税所得额的调整,应作为报告年度的纳税调整。企业年度申报纳税汇算清缴后发生的属于资产负债表日后事项的销售退回所涉及的应纳税所得额的调整,应作为本年度的纳税调整。除属于资产负债表日后事项的销售退回,可能因发生于报告年度申报纳税汇算清缴后,相应产生会计与税法对销售退回相关的收入、成本等确认时间不同以外,对于其他的销售退回,会计制度及相关准则的规定与税法规定是一致的。

上述"报告年度"是指上年度。例如,某上市公司2002年度的财务报告经董事会批准于2003年3月25日报出,则这里的报告年度为2002年度,下同;上述"本年度"是指报告年度的下一个年度,如本例中的"本年度"是指2003年度。

因资产负债表日后销售退回可能涉及报告年度申报纳税汇算清缴前或申报纳税汇算清缴后,企业对资产负债表日后至财务报告批准报出日之间发生的销售退回,其所涉及的会计处理及对所得税的影响应分别以下情况处理:

(一)资产负债表日后事项中涉及报告年度所属期间的销售退回发生于报告年度所得税汇算清缴之前,则应按资产负债表日后有关调整事项的会计处理方法,调整报告年度会计报表相关的收入、成本等,并相应调整报告年度的应纳税所得额,以及报告年度应交的所得税。

企业应按应冲减的收入,借记"以前年度损益调整(调整主营业务收入或其他业务收入)"科目,按可冲回的增值税销项税额,借记"应交税金—应交增值税(销项税额)"科目,按应退回或已退回的价款,贷记"应收账款"或"银行存款"等科目;按退回商品的成本,借记"库存商品"等科目,贷记"以前年度损益调整(调整主营业务成本或其他业务支出)"科目;按应调整的消费税等其他相关税费,借记"应交税金"等科目,贷记"以前年度损益调整(调整相关的税金及附加)"科目;如涉及到调整应交所得税和所得税费用的,还应借记"应交税金—应交所得税"科目,贷记"以前年度损益调整(调整所得税费用)"科目。经上述调整后,将"以前年度损益调整"科目的余额转入"利润分配—未分配利润"科目,借记"利润分配—未分配利润"科目,贷记"以前年度损益调整"科目。

(二)资产负债表日后事项中涉及报告年度所属期间的销售退回发生于报告年度所得税汇算清缴之后,但在报告年度财务报告批准报出日之前,按照会计制度及相关准则的规定,虽然销售退回发生于报告年度所得税汇算清缴之后,但由于报告年度财务报告尚未批准报出,仍然属于资产负债表日后事项,其销售退回仍应作为资产负债表日后调整事项进行账务处理,并调整报告年度会计报表相关的收入、成本等;按照税法规定在此期间的销售退回所涉及的应交所得税的调整应作为本年度的纳税调整事项。

1. 对于报告年度所得税费用的计量应当根据企业采用的所得税会计处理方法分别确定:

(1)企业采用应付税款法核算所得税的,对于报告年度所得税汇算清缴后至报告年度财务报告批准报出日之间发生的属于报告年度销售退回的所得税影响,不调整报告年度的所得税费用和应交所得税。

(2)企业采用纳税影响会计法核算所得税的,应按照可调整本年度应纳税所得额、属于报告年度的销售退回对报告年度利润总额的影响数与现行所得税税率计算的金额,借记"递延税款"科目,贷记"以前年度损益调整(调整所得税费用)"科目。即,报告年度所得税汇算清缴以后至报告年度财务报告批准报出日之间发生的属于报告年度销售退回的所得税影响,应相应调整报告年度会计报表的所得税费用。

2. 所得税汇算清缴以后发生的属于资产负债表日后事项的销售退回对本年度所得税费用计量的影响,应视所采用的所得税会计处理方法分别确定:

(1)企业采用应付税款法核算所得税的,在计算本年度应纳税所得额时,应按本年度实现的利润总额,减去报告年度所得税汇算清缴后至报告年度财务报告批准报出日之间发生的销售退回影响的报告年度利润总额的金额,作为本年度应纳税所得额,并按本年度应交的所得税,确认本年度所得税费用。

(2)企业采用纳税影响会计法核算所得税的,在计算本年度应纳税所得额和应交所得税时,应同时转回因报告年度所得税汇算清缴后至报告年度财务报告批准报出日之间发生的属于报告年度的销售退回相应确认的递延税款金额。企业应按本年度实现的利润总额,减去报告年度所得税汇算清缴后至报告年度财务报告批准报出日之间发生的销售退回影响的报告年度利润总额的金额,作为本年度应纳税所得额,并按应纳税所得额和现行所得税税率计算的应交所得税,确认为本年度应交的所得税。企业应按本年度应交所得税加上本年度转回的报告年度销售退回已确认的递延税款借方金额,确认为当期所得税费用,同时转回有关的递延税款。

例如,某股份有限公司2002年度的财务报告于2003年4月20日经董事会批准对外报出,2002年度的所得税汇算清缴于2003年2月15日完成。2003年4月5日发生2002年度销售的商品退回,因该公司2002年度所得税汇算清缴已经结束,按照税法规定该部分销售退回应减少的应纳税所得额在2003年度所得税汇算清缴时与2003年度的其他应纳税所得额一并计算,但在对外提供2002年度财务报告时,按会计制度及相关准则的规定,该部分销售退回应当调整2002年度会计报表相关的收入、成本、利润等。

四、问:企业提取和转回的各项资产减值准备应如何进行纳税调整?

答:企业在正常经营过程中,涉及的各项资产的减值准备应按以下规定进行纳税调整:

(一)提取减值准备当期的处理

按照会计制度及相关准则的规定,企业应当定期或者至少于每年年度终了,对各项资产进行全面检查,并根据谨慎性原则的要求,合理地预计各项资产可能发生的损失,对可能发生的各项资产损失计提资产减值准备。包括:坏账准备、短期投资跌价准备、存货跌价准备、长期投资减值准备、固定资产减值准备、在建工程减值准备、无形资产减值准备和委托贷款减值准备等,提取的各项资产减值准备计入当期损益,在计算当期利润总额时扣除;按照税法规定,企业所得税前允许扣除的项目,原则上必须遵循真实发生的据实扣除原则,除国家税收规定外,企业根据财务会计制度等规定提取的任何形式的准备金(包括资产准备、风险准备等)不得在企业所得税前扣除。

1. 纳税调整金额的计算

因会计制度及相关准则规定应计提各项资产减值准备的期间与税法规定允许在计算应纳税所得额时扣除的各项资产损失的期间不同而产生的差异,作为可抵减时间性差异。在计算当期应纳税所得额时,企业应在按照会计制度及相关准则规定计算的当期利润总额的基础上,加上按照税法规定不允许从当期应纳税所得额中扣除但按会计制度及相关准则规定计入计提当期损益的各项资产减值准备金额,调整为当期应纳税所得额。

2. 计算当期应交所得税和确认当期所得税费用有关的会计处理

企业应按当期应纳税所得额和现行所得税税率计算的金额确认为当期应交的所得税。在确认当期的所得税费用时,应当视企业采用的所得税会计处理方法分别确定:

(1)企业采用应付税款法核算所得税的,应按照当期应交的所得税确认为当期的所得税费用,借记“所得税”科目,贷记“应交税金—应交所得税”科目。

(2)企业采用纳税影响会计法核算所得税的,按会计制度及相关准则要求计提的各项资产减值准备不允许在计算应纳税所得额时扣除的部分,应作为可抵减时间性差异,并确认为递延税款的借方。企业应按当期因计提各项资产减值准备产生的可抵减时间性差异和现行所得税税率计算的金额,借记“递延税款”科目,按当期应交所得税与确认的递延税款借方金额的差额,借记“所得税”科目,按当期应交的所得税,贷记“应交税金—应交所得税”科目。

(二)计提减值准备后资产的折旧或摊销额差异的处理

按照会计制度及相关准则的规定,固定资产、无形资产计提减值准备后,应当按照计提减值准备后的账面价值及尚可使用寿命或尚可使用年限(含预计净残值等的变更,下同)重新计算确定折旧率、折旧额或摊销额;按照税法规定,企业已提取减值准备的固定资产、无形资产,如果申报纳税时已调增应纳税所得额,可按提取减值准备前的账面价值确定可扣除的折旧额或摊销额。

1. 纳税调整金额的计算

因固定资产、无形资产计提减值准备后重新确定的折旧额或摊销额影响当期利润总额的金额,与可在应纳税所得额中抵扣的折旧额或摊销额的差额,应当从企业的利润总额中减去或加上后,计算出企业当期应纳税所得额。

2. 计算当期应交所得税和确认当期所得税费用有关的会计处理

企业应按当期应纳税所得额和现行所得税税率计算的金额确认为当期应交的所得税。企业在确认当期的所得税费用时,应视所采用的所得税会计处理方法分别确定:

(1)企业采用应付税款法核算所得税的,应按照当期应交的所得税确认为当期的所得税费用,借记“所得税”科目,贷记“应交税金—应交所得税”科目。

(2)企业采用纳税影响会计法核算所得税的,应按当期应交所得税加上或减去因计提各项资产减值准备后计入当期利润总额的折旧额或摊销额,与按税法规定在计算应纳税所得额时可以抵扣的折旧额或摊销额的差异的所得税影响金额,借记“所得税”科目,按计提各项资产减值准备后计入当期利润总额的折旧额或摊销额与按税法规定在计算应纳税所得额时可以抵扣的折旧额或摊销额之间差异的所得税影响金额,贷记或借记“递延税款”科目,按当期应交的所得税,贷记“应交税金—应交所得税”科目。

(三)已计提减值准备的资产价值恢复的处理

如果已计提减值准备的各项资产价值得以恢复,因资产价值恢复而转回的各项资产减值准备,按照会计制度及相关准则的规定应计入当期损益,并增加企业的利润总额;按照税法规定,企业已提取减值、跌价或坏账准备的资产,如果在纳税申报时已调增应纳税所得额,因价值恢复而转回的减值准备应允许企业进行纳税调整,即原计提减值准备时已调增应纳税所得额的部分,在价值恢复时,因价值恢复而增加当期利润总额的金额,不计入恢复当期的应纳税所得额。

1. 纳税调整金额的计算

对于已计提减值准备的各项资产因价值恢复产生的纳税调整金额为价值恢复当期按照会计制度及相关准则规定计入损益的金额。

2. 计算当期应交所得税和确认当期所得税费用有关的会计处理

企业在确认当期所得税费用时,应视所采用的所得税会计处理方法分别确定:

(1)企业采用应付税款法核算所得税的,应按照当期实现的利润总额减去因资产价值恢复而转回计入损益的各项资产减值准备后计算的当期应纳税所得额,与现行所得税税率计算的应交所得税,确认当期的所得税费用和应交所得税,借记“所得税”科目,贷记“应交税金—应交所得税”科目。

(2)企业采用纳税影响会计法核算所得税的,按照当期应交所得税和当期转回的各项资产减值准备的所得税影响金额合计数,借记“所得税”科目,按照当期实现的利润总额减去转回计入损益的各项资产减值准备金额确定的当期应纳税所得额及现行所得税税率计算的应交所得税,贷记“应交税金—应交所得税”科目,按当期转回的各项资产减值准备的所得税影响金额,贷记“递延税款”科目。

因资产减值准备转回而调整固定资产、无形资产账面价值,按会计制度规定按尚可使用寿命或尚可使用年限重新确定的折旧额和摊销额,与按照税法规定按提取减值准备前的账面价值确定的折旧额和摊销额之间的差额,其纳税调整及相关会计处理应比照上述有关提取减值准备后的资产折旧、摊销的方法处理。

(四)处置已计提减值准备的资产的处理

企业处置已计提减值准备的各项资产,按照会计制度及相关准则规定确定的处置损益计入当期损益,其计算公式如下:

处置资产计入利润总额的金额 = 处置收入 - [按会计规定确定的资产成本(或原价) - 按会计规定计提的累计折旧(或累计摊销额) - 处置资产已计提的减值准备余额] - 处置过程中发生的按会计规定计入损益的相关税费(不含所得税)

按照税法规定,企业已提取减值、跌价或坏账准备的资产,如果申报纳税时已调增应纳税所得额,转让处置有关资产而转回的减值准备应允许企业进行纳税调整,即转回的准备部分不计入应纳税所得额,其计算公式如下:

处置资产计入应纳税所得额的金额 = 处置收入 - [按税法规定确定的资产成本(或原价) - 按税法规定计提的累计折旧(或累计摊销额)] - 处置过程中发生的按税法规定可扣除的相关税费(不含所得税)

1. 纳税调整金额的计算

因上述按会计制度及相关准则规定计算的在处置已计提减值准备的各项资产时计入利润总额的损益,与按税法规定计算的应计入应纳税所得额之间的差额应按以下公式计算:

因处置已计提减值准备的各项资产产生的纳税调整金额 = 处置资产计入应纳税所得额的金额 - 处置资产计入利润总额的金额

2. 计算当期应交所得税和确认当期所得税费用有关的会计处理

企业在确认当期所得税费用时,应视所采用的所得税会计处理方法分别确定:

(1)企业按应付税款法核算所得税的,应在按会计制度及相关准则确定的利润总额的基础上加上按上述规定计算的因处置已计提减值准备的各项资产产生的纳税调整金额,如处置的为固定资产或无形资产,还应加上(或减去)处置当期按会计制度及相关准则规定确定的折旧额或摊销额等影响当期利润总额的金额与按税法规定确定的折旧额或摊销额等的差额,计算出当期应纳税所得额,并按当期应纳税所得额与现行所得税税率计算的当期应交所得税,借记“所得税”科目,贷记“应交税金—应交所得税”科目。

(2)企业采用纳税影响会计法核算所得税的,应在按会计制度及相关准则确定的利润总额的基础上加上按上述规定计算的纳税调整金额,如处置的为固定资产或无形资产,还应加上(或减去)处置当期按会计制度及相关准则规定确定的折旧额或摊销额等影响当期利润总额的金额与按税法规定确定的折旧额或摊销额等的差额,计算出当期应纳税所得额,并按当期应纳税所得额与现行所得税税率计算出当期应交所得税。按当期应交所得税加上(或减去)因处置有关资产而转回的递延税款,借记“所得税”科目,按当期因处置有关资产而转回的递延税款金额,贷记或借记“递延税款”科目,按当期应交的所得税,贷记“应交税金—应交所得税”科目。

因处置已计提减值准备的各项资产而转回的资产减值准备,按照税法规定可以纳税调整的部分,以及按会计制度及相关准则规定计提的折旧或摊销额等与按税法规定在计算应纳税所得额时允许抵扣的折旧额或摊销额等的差额,其所得税费用的确认及相关的纳税调整应比照上述转回各项资产减值准备、因计提资产减值准备产生的折旧额或摊销额等的所得税影响的相关规定进行处理。

(五)属于资产负债表日后事项的资产减值准备的处理

企业在年度资产负债表日至财务报告批准报出日之间发生的涉及资产减值准备的调整事项,如发生于报告年度所得税汇算清缴之前,应按上述规定调整报告年度的应交所得税;如发生于报告年度所得税汇算清缴之后,应将与资产减值准备有关的事项产生的纳税调整金额,作为本年度的纳税调整事项,相应调整本年度应交所得税,相关的会计处理按照会计制度及相关准则有关资产负债表日后事项的规定办理。

五、问:对于发生永久性或实质性损害的资产应如何进行会计处理及进行纳税调整?

答:企业对于发生永久性或实质性损害的资产,应按以下规定进行会计处理和纳税调整:

按照《企业会计制度》第五十四条第二款、第五十九条、第六十条规定,企业如判断某项资产发生永久性或实质性损害,应当将其账面价值直接计入当期损益(含按其账面价值计提的减值准备计入当期损益);按照税法规定,企业的各项资产当有确凿证据表明已发生永久或实质性损害时,扣除变价收入、可收回金额及责任和保险赔偿后,应确认为财产损失。对于发生永久性或实质性损害的资产,会计处理与税收规定就变价收入、责任和保险赔偿的核算是一致的,其主要差别在于因会计制度及相关准则与税法规定不同而产生的发生永久性或实质性损害资产账面价值、折旧额或摊销额的差异(含因发生永久性或实质性损害的资产由于以前期间计提减值准备及因此而产生的折旧或摊销额的差异),以及会计制度和相关准则与税法规定就此项损失计入利润总额和应纳税所得额的时间不同,导致在发生永久性或实质性损害的当期计入利润总额和应纳税所得额的金额不同。

(一)纳税调整金额的计算

经税务机关确认可从应纳税所得额中扣除的永久性或实质性损害的资产价值,与按照会计制度及相关准则规定确认应计入当期损益的永久性或实质性损害的资产价值的差额应进行纳税调整。其纳税调整金额应按以下公式计算:

因永久性或实质性损失资产产生的纳税调整金额 = 发生永久性或实质性损失的资产变价净收入 + 责任和保险赔偿 - [按税法规定确定的资产成本(或原价) - 按税法规定计提的累计折旧(或累计摊销额)] + 按会计规定计入当期损益的永久性或实质性损失的资产价值

(二)计算当期应交所得税及确认当期所得税费用有关的会计处理

企业在确认当期所得税费用时,应视所采用的所得税会计处理方法分别确定:

1. 企业采用应付税款法核算所得税的,应在当期利润总额的基础上加上按上述公式计算的纳税调整金额计算当期应纳税所得额，并按当期应纳税所得额与现行所得税税率计算的当期应交所得税，借记“所得税”科目，贷记“应交税金—应交所得税”科目。

2. 企业采用纳税影响会计法核算所得税的，应在当期利润总额的基础上加上按上述公式计算的纳税调整金额计算出当期应纳税所得额，并按当期应纳税所得额与现行所得税税率计算当期应交的所得税。企业应当按照当期应交所得税加上或减去因资产发生永久性或实质性损害而应转回的相关递延税款的借方或贷方金额，借记“所得税”科目，按照应纳税所得额与现行所得税税率计算的当期应交所得税金额，贷记“应交税金—应交所得税”科目，按照当期转回的时间性差异的所得税影响金额，贷记或借记“递延税款”科目。

六、问：企业为减资等目的回购本公司股票，如何进行会计处理及纳税调整？

答：按照《企业会计制度》规定，企业为减资等目的，在公开市场上回购本公司股票，属于所有者权益变化，回购价格与所对应股本之间的差额不计入损益；税法规定，企业为减资等目的回购本公司股票，回购价格与发行价格之间的差额，属于企业权益的增减变化，不属于资产转让损益，不得从应纳税所得额中扣除，也不计入应纳税所得额。对企业为减资等目的回购本公司股票，会计处理与税法规定一致，无须进行纳税调整。

企业回购本公司股票相关的会计处理为：企业应按回购股份的面值，借记“股本”科目，按股票发行时原记入资本公积的溢价部分，借记“资本公积—股本溢价”科目，回购价格超过上述“股本”及“资本公积—股本溢价”科目的部分，应依次借记“盈余公积”、“利润分配—未分配利润”等科目，按实际支付的购买价款，贷记“银行存款”等科目；如回购价格低于回购股份所对应的股本，则应按回购股份的面值，借记“股本”科目，按实际回购价格，贷记“银行存款”科目，按其差额，贷记“资本公积—其他资本公积”科目。

七、问：企业发给停止实物分房以前参加工作未享受福利分房待遇的无房老职工的一次性住房补贴资金，如何进行会计处理及纳税调整？

答：企业发给停止实物分房以前参加工作未享受福利分房待遇的无房老职工的一次性住房补贴资金的会计处理应按《财政部关于印发〈企业住房制度改革中有关会计处理问题的规定〉的通知》（财会〔2001〕5 号）执行。按照该规定，企业发给停止实物分房以前参加工作未享受福利分房待遇的无房老职工的一次性住房补贴资金不影响发放当期损益，在计算利润总额时，不予扣除。按照税法规定，企业发给停止实物分房以前参加工作的未享受福利分房待遇的无房老职工的一次性住房补贴资金，省级人民政府未规定标准的，由省一级国税局、地税局参照其他省份及有关部门标准协商确定。即，企业发给停止实物分房以前参加工作的未享受福利分房待遇的无房老职工的一次性住房补贴资金，符合国家规定标准的部分可在计算应纳税所得额时扣除。另外，按照国税发〔2001〕39 号文件的规定，企业按省级人民政府规定发给停止实物分房以前参加工作的未享受过福利分房待遇的无房老职工的一次性住房补贴资金，经税务机关审核可在不少于 3 年的期间内均匀扣除。

（一）对于发放给无房老职工的一次性住房补贴按税法规定允许在发放当期按国家规定的标准自应纳税所得额中扣除的，在计算应纳税所得额时，应在按照会计制度及相关准则规定计算的利润总额的基础上扣除按国家规定的标准发放的一次性住房补贴后确定的应纳税所得额，并按当期应纳税所得额与现行所得税税率计算的应交所得税金额，确认当期所得税费用。

（二）对于发放给无房老职工的一次性住房补贴金额较大，经税务机关审核可在不少于 3 年的期间内均匀扣除的,每个会计期末,应在按照会计制度及相关准则确定的当期利润总额的基础上,减去按国家规定发放的一次性住房补贴中按税法规定可在当期扣除的金额作为当期应纳税所得额,并按当期应纳税所得额与现行所得税税率计算的应交所得税金额,确认为当期所得税费用。

八、问:企业对按权益法核算的长期股权投资所产生的股权投资差额及处置长期股权投资损益应如何进行会计处理及纳税调整?

答:企业对于按权益法核算的长期股权投资应按以下规定进行会计处理及纳税调整:

(一)会计制度及相关准则规定与税法规定的差异

对于长期股权投资的处理,会计制度及相关准则规定与税法规定的主要差异在于:

1. 企业以非货币性交易取得的长期股权投资,按会计制度及相关准则规定与税法规定确定的初始投资成本不同。按照会计制度及相关准则规定,以非货币性交易取得的长期股权投资,应以换出资产的账面价值及应交纳的相关税费作为取得的长期股权投资的初始投资成本。按照税法规定,企业以经营活动的部分非货币性资产对外投资,应在投资交易发生时,将其分解为按公允价值销售有关非货币性资产和投资两项经济业务进行所得税处理,并按规定计算确认资产转让所得或损失。

2. 对于按权益法核算的长期股权投资产生的股权投资差额的处理不同。企业对取得的长期股权投资按权益法核算时,按照会计制度及相关准则规定,对于长期股权投资的初始投资成本大于应享有被投资单位所有者权益份额之间的差额,应作为股权投资差额处理,并按一定的期间摊销计入损益。对于长期股权投资的初始投资成本小于应享有被投资单位所有者权益份额的差额,在调整长期股权投资成本的同时,作为资本公积处理,不计入损益;按照税法规定,企业为取得另一企业的股权支付的全部代价,属股权投资支出,不得计入投资企业的当期费用,不论长期股权投资支出大于或小于应享有被投资单位所有者权益份额之间的差额,均不得通过折旧或摊销方式分期计入投资企业的费用或收益。即,税法规定不确认任何由于长期股权投资的公允价值与按持股比例计算的占被投资单位所有者权益份额不同而产生的股权投资差额。按权益法核算的长期股权投资,其产生的股权投资差额的借方余额,在按会计制度及相关准则规定分期摊销,抵减投资收益时,在计算应纳税所得额时不允许扣除。按权益法核算的长期股权投资,其投资成本小于应享有被投资单位所有者权益份额之间的差额,也不计入应纳税所得额。

对于被投资企业由于接受捐赠等原因而引起的资本公积的增减变动,按照会计制度及相关准则规定,投资企业按持股比例计算的份额,相应增加本企业的资本公积,不确认损益。按照税法规定,对于被投资企业资本公积的增减变动,不增加投资企业的应纳税所得额。因此,对于投资企业享有的被投资企业资本公积的增减变动,会计处理与税收规定不存在差异。对于企业在处置长期股权投资时,按税法规定确定的长期股权投资的成本与按会计制度及相关准则确定的处置时长期股权投资的账面价值的差异,应按本问题解答中有关处置长期股权投资有关的纳税调整规定执行。

(二)纳税调整金额的计算

1. 股权投资差额摊销产生的纳税调整金额

对于按权益法核算的长期股权投资按会计制度及相关准则规定产生的股权投资差额的借方余额,分期摊销抵减投资收益与税法规定在计算应纳税所得额时不允许扣除的差异,应作为时间性差异，企业应视所采用的所得税会计处理方法分别确定。

企业持有的长期股权投资，在股权投资差额的借方余额按会计制度及相关准则摊销期间，应在按会计制度及相关准则规定计算的利润总额的基础上加上当期按会计制度及相关准则规定对股权投资差额借方余额摊销时计入投资收益的金额，作为当期应纳税所得额，即纳税调整金额为当期按会计制度及相关准则规定计入损益的股权投资差额的摊销金额。

2. 处置长期股权投资时的纳税调整金额

企业在处置长期股权投资当期，应按以下规定确定纳税调整金额：

按税法规定应计入当期应纳税所得额的处置损益=长期股权投资处置净收入-按税法规定确定的被处置长期股权投资的账面余额

按会计制度及相关准则规定计入当期损益的处置损益=长期股权投资处置净收入-按会计规定确定的处置时长期股权投资的账面价值

纳税调整金额=按税法规定应计入当期应纳税所得额的处置损益-按会计制度及相关准则规定计入当期损益的处置损益

（三）计算当期应交所得税及确认当期所得税费用有关的会计处理

1. 持有长期股权投资期间计算应交所得税和所得税费用的会计处理

企业在持有按权益法核算的长期股权投资期间，对于股权投资差额借方余额按会计制度及相关准则进行的摊销，应视所采用的所得税会计处理方法分别确定：

（1）企业采用应付税款法核算所得税的，应按上述规定在按会计制度及相关准则规定计算的利润总额的基础上加上当期股权投资差额借方余额的摊销金额，计算出当期应纳税所得额，并按当期应纳税所得额与现行所得税税率计算的应交所得税金额，借记“所得税”科目，贷记“应交税金—应交所得税”科目。

（2）企业采用纳税影响会计法核算所得税的，应按当期应交所得税与当期股权投资差额摊销的所得税影响金额之差作为当期的所得税费用，借记“所得税”科目，按当期股权投资差额借方余额摊销的所得税影响，借记“递延税款”科目，按会计制度及相关准则规定计算的利润总额加上当期股权投资差额借方余额的摊销金额计算的当期应纳税所得额与现行所得税税率计算的当期应交所得税，贷记“应交税金—应交所得税”科目。

2. 处置长期股权投资当期计算当期应交所得税和所得税费用的会计处理

企业在处置所持有的长期股权投资当期，应视所采用的所得税会计处理方法的不同，分别确定：

（1）企业按应付税款法核算所得税的，应按会计制度及相关准则确定的利润总额的基础上加上按上述规定计算的因处置长期股权投资产生的纳税调整金额，计算出当期应纳税所得额，并按当期应纳税所得额与现行所得税税率计算的当期应交所得税，借记“所得税”科目，贷记“应交税金—应交所得税”科目。

（2）企业采用纳税影响会计法核算所得税的，应在按会计制度及相关准则确定的利润总额的基础上加上按上述规定计算的纳税调整金额，计算出当期应纳税所得额，并按当期应纳税所得额与现行所得税税率计算出当期应交所得税。按当期应交所得税加上或减去当期转回的时间性差异的所得税影响金额，借记“所得税”科目，按当期转回的时间性差异的所得税影响金额，贷记或借记“递延税款”科目，按当期应交的所得税，贷记“应交税金—应交所得税”科目。

九、其他有关问题

(一)本规定适用于执行《企业会计制度》及相关准则的企业所涉及上述交易或事项的会计处理及相关纳税调整;对于未执行《企业会计制度》和相关准则的企业,在涉及本问题解答中相关事项的会计处理及纳税调整时,应比照本问题解答的规定办理。

企业对涉及到本问题解答中的有关交易或事项,应按《企业会计制度》及相关准则和本问题解答中规定的原则确认所得税费用和应交所得税金额。如果报告年度的所得税汇算清缴发生于报告年度财务报告批准报出日之前,对于所得税汇算清缴时涉及的需调整报告年度所得税费用的,应通过"以前年度损益调整"科目进行会计核算并调整报告年度会计报表相关项目;如果报告年度所得税汇算清缴发生于报告年度财务报告批准报出日之后,对于所得税汇算清缴时涉及的需调整报告年度所得税费用的,应通过"以前年度损益调整"科目进行核算并相应调整本年度会计报表相关项目的年初数。

(二)企业采用纳税影响会计法核算所得税的,在产生可抵减时间性差异并需确认递延税款借方金额时,应当遵循谨慎性原则,合理预计在可抵减时间性差异转回期间内(一般为3年)是否有足够的应纳税所得额予以抵减。如果在转回可抵减时间性差异的期间内有足够的应纳税所得额予以抵减的,则可确认递延税款借方金额,否则,应于产生可抵减时间性差异的当期确认为当期所得税费用。

(三)在本问题解答发布并实施之后,现行会计制度及相关准则中对相关问题的规定与本问题解答不一致的,按本问题解答的规定执行。

国有企业试行破产有关会计处理问题暂行规定

（财会字〔1997〕28号　1997年7月31日发布并实施）

为了适应建立现代企业制度的需要，规范企业破产的会计处理，根据有关法律、法规和相关的财务制度，制定本规定。

一、破产企业的会计处理

（一）破产企业在宣告破产并成立破产清算组后，应接受清算组的指导，协助清算组对企业的各种资产（包括流动资产、固定资产、长期投资、无形资产及其他资产）进行全面的清理登记，编造清册；同时，对各项资产损失、债权债务进行全面核定查实。

（二）破立企业应于法院宣告破产日，按照办理年度决算的要求，进行财产清查，计算完工产品和在产品成本、结转各损益类科目、结转利润分配等，进行相关的帐务处理。在此基础上编制宣告破产日的资产负债表、自年初起至破产日的损益表，以及科目余额表，报表格式和编制方法按现行会计制度有关规定执行；并将编制的会计报表报送主管财政机关、同级国有资产管理部门和企业主管部门。

（三）破产企业按上述规定编制会计报表后，应向清算组办理会计档案移交手续。会计档案移交以前，企业应当按照《会计档案管理办法》妥善保管，任何单位和个人不得非法处理。

二、清算组的会计处理

清算组应当接管属于破产企业的财产，并对破产清算过程中的有关事项（如清算、变卖和分配财产等）加以如实的记录。

（一）科目设置

清算组应于清算开始日另立新帐。清算组应设置以下会计科目：

1. 资产类

（1）现金，核算被清算企业的库存现金。

（2）银行存款，核算被清算企业存入银行的各种存款以及持有的外埠存款、银行汇票存款、银行本票存款、信用证存款等。

（3）应收票据，核算被清算企业持有的商业汇票，包括商业承兑汇票和银行承兑汇票。

（4）应收款，核算被清算企业除应收票据以外的各种应收款项。

（5）材料，核算被清算企业库存以及在途的各种材料的实际成本。

（6）半成品，核算被清算企业尚未完工产品的实际成本。被清算企业的自制半成品成在本科目核算。

（7）产成品，核算被清算企业库存的各种产成品、代制代修品等的实际成本。被清算企业的外购商品也在本科目核算。

（8）投资，核算被清算企业持有的各种投资，包括股票投资、债券投资和其他投资。

（9）固定资产，核算被清算企业所有的固定资产的净值。

（10）在建工程，核算被清算企业尚未完工的各项工程的实际成本。被清算企业的库存工程物资的实际成本以及预付工程款，也在本科目核算。

（11）无形资产，核算被清算企业持有的各种专利权、非专利技术、商标权等各种无形资产的价值。

2. 负债类

(1)借款,核算被清算企业需偿还的各种借款,包括短期借款、长期借款。

(2)应付票据,核算被清算企业需偿付的商业汇票,包括银行承兑汇票和商业承兑汇票。

(3)其他应付款,核算被清算企业需偿付的除应付票据以外的各种款项。

(4)应付工资,核算被清算企业需支付给职工的工资。

(5)应付福利费,核算被清算企业需支付给职工的福利费用。

(6)应交税金,核算被清算企业需缴纳的各种税金,如增值税、营业税、消费税、资源税、所得税等。企业尚未抵扣的期初进项税额,也在本科目核算,并应单独设置"期初进项税额"明细科目进行明细核算。

(7)应付利润,核算被清算企业需支付给投资者的利润。

(8)其他应交款,核算被清算企业需交纳的除应交税金、应付利润以外的其他各种需上交的款项,包括教育费附加等。

(9)应付债券,核算被清算企业需偿付的债券本息。

3. 清算损益类

(1)清算费用,核算被清算企业在清算期间发生的各项费用。本科目应按发生的费用项目设置明细帐。

(2)土地转让收益,核算被清算企业转让土地使用权取得的收入以及土地使用权出让所得支付的职工安置费等。企业发生的与转让土地使用权有关的成本、税费,如应缴纳的有关税金、支付的土地评估费用等,也在本科目核算。

(3)清算损益,核算被清算企业在破产清算期间处置资产、确认债务等发生的损益。被清算企业的所有者权益,也在本科目核算。

清算组可根据被清算企业的具体情况,增设、减少或合并某些会计科目。

(二)有关帐务处理

1. 结转期初余额

清算组应于清算开始日,根据破产企业移交的科目余额表,将有关会计科目的余额转入新的帐户,并编制新的科目余额表。具体转帐的帐务处理如下:

(1)将"现金"科目的余额转入新设置的"现金"科目。

(2)将"银行存款"科目的余额和"其他货币资金"科目中的外埠存款、银行汇票存款、银行本票存款、信用证存款等明细科目的余额转入新设置的"银行存款"科目。

(3)将"应收票据"科目的余额转入新设置的"应收票据"科目。

(4)将"应收帐款"、"预付帐款"和"预收帐款"各所属明细科目的借方余额和"其他应收款"科目的余额、"其他货币资金"科目中的"在途货币资金"明细科目的余额转入新设置的"应收款"科目。

(5)将"材料采购"、"原材料"、"包装物"、"低值易耗品"、"材料成本差异"、"委托加工材料"等材料类科目的余额全部转入新设置的"材料"科目。

(6)将"自制半成品"、"生产成本"、"制造费用"科目的余额转入新设置的"半成品"科目。

(7)将"产成品"、"分期收款发出商品"等产品类科目的余额转入新设置的"产成品"科目。

(8)将“短期投资”和“长期投资”科目的余额转入新设置的“投资”科目。

(9)将“固定资产”科目的余额,减去“累计折旧”科目余额后的差额转入新设置的“固定资产”科目。

(10)将“在建工程”科目的余额转入新设置的“在建工程”科目。

(11)将“无形资产”科目的余额转入新设置的“无形资产”科目。

(12)将“短期借款”、“长期借款”科目的余额转入新设置的“借款”科目。

(13)将“应付票据”科目的余额转入新设置的“应付票据”科目。

(14)将“应付帐款”、“预付帐款”、“预收帐款”科目所属明细科目的贷方余额、“其他应付款”、“长期应付款”、“专项应付款”科目的余额转入新设置的“其他应付款”科目。

(15)将“应付工资”和“应付福利费”科目的余额分别转入新设置的“应付工资”和“应付福利费”科目。

(16)将“应交税金”、“应付利润”、“其他应交款”科目的余额分别转入新设置的“应交税金”、“应付利润”、“其他应交款”科目。将“待摊费用”科目中的“期初进项税额”明细科目的余额转入新设置的“应交税金”科目。

(17)将“应付债券”科目的余额转入新设置的“应付债券”科目。

(18)将“实收资本”、“资本公积”、“盈余公积”、“利润分配”各科目的余额转入新设置的“清算损益”科目。

(19)将“坏帐准备”科目的余额转入新设置的“清算损益”科目。

(20)将尚未摊销的“待摊费用”(不包括“期初进项税额”明细科目余额)、“递延资产”科目的余额转入新设置的“清算损益”科目。

(21)将尚未转销的“递延税款”科目的余额转入新设置的“清算损益”科目。

(22)将预提但尚未支出的各项费用的余额,从“预提费用”科目转入新设置的“清算损益”科目。

(23)将“待处理财产损益”、“待转销汇兑损益”科目的余额转入新设置的“清算损益”科目。

2. 处理破产财产的帐务处理

清算期间,处置破产财产、发生零星的产品销售收入和其他业务收入等,分别以下情况进行处理:

(1)收回应收款等债权,按实际收回的金额或预计可变现金额,借记“银行存款”、“产成品”等科目,按应收金额和实收金额或预计可变现金额的差额,借记(或贷记)“清算损益”科目,按应收金额,贷记“应收款”、“应收票据”等科目。对于不能收回的应收款项,按核销的金额,借记“清算损益”科目,贷记“应收款”等科目。

(2)变卖材料、产成品等存货,按实际变卖收入和收取的增值税额,借记“银行存款”等科目,按其帐面价值和变卖收入的差额,借记(或贷记)“清算损益”科目,按帐面价值,贷记“材料”、“产成品”等科目,按收取的增值税额,贷记“应交税金——应交增值税(销项税额)”科目(小规模纳税企业贷记“应交税金——应交增值税”科目)。

破产清算期间发生零星、正常的产品销售行为,应比照上述规定进行会计处理。

(3)清算期间取得的其他业务收入,应按实际收入金额,借记“银行存款”等科目,贷记“清算损益”科目;发生的税金等支出,借记“清算损益”科目,贷记“应交税金”等科目。

(4)处置、销售产品等应交纳的消费税等，借记“清算损益”科目，贷记“应交税金”科目。按缴纳的增值税、消费税等流转税计算应交的城市维护建设税、教育费附加等，借记“清算损益”科目，贷记“应交税金——应交城市维护建设税”、“其他应交款——应交教育费附加”科目。

(5)变卖机器设备、房屋等固定资产以及在建工程，按实际变卖收入，借记“银行存款”等科目，按其帐面价值和变卖收入的差额，借记(或贷记)“清算损益”科目，按帐面价值，贷记“固定资产”、“在建工程”等科目。转让相关资产应缴纳的有关税费等，借记“清算损益”科目，贷记“应交税金”等科目。

(6)转让商标权、专利权等资产，按其实际变卖收入，借记“银行存款”等科目，按实际变卖收入与帐面价值的差额，借记(或贷记)“清算损益”科目，按资产的帐面价值，贷记“无形资产”等科目；转让相关资产应交纳的有关税费，借记“清算损益”科目，贷记“应交税金”等科目。

(7)分回的投资收益，采用成本法核算的，按实际取得的款项金额，借记“银行存款”等科目，贷记“清算损益”科目；采用权益法核算的，按实际取得的款项金额，借记“银行存款”等科目，贷记“投资”科目。

(8)转让对外投资，按实际取得的转让收入，借记“银行存款”等科目，按投资的帐面价值与转让收入的差额，借记(或贷记)“清算损益”科目，按投资的帐面价值，贷记“投资”等科目。

3. 破产费用的帐务处理

支付的破产清算费用，如清算期间职工生活费，破产财产管理、变卖和分配所需费用，破产案件诉讼费用，清算期间企业设施和设备维护费用、审计评估费用，为债权人共同利益而支付的其他费用(包括债权人会议会务费、破产企业催收债务差旅费及其他费用)，应于支付有关费用时，按照实际发生额，借记“清算费用”科目，贷记“现金”、“银行存款”等科目。

4. 转让土地使用权、支付职工有关费用的帐务处理

转让土地使用权、支付离退休职工有关费用和职工安置费，应分别以下情况进行处理：

(1)转让土地使用权，按其实际转让收入，借记“银行存款”科目，按其帐面价值，贷记“无形资产”科目(如土地原评估后记入“固定资产”科目的，应贷记“固定资产”科目)，按实际转让收入与帐面价值的差额，贷记“土地转让收益”科目转让原无偿划拨的土地，应按实际转让收入，借记“银行存款”科目，贷记“土地转让收益”科目；转让土地使用权应交纳的有关税费，借记“土地转让收益”科目，贷记“应交税金”等科目。

(2)从土地使用权转让所得中支付未参加养老、医疗社会保险的离退休职工的离退体费和医疗保险费，以及对自谋职业的职工支付一次性安置费，按实际支付金额，借记“土地转让收益”科目，贷记“现金”、“银行存款”科目。

(3)土地使用权转让所得不足支付职工安置费，以其他破产财产支付职工安置费，按实际支付金额，借记“清算损益”科目，贷记“现金”、“银行存款”科目。

5. 清偿债务的帐务处理

破产财产收入优先支付破产费用后，按法定的顺序清偿债务，应分别以下情况进行处理：

(1)支付所欠职工工资和社会保险费等，按照实际支付金额，借记“应付工资”、“应付福利费”等科目，贷记“现金”、“银行存款”科目。在清算过程中发生的支付给职工的各种费用，应直接计入清算费用，不通过“应付工资”、“应付福利费”科目核算。

(2)缴纳所欠的税费，按实际缴纳的金额，借记“应交税金”、“其他应交款”科目，贷记“银行

存款”等科目。

(3)清偿其他破产债务,按实际清偿各种债务的金额,借记“应付票据”、“其他应付款”、“借款”等有关科目,贷记“现金”、“银行存款”等科目。

6. 结转清算损益

清算终结时,应将有关科目的余额转入清算损益:

(1)将“清算费用”科目的余额转入清算损益,借记“清算损益”科目,贷记“清算费用”科目。

(2)将土地使用权转让净收益转入清算损益,借记“土地转让收益”科目,贷记“清算损益”科目。

(3)将需要核销的各项资产、不能抵扣的期初进项税额转入清算损益,借记“清算损益”科目,贷记“材料”、“产成品”、“无形资产”、“投资”、“应交税金”等科目。

(4)将应予注销的不再清偿的债务转入清算损益,借记“应付票据”、“其他应付款”、“借款”等科目,贷记“清算损益”科目。

(5)破产财产按照法定顺序清偿后的剩余部分,按规定应上缴主管财政机关(或同级国有资产管理部门),上缴时,应按实际上缴的金额,借记“清算损益”科目,贷记“银行存款”等科目。如实际清算收入小于清算费用,应立即终止清算程序,未清偿的破产债务不再清偿,有关清算费用、清算损益的结转按上述规定处理。

(三)会计报表

清算组接管破产企业财产后,应按以下规定编制会计报表(报表格式及编制说明附后),并报受理破产的人民法院、主管财政机关和同级国有资产管理部门:

1. 清算开始时,将有关科日余额转入有关新帐后,应当编制清算资产负债表。

2. 清算期间,应当按照人民法院、主管财政机关和同级国有资产管理部门规定的期限编制清算资产负债表、清算财产表、清算损益表。

3. 清算终结时,应当编制清算损益表、债务清偿表。

(四)会计档案移交

清算终结后,清算组应当将接收的会计帐册等会计档案连同在清算期间形成的会计档案一并移交破产企业的业务主管部门或者人民法院,由业务主管部门或者人民法院指定有关单位保存。

会计档案保管要求和保管期限应当符合《会计档案管理办法》的规定。

三、上海、天津等国务院确定的“优化资本结构”试点城市的国有企业破产,执行本规定。

四、本规定自发布之日起执行。

国有企业试行破产有关财务问题的暂行规定

（财工字〔1996〕226号 1996年8月20日发布并实施）

一、为了适应建立现代企业制度的需要，规范企业破产行为，根据《中华人民共和国企业破产法（试行）》、《国务院关于在若干城市试行国有企业破产有关问题的通知》以及国家其他有关法律、法规，制定本规定。

二、国有企业（以下简称“企业”）试行破产，应坚持依法实施、优化资源配置和妥善安置职工的原则，有利于建立和完善企业优胜劣汰机制，保护债权人、债务人合法权益。

三、各级主管财政机关会同国有资产管理部门参与企业破产的全过程，在企业破产中履行下列职责：

（一）参与制订企业破产预案；

（二）参与破产清算组负责办理与破产财产保管、清理、估价、处置以及分配等有关的财务事项；

（三）参与审批濒临破产企业的分立方案，包括帐务分设方案、资产分离方案、债权债务分离方案、留存收益分配方案；

（四）收缴剩余的破产财产及其处置收入。

（五）对企业破产中其他各项财务活动依法实施管理和监督检查。

四、在宣告破产，成立破产清算组后，企业应接受清算组的指导，协助清算组对企业流动资产、固定资产、长期投资、无形资产以及其他资产进行全面清理登记，对各项资产损失及债权债务进行全面核对查实。

在财产清查基础上，企业应编制财产清算表以及至企业宣告破产日止的资产负债表、损益表和利润分配表等财务报告，移交清算组，同时报主管财政机关和同级国有资产管理部门备案。

企业在向清算组办理移交手续前，应当妥善保管本企业的帐册等财务会计资料。

任何单位和个人不得非法处理破产企业的财产、帐册等。

五、破产财产是指破产企业在破产程序终结前拥有的全部财产以及应当由破产企业行使的其他财产权利。企业下列财产计入破产财产：

（一）宣告破产时破产企业经营管理的全部财产。包括各种流动资产、固定资产、对外投资以及无形资产等。

（二）破产企业在破产宣告后至破产程序终结前所取得的财产。包括债权人放弃优先受偿权利；破产财产转让价值超过其帐面净值的差额部分；破产清算期间分回的投资收益和取得的其他收益等。

（三）应当由破产企业行使的其他财产权利。

六、企业下列财产应区别情况处理：

（一）担保财产。依法生效的担保或抵押标的不属于破产财产；担保物的价款超过其所担保的债务数额的，超过部分属于破产财产。

（二）公益福利性设施。企业的职工住房、学校、托幼园（所）、医院等福利性设施，原则上不计入破产财产；但无需续办并能整体出让的，可计入破产财产。

（三）职工集资款。属于借款性质的视为破产企业所欠职工工资处理，利息按中国人民银行同期存款利率计算；属于投资性质的视为破产财产，依法处理。

（四）党、团、工会等组织占用破产企业的财产属于破产财产。

（五）担保财产。依法生效的担保或抵押标的不属于破产财产；担保物的价款超过其所担保的债务数额的，超过部分属于破产财产。

七、人民法院受理破产案件前六个月至破产宣告之日的期间内，破产企业的下列行为无效，清算组有权向人民法院申请追回财产，并入破产财产。

（一）隐匿、私分或者无偿转让财产；

（二）非正常压价出售财产；

（三）对原来没有财产担保的债务提供担保；

（四）对未到期的债务提前清偿；

（五）放弃自己的债权。

八、破产债权是指经清算组确认的至企业破产宣告日止破产企业债权人的各项债权。包括下列各项：

（一）宣告破产前设立的无财产担保债权；

（二）宣告破产时未到期的债权，视为已到期债权减去未到期利息后的债权；

（三）债权人放弃优先受偿权利的有财产担保债权；

（四）有财产担保债权，其数额超过担保物价款但未受偿部分的债权；

（五）债务人的保证人代替债务人偿还债务后，其代替偿还款为破产债权；

（六）清算组解除破产企业未履行的合同，致使其他当事人受到损害的，其损害赔偿额为破产债权等。

下列费用不得作为破产债权：宣告破产后的债权利息；债权人参加破产程序按规定应分担费用逾期未申报的债权；超过诉讼时效的债权。

九、破产费用是指破产清算过程中所发生的各项支出，应当从破产财产中优先拨付。一般随发生随支付，破产财产不足以支付破产费用的，破产程序相应终结，未清偿债务不再清偿。

破产费用的开支范围包括：清算期间职工生活费；破产财产管理、变卖和分配所需费用；破产案件诉讼费用；清算期间企业设施和设备维护费用、审计评估费用；为债权人共同利益而支付的其他费用，包括债权人会议会务费、破产企业催收债务差旅费及其他费用。

破产清算组应严格按照经债权人会议审核的开支范围和标准拨付破产费用。

十、破产财产处置前，破产清算组应聘请具有法定资格的资产评估机构依法进行评估，并以评估确认价值作为底价，通过拍卖、招标、协议等方式转让。

十一、各级主管财政机关应协助政府其他部门做好破产企业职工的生活救济和就业安置工作。

（一）破产企业被整体接收的，安置期间的职工生活费用由接收方企业发放，从企业管理费用中开支，其标准应不低于试点城市规定的最低生活救济标准。破产企业职工的社会保险费由接收方企业从接收破产企业之日起缴纳。接收方企业收到的安置费在资本公积金中单独反映。

（二）鼓励破产企业职工自谋职业。对自谋职业的职工，清算组可从破产企业土地使用权等破产财产中，按规定拨付一次性安置费。

(三)破产企业离退休职工的离退休费和医疗费由当地社会养老、医疗保险机构负责管理。破产企业原未参加养老、医疗社会保险的,其离退休职工的离退休费和医疗费从企业土地使用权出让所得中支付,处置土地使用权所得不足以支付的,不足部分从处置其他破产财产所得中优先支付。

(四)破产企业职工的安置费用来源不足的,按照企业隶属关系,由破产企业所在地人民政府负担。

十二、破产财产优先支付破产费用后,按照以下顺序清偿:

1. 破产企业所欠职工工资和社会保险费,以及按照《国务院关于在若干城市试行国有企业破产有关问题的通知》规定安置破产企业职工所需费用;

2. 破产企业所欠税款;

3. 破产债权。破产财产不足以清偿同一顺序的清偿要求的,按照比例分配。

十三、破产财产按照法定顺序清偿后的剩余部分及其处置收入,由同级主管财政机关会同同级国有资产管理部门收缴,列入同级政府的国有资产经营预算。

十四、破产财产分配完毕,人民法院裁定破产程序终结后,清算组应编制破产企业破产清算日至终结日止的清算财务报告,连同破产企业的财务报告资料和清算财产表,一并移交同级主管财政机关和国有资产管理部门。

十五、濒临破产的企业在申请破产前,经拥有三分之二以上债权额的债权人同意,并经政府有关部门批准,可将企业效益好的部分同企业分立。企业分立应由同级国有资产管理部门会同同级财政主管机关办理产权划转手续,企业分立有关财务问题的处理,按照财政部《关于印发(国有企业公司制改建有关财务问题的暂行规定)的通知》(财工字〔1995〕29 号)执行。

十六、企业宣告破产后,其他企业整体收购破产企业财产、承担人民法院裁定的债务、全员安置破产企业职工的,可以按照《关于停产整顿、被兼并、解散和破产企业贷款停减缓和息处理问题的通知》(银发〔1993〕113 号)和《关于鼓励和支持 18 个试点城市优势国有企业兼并困难国有工业生产企业后有关银行贷款及利息处理问题的通知》(银发〔1995〕130 号)的规定,享受兼并企业的优惠政策。

十七、按照《中华人民共和国企业破产法(试行)》和《国务院关于在若干城市试行国有企业破产有关问题的通知》(国发〔1994〕59 号)精神,在上海、天津等 50 个"优化资本结构"试点城市以及自贡等 6 个比照试点城市试行的国有企业破产,执行本规定。

十八、本规定由财政部负责解释。

十九、本规定从颁发之日起执行。

财政部关于外商投资企业清算期财政财务管理有关规定的通知

(财工字〔1995〕222 号 1995 年 7 月 9 日发布并实施)

各省、自治区、直辖市、计划单列市财政厅(局),国务院各部门:

为了加强外商投资企业清算期间财政财务管理工作,现将有关问题规定如下:

一、外商投资企业应依据国家有关法律、法规及本规定,做好清算期间财务管理工作,并接受财政机关检查监督。

二、外商投资企业按合同、章程规定或其他原因宣布终止时,应于十五日内成立清算委员会,组织开展清算工作。清算委员会的成员一般由企业董事、债权人代表组成,也可聘请中国注册会计师或律师参加,主管财政机关认为必要时,也可派人进行监督。

企业宣布破产,转入破产程序清算。

三、清算委员会负责制定清算方案,编制资产负债表及其他会计报表、财产目录和债权、债务清单,提出财产处理意见,提请董事会通过,并报主管财政机关和企业主管部门备案后执行。

清算委员会宣布清算,通知债权人,债权人应在规定时间内申报债权。

四、清算企业的财产包括宣布清算时企业的全部财产以及清算期间取得的资产。除国家另有规定外,以下三部分不属于清算财产:

1. 企业结余的职工奖励和福利基金、中方职工住房周转金以及用这两项基金购建的各项财产、设施;

2. 企业结余的中方职工保险福利费;

3. 企业结余的工会经费以及用工会经费购建的财产。(以下称三部分财产)

五、企业财产按分行业企业财务制度规定的顺序清偿债务,其中场地使用费、中方职工物价补贴等财政收入与国家税收同一顺序上缴财政。

六、依法取得中国法人资格的企业(有限责任公司、股份有限公司)应以本企业所有的财产对债务承担清偿责任;不具备中国法人资格的企业,投资各方对企业债务应承担无限清偿责任和连带清偿责任。

中外合作经营企业在合同中约定外方合作者在合作期限内先行收回投资,合作期满时将全部固定资产归中国合作者所有的,企业清算时中外合作者仍应对企业债务承担责任。

七、企业清算财产扣除各项负债及损失后的剩余财产,减除企业未分配利润、资本公积金、各项权益性基金和清算费用后的余额,超过实收资本部分,为清算净收益,视同利润,按规定缴纳所得税。缴纳所得税后的剩余财产按以下原则向投资者分配;

中外合资经营企业按照投资人的实际出资比例进行分配;中外合作经营企业按照合同、章程的约定进行分配;外资企业按照章程的规定进行分配。

八、外商投资企业清算完毕,外商撤出股权,中方投资者对分得的剩余财产,应根据不同的性质、形态和中方投资者的资金来源,进行相应的财务处理。其中第四条所规定的三部分财产分别以下情况处理:(1)企业改由中方投资者继续经营的,三部分财产继续留给企业使用,其中,企业结余的职工奖励和福利基金及用这项基金购建的各项财产并入公益金;结余的中方职工保险福利费并入应付职工福利费;结余的住房周转金及用这项资金购建的财产,并入住房周转金;结余的工会经费及用工会经费购建的财产转入新企业的工会帐户中。(2)企业解散时,中方投资者有两家或两家以上,其中一家或两家拟撤出股权,三部分财产应主要留在中方职工所在的企业按规定使用,具体分配比例,由各中方投资者协商确定。(3)外资企业终止,三部分财产交给接收单位按规定使用。

九、企业清算工作结束后,清算委员会提出的清算报告连同清算报表及中国注册会计师的查帐报告,于十五天内一并报主管财政机关并办理财政注销登记手续。

十、企业清算工作结束,在办理注销手续之前,企业的清算方案、档案和有关财务会计资料,中外合资经营企业、中外合作经营企业由中方投资者或企业主管部门负责保管;外资企业由财政机关保管。

十一、各级财政机关应加强对外商投资企业清算期财政财务管理工作,对企业不按规定办理财会工作的,按《外商投资企业执行新企业财务制度的补充规定》处罚。

十二、本规定自发布之日起执行。

第二编 税 务

一、企业所得税

中华人民共和国企业所得税法

(2007年3月16日第十届全国人民代表大会第五次会议通过　根据2017年2月24日第十二届全国人民代表大会常务委员会第二十六次会议《关于修改〈中华人民共和国企业所得税法〉的决定》第一次修正　根据2018年12月29日第十三届全国人民代表大会常务委员会第七次会议《关于修改〈中华人民共和国电力法〉等四部法律的决定》第二次修正)

目　　录

第一章　总　　则

第一条　在中华人民共和国境内,企业和其他取得收入的组织(以下统称企业)为企业所得税的纳税人,依照本法的规定缴纳企业所得税。

个人独资企业、合伙企业不适用本法。

第二条　企业分为居民企业和非居民企业。

本法所称居民企业,是指依法在中国境内成立,或者依照外国(地区)法律成立但实际管理机构在中国境内的企业。

本法所称非居民企业,是指依照外国(地区)法律成立且实际管理机构不在中国境内,但在中国境内设立机构、场所的,或者在中国境内未设立机构、场所,但有来源于中国境内所得的企业。

第三条　居民企业应当就其来源于中国境内、境外的所得缴纳企业所得税。

非居民企业在中国境内设立机构、场所的,应当就其所设机构、场所取得的来源于中国境内的所得,以及发生在中国境外但与其所设机构、场所有实际联系的所得,缴纳企业所得税。

非居民企业在中国境内未设立机构、场所的,或者虽设立机构、场所但取得的所得与其所设机构、场所没有实际联系的,应当就其来源于中国境内的所得缴纳企业所得税。

第四条　企业所得税的税率为25%。

非居民企业取得本法第三条第三款规定的所得,适用税率为20%。

第二章 应纳税所得额

第五条 企业每一纳税年度的收入总额,减除不征税收入、免税收入、各项扣除以及允许弥补的以前年度亏损后的余额,为应纳税所得额。

第六条 企业以货币形式和非货币形式从各种来源取得的收入,为收入总额。包括:

(一)销售货物收入;

(二)提供劳务收入;

(三)转让财产收入;

(四)股息、红利等权益性投资收益;

(五)利息收入;

(六)租金收入;

(七)特许权使用费收入;

(八)接受捐赠收入;

(九)其他收入。

第七条 收入总额中的下列收入为不征税收入:

(一)财政拨款;

(二)依法收取并纳入财政管理的行政事业性收费、政府性基金;

(三)国务院规定的其他不征税收入。

第八条 企业实际发生的与取得收入有关的、合理的支出,包括成本、费用、税金、损失和其他支出,准予在计算应纳税所得额时扣除。

第九条 企业发生的公益性捐赠支出,在年度利润总额12%以内的部分,准予在计算应纳税所得额时扣除;超过年度利润总额12%的部分,准予结转以后三年内在计算应纳税所得额时扣除。

第十条 在计算应纳税所得额时,下列支出不得扣除:

(一)向投资者支付的股息、红利等权益性投资收益款项;

(二)企业所得税税款;

(三)税收滞纳金;

(四)罚金、罚款和被没收财物的损失;

(五)本法第九条规定以外的捐赠支出;

(六)赞助支出;

(七)未经核定的准备金支出;

(八)与取得收入无关的其他支出。

第十一条 在计算应纳税所得额时,企业按照规定计算的固定资产折旧,准予扣除。

下列固定资产不得计算折旧扣除:

(一)房屋、建筑物以外未投入使用的固定资产;

(二)以经营租赁方式租入的固定资产;

(三)以融资租赁方式租出的固定资产;

(四)已足额提取折旧仍继续使用的固定资产;

（五）与经营活动无关的固定资产；

（六）单独估价作为固定资产入账的土地；

（七）其他不得计算折旧扣除的固定资产。

第十二条 在计算应纳税所得额时，企业按照规定计算的无形资产摊销费用，准予扣除。

下列无形资产不得计算摊销费用扣除：

（一）自行开发的支出已在计算应纳税所得额时扣除的无形资产；

（二）自创商誉；

（三）与经营活动无关的无形资产；

（四）其他不得计算摊销费用扣除的无形资产。

第十三条 在计算应纳税所得额时，企业发生的下列支出作为长期待摊费用，按照规定摊销的，准予扣除：

（一）已足额提取折旧的固定资产的改建支出；

（二）租入固定资产的改建支出；

（三）固定资产的大修理支出；

（四）其他应当作为长期待摊费用的支出。

第十四条 企业对外投资期间，投资资产的成本在计算应纳税所得额时不得扣除。

第十五条 企业使用或者销售存货，按照规定计算的存货成本，准予在计算应纳税所得额时扣除。

第十六条 企业转让资产，该项资产的净值，准予在计算应纳税所得额时扣除。

第十七条 企业在汇总计算缴纳企业所得税时，其境外营业机构的亏损不得抵减境内营业机构的盈利。

第十八条 企业纳税年度发生的亏损，准予向以后年度结转，用以后年度的所得弥补，但结转年限最长不得超过五年。

第十九条 非居民企业取得本法第三条第三款规定的所得，按照下列方法计算其应纳税所得额：

（一）股息、红利等权益性投资收益和利息、租金、特许权使用费所得，以收入全额为应纳税所得额；

（二）转让财产所得，以收入全额减除财产净值后的余额为应纳税所得额；

（三）其他所得，参照前两项规定的方法计算应纳税所得额。

第二十条 本章规定的收入、扣除的具体范围、标准和资产的税务处理的具体办法，由国务院财政、税务主管部门规定。

第二十一条 在计算应纳税所得额时，企业财务、会计处理办法与税收法律、行政法规的规定不一致的，应当依照税收法律、行政法规的规定计算。

第三章 应纳税额

第二十二条 企业的应纳税所得额乘以适用税率，减除依照本法关于税收优惠的规定减免和抵免的税额后的余额，为应纳税额。

第二十三条 企业取得的下列所得已在境外缴纳的所得税税额，可以从其当期应纳税额中抵免,抵免限额为该项所得依照本法规定计算的应纳税额;超过抵免限额的部分,可以在以后五个年度内,用每年度抵免限额抵免当年应抵税额后的余额进行抵补:

(一)居民企业来源于中国境外的应税所得;

(二)非居民企业在中国境内设立机构、场所,取得发生在中国境外但与该机构、场所有实际联系的应税所得。

第二十四条 居民企业从其直接或者间接控制的外国企业分得的来源于中国境外的股息、红利等权益性投资收益,外国企业在境外实际缴纳的所得税税额中属于该项所得负担的部分,可以作为该居民企业的可抵免境外所得税税额,在本法第二十三条规定的抵免限额内抵免。

第四章 税收优惠

第二十五条 国家对重点扶持和鼓励发展的产业和项目,给予企业所得税优惠。

第二十六条 企业的下列收入为免税收入:

(一)国债利息收入;

(二)符合条件的居民企业之间的股息、红利等权益性投资收益;

(三)在中国境内设立机构、场所的非居民企业从居民企业取得与该机构、场所有实际联系的股息、红利等权益性投资收益;

(四)符合条件的非营利组织的收入。

第二十七条 企业的下列所得,可以免征、减征企业所得税:

(一)从事农、林、牧、渔业项目的所得;

(二)从事国家重点扶持的公共基础设施项目投资经营的所得;

(三)从事符合条件的环境保护、节能节水项目的所得;

(四)符合条件的技术转让所得;

(五)本法第三条第三款规定的所得。

第二十八条 符合条件的小型微利企业,减按20%的税率征收企业所得税。

国家需要重点扶持的高新技术企业,减按15%的税率征收企业所得税。

第二十九条 民族自治地方的自治机关对本民族自治地方的企业应缴纳的企业所得税中属于地方分享的部分,可以决定减征或者免征。自治州、自治县决定减征或者免征的,须报省、自治区、直辖市人民政府批准。

第三十条 企业的下列支出,可以在计算应纳税所得额时加计扣除:

(一)开发新技术、新产品、新工艺发生的研究开发费用;

(二)安置残疾人员及国家鼓励安置的其他就业人员所支付的工资。

第三十一条 创业投资企业从事国家需要重点扶持和鼓励的创业投资,可以按投资额的一定比例抵扣应纳税所得额。

第三十二条 企业的固定资产由于技术进步等原因,确需加速折旧的,可以缩短折旧年限或者采取加速折旧的方法。

第三十三条 企业综合利用资源,生产符合国家产业政策规定的产品所取得的收入,可以在计算应纳税所得额时减计收入。

第三十四条 企业购置用于环境保护、节能节水、安全生产等专用设备的投资额,可以按一定比例实行税额抵免。

第三十五条 本法规定的税收优惠的具体办法,由国务院规定。

第三十六条 根据国民经济和社会发展的需要,或者由于突发事件等原因对企业经营活动产生重大影响的,国务院可以制定企业所得税专项优惠政策,报全国人民代表大会常务委员会备案。

第五章 源泉扣缴

第三十七条 对非居民企业取得本法第三条第三款规定的所得应缴纳的所得税,实行源泉扣缴,以支付人为扣缴义务人。税款由扣缴义务人在每次支付或者到期应支付时,从支付或者到期应支付的款项中扣缴。

第三十八条 对非居民企业在中国境内取得工程作业和劳务所得应缴纳的所得税,税务机关可以指定工程价款或者劳务费的支付人为扣缴义务人。

第三十九条 依照本法第三十七条、第三十八条规定应当扣缴的所得税,扣缴义务人未依法扣缴或者无法履行扣缴义务的,由纳税人在所得发生地缴纳。纳税人未依法缴纳的,税务机关可以从该纳税人在中国境内其他收入项目的支付人应付的款项中,追缴该纳税人的应纳税款。

第四十条 扣缴义务人每次代扣的税款,应当自代扣之日起七日内缴入国库,并向所在地的税务机关报送扣缴企业所得税报告表。

第六章 特别纳税调整

第四十一条 企业与其关联方之间的业务往来,不符合独立交易原则而减少企业或者其关联方应纳税收入或者所得额的,税务机关有权按照合理方法调整。

企业与其关联方共同开发、受让无形资产,或者共同提供、接受劳务发生的成本,在计算应纳税所得额时应当按照独立交易原则进行分摊。

第四十二条 企业可以向税务机关提出与其关联方之间业务往来的定价原则和计算方法,税务机关与企业协商、确认后,达成预约定价安排。

第四十三条 企业向税务机关报送年度企业所得税纳税申报表时,应当就其与关联方之间的业务往来,附送年度关联业务往来报告表。

税务机关在进行关联业务调查时,企业及其关联方,以及与关联业务调查有关的其他企业,应当按照规定提供相关资料。

第四十四条 企业不提供与其关联方之间业务往来资料,或者提供虚假、不完整资料,未能真实反映其关联业务往来情况的,税务机关有权依法核定其应纳税所得额。

第四十五条 由居民企业,或者由居民企业和中国居民控制的设立在实际税负明显低于本法第四条第一款规定税率水平的国家(地区)的企业,并非由于合理的经营需要而对利润不作分配或者减少分配的,上述利润中应归属于该居民企业的部分,应当计入该居民企业的当期收入。

第四十六条 企业从其关联方接受的债权性投资与权益性投资的比例超过规定标准而发生的利息支出,不得在计算应纳税所得额时扣除。

第四十七条 企业实施其他不具有合理商业目的的安排而减少其应纳税收入或者所得额的,税务机关有权按照合理方法调整。

第四十八条 税务机关依照本章规定作出纳税调整，需要补征税款的，应当补征税款，并按照国务院规定加收利息。

第七章 征收管理

第四十九条 企业所得税的征收管理除本法规定外，依照《中华人民共和国税收征收管理法》的规定执行。

第五十条 除税收法律、行政法规另有规定外，居民企业以企业登记注册地为纳税地点；但登记注册地在境外的，以实际管理机构所在地为纳税地点。

居民企业在中国境内设立不具有法人资格的营业机构的，应当汇总计算并缴纳企业所得税。

第五十一条 非居民企业取得本法第三条第二款规定的所得，以机构、场所所在地为纳税地点。非居民企业在中国境内设立两个或者两个以上机构、场所，符合国务院税务主管部门规定条件的，可以选择由其主要机构、场所汇总缴纳企业所得税。

非居民企业取得本法第三条第三款规定的所得，以扣缴义务人所在地为纳税地点。

第五十二条 除国务院另有规定外，企业之间不得合并缴纳企业所得税。

第五十三条 企业所得税按纳税年度计算。纳税年度自公历 1 月 1 日起至 12 月 31 日止。

企业在一个纳税年度中间开业，或者终止经营活动，使该纳税年度的实际经营期不足十二个月的，应当以其实际经营期为一个纳税年度。

企业依法清算时，应当以清算期间作为一个纳税年度。

第五十四条 企业所得税分月或者分季预缴。

企业应当自月份或者季度终了之日起十五日内，向税务机关报送预缴企业所得税纳税申报表，预缴税款。

企业应当自年度终了之日起五个月内，向税务机关报送年度企业所得税纳税申报表，并汇算清缴，结清应缴应退税款。

企业在报送企业所得税纳税申报表时，应当按照规定附送财务会计报告和其他有关资料。

第五十五条 企业在年度中间终止经营活动的，应当自实际经营终止之日起六十日内，向税务机关办理当期企业所得税汇算清缴。

企业应当在办理注销登记前，就其清算所得向税务机关申报并依法缴纳企业所得税。

第五十六条 依照本法缴纳的企业所得税，以人民币计算。所得以人民币以外的货币计算的，应当折合成人民币计算并缴纳税款。

第八章 附 则

第五十七条 本法公布前已经批准设立的企业，依照当时的税收法律、行政法规规定，享受低税率优惠的，按照国务院规定，可以在本法施行后五年内，逐步过渡到本法规定的税率；享受定期减免税优惠的，按照国务院规定，可以在本法施行后继续享受到期满为止，但因未获利而尚未享受优惠的，优惠期限从本法施行年度起计算。

法律设置的发展对外经济合作和技术交流的特定地区内，以及国务院已规定执行上述地区特殊政策的地区内新设立的国家需要重点扶持的高新技术企业，可以享受过渡性税收优惠，具体办法由国务院规定。

国家已确定的其他鼓励类企业,可以按照国务院规定享受减免税优惠。

第五十八条　中华人民共和国政府同外国政府订立的有关税收的协定与本法有不同规定的,依照协定的规定办理。

第五十九条　国务院根据本法制定实施条例。

第六十条　本法自2008年1月1日起施行。1991年4月9日第七届全国人民代表大会第四次会议通过的《中华人民共和国外商投资企业和外国企业所得税法》和1993年12月13日国务院发布的《中华人民共和国企业所得税暂行条例》同时废止。

中华人民共和国企业所得税法实施条例

（2007年11月28日国务院第197次常务会议通过
2007年12月6日中华人民共和国国务院令第512号公布　自2008年1月1日起施行
2019年4月23日中华人民共和国国务院令第714号修正）

第一章　总　　则

第一条　根据《中华人民共和国企业所得税法》（以下简称企业所得税法）的规定，制定本条例。

第二条　企业所得税法第一条所称个人独资企业、合伙企业，是指依照中国法律、行政法规成立的个人独资企业、合伙企业。

第三条　企业所得税法第二条所称依法在中国境内成立的企业，包括依照中国法律、行政法规在中国境内成立的企业、事业单位、社会团体以及其他取得收入的组织。

企业所得税法第二条所称依照外国（地区）法律成立的企业，包括依照外国（地区）法律成立的企业和其他取得收入的组织。

第四条　企业所得税法第二条所称实际管理机构，是指对企业的生产经营、人员、账务、财产等实施实质性全面管理和控制的机构。

第五条　企业所得税法第二条第三款所称机构、场所，是指在中国境内从事生产经营活动的机构、场所，包括：

（一）管理机构、营业机构、办事机构；

（二）工厂、农场、开采自然资源的场所；

（三）提供劳务的场所；

（四）从事建筑、安装、装配、修理、勘探等工程作业的场所；

（五）其他从事生产经营活动的机构、场所。

非居民企业委托营业代理人在中国境内从事生产经营活动的，包括委托单位或者个人经常代其签订合同，或者储存、交付货物等，该营业代理人视为非居民企业在中国境内设立的机构、场所。

第六条　企业所得税法第三条所称所得，包括销售货物所得、提供劳务所得、转让财产所得、股息红利等权益性投资所得、利息所得、租金所得、特许权使用费所得、接受捐赠所得和其他所得。

第七条　企业所得税法第三条所称来源于中国境内、境外的所得，按照以下原则确定：

（一）销售货物所得，按照交易活动发生地确定；

（二）提供劳务所得，按照劳务发生地确定；

（三）转让财产所得，不动产转让所得按照不动产所在地确定，动产转让所得按照转让动产的企业或者机构、场所所在地确定，权益性投资资产转让所得按照被投资企业所在地确定；

（四）股息、红利等权益性投资所得，按照分配所得的企业所在地确定；

（五）利息所得、租金所得、特许权使用费所得，按照负担、支付所得的企业或者机构、场所所在地确定，或者按照负担、支付所得的个人的住所地确定；

（六）其他所得，由国务院财政、税务主管部门确定。

第八条 企业所得税法第三条所称实际联系，是指非居民企业在中国境内设立的机构、场所拥有据以取得所得的股权、债权，以及拥有、管理、控制据以取得所得的财产等。

第二章 应纳税所得额

第一节 一般规定

第九条 企业应纳税所得额的计算，以权责发生制为原则，属于当期的收入和费用，不论款项是否收付，均作为当期的收入和费用；不属于当期的收入和费用，即使款项已经在当期收付，均不作为当期的收入和费用。本条例和国务院财政、税务主管部门另有规定的除外。

第十条 企业所得税法第五条所称亏损，是指企业依照企业所得税法和本条例的规定将每一纳税年度的收入总额减除不征税收入、免税收入和各项扣除后小于零的数额。

第十一条 企业所得税法第五十五条所称清算所得，是指企业的全部资产可变现价值或者交易价格减除资产净值、清算费用以及相关税费等后的余额。

投资方企业从被清算企业分得的剩余资产，其中相当于从被清算企业累计未分配利润和累计盈余公积中应当分得的部分，应当确认为股息所得；剩余资产减除上述股息所得后的余额，超过或者低于投资成本的部分，应当确认为投资资产转让所得或者损失。

第二节 收　　入

第十二条 企业所得税法第六条所称企业取得收入的货币形式，包括现金、存款、应收账款、应收票据、准备持有至到期的债券投资以及债务的豁免等。

企业所得税法第六条所称企业取得收入的非货币形式，包括固定资产、生物资产、无形资产、股权投资、存货、不准备持有至到期的债券投资、劳务以及有关权益等。

第十三条 企业所得税法第六条所称企业以非货币形式取得的收入，应当按照公允价值确定收入额。

前款所称公允价值，是指按照市场价格确定的价值。

第十四条 企业所得税法第六条第（一）项所称销售货物收入，是指企业销售商品、产品、原材料、包装物、低值易耗品以及其他存货取得的收入。

第十五条 企业所得税法第六条第（二）项所称提供劳务收入，是指企业从事建筑安装、修理修配、交通运输、仓储租赁、金融保险、邮电通信、咨询经纪、文化体育、科学研究、技术服务、教育培训、餐饮住宿、中介代理、卫生保健、社区服务、旅游、娱乐、加工以及其他劳务服务活动取得的收入。

第十六条 企业所得税法第六条第（三）项所称转让财产收入，是指企业转让固定资产、生物资产、无形资产、股权、债权等财产取得的收入。

第十七条 企业所得税法第六条第（四）项所称股息、红利等权益性投资收益，是指企业因权益性投资从被投资方取得的收入。

股息、红利等权益性投资收益，除国务院财政、税务主管部门另有规定外，按照被投资方作出利润分配决定的日期确认收入的实现。

第十八条 企业所得税法第六条第(五)项所称利息收入,是指企业将资金提供他人使用但不构成权益性投资,或者因他人占用本企业资金取得的收入,包括存款利息、贷款利息、债券利息、欠款利息等收入。

利息收入,按照合同约定的债务人应付利息的日期确认收入的实现。

第十九条 企业所得税法第六条第(六)项所称租金收入,是指企业提供固定资产、包装物或者其他有形资产的使用权取得的收入。

租金收入,按照合同约定的承租人应付租金的日期确认收入的实现。

第二十条 企业所得税法第六条第(七)项所称特许权使用费收入,是指企业提供专利权、非专利技术、商标权、著作权以及其他特许权的使用权取得的收入。

特许权使用费收入,按照合同约定的特许权使用人应付特许权使用费的日期确认收入的实现。

第二十一条 企业所得税法第六条第(八)项所称接受捐赠收入,是指企业接受的来自其他企业、组织或者个人无偿给予的货币性资产、非货币性资产。

接受捐赠收入,按照实际收到捐赠资产的日期确认收入的实现。

第二十二条 企业所得税法第六条第(九)项所称其他收入,是指企业取得的除企业所得税法第六条第(一)项至第(八)项规定的收入外的其他收入,包括企业资产溢余收入、逾期未退包装物押金收入、确实无法偿付的应付款项、已作坏账损失处理后又收回的应收款项、债务重组收入、补贴收入、违约金收入、汇兑收益等。

第二十三条 企业的下列生产经营业务可以分期确认收入的实现:

(一)以分期收款方式销售货物的,按照合同约定的收款日期确认收入的实现;

(二)企业受托加工制造大型机械设备、船舶、飞机,以及从事建筑、安装、装配工程业务或者提供其他劳务等,持续时间超过12个月的,按照纳税年度内完工进度或者完成的工作量确认收入的实现。

第二十四条 采取产品分成方式取得收入的,按照企业分得产品的日期确认收入的实现,其收入额按照产品的公允价值确定。

第二十五条 企业发生非货币性资产交换,以及将货物、财产、劳务用于捐赠、偿债、赞助、集资、广告、样品、职工福利或者利润分配等用途的,应当视同销售货物、转让财产或者提供劳务,但国务院财政、税务主管部门另有规定的除外。

第二十六条 企业所得税法第七条第(一)项所称财政拨款,是指各级人民政府对纳入预算管理的事业单位、社会团体等组织拨付的财政资金,但国务院和国务院财政、税务主管部门另有规定的除外。

企业所得税法第七条第(二)项所称行政事业性收费,是指依照法律法规等有关规定,按照国务院规定程序批准,在实施社会公共管理,以及在向公民、法人或者其他组织提供特定公共服务过程中,向特定对象收取并纳入财政管理的费用。

企业所得税法第七条第(二)项所称政府性基金,是指企业依照法律、行政法规等有关规定,代政府收取的具有专项用途的财政资金。

企业所得税法第七条第(三)项所称国务院规定的其他不征税收入,是指企业取得的,由国务院财政、税务主管部门规定专项用途并经国务院批准的财政性资金。

第三节 扣 除

第二十七条 企业所得税法第八条所称有关的支出，是指与取得收入直接相关的支出。

企业所得税法第八条所称合理的支出，是指符合生产经营活动常规，应当计入当期损益或者有关资产成本的必要和正常的支出。

第二十八条 企业发生的支出应当区分收益性支出和资本性支出。收益性支出在发生当期直接扣除；资本性支出应当分期扣除或者计入有关资产成本，不得在发生当期直接扣除。

企业的不征税收入用于支出所形成的费用或者财产，不得扣除或者计算对应的折旧、摊销扣除。

除企业所得税法和本条例另有规定外，企业实际发生的成本、费用、税金、损失和其他支出，不得重复扣除。

第二十九条 企业所得税法第八条所称成本，是指企业在生产经营活动中发生的销售成本、销货成本、业务支出以及其他耗费。

第三十条 企业所得税法第八条所称费用，是指企业在生产经营活动中发生的销售费用、管理费用和财务费用，已经计入成本的有关费用除外。

第三十一条 企业所得税法第八条所称税金，是指企业发生的除企业所得税和允许抵扣的增值税以外的各项税金及其附加。

第三十二条 企业所得税法第八条所称损失，是指企业在生产经营活动中发生的固定资产和存货的盘亏、毁损、报废损失，转让财产损失，呆账损失，坏账损失，自然灾害等不可抗力因素造成的损失以及其他损失。

企业发生的损失，减除责任人赔偿和保险赔款后的余额，依照国务院财政、税务主管部门的规定扣除。

企业已经作为损失处理的资产，在以后纳税年度又全部收回或者部分收回时，应当计入当期收入。

第三十三条 企业所得税法第八条所称其他支出，是指除成本、费用、税金、损失外，企业在生产经营活动中发生的与生产经营活动有关的、合理的支出。

第三十四条 企业发生的合理的工资薪金支出，准予扣除。

前款所称工资薪金，是指企业每一纳税年度支付给在本企业任职或者受雇的员工的所有现金形式或者非现金形式的劳动报酬，包括基本工资、奖金、津贴、补贴、年终加薪、加班工资，以及与员工任职或者受雇有关的其他支出。

第三十五条 企业依照国务院有关主管部门或者省级人民政府规定的范围和标准为职工缴纳的基本养老保险费、基本医疗保险费、失业保险费、工伤保险费、生育保险费等基本社会保险费和住房公积金，准予扣除。

企业为投资者或者职工支付的补充养老保险费、补充医疗保险费，在国务院财政、税务主管部门规定的范围和标准内，准予扣除。

第三十六条 除企业依照国家有关规定为特殊工种职工支付的人身安全保险费和国务院财政、税务主管部门规定可以扣除的其他商业保险费外，企业为投资者或者职工支付的商业保险费，不得扣除。

第三十七条 企业在生产经营活动中发生的合理的不需要资本化的借款费用，准予扣除。

企业为购置、建造固定资产、无形资产和经过12个月以上的建造才能达到预定可销售状态的存货发生借款的，在有关资产购置、建造期间发生的合理的借款费用，应当作为资本性支出计入有关资产的成本，并依照本条例的规定扣除。

第三十八条 企业在生产经营活动中发生的下列利息支出，准予扣除：

（一）非金融企业向金融企业借款的利息支出、金融企业的各项存款利息支出和同业拆借利息支出、企业经批准发行债券的利息支出；

（二）非金融企业向非金融企业借款的利息支出，不超过按照金融企业同期同类贷款利率计算的数额的部分。

第三十九条 企业在货币交易中，以及纳税年度终了时将人民币以外的货币性资产、负债按照期末即期人民币汇率中间价折算为人民币时产生的汇兑损失，除已经计入有关资产成本以及与向所有者进行利润分配相关的部分外，准予扣除。

第四十条 企业发生的职工福利费支出，不超过工资薪金总额14%的部分，准予扣除。

第四十一条 企业拨缴的工会经费，不超过工资薪金总额2%的部分，准予扣除。

第四十二条 除国务院财政、税务主管部门另有规定外，企业发生的职工教育经费支出，不超过工资薪金总额2.5%的部分，准予扣除；超过部分，准予在以后纳税年度结转扣除。

第四十三条 企业发生的与生产经营活动有关的业务招待费支出，按照发生额的60%扣除，但最高不得超过当年销售（营业）收入的5‰。

第四十四条 企业发生的符合条件的广告费和业务宣传费支出，除国务院财政、税务主管部门另有规定外，不超过当年销售（营业）收入15%的部分，准予扣除；超过部分，准予在以后纳税年度结转扣除。

第四十五条 企业依照法律、行政法规有关规定提取的用于环境保护、生态恢复等方面的专项资金，准予扣除。上述专项资金提取后改变用途的，不得扣除。

第四十六条 企业参加财产保险，按照规定缴纳的保险费，准予扣除。

第四十七条 企业根据生产经营活动的需要租入固定资产支付的租赁费，按照以下方法扣除：

（一）以经营租赁方式租入固定资产发生的租赁费支出，按照租赁期限均匀扣除；

（二）以融资租赁方式租入固定资产发生的租赁费支出，按照规定构成融资租入固定资产价值的部分应当提取折旧费用，分期扣除。

第四十八条 企业发生的合理的劳动保护支出，准予扣除。

第四十九条 企业之间支付的管理费、企业内营业机构之间支付的租金和特许权使用费，以及非银行企业内营业机构之间支付的利息，不得扣除。

第五十条 非居民企业在中国境内设立的机构、场所，就其中国境外总机构发生的与该机构、场所生产经营有关的费用，能够提供总机构出具的费用汇集范围、定额、分配依据和方法等证明文件，并合理分摊的，准予扣除。

第五十一条 企业所得税法第九条所称公益性捐赠，是指企业通过公益性社会组织或者县级以上人民政府及其部门，用于符合法律规定的慈善活动、公益事业的捐赠。

第五十二条 本条例第五十一条所称公益性社会组织，是指同时符合下列条件的慈善组织以及其他社会组织：

（一）依法登记，具有法人资格；

（二）以发展公益事业为宗旨，且不以营利为目的；

（三）全部资产及其增值为该法人所有；

（四）收益和营运结余主要用于符合该法人设立目的的事业；

（五）终止后的剩余财产不归属任何个人或者营利组织；

（六）不经营与其设立目的无关的业务；

（七）有健全的财务会计制度；

（八）捐赠者不以任何形式参与该法人财产的分配；

（九）国务院财政、税务主管部门会同国务院民政部门等登记管理部门规定的其他条件。

第五十三条 企业当年发生以及以前年度结转的公益性捐赠支出，不超过年度利润总额12%的部分，准予扣除。

年度利润总额，是指企业依照国家统一会计制度的规定计算的年度会计利润。

第五十四条 企业所得税法第十条第（六）项所称赞助支出，是指企业发生的与生产经营活动无关的各种非广告性质支出。

第五十五条 企业所得税法第十条第（七）项所称未经核定的准备金支出，是指不符合国务院财政、税务主管部门规定的各项资产减值准备、风险准备等准备金支出。

第四节 资产的税务处理

第五十六条 企业的各项资产，包括固定资产、生物资产、无形资产、长期待摊费用、投资资产、存货等，以历史成本为计税基础。

前款所称历史成本，是指企业取得该项资产时实际发生的支出。

企业持有各项资产期间资产增值或者减值，除国务院财政、税务主管部门规定可以确认损益外，不得调整该资产的计税基础。

第五十七条 企业所得税法第十一条所称固定资产，是指企业为生产产品、提供劳务、出租或者经营管理而持有的、使用时间超过12个月的非货币性资产，包括房屋、建筑物、机器、机械、运输工具以及其他与生产经营活动有关的设备、器具、工具等。

第五十八条 固定资产按照以下方法确定计税基础：

（一）外购的固定资产，以购买价款和支付的相关税费以及直接归属于使该资产达到预定用途发生的其他支出为计税基础；

（二）自行建造的固定资产，以竣工结算前发生的支出为计税基础；

（三）融资租入的固定资产，以租赁合同约定的付款总额和承租人在签订租赁合同过程中发生的相关费用为计税基础，租赁合同未约定付款总额的，以该资产的公允价值和承租人在签订租赁合同过程中发生的相关费用为计税基础；

（四）盘盈的固定资产，以同类固定资产的重置完全价值为计税基础；

（五）通过捐赠、投资、非货币性资产交换、债务重组等方式取得的固定资产，以该资产的公允价值和支付的相关税费为计税基础；

（六）改建的固定资产，除企业所得税法第十三条第（一）项和第（二）项规定的支出外，以改建过程中发生的改建支出增加计税基础。

第五十九条　固定资产按照直线法计算的折旧,准予扣除。

企业应当自固定资产投入使用月份的次月起计算折旧;停止使用的固定资产,应当自停止使用月份的次月起停止计算折旧。

企业应当根据固定资产的性质和使用情况,合理确定固定资产的预计净残值。固定资产的预计净残值一经确定,不得变更。

第六十条　除国务院财政、税务主管部门另有规定外,固定资产计算折旧的最低年限如下:

(一)房屋、建筑物,为20年;

(二)飞机、火车、轮船、机器、机械和其他生产设备,为10年;

(三)与生产经营活动有关的器具、工具、家具等,为5年;

(四)飞机、火车、轮船以外的运输工具,为4年;

(五)电子设备,为3年。

第六十一条　从事开采石油、天然气等矿产资源的企业,在开始商业性生产前发生的费用和有关固定资产的折耗、折旧方法,由国务院财政、税务主管部门另行规定。

第六十二条　生产性生物资产按照以下方法确定计税基础:

(一)外购的生产性生物资产,以购买价款和支付的相关税费为计税基础;

(二)通过捐赠、投资、非货币性资产交换、债务重组等方式取得的生产性生物资产,以该资产的公允价值和支付的相关税费为计税基础。

前款所称生产性生物资产,是指企业为生产农产品、提供劳务或者出租等而持有的生物资产,包括经济林、薪炭林、产畜和役畜等。

第六十三条　生产性生物资产按照直线法计算的折旧,准予扣除。

企业应当自生产性生物资产投入使用月份的次月起计算折旧;停止使用的生产性生物资产,应当自停止使用月份的次月起停止计算折旧。

企业应当根据生产性生物资产的性质和使用情况,合理确定生产性生物资产的预计净残值。生产性生物资产的预计净残值一经确定,不得变更。

第六十四条　生产性生物资产计算折旧的最低年限如下:

(一)林木类生产性生物资产,为10年;

(二)畜类生产性生物资产,为3年。

第六十五条　企业所得税法第十二条所称无形资产,是指企业为生产产品、提供劳务、出租或者经营管理而持有的、没有实物形态的非货币性长期资产,包括专利权、商标权、著作权、土地使用权、非专利技术、商誉等。

第六十六条　无形资产按照以下方法确定计税基础:

(一)外购的无形资产,以购买价款和支付的相关税费以及直接归属于使该资产达到预定用途发生的其他支出为计税基础;

(二)自行开发的无形资产,以开发过程中该资产符合资本化条件后至达到预定用途前发生的支出为计税基础;

(三)通过捐赠、投资、非货币性资产交换、债务重组等方式取得的无形资产,以该资产的公允价值和支付的相关税费为计税基础。

第六十七条 无形资产按照直线法计算的摊销费用,准予扣除。

无形资产的摊销年限不得低于10年。

作为投资或者受让的无形资产,有关法律规定或者合同约定了使用年限的,可以按照规定或者约定的使用年限分期摊销。

外购商誉的支出,在企业整体转让或者清算时,准予扣除。

第六十八条 企业所得税法第十三条第(一)项和第(二)项所称固定资产的改建支出,是指改变房屋或者建筑物结构、延长使用年限等发生的支出。

企业所得税法第十三条第(一)项规定的支出,按照固定资产预计尚可使用年限分期摊销;第(二)项规定的支出,按照合同约定的剩余租赁期限分期摊销。

改建的固定资产延长使用年限的,除企业所得税法第十三条第(一)项和第(二)项规定外,应当适当延长折旧年限。

第六十九条 企业所得税法第十三条第(三)项所称固定资产的大修理支出,是指同时符合下列条件的支出:

(一)修理支出达到取得固定资产时的计税基础50%以上;

(二)修理后固定资产的使用年限延长2年以上。

企业所得税法第十三条第(三)项规定的支出,按照固定资产尚可使用年限分期摊销。

第七十条 企业所得税法第十三条第(四)项所称其他应当作为长期待摊费用的支出,自支出发生月份的次月起,分期摊销,摊销年限不得低于3年。

第七十一条 企业所得税法第十四条所称投资资产,是指企业对外进行权益性投资和债权性投资形成的资产。

企业在转让或者处置投资资产时,投资资产的成本,准予扣除。

投资资产按照以下方法确定成本:

(一)通过支付现金方式取得的投资资产,以购买价款为成本;

(二)通过支付现金以外的方式取得的投资资产,以该资产的公允价值和支付的相关税费为成本。

第七十二条 企业所得税法第十五条所称存货,是指企业持有以备出售的产品或者商品、处在生产过程中的在产品、在生产或者提供劳务过程中耗用的材料和物料等。

存货按照以下方法确定成本:

(一)通过支付现金方式取得的存货,以购买价款和支付的相关税费为成本;

(二)通过支付现金以外的方式取得的存货,以该存货的公允价值和支付的相关税费为成本;

(三)生产性生物资产收获的农产品,以产出或者采收过程中发生的材料费、人工费和分摊的间接费用等必要支出为成本。

第七十三条 企业使用或者销售的存货的成本计算方法,可以在先进先出法、加权平均法、个别计价法中选用一种。计价方法一经选用,不得随意变更。

第七十四条 企业所得税法第十六条所称资产的净值和第十九条所称财产净值,是指有关资产、财产的计税基础减除已经按照规定扣除的折旧、折耗、摊销、准备金等后的余额。

第七十五条 除国务院财政、税务主管部门另有规定外,企业在重组过程中,应当在交易发生时确认有关资产的转让所得或者损失,相关资产应当按照交易价格重新确定计税基础。

第三章 应纳税额

第七十六条 企业所得税法第二十二条规定的应纳税额的计算公式为:

应纳税额 = 应纳税所得额 × 适用税率 − 减免税额 − 抵免税额

公式中的减免税额和抵免税额,是指依照企业所得税法和国务院的税收优惠规定减征、免征和抵免的应纳税额。

第七十七条 企业所得税法第二十三条所称已在境外缴纳的所得税税额,是指企业来源于中国境外的所得依照中国境外税收法律以及相关规定应当缴纳并已经实际缴纳的企业所得税性质的税款。

第七十八条 企业所得税法第二十三条所称抵免限额,是指企业来源于中国境外的所得,依照企业所得税法和本条例的规定计算的应纳税额。除国务院财政、税务主管部门另有规定外,该抵免限额应当分国(地区)不分项计算,计算公式如下:

抵免限额 = 中国境内、境外所得依照企业所得税法和本条例的规定计算的应纳税总额 × 来源于某国(地区)的应纳税所得额 ÷ 中国境内、境外应纳税所得总额

第七十九条 企业所得税法第二十三条所称 5 个年度,是指从企业取得的来源于中国境外的所得,已经在中国境外缴纳的企业所得税性质的税额超过抵免限额的当年的次年起连续 5 个纳税年度。

第八十条 企业所得税法第二十四条所称直接控制,是指居民企业直接持有外国企业 20% 以上股份。

企业所得税法第二十四条所称间接控制,是指居民企业以间接持股方式持有外国企业 20% 以上股份,具体认定办法由国务院财政、税务主管部门另行制定。

第八十一条 企业依照企业所得税法第二十三条、第二十四条的规定抵免企业所得税税额时,应当提供中国境外税务机关出具的税款所属年度的有关纳税凭证。

第四章 税收优惠

第八十二条 企业所得税法第二十六条第(一)项所称国债利息收入,是指企业持有国务院财政部门发行的国债取得的利息收入。

第八十三条 企业所得税法第二十六条第(二)项所称符合条件的居民企业之间的股息、红利等权益性投资收益,是指居民企业直接投资于其他居民企业取得的投资收益。企业所得税法第二十六条第(二)项和第(三)项所称股息、红利等权益性投资收益,不包括连续持有居民企业公开发行并上市流通的股票不足 12 个月取得的投资收益。

第八十四条 企业所得税法第二十六条第(四)项所称符合条件的非营利组织,是指同时符合下列条件的组织:

(一)依法履行非营利组织登记手续;

(二)从事公益性或者非营利性活动;

(三)取得的收入除用于与该组织有关的、合理的支出外,全部用于登记核定或者章程规定的公益性或者非营利性事业;

（四）财产及其孳息不用于分配；

（五）按照登记核定或者章程规定，该组织注销后的剩余财产用于公益性或者非营利性目的，或者由登记管理机关转赠给与该组织性质、宗旨相同的组织，并向社会公告；

（六）投入人对投入该组织的财产不保留或者享有任何财产权利；

（七）工作人员工资福利开支控制在规定的比例内，不变相分配该组织的财产。

前款规定的非营利组织的认定管理办法由国务院财政、税务主管部门会同国务院有关部门制定。

第八十五条 企业所得税法第二十六条第（四）项所称符合条件的非营利组织的收入，不包括非营利组织从事营利性活动取得的收入，但国务院财政、税务主管部门另有规定的除外。

第八十六条 企业所得税法第二十七条第（一）项规定的企业从事农、林、牧、渔业项目的所得，可以免征、减征企业所得税，是指：

（一）企业从事下列项目的所得，免征企业所得税：

1. 蔬菜、谷物、薯类、油料、豆类、棉花、麻类、糖料、水果、坚果的种植；

2. 农作物新品种的选育；

3. 中药材的种植；

4. 林木的培育和种植；

5. 牲畜、家禽的饲养；

6. 林产品的采集；

7. 灌溉、农产品初加工、兽医、农技推广、农机作业和维修等农、林、牧、渔服务业项目；

8. 远洋捕捞。

（二）企业从事下列项目的所得，减半征收企业所得税：

1. 花卉、茶以及其他饮料作物和香料作物的种植；

2. 海水养殖、内陆养殖。

企业从事国家限制和禁止发展的项目，不得享受本条规定的企业所得税优惠。

第八十七条 企业所得税法第二十七条第（二）项所称国家重点扶持的公共基础设施项目，是指《公共基础设施项目企业所得税优惠目录》规定的港口码头、机场、铁路、公路、城市公共交通、电力、水利等项目。

企业从事前款规定的国家重点扶持的公共基础设施项目的投资经营的所得，自项目取得第一笔生产经营收入所属纳税年度起，第一年至第三年免征企业所得税，第四年至第六年减半征收企业所得税。

企业承包经营、承包建设和内部自建自用本条规定的项目，不得享受本条规定的企业所得税优惠。

第八十八条 企业所得税法第二十七条第（三）项所称符合条件的环境保护、节能节水项目，包括公共污水处理、公共垃圾处理、沼气综合开发利用、节能减排技术改造、海水淡化等。项目的具体条件和范围由国务院财政、税务主管部门商国务院有关部门制订，报国务院批准后公布施行。

企业从事前款规定的符合条件的环境保护、节能节水项目的所得，自项目取得第一笔生产经营收入所属纳税年度起，第一年至第三年免征企业所得税，第四年至第六年减半征收企业所得税。

第八十九条 依照本条例第八十七条和第八十八条规定享受减免税优惠的项目,在减免税期限内转让的,受让方自受让之日起,可以在剩余期限内享受规定的减免税优惠;减免税期限届满后转让的,受让方不得就该项目重复享受减免税优惠。

第九十条 企业所得税法第二十七条第(四)项所称符合条件的技术转让所得免征、减征企业所得税,是指一个纳税年度内,居民企业技术转让所得不超过500万元的部分,免征企业所得税;超过500万元的部分,减半征收企业所得税。

第九十一条 非居民企业取得企业所得税法第二十七条第(五)项规定的所得,减按10%的税率征收企业所得税。

下列所得可以免征企业所得税:

(一)外国政府向中国政府提供贷款取得的利息所得;

(二)国际金融组织向中国政府和居民企业提供优惠贷款取得的利息所得;

(三)经国务院批准的其他所得。

第九十二条 企业所得税法第二十八条第一款所称符合条件的小型微利企业,是指从事国家非限制和禁止行业,并符合下列条件的企业:

(一)工业企业,年度应纳税所得额不超过30万元,从业人数不超过100人,资产总额不超过3000万元;

(二)其他企业,年度应纳税所得额不超过30万元,从业人数不超过80人,资产总额不超过1000万元。

第九十三条 企业所得税法第二十八条第二款所称国家需要重点扶持的高新技术企业,是指拥有核心自主知识产权,并同时符合下列条件的企业:

(一)产品(服务)属于《国家重点支持的高新技术领域》规定的范围;

(二)研究开发费用占销售收入的比例不低于规定比例;

(三)高新技术产品(服务)收入占企业总收入的比例不低于规定比例;

(四)科技人员占企业职工总数的比例不低于规定比例;

(五)高新技术企业认定管理办法规定的其他条件。

《国家重点支持的高新技术领域》和高新技术企业认定管理办法由国务院科技、财政、税务主管部门商国务院有关部门制订,报国务院批准后公布施行。

第九十四条 企业所得税法第二十九条所称民族自治地方,是指依照《中华人民共和国民族区域自治法》的规定,实行民族区域自治的自治区、自治州、自治县。

对民族自治地方内国家限制和禁止行业的企业,不得减征或者免征企业所得税。

第九十五条 企业所得税法第三十条第(一)项所称研究开发费用的加计扣除,是指企业为开发新技术、新产品、新工艺发生的研究开发费用,未形成无形资产计入当期损益的,在按照规定据实扣除的基础上,按照研究开发费用的50%加计扣除;形成无形资产的,按照无形资产成本的150%摊销。

第九十六条 企业所得税法第三十条第(二)项所称企业安置残疾人员所支付的工资的加计扣除,是指企业安置残疾人员的,在按照支付给残疾职工工资据实扣除的基础上,按照支付给残疾职工工资的100%加计扣除。残疾人员的范围适用《中华人民共和国残疾人保障法》的有关规定。

企业所得税法第三十条第(二)项所称企业安置国家鼓励安置的其他就业人员所支付的工资的加计扣除办法,由国务院另行规定。

第九十七条 企业所得税法第三十一条所称抵扣应纳税所得额,是指创业投资企业采取股权投资方式投资于未上市的中小高新技术企业2年以上的,可以按照其投资额的70%在股权持有满2年的当年抵扣该创业投资企业的应纳税所得额;当年不足抵扣的,可以在以后纳税年度结转抵扣。

第九十八条 企业所得税法第三十二条所称可以采取缩短折旧年限或者采取加速折旧的方法的固定资产,包括:

(一)由于技术进步,产品更新换代较快的固定资产;

(二)常年处于强震动、高腐蚀状态的固定资产。

采取缩短折旧年限方法的,最低折旧年限不得低于本条例第六十条规定折旧年限的60%;采取加速折旧方法的,可以采取双倍余额递减法或者年数总和法。

第九十九条 企业所得税法第三十三条所称减计收入,是指企业以《资源综合利用企业所得税优惠目录》规定的资源作为主要原材料,生产国家非限制和禁止并符合国家和行业相关标准的产品取得的收入,减按90%计入收入总额。

前款所称原材料占生产产品材料的比例不得低于《资源综合利用企业所得税优惠目录》规定的标准。

第一百条 企业所得税法第三十四条所称税额抵免,是指企业购置并实际使用《环境保护专用设备企业所得税优惠目录》、《节能节水专用设备企业所得税优惠目录》和《安全生产专用设备企业所得税优惠目录》规定的环境保护、节能节水、安全生产等专用设备的,该专用设备的投资额的10%可以从企业当年的应纳税额中抵免;当年不足抵免的,可以在以后5个纳税年度结转抵免。

享受前款规定的企业所得税优惠的企业,应当实际购置并自身实际投入使用前款规定的专用设备;企业购置上述专用设备在5年内转让、出租的,应当停止享受企业所得税优惠,并补缴已经抵免的企业所得税税款。

第一百零一条 本章第八十七条、第九十九条、第一百条规定的企业所得税优惠目录,由国务院财政、税务主管部门商国务院有关部门制订,报国务院批准后公布施行。

第一百零二条 企业同时从事适用不同企业所得税待遇的项目的,其优惠项目应当单独计算所得,并合理分摊企业的期间费用;没有单独计算的,不得享受企业所得税优惠。

第五章 源泉扣缴

第一百零三条 依照企业所得税法对非居民企业应当缴纳的企业所得税实行源泉扣缴的,应当依照企业所得税法第十九条的规定计算应纳税所得额。

企业所得税法第十九条所称收入全额,是指非居民企业向支付人收取的全部价款和价外费用。

第一百零四条 企业所得税法第三十七条所称支付人,是指依照有关法律规定或者合同约定对非居民企业直接负有支付相关款项义务的单位或者个人。

第一百零五条　企业所得税法第三十七条所称支付，包括现金支付、汇拨支付、转账支付和权益兑价支付等货币支付和非货币支付。

企业所得税法第三十七条所称到期应支付的款项，是指支付人按照权责发生制原则应当计入相关成本、费用的应付款项。

第一百零六条　企业所得税法第三十八条规定的可以指定扣缴义务人的情形，包括：

（一）预计工程作业或者提供劳务期限不足一个纳税年度，且有证据表明不履行纳税义务的；

（二）没有办理税务登记或者临时税务登记，且未委托中国境内的代理人履行纳税义务的；

（三）未按照规定期限办理企业所得税纳税申报或者预缴申报的。

前款规定的扣缴义务人，由县级以上税务机关指定，并同时告知扣缴义务人所扣税款的计算依据、计算方法、扣缴期限和扣缴方式。

第一百零七条　企业所得税法第三十九条所称所得发生地，是指依照本条例第七条规定的原则确定的所得发生地。在中国境内存在多处所得发生地的，由纳税人选择其中之一申报缴纳企业所得税。

第一百零八条　企业所得税法第三十九条所称该纳税人在中国境内其他收入，是指该纳税人在中国境内取得的其他各种来源的收入。

税务机关在追缴该纳税人应纳税款时，应当将追缴理由、追缴数额、缴纳期限和缴纳方式等告知该纳税人。

第六章　特别纳税调整

第一百零九条　企业所得税法第四十一条所称关联方，是指与企业有下列关联关系之一的企业、其他组织或者个人：

（一）在资金、经营、购销等方面存在直接或者间接的控制关系；

（二）直接或者间接地同为第三者控制；

（三）在利益上具有相关联的其他关系。

第一百一十条　企业所得税法第四十一条所称独立交易原则，是指没有关联关系的交易各方，按照公平成交价格和营业常规进行业务往来遵循的原则。

第一百一十一条　企业所得税法第四十一条所称合理方法，包括：

（一）可比非受控价格法，是指按照没有关联关系的交易各方进行相同或者类似业务往来的价格进行定价的方法；

（二）再销售价格法，是指按照从关联方购进商品再销售给没有关联关系的交易方的价格，减除相同或者类似业务的销售毛利进行定价的方法；

（三）成本加成法，是指按照成本加合理的费用和利润进行定价的方法；

（四）交易净利润法，是指按照没有关联关系的交易各方进行相同或者类似业务往来取得的净利润水平确定利润的方法；

（五）利润分割法，是指将企业与其关联方的合并利润或者亏损在各方之间采用合理标准进行分配的方法；

（六）其他符合独立交易原则的方法。

第一百一十二条 企业可以依照企业所得税法第四十一条第二款的规定，按照独立交易原则与其关联方分摊共同发生的成本，达成成本分摊协议。

企业与其关联方分摊成本时，应当按照成本与预期收益相配比的原则进行分摊，并在税务机关规定的期限内，按照税务机关的要求报送有关资料。

企业与其关联方分摊成本时违反本条第一款、第二款规定的，其自行分摊的成本不得在计算应纳税所得额时扣除。

第一百一十三条 企业所得税法第四十二条所称预约定价安排，是指企业就其未来年度关联交易的定价原则和计算方法，向税务机关提出申请，与税务机关按照独立交易原则协商、确认后达成的协议。

第一百一十四条 企业所得税法第四十三条所称相关资料，包括：

（一）与关联业务往来有关的价格、费用的制定标准、计算方法和说明等同期资料；

（二）关联业务往来所涉及的财产、财产使用权、劳务等的再销售（转让）价格或者最终销售（转让）价格的相关资料；

（三）与关联业务调查有关的其他企业应当提供的与被调查企业可比的产品价格、定价方式以及利润水平等资料；

（四）其他与关联业务往来有关的资料。

企业所得税法第四十三条所称与关联业务调查有关的其他企业，是指与被调查企业在生产经营内容和方式上相类似的企业。

企业应当在税务机关规定的期限内提供与关联业务往来有关的价格、费用的制定标准、计算方法和说明等资料。关联方以及与关联业务调查有关的其他企业应当在税务机关与其约定的期限内提供相关资料。

第一百一十五条 税务机关依照企业所得税法第四十四条的规定核定企业的应纳税所得额时，可以采用下列方法：

（一）参照同类或者类似企业的利润率水平核定；

（二）按照企业成本加合理的费用和利润的方法核定；

（三）按照关联企业集团整体利润的合理比例核定；

（四）按照其他合理方法核定。

企业对税务机关按照前款规定的方法核定的应纳税所得额有异议的，应当提供相关证据，经税务机关认定后，调整核定的应纳税所得额。

第一百一十六条 企业所得税法第四十五条所称中国居民，是指根据《中华人民共和国个人所得税法》的规定，就其从中国境内、境外取得的所得在中国缴纳个人所得税的个人。

第一百一十七条 企业所得税法第四十五条所称控制，包括：

（一）居民企业或者中国居民直接或者间接单一持有外国企业10%以上有表决权股份，且由其共同持有该外国企业50%以上股份；

（二）居民企业，或者居民企业和中国居民持股比例没有达到第（一）项规定的标准，但在股份、资金、经营、购销等方面对该外国企业构成实质控制。

第一百一十八条 企业所得税法第四十五条所称实际税负明显低于企业所得税法第四条第一款规定税率水平，是指低于企业所得税法第四条第一款规定税率的50%。

第一百一十九条 企业所得税法第四十六条所称债权性投资,是指企业直接或者间接从关联方获得的,需要偿还本金和支付利息或者需要以其他具有支付利息性质的方式予以补偿的融资。

企业间接从关联方获得的债权性投资,包括:

(一)关联方通过无关联第三方提供的债权性投资;

(二)无关联第三方提供的、由关联方担保且负有连带责任的债权性投资;

(三)其他间接从关联方获得的具有负债实质的债权性投资。

企业所得税法第四十六条所称权益性投资,是指企业接受的不需要偿还本金和支付利息,投资人对企业净资产拥有所有权的投资。

企业所得税法第四十六条所称标准,由国务院财政、税务主管部门另行规定。

第一百二十条 企业所得税法第四十七条所称不具有合理商业目的,是指以减少、免除或者推迟缴纳税款为主要目的。

第一百二十一条 税务机关根据税收法律、行政法规的规定,对企业作出特别纳税调整的,应当对补征的税款,自税款所属纳税年度的次年6月1日起至补缴税款之日止的期间,按日加收利息。

前款规定加收的利息,不得在计算应纳税所得额时扣除。

第一百二十二条 企业所得税法第四十八条所称利息,应当按照税款所属纳税年度中国人民银行公布的与补税期间同期的人民币贷款基准利率加5个百分点计算。

企业依照企业所得税法第四十三条和本条例的规定提供有关资料的,可以只按前款规定的人民币贷款基准利率计算利息。

第一百二十三条 企业与其关联方之间的业务往来,不符合独立交易原则,或者企业实施其他不具有合理商业目的的安排的,税务机关有权在该业务发生的纳税年度起10年内,进行纳税调整。

第七章 征收管理

第一百二十四条 企业所得税法第五十条所称企业登记注册地,是指企业依照国家有关规定登记注册的住所地。

第一百二十五条 企业汇总计算并缴纳企业所得税时,应当统一核算应纳税所得额,具体办法由国务院财政、税务主管部门另行制定。

第一百二十六条 企业所得税法第五十一条所称主要机构、场所,应当同时符合下列条件:

(一)对其他各机构、场所的生产经营活动负有监督管理责任;

(二)设有完整的账簿、凭证,能够准确反映各机构、场所的收入、成本、费用和盈亏情况。

第一百二十七条 企业所得税分月或者分季预缴,由税务机关具体核定。

企业根据企业所得税法第五十四条规定分月或者分季预缴企业所得税时,应当按照月度或者季度的实际利润额预缴;按照月度或者季度的实际利润额预缴有困难的,可以按照上一纳税年度应纳税所得额的月度或者季度平均额预缴,或者按照经税务机关认可的其他方法预缴。预缴方法一经确定,该纳税年度内不得随意变更。

第一百二十八条 企业在纳税年度内无论盈利或者亏损,都应当依照企业所得税法第五十四条规定的期限，向税务机关报送预缴企业所得税纳税申报表、年度企业所得税纳税申报表、财务会计报告和税务机关规定应当报送的其他有关资料。

第一百二十九条 企业所得以人民币以外的货币计算的，预缴企业所得税时，应当按照月度或者季度最后一日的人民币汇率中间价，折合成人民币计算应纳税所得额。年度终了汇算清缴时，对已经按照月度或者季度预缴税款的，不再重新折合计算，只就该纳税年度内未缴纳企业所得税的部分，按照纳税年度最后一日的人民币汇率中间价，折合成人民币计算应纳税所得额。

经税务机关检查确认，企业少计或者多计前款规定的所得的，应当按照检查确认补税或者退税时的上一个月最后一日的人民币汇率中间价，将少计或者多计的所得折合成人民币计算应纳税所得额，再计算应补缴或者应退的税款。

第八章 附 则

第一百三十条 企业所得税法第五十七条第一款所称本法公布前已经批准设立的企业，是指企业所得税法公布前已经完成登记注册的企业。

第一百三十一条 在香港特别行政区、澳门特别行政区和台湾地区成立的企业，参照适用企业所得税法第二条第二款、第三款的有关规定。

第一百三十二条 本条例自2008年1月1日起施行。1991年6月30日国务院发布的《中华人民共和国外商投资企业和外国企业所得税法实施细则》和1994年2月4日财政部发布的《中华人民共和国企业所得税暂行条例实施细则》同时废止。

企业所得税税前扣除凭证管理办法

（国家税务总局公告2018年第28号　2018年6月6日发布　自2018年7月1日起施行）

第一条　为规范企业所得税税前扣除凭证（以下简称“税前扣除凭证”）管理，根据《中华人民共和国企业所得税法》（以下简称“企业所得税法”）及其实施条例、《中华人民共和国税收征收管理法》及其实施细则、《中华人民共和国发票管理办法》及其实施细则等规定，制定本办法。

第二条　本办法所称税前扣除凭证，是指企业在计算企业所得税应纳税所得额时，证明与取得收入有关的、合理的支出实际发生，并据以税前扣除的各类凭证。

第三条　本办法所称企业是指企业所得税法及其实施条例规定的居民企业和非居民企业。

第四条　税前扣除凭证在管理中遵循真实性、合法性、关联性原则。真实性是指税前扣除凭证反映的经济业务真实，且支出已经实际发生；合法性是指税前扣除凭证的形式、来源符合国家法律、法规等相关规定；关联性是指税前扣除凭证与其反映的支出相关联且有证明力。

第五条　企业发生支出，应取得税前扣除凭证，作为计算企业所得税应纳税所得额时扣除相关支出的依据。

第六条　企业应在当年度企业所得税法规定的汇算清缴期结束前取得税前扣除凭证。

第七条　企业应将与税前扣除凭证相关的资料，包括合同协议、支出依据、付款凭证等留存备查，以证实税前扣除凭证的真实性。

第八条　税前扣除凭证按照来源分为内部凭证和外部凭证。

内部凭证是指企业自制用于成本、费用、损失和其他支出核算的会计原始凭证。内部凭证的填制和使用应当符合国家会计法律、法规等相关规定。

外部凭证是指企业发生经营活动和其他事项时，从其他单位、个人取得的用于证明其支出发生的凭证，包括但不限于发票（包括纸质发票和电子发票）、财政票据、完税凭证、收款凭证、分割单等。

第九条　企业在境内发生的支出项目属于增值税应税项目（以下简称“应税项目”）的，对方为已办理税务登记的增值税纳税人，其支出以发票（包括按照规定由税务机关代开的发票）作为税前扣除凭证；对方为依法无需办理税务登记的单位或者从事小额零星经营业务的个人，其支出以税务机关代开的发票或者收款凭证及内部凭证作为税前扣除凭证，收款凭证应载明收款单位名称、个人姓名及身份证号、支出项目、收款金额等相关信息。

小额零星经营业务的判断标准是个人从事应税项目经营业务的销售额不超过增值税相关政策规定的起征点。

税务总局对应税项目开具发票另有规定的，以规定的发票或者票据作为税前扣除凭证。

第十条　企业在境内发生的支出项目不属于应税项目的，对方为单位的，以对方开具的发票以外的其他外部凭证作为税前扣除凭证；对方为个人的，以内部凭证作为税前扣除凭证。

企业在境内发生的支出项目虽不属于应税项目，但按税务总局规定可以开具发票的，可以发票作为税前扣除凭证。

第十一条　企业从境外购进货物或者劳务发生的支出，以对方开具的发票或者具有发票性质的收款凭证、相关税费缴纳凭证作为税前扣除凭证。

第十二条 企业取得私自印制、伪造、变造、作废、开票方非法取得、虚开、填写不规范等不符合规定的发票（以下简称“不合规发票”），以及取得不符合国家法律、法规等相关规定的其他外部凭证（以下简称“不合规其他外部凭证”），不得作为税前扣除凭证。

第十三条 企业应当取得而未取得发票、其他外部凭证或者取得不合规发票、不合规其他外部凭证的，若支出真实且已实际发生，应当在当年度汇算清缴期结束前，要求对方补开、换开发票、其他外部凭证。补开、换开后的发票、其他外部凭证符合规定的，可以作为税前扣除凭证。

第十四条 企业在补开、换开发票、其他外部凭证过程中，因对方注销、撤销、依法被吊销营业执照、被税务机关认定为非正常户等特殊原因无法补开、换开发票、其他外部凭证的，可凭以下资料证实支出真实性后，其支出允许税前扣除：

（一）无法补开、换开发票、其他外部凭证原因的证明资料（包括工商注销、机构撤销、列入非正常经营户、破产公告等证明资料）；

（二）相关业务活动的合同或者协议；

（三）采用非现金方式支付的付款凭证；

（四）货物运输的证明资料；

（五）货物入库、出库内部凭证；

（六）企业会计核算记录以及其他资料。

前款第一项至第三项为必备资料。

第十五条 汇算清缴期结束后，税务机关发现企业应当取得而未取得发票、其他外部凭证或者取得不合规发票、不合规其他外部凭证并且告知企业的，企业应当自被告知之日起60日内补开、换开符合规定的发票、其他外部凭证。其中，因对方特殊原因无法补开、换开发票、其他外部凭证的，企业应当按照本办法第十四条的规定，自被告知之日起60日内提供可以证实其支出真实性的相关资料。

第十六条 企业在规定的期限未能补开、换开符合规定的发票、其他外部凭证，并且未能按照本办法第十四条的规定提供相关资料证实其支出真实性的，相应支出不得在发生年度税前扣除。

第十七条 除发生本办法第十五条规定的情形外，企业以前年度应当取得而未取得发票、其他外部凭证，且相应支出在该年度没有税前扣除的，在以后年度取得符合规定的发票、其他外部凭证或者按照本办法第十四条的规定提供可以证实其支出真实性的相关资料，相应支出可以追补至该支出发生年度税前扣除，但追补年限不得超过五年。

第十八条 企业与其他企业（包括关联企业）、个人在境内共同接受应纳增值税劳务（以下简称“应税劳务”）发生的支出，采取分摊方式的，应当按照独立交易原则进行分摊，企业以发票和分割单作为税前扣除凭证，共同接受应税劳务的其他企业以企业开具的分割单作为税前扣除凭证。

企业与其他企业、个人在境内共同接受非应税劳务发生的支出，采取分摊方式的，企业以发票外的其他外部凭证和分割单作为税前扣除凭证，共同接受非应税劳务的其他企业以企业开具的分割单作为税前扣除凭证。

第十九条 企业租用（包括企业作为单一承租方租用）办公、生产用房等资产发生的水、电、燃气、冷气、暖气、通讯线路、有线电视、网络等费用，出租方作为应税项目开具发票的，企业以发票作为税前扣除凭证;出租方采取分摊方式的,企业以出租方开具的其他外部凭证作为税前扣除凭证。

第二十条 本办法自2018年7月1日起施行。

国家税务总局关于企业所得税资产损失资料留存备查有关事项的公告

（国家税务总局公告2018年第15号　2018年4月10日发布）

为了进一步深化税务系统“放管服”改革，简化企业纳税申报资料报送，减轻企业办税负担，现就企业所得税资产损失资料留存备查有关事项公告如下：

一、企业向税务机关申报扣除资产损失，仅需填报企业所得税年度纳税申报表《资产损失税前扣除及纳税调整明细表》，不再报送资产损失相关资料。相关资料由企业留存备查。

二、企业应当完整保存资产损失相关资料，保证资料的真实性、合法性。

三、本公告规定适用于2017年度及以后年度企业所得税汇算清缴。《国家税务总局关于发布〈企业资产损失所得税税前扣除管理办法〉的公告》（国家税务总局公告2011年第25号）第四条、第七条、第八条、第十三条有关资产损失证据资料、会计核算资料、纳税资料等相关资料报送的内容同时废止。

特此公告。

国家税务总局关于房地产开发企业土地增值税清算涉及企业所得税退税有关问题的公告

（国家税务总局公告2016年第81号　2016年12月9日发布并实施）

根据《中华人民共和国企业所得税法》及其实施条例、《中华人民共和国税收征收管理法》及其实施细则的相关规定，现就房地产开发企业（以下简称“企业”）由于土地增值税清算，导致多缴企业所得税的退税问题公告如下：

一、企业按规定对开发项目进行土地增值税清算后，当年企业所得税汇算清缴出现亏损且有其他后续开发项目的，该亏损应按照税法规定向以后年度结转，用以后年度所得弥补。后续开发项目，是指正在开发以及中标的项目。

二、企业按规定对开发项目进行土地增值税清算后，当年企业所得税汇算清缴出现亏损，且没有后续开发项目的，可以按照以下方法，计算出该项目由于土地增值税原因导致的项目开发各年度多缴企业所得税税款，并申请退税：

（一）该项目缴纳的土地增值税总额，应按照该项目开发各年度实现的项目销售收入占整个项目销售收入总额的比例，在项目开发各年度进行分摊，具体按以下公式计算：

各年度应分摊的土地增值税＝土地增值税总额×（项目年度销售收入÷整个项目销售收入总额）

本公告所称销售收入包括视同销售房地产的收入，但不包括企业销售的增值额未超过扣除项目金额20%的普通标准住宅的销售收入。

（二）该项目开发各年度应分摊的土地增值税减去该年度已经在企业所得税税前扣除的土地增值税后，余额属于当年应补充扣除的土地增值税；企业应调整当年度的应纳税所得额，并按规定计算当年度应退的企业所得税税款；当年度已缴纳的企业所得税税款不足退税的，应作为亏损向以后年度结转，并调整以后年度的应纳税所得额。

（三）按照上述方法进行土地增值税分摊调整后，导致相应年度应纳税所得额出现正数的，应按规定计算缴纳企业所得税。

（四）企业按上述方法计算的累计退税额，不得超过其在该项目开发各年度累计实际缴纳的企业所得税；超过部分作为项目清算年度产生的亏损，向以后年度结转。

三、企业在申请退税时，应向主管税务机关提供书面材料说明应退企业所得税款的计算过程，包括该项目缴纳的土地增值税总额、项目销售收入总额、项目年度销售收入额、各年度应分摊的土地增值税和已经税前扣除的土地增值税、各年度的适用税率，以及是否存在后续开发项目等情况。

四、本公告自发布之日起施行。本公告发布之日前，企业凡已经对土地增值税进行清算且没有后续开发项目的，在本公告发布后仍存在尚未弥补的因土地增值税清算导致的亏损，按照本公告第二条规定的方法计算多缴企业所得税税款，并申请退税。

《国家税务总局关于房地产开发企业注销前有关企业所得税处理问题的公告》（国家税务总局公告2010年第29号）同时废止。

特此公告。

国家税务总局关于企业重组业务企业所得税征收管理若干问题的公告

（国家税务总局公告2015年第48号　2015年6月24日发布　自2015年1月1日起实施）

根据《中华人民共和国企业所得税法》及其实施条例、《中华人民共和国税收征收管理法》及其实施细则、《国务院关于取消非行政许可审批事项的决定》（国发〔2015〕27号）、《财政部　国家税务总局关于企业重组业务企业所得税处理若干问题的通知》（财税〔2009〕59号）和《财政部　国家税务总局关于促进企业重组有关企业所得税处理问题的通知》（财税〔2014〕109号）等有关规定，现对企业重组业务企业所得税征收管理若干问题公告如下：

一、按照重组类型，企业重组的当事各方是指：

（一）债务重组中当事各方，指债务人、债权人。

（二）股权收购中当事各方，指收购方、转让方及被收购企业。

（三）资产收购中当事各方，指收购方、转让方。

（四）合并中当事各方，指合并企业、被合并企业及被合并企业股东。

（五）分立中当事各方，指分立企业、被分立企业及被分立企业股东。

上述重组交易中，股权收购中转让方、合并中被合并企业股东和分立中被分立企业股东，可以是自然人。

当事各方中的自然人应按个人所得税的相关规定进行税务处理。

二、重组当事各方企业适用特殊性税务处理的（指重组业务符合财税〔2009〕59号文件和财税〔2014〕109号文件第一条、第二条规定条件并选择特殊性税务处理的，下同），应按如下规定确定重组主导方：

（一）债务重组，主导方为债务人。

（二）股权收购，主导方为股权转让方，涉及两个或两个以上股权转让方，由转让被收购企业股权比例最大的一方作为主导方（转让股权比例相同的可协商确定主导方）。

（三）资产收购，主导方为资产转让方。

（四）合并，主导方为被合并企业，涉及同一控制下多家被合并企业的，以净资产最大的一方为主导方。

（五）分立，主导方为被分立企业。

三、财税〔2009〕59号文件第十一条所称重组业务完成当年，是指重组日所属的企业所得税纳税年度。

企业重组日的确定，按以下规定处理：

1. 债务重组，以债务重组合同（协议）或法院裁定书生效日为重组日。

2. 股权收购，以转让合同（协议）生效且完成股权变更手续日为重组日。关联企业之间发生股权收购，转让合同（协议）生效后12个月内尚未完成股权变更手续的，应以转让合同（协议）生效日为重组日。

3. 资产收购，以转让合同（协议）生效且当事各方已进行会计处理的日期为重组日。

4. 合并，以合并合同（协议）生效、当事各方已进行会计处理且完成工商新设登记或变更登记日为重组日。按规定不需要办理工商新设或变更登记的合并，以合并合同（协议）生效且当事各方已进行会计处理的日期为重组日。

5. 分立，以分立合同（协议）生效、当事各方已进行会计处理且完成工商新设登记或变更登记日为重组日。

四、企业重组业务适用特殊性税务处理的，除财税〔2009〕59 号文件第四条第（一）项所称企业发生其他法律形式简单改变情形外，重组各方应在该重组业务完成当年，办理企业所得税年度申报时，分别向各自主管税务机关报送《企业重组所得税特殊性税务处理报告表及附表》（详见附件 1）和申报资料（详见附件 2）。合并、分立中重组一方涉及注销的，应在尚未办理注销税务登记手续前进行申报。

重组主导方申报后，其他当事方向其主管税务机关办理纳税申报。申报时还应附送重组主导方经主管税务机关受理的《企业重组所得税特殊性税务处理报告表及附表》（复印件）。

五、企业重组业务适用特殊性税务处理的，申报时，应从以下方面逐条说明企业重组具有合理的商业目的：

（一）重组交易的方式；

（二）重组交易的实质结果；

（三）重组各方涉及的税务状况变化；

（四）重组各方涉及的财务状况变化；

（五）非居民企业参与重组活动的情况。

六、企业重组业务适用特殊性税务处理的，申报时，当事各方还应向主管税务机关提交重组前连续 12 个月内有无与该重组相关的其他股权、资产交易情况的说明，并说明这些交易与该重组是否构成分步交易，是否作为一项企业重组业务进行处理。

七、根据财税〔2009〕59 号文件第十条规定，若同一项重组业务涉及在连续 12 个月内分步交易，且跨两个纳税年度，当事各方在首个纳税年度交易完成时预计整个交易符合特殊性税务处理条件，经协商一致选择特殊性税务处理的，可以暂时适用特殊性税务处理，并在当年企业所得税年度申报时提交书面申报资料。

在下一纳税年度全部交易完成后，企业应判断是否适用特殊性税务处理。如适用特殊性税务处理的，当事各方应按本公告要求申报相关资料；如适用一般性税务处理的，应调整相应纳税年度的企业所得税年度申报表，计算缴纳企业所得税。

八、企业发生财税〔2009〕59 号文件第六条第（一）项规定的债务重组，应准确记录应予确认的债务重组所得，并在相应年度的企业所得税汇算清缴时对当年确认额及分年结转额的情况做出说明。

主管税务机关应建立台账，对企业每年申报的债务重组所得与台账进行比对分析，加强后续管理。

九、企业发生财税〔2009〕59 号文件第七条第（三）项规定的重组，居民企业应准确记录应予确认的资产或股权转让收益总额，并在相应年度的企业所得税汇算清缴时对当年确认额及分年结转额的情况做出说明。

主管税务机关应建立台账，对居民企业取得股权的计税基础和每年确认的资产或股权转让收益进行比对分析,加强后续管理。

十、适用特殊性税务处理的企业,在以后年度转让或处置重组资产(股权)时,应在年度纳税申报时对资产(股权)转让所得或损失情况进行专项说明,包括特殊性税务处理时确定的重组资产(股权)计税基础与转让或处置时的计税基础的比对情况,以及递延所得税负债的处理情况等。

适用特殊性税务处理的企业,在以后年度转让或处置重组资产(股权)时,主管税务机关应加强评估和检查,将企业特殊性税务处理时确定的重组资产(股权)计税基础与转让或处置时的计税基础及相关的年度纳税申报表比对,发现问题的,应依法进行调整。

十一、税务机关应对适用特殊性税务处理的企业重组做好统计和相关资料的归档工作。各省、自治区、直辖市和计划单列市国家税务局、地方税务局应于每年8月底前将《企业重组所得税特殊性税务处理统计表》(详见附件3)上报税务总局(所得税司)。

十二、本公告适用于2015年度及以后年度企业所得税汇算清缴。《国家税务总局关于发布〈企业重组业务企业所得税管理办法〉的公告》(国家税务总局公告2010年第4号)第三条、第七条、第八条、第十六条、第十七条、第十八条、第二十二条、第二十三条、第二十四条、第二十五条、第二十七条、第三十二条同时废止。

本公告施行时企业已经签订重组协议,但尚未完成重组的,按本公告执行。

特此公告。

附件:

1. 企业重组所得税特殊性税务处理报告表及附表

2. 企业重组所得税特殊性税务处理申报资料一览表

3. 企业重组所得税特殊性税务处理统计表

国家税务总局

2015年6月24日

附件 1

企业重组所得税特殊性税务处理报告表

纳税人名称(盖章)		纳税人识别号	
单位地址		财务负责人	
主管税务机关(全称)		联系电话	
重组日：	重组业务开始年度：	重组业务完成年度：	
重组交易类型	企业在重组业务中所属当事方类型		
□法律形式改变			
□债务重组	□债务人	□债权人	
□股权收购	□收购方	□转让方	□被收购企业
□资产收购	□收购方	□转让方	
□合并	□合并企业	□被合并企业	□被合并企业股东
□分立	□分立企业	□被分立企业	□被分立企业股东
特殊性税务处理条件	(一)具有合理的商业目的,且不以减少、免除或者推迟缴纳税款为主要目的。		□
	(二)被收购、合并或分立部分的资产或股权比例符合规定的比例。		□比例%
	(三)企业重组后的连续 12 个月内不改变重组资产原来的实质性经营活动。		□
	(四)重组交易对价中涉及股权支付金额符合规定比例。		□比例%
	(五)企业重组中取得股权支付的原主要股东,在重组后连续 12 个月内,不得转让所取得的股权。		□
主管税务机关受理意见	(受理专用章)　年　月　日		
其他需要说明的事项(重组业务其他需要说明的事项,如没有则填“无”)：			
纳税人声明	谨声明:本人知悉并保证本表填报内容及所附证明材料真实、完整,并承担因资料虚假而产生的法律和行政责任。 法定代表人签章：　年　月　日		

填表人：　　　　　　　　　　填表日期：

填表说明：

1. 本表为企业重组业务适用特殊性税务处理申报时填报。涉及两个及以上重组交易类型的,应分别填报。

2. “特殊性税务处理条件”,债务重组中重组所得超 50% 的,只需填写条件(一),债转股的,只需填写条件(一)和(五);合并中同一控制下且不需要支付对价的合并,只需填写条件(一)、(二)、(三)和(五)。

3. 本表一式两份,重组当事方及其所属主管税务机关各一份。

4. 除法律形式简单改变外,重组各方应在该重组业务完成当年,办理企业所得税年度申报时,分别向各自主管税务机关报送《企业重组所得税特殊性税务处理报告表及附表》和申报资料。合并、分立中重组一方涉及注销的,应在尚未办理注销税务登记手续前进行申报。重组主导方申报后,其他当事方向其主管税务机关办理纳税申报。申报时还应附送重组主导方经主管税务机关受理的《企业重组所得税特殊性税务处理报告表及附表》(复印件)。

附件 1－1

企业重组所得税特殊性税务处理报告表(债务重组)

申报企业名称(盖章): 金额单位:元(列至角分)

<table>
<tr><td colspan="2">债务人名称</td><td>债务人纳税识别号</td><td colspan="2">债务人所属主管税务机关(全称)</td></tr>
<tr><td colspan="2"></td><td></td><td colspan="2"></td></tr>
<tr><td colspan="2">债权人名称</td><td>债权人纳税识别号</td><td colspan="2">债权人所属主管税务机关(全称)</td></tr>
<tr><td colspan="2"></td><td></td><td colspan="2"></td></tr>
<tr><td colspan="2">债务重组方式</td><td colspan="2">□重组所得超过应纳税所得额 50%</td><td>□债转股</td></tr>
<tr><td colspan="3">债务人重组业务涉及的债务账面价值</td><td colspan="2"></td></tr>
<tr><td colspan="2" rowspan="4">债务人重组业务涉及的债务计税基础(1)</td><td rowspan="4"></td><td>其中:①应付账款计税基础</td><td></td></tr>
<tr><td>②其他应付款计税基础</td><td></td></tr>
<tr><td>③借款计税基础</td><td></td></tr>
<tr><td>④其他债务计税基础</td><td></td></tr>
<tr><td rowspan="6">除债转股方式外的债务重组</td><td rowspan="4">债务人用于偿付债务的资产公允价值(2)</td><td rowspan="4"></td><td>其中:①现金</td><td></td></tr>
<tr><td>②银行存款</td><td></td></tr>
<tr><td>③非货币资产</td><td></td></tr>
<tr><td>④其他</td><td></td></tr>
<tr><td>债务人债务重组所得(3)＝(1)－(2)</td><td colspan="3"></td></tr>
<tr><td>债务人本年度应纳税所得额</td><td></td><td>债务重组所得占本年度应纳税所得额的比重%</td><td></td></tr>
<tr><td rowspan="2">债转股方式的债务重组</td><td>债权人债转股后所拥有的股权占债务人全部股权比例%</td><td></td><td>债转股取得股权的公允价值(4)</td><td></td></tr>
<tr><td>债权人原债权的计税基础(即股权的计税基础)</td><td></td><td>债务人暂不确认的债务重组所得(5)＝(1)－(4)</td><td></td></tr>
<tr><td colspan="5">谨声明:本人知悉并保证本表填报内容及所附证明材料真实、完整,并承担因资料虚假而产生的法律和行政责任。
法定代表人签章: 年 月 日</td></tr>
</table>

填表人: 填表日期:

填表说明:

本表一式两份,债务人(债权人)及其所属主管税务机关各一份。

附件2

企业重组所得税特殊性税务处理申报资料一览表

重组类型	资料提供方	申报资料
债务重组	当事各方	1. 债务重组的总体情况说明,包括债务重组方案、基本情况、债务重组所产生的应纳税所得额,并逐条说明债务重组的商业目的;以非货币资产清偿债务的,还应包括企业当年应纳税所得额情况;
		2. 清偿债务或债权转股权的合同(协议)或法院裁定书,需有权部门(包括内部和外部)批准的,应提供批准文件;
		3. 债权转股权的,提供相关股权评估报告或其他公允价值证明;以非货币资产清偿债务的,提供相关资产评估报告或其他公允价值证明;
		4. 重组当事各方一致选择特殊性税务处理并加盖当事各方公章的证明资料;
		5. 债权转股权的,还应提供工商管理部门等有权机关登记的相关企业股权变更事项的证明材料,以及债权人12个月内不转让所取得股权的承诺书;
		6. 重组前连续12个月内有无与该重组相关的其他股权、资产交易,与该重组是否构成分步交易、是否作为一项企业重组业务进行处理情况的说明;
		7. 按会计准则规定当期应确认资产(股权)转让损益的,应提供按税法规定核算的资产(股权)计税基础与按会计准则规定核算的相关资产(股权)账面价值的暂时性差异专项说明。
股权收购	当事各方	1. 股权收购业务总体情况说明,包括股权收购方案、基本情况,并逐条说明股权收购的商业目的;
		2. 股权收购、资产收购业务合同(协议),需有权部门(包括内部和外部)批准的,应提供批准文件;
		3. 相关股权评估报告或其他公允价值证明;
		4. 12个月内不改变重组资产原来的实质性经营活动、原主要股东不转让所取得股权的承诺书;
		5. 工商管理部门等有权机关登记的相关企业股权变更事项的证明材料;
		6. 重组当事各方一致选择特殊性税务处理并加盖当事各方公章的证明资料;
		7. 涉及非货币性资产支付的,应提供非货币性资产评估报告或其他公允价值证明;
		8. 重组前连续12个月内有无与该重组相关的其他股权、资产交易,与该重组是否构成分步交易、是否作为一项企业重组业务进行处理情况的说明;
		9. 按会计准则规定当期应确认资产(股权)转让损益的,应提供按税法规定核算的资产(股权)计税基础与按会计准则规定核算的相关资产(股权)账面价值的暂时性差异专项说明。

续表

重组类型	资料提供方	申报资料
资产收购	当事各方	1. 资产收购业务总体情况说明,包括资产收购方案、基本情况,并逐条说明资产收购的商业目的;
		2. 资产收购业务合同(协议),需有权部门(包括内部和外部)批准的,应提供批准文件;
		3. 相关资产评估报告或其他公允价值证明;
		4. 被收购资产原计税基础的证明;
		5. 12 个月内不改变资产原来的实质性经营活动、原主要股东不转让所取得股权的承诺书;
		6. 工商管理部门等有权机关登记的相关企业股权变更事项的证明材料;
		7. 重组当事各方一致选择特殊性税务处理并加盖当事各方公章的证明资料;
		8. 涉及非货币性资产支付的,应提供非货币性资产评估报告或其他公允价值证明;
		9. 重组前连续 12 个月内有无与该重组相关的其他股权、资产交易,与该重组是否构成分步交易、是否作为一项企业重组业务进行处理情况的说明;
		10. 按会计准则规定当期应确认资产(股权)转让损益的,应提供按税法规定核算的资产(股权)计税基础与按会计准则规定核算的相关资产(股权)账面价值的暂时性差异专项说明。
合并	当事各方	1. 企业合并的总体情况说明,包括合并方案、基本情况,并逐条说明企业合并的商业目的;
		2. 企业合并协议或决议,需有权部门(包括内部和外部)批准的,应提供批准文件;
		3. 企业合并当事各方的股权关系说明,若属同一控制下且不需支付对价的合并,还需提供在企业合并前,参与合并各方受最终控制方的控制在 12 个月以上的证明材料;
		4. 被合并企业净资产、各单项资产和负债的账面价值和计税基础等相关资料;
		5. 12 个月内不改变资产原来的实质性经营活动、原主要股东不转让所取得股权的承诺书;
		6. 工商管理部门等有权机关登记的相关企业股权变更事项的证明材料;
		7. 合并企业承继被合并企业相关所得税事项(包括尚未确认的资产损失、分期确认收入和尚未享受期满的税收优惠政策等)情况说明;
		8. 涉及可由合并企业弥补被合并企业亏损的,需要提供其合并日净资产公允价值证明材料及主管税务机关确认的亏损弥补情况说明;
		9. 重组当事各方一致选择特殊性税务处理并加盖当事各方公章的证明资料;
		10. 涉及非货币性资产支付的,应提供非货币性资产评估报告或其他公允价值证明;
		11. 重组前连续 12 个月内有无与该重组相关的其他股权、资产交易,与该重组是否构成分步交易、是否作为一项企业重组业务进行处理情况的说明;
		12. 按会计准则规定当期应确认资产(股权)转让损益的,应提供按税法规定核算的资产(股权)计税基础与按会计准则规定核算的相关资产(股权)账面价值的暂时性差异专项说明。

续表

重组类型	资料提供方	申报资料
分立	当事各方	1. 企业分立的总体情况说明，包括分立方案、基本情况，并逐条说明企业分立的商业目的；
		2. 被分立企业董事会、股东会(股东大会)关于企业分立的决议，需有权部门(包括内部和外部)批准的，应提供批准文件；
		3. 被分立企业的净资产、各单项资产和负债账面价值和计税基础等相关资料；
		4. 12 个月内不改变资产原来的实质性经营活动、原主要股东不转让所取得股权的承诺书；
		5. 工商管理部门等有权机关认定的分立和被分立企业股东股权比例证明材料；分立后，分立和被分立企业工商营业执照复印件；
		6. 重组当事各方一致选择特殊性税务处理并加盖当事各方公章的证明资料；
		7. 涉及非货币性资产支付的，应提供非货币性资产评估报告或其他公允价值证明；
		8. 分立企业承继被分立企业所分立资产相关所得税事项(包括尚未确认的资产损失、分期确认收入和尚未享受期满的税收优惠政策等)情况说明；
		9. 若被分立企业尚有未超过法定弥补期限的亏损，应提供亏损弥补情况说明、被分立企业重组前净资产和分立资产公允价值的证明材料；
		10. 重组前连续 12 个月内有无与该重组相关的其他股权、资产交易，与该重组是否构成分步交易、是否作为一项企业重组业务进行处理情况的说明；
		11. 按会计准则规定当期应确认资产(股权)转让损益的，应提供按税法规定核算的资产(股权)计税基础与按会计准则规定核算的相关资产(股权)账面价值的暂时性差异专项说明。

附件 3

企业重组所得税特殊性税务处理统计表

报送单位：＊＊＊税务局　　　　纳税年度：　　　　金额：万元

重组类型	重组主导方企业名称	重组主导方所属行业	重组主导方经济类型	重组是否涉及上市公司	重组业务交易金额	重组按一般性税务处理应确认的应纳税所得额(1)	重组按特殊性税务处理确认的应纳税所得额(2)	重组按特殊性税务处理递延确认的应纳税所得额(3)=(1)-(2)
合计	—	—	—	—				

填表说明：

1. 本表只统计重组主导方在本省(自治区、直辖市)管辖范围内，且汇算清缴当年完成的重组业务。
2. 重组类型选项包括债务重组、股权收购、资产收购、合并和分立。
3. 重组主导方所属行业按《国民经济行业分类》(GB/T 4754—2011)填列，填至行业明细分类的大类和中类，如＊＊＊花卉种植公司，所属行业为“农业—蔬菜、园艺作物的种植”。
4. “重组主导方经济类型”按征管信息系统口径填报。
5. “重组业务交易金额”，是指重组业务的交易支付总额。同一控制下且不需要支付对价的企业合并中，应为被合并企业净资产公允价值。
6. “重组按一般性税务处理应确认的应纳税所得额”，是指符合特殊性税务处理条件的重组业务若按财税〔2009〕59 号文件第四条规定按一般性税务处理应确认的应纳税所得额。同一控制下且不需要支付对价的企业合并中，应为被合并企业净资产公允价值减去计税基础的差额。
7. 每行填列一项重组业务。

国家税务总局关于资产(股权)划转企业所得税征管问题的公告

(国家税务总局公告2015年第40号 2015年5月27日发布)

《国务院关于进一步优化企业兼并重组市场环境的意见》(国发〔2014〕14号)和《财政部 国家税务总局关于促进企业重组有关企业所得税处理问题的通知》(财税〔2014〕109号,以下简称《通知》)下发后,各地陆续反映在企业重组所得税政策执行过程中有些征管问题亟需明确。经研究,现就股权或资产划转企业所得税征管问题公告如下:

一、《通知》第三条所称"100%直接控制的居民企业之间,以及受同一或相同多家居民企业100%直接控制的居民企业之间按账面净值划转股权或资产",限于以下情形:

(一)100%直接控制的母子公司之间,母公司向子公司按账面净值划转其持有的股权或资产,母公司获得子公司100%的股权支付。母公司按增加长期股权投资处理,子公司按接受投资(包括资本公积,下同)处理。母公司获得子公司股权的计税基础以划转股权或资产的原计税基础确定。

(二)100%直接控制的母子公司之间,母公司向子公司按账面净值划转其持有的股权或资产,母公司没有获得任何股权或非股权支付。母公司按冲减实收资本(包括资本公积,下同)处理,子公司按接受投资处理。

(三)100%直接控制的母子公司之间,子公司向母公司按账面净值划转其持有的股权或资产,子公司没有获得任何股权或非股权支付。母公司按收回投资处理,或按接受投资处理,子公司按冲减实收资本处理。母公司应按被划转股权或资产的原计税基础,相应调减持有子公司股权的计税基础。

(四)受同一或相同多家母公司100%直接控制的子公司之间,在母公司主导下,一家子公司向另一家子公司按账面净值划转其持有的股权或资产,划出方没有获得任何股权或非股权支付。划出方按冲减所有者权益处理,划入方按接受投资处理。

二、《通知》第三条所称"股权或资产划转后连续12个月内不改变被划转股权或资产原来实质性经营活动",是指自股权或资产划转完成日起连续12个月内不改变被划转股权或资产原来实质性经营活动。

股权或资产划转完成日,是指股权或资产划转合同(协议)或批复生效,且交易双方已进行会计处理的日期。

三、《通知》第三条所称"划入方企业取得被划转股权或资产的计税基础,以被划转股权或资产的原账面净值确定",是指划入方企业取得被划转股权或资产的计税基础,以被划转股权或资产的原计税基础确定。

《通知》第三条所称"划入方企业取得的被划转资产,应按其原账面净值计算折旧扣除",是指划入方企业取得的被划转资产,应按被划转资产的原计税基础计算折旧扣除或摊销。

四、按照《通知》第三条规定进行特殊性税务处理的股权或资产划转,交易双方应在协商一致的基础上,采取一致处理原则统一进行特殊性税务处理。

五、交易双方应在企业所得税年度汇算清缴时,分别向各自主管税务机关报送《居民企业资产(股权)划转特殊性税务处理申报表》(详见附件)和相关资料(一式两份)。

相关资料包括:

1. 股权或资产划转总体情况说明,包括基本情况、划转方案等,并详细说明划转的商业目的;

2. 交易双方或多方签订的股权或资产划转合同(协议),需有权部门(包括内部和外部)批准的,应提供批准文件;

3. 被划转股权或资产账面净值和计税基础说明;

4. 交易双方按账面净值划转股权或资产的说明(需附会计处理资料);

5. 交易双方均未在会计上确认损益的说明(需附会计处理资料);

6. 12 个月内不改变被划转股权或资产原来实质性经营活动的承诺书。

六、交易双方应在股权或资产划转完成后的下一年度的企业所得税年度申报时,各自向主管税务机关提交书面情况说明,以证明被划转股权或资产自划转完成日后连续 12 个月内,没有改变原来的实质性经营活动。

七、交易一方在股权或资产划转完成日后连续 12 个月内发生生产经营业务、公司性质、资产或股权结构等情况变化,致使股权或资产划转不再符合特殊性税务处理条件的,发生变化的交易一方应在情况发生变化的 30 日内报告其主管税务机关,同时书面通知另一方。另一方应在接到通知后 30 日内将有关变化报告其主管税务机关。

八、本公告第七条所述情况发生变化后 60 日内,原交易双方应按以下规定进行税务处理:

(一)属于本公告第一条第(一)项规定情形的,母公司应按原划转完成时股权或资产的公允价值视同销售处理,并按公允价值确认取得长期股权投资的计税基础;子公司按公允价值确认划入股权或资产的计税基础。

属于本公告第一条第(二)项规定情形的,母公司应按原划转完成时股权或资产的公允价值视同销售处理;子公司按公允价值确认划入股权或资产的计税基础。

属于本公告第一条第(三)项规定情形的,子公司应按原划转完成时股权或资产的公允价值视同销售处理;母公司应按撤回或减少投资进行处理。

属于本公告第一条第(四)项规定情形的,划出方应按原划转完成时股权或资产的公允价值视同销售处理;母公司根据交易情形和会计处理对划出方按分回股息进行处理,或者按撤回或减少投资进行处理,对划入方按以股权或资产的公允价值进行投资处理;划入方按接受母公司投资处理,以公允价值确认划入股权或资产的计税基础。

(二)交易双方应调整划转完成纳税年度的应纳税所得额及相应股权或资产的计税基础,向各自主管税务机关申请调整划转完成纳税年度的企业所得税年度申报表,依法计算缴纳企业所得税。

九、交易双方的主管税务机关应对企业申报适用特殊性税务处理的股权或资产划转加强后续管理。

十、本公告适用 2014 年度及以后年度企业所得税汇算清缴。此前尚未进行税务处理的股权、资产划转,符合《通知》第三条和本公告规定的可按本公告执行。

特此公告。

附件:居民企业资产(股权)划转特殊性税务处理申报表

国家税务总局
2015 年 5 月 27 日

附件

居民企业资产(股权)划转特殊性税务处理申报表

企业名称(章):　　　　　　　　　　纳税人识别号:　　　　　　　　金额单位:元(列至角分)

<table>
<tr><td rowspan="13">基本情况</td><td colspan="2">划出方企业名称</td><td colspan="5"></td></tr>
<tr><td colspan="2">划出方纳税人识别号</td><td colspan="2"></td><td colspan="2">主管税务机关名称</td><td></td></tr>
<tr><td colspan="2">划入方企业名称</td><td colspan="5"></td></tr>
<tr><td colspan="2">划入方纳税人识别号</td><td colspan="2"></td><td colspan="2">主管税务机关名称</td><td></td></tr>
<tr><td colspan="2" rowspan="7">划转双方关系</td><td colspan="5">○关系1:100%直接控制的母子公司
母公司是:○划出方○划入方
100%控股起始时间:　　年　　月　　日</td></tr>
<tr><td colspan="5">○关系2:受同一或相同多家居民企业100%直接控制</td></tr>
<tr><td rowspan="2">股东名称(划转双方为关系2时填报)</td><td colspan="2">划出方</td><td colspan="2">划入方</td></tr>
<tr><td>持股比例</td><td>持股起始时间(年月日)</td><td>持股比例</td><td>持股起始时间(年月日)</td></tr>
<tr><td></td><td></td><td></td><td></td><td></td></tr>
<tr><td></td><td></td><td></td><td></td><td></td></tr>
<tr><td>合计</td><td>100%</td><td></td><td>100%</td><td></td></tr>
<tr><td colspan="4">划转完成日(　　年　　月　　日)</td><td colspan="3"></td></tr>
<tr><td colspan="2">被划转资产(股权)账面净值</td><td colspan="2"></td><td>被划转资产(股权)计税基础</td><td colspan="2"></td></tr>
<tr><td rowspan="13">会计处理</td><td colspan="2"></td><td colspan="2">会计科目</td><td>金额</td><td colspan="2">资产(股权)计税基础</td></tr>
<tr><td rowspan="6">划出方</td><td>借</td><td colspan="2"></td><td></td><td colspan="2"></td></tr>
<tr><td></td><td colspan="2"></td><td></td><td colspan="2"></td></tr>
<tr><td></td><td colspan="2"></td><td></td><td colspan="2"></td></tr>
<tr><td>贷</td><td colspan="2"></td><td></td><td colspan="2"></td></tr>
<tr><td></td><td colspan="2"></td><td></td><td colspan="2"></td></tr>
<tr><td></td><td colspan="2"></td><td></td><td colspan="2"></td></tr>
<tr><td rowspan="6">划入方</td><td>借</td><td colspan="2"></td><td></td><td colspan="2"></td></tr>
<tr><td></td><td colspan="2"></td><td></td><td colspan="2"></td></tr>
<tr><td></td><td colspan="2"></td><td></td><td colspan="2"></td></tr>
<tr><td>贷</td><td colspan="2"></td><td></td><td colspan="2"></td></tr>
<tr><td></td><td colspan="2"></td><td></td><td colspan="2"></td></tr>
<tr><td></td><td colspan="2"></td><td></td><td colspan="2"></td></tr>
</table>

续表

申报企业其他需说明的情况:
谨声明:本人知悉并保证本表填报内容及所附证明材料真实、完整,并承担因资料虚假而产生的法律和行政责任。 法定代表人签章:　　　　年　　月　　日

填表人:　　　　　　　　　　　　填表日期:

填表说明:

1.“持股起始时间”是指填报的持股比例起始时间,如2013年1月1日持股80%,2015年1月1日持股100%,“持股比例”填100%,“持股起始时间”填报2015年1月1日。

2.“会计处理”栏次应明细填报划转的每一项资产,且划出方与划入方资产应一一对应填报。

3.“会计处理”栏次划出方、划入方的会计科目涉及“所有者权益类”科目的,不填报资产计税基础;划出方、划入方填报的借贷应平衡。

4.本表一式三份,受理税务机关、划出方、划入方各一份。相关行次不够的可自行添加。

国家税务总局关于金融企业涉农贷款和中小企业贷款损失税前扣除问题的公告

（国家税务总局公告2015年第25号　2015年4月27日发布）

为鼓励金融企业加大对涉农贷款和中小企业贷款力度，及时处置涉农贷款和中小企业贷款损失，增强金融企业抵御风险能力，根据《中华人民共和国企业所得税法》及其实施条例、《财政部　国家税务总局关于企业资产损失税前扣除政策的通知》（财税〔2009〕57号）、《国家税务总局关于发布〈企业资产损失所得税税前扣除管理办法〉的公告》（国家税务总局公告2011年第25号）的规定，现就金融企业涉农贷款和中小企业贷款损失所得税前扣除问题公告如下：

一、金融企业涉农贷款、中小企业贷款逾期1年以上，经追索无法收回，应依据涉农贷款、中小企业贷款分类证明，按下列规定计算确认贷款损失进行税前扣除：

（一）单户贷款余额不超过300万元（含300万元）的，应依据向借款人和担保人的有关原始追索记录（包括司法追索、电话追索、信件追索和上门追索等原始记录之一，并由经办人和负责人共同签章确认），计算确认损失进行税前扣除。

（二）单户贷款余额超过300万元至1000万元（含1000万元）的，应依据有关原始追索记录（应当包括司法追索记录，并由经办人和负责人共同签章确认），计算确认损失进行税前扣除。

（三）单户贷款余额超过1000万元的，仍按《国家税务总局关于发布〈企业资产损失所得税税前扣除管理办法〉的公告》（国家税务总局公告2011年第25号）有关规定计算确认损失进行税前扣除。

二、金融企业涉农贷款和中小企业贷款的分类标准，按照《财政部　国家税务总局关于金融企业涉农贷款和中小企业贷款损失准备金税前扣除有关问题的通知》（财税〔2015〕3号）规定执行。

三、金融企业应当建立健全贷款损失内部核销管理制度，严格内部责任认定和追究，及时收集、整理、编制、审核、申报、保存资产损失税前扣除证据材料。

对不符合法定条件扣除的贷款损失，或弄虚作假进行税前扣除的，应追溯调整以前年度的税务处理，并按《中华人民共和国税收征收管理法》有关规定进行处罚。

四、本公告适用2014年度及以后年度涉农贷款和中小企业贷款损失的税前扣除。

特此公告。

财政部　国家税务总局关于金融企业贷款损失准备金企业所得税税前扣除有关政策的通知

（财税〔2015〕9号　2015年1月15日发布）

各省、自治区、直辖市、计划单列市财政厅（局）、国家税务局、地方税务局，新疆生产建设兵团财务局：

根据《中华人民共和国企业所得税法》及《中华人民共和国企业所得税法实施条例》的有关规定，现就政策性银行、商业银行、财务公司、城乡信用社和金融租赁公司等金融企业提取的贷款损失准备金的企业所得税税前扣除政策问题，通知如下：

一、准予税前提取贷款损失准备金的贷款资产范围包括：

（一）贷款（含抵押、质押、担保等贷款）；

（二）银行卡透支、贴现、信用垫款（含银行承兑汇票垫款、信用证垫款、担保垫款等）、进出口押汇、同业拆出、应收融资租赁款等各项具有贷款特征的风险资产；

（三）由金融企业转贷并承担对外还款责任的国外贷款，包括国际金融组织贷款、外国买方信贷、外国政府贷款、日本国际协力银行不附条件贷款和外国政府混合贷款等资产。

二、金融企业准予当年税前扣除的贷款损失准备金计算公式如下：

准予当年税前扣除的贷款损失准备金＝本年末准予提取贷款损失准备金的贷款资产余额×1%－截至上年末已在税前扣除的贷款损失准备金的余额。

金融企业按上述公式计算的数额如为负数，应当相应调增当年应纳税所得额。

三、金融企业的委托贷款、代理贷款、国债投资、应收股利、上交央行准备金以及金融企业剥离的债权和股权、应收财政贴息、央行款项等不承担风险和损失的资产，不得提取贷款损失准备金在税前扣除。

四、金融企业发生的符合条件的贷款损失，应先冲减已在税前扣除的贷款损失准备金，不足冲减部分可据实在计算当年应纳税所得额时扣除。

五、金融企业涉农贷款和中小企业贷款损失准备金的税前扣除政策，凡按照《财政部　国家税务总局关于金融企业涉农贷款和中小企业贷款损失准备金税前扣除有关问题的通知》（财税〔2015〕3号）的规定执行的，不再适用本通知第一条至第四条的规定。

六、本通知自2014年1月1日起至2018年12月31日止执行。

财政部　国家税务总局关于促进企业重组有关企业所得税处理问题的通知

（财税〔2014〕109号　2014年12月25日发布　自2014年1月1日起执行）

各省、自治区、直辖市、计划单列市财政厅（局）、国家税务局、地方税务局，新疆生产建设兵团财务局：

为贯彻落实《国务院关于进一步优化企业兼并重组市场环境的意见》（国发〔2014〕14号），根据《中华人民共和国企业所得税法》及其实施条例有关规定，现就企业重组有关企业所得税处理问题明确如下：

一、关于股权收购

将《财政部　国家税务总局关于企业重组业务企业所得税处理若干问题的通知》（财税〔2009〕59号）第六条第（二）项中有关“股权收购，收购企业购买的股权不低于被收购企业全部股权的75%”规定调整为“股权收购，收购企业购买的股权不低于被收购企业全部股权的50%”。

二、关于资产收购

将财税〔2009〕59号文件第六条第（三）项中有关“资产收购，受让企业收购的资产不低于转让企业全部资产的75%”规定调整为“资产收购，受让企业收购的资产不低于转让企业全部资产的50%”。

三、关于股权、资产划转

对100%直接控制的居民企业之间，以及受同一或相同多家居民企业100%直接控制的居民企业之间按账面净值划转股权或资产，凡具有合理商业目的、不以减少、免除或者推迟缴纳税款为主要目的，股权或资产划转后连续12个月内不改变被划转股权或资产原来实质性经营活动，且划出方企业和划入方企业均未在会计上确认损益的，可以选择按以下规定进行特殊性税务处理：

1. 划出方企业和划入方企业均不确认所得。

2. 划入方企业取得被划转股权或资产的计税基础，以被划转股权或资产的原账面净值确定。

3. 划入方企业取得的被划转资产，应按其原账面净值计算折旧扣除。

四、本通知自2014年1月1日起执行

本通知发布前尚未处理的企业重组，符合本通知规定的可按本通知执行。

国家税务总局关于企业因国务院决定事项形成的资产损失税前扣除问题的公告

（国家税务总局公告2014年第18号　2014年3月17日发布）

为贯彻落实《国务院关于取消和下放一批行政审批项目的决定》（国发〔2013〕44号），现对企业因国务院决定事项形成的资产损失税前扣除问题公告如下：

一、自国发〔2013〕44号文件发布之日起，企业因国务院决定事项形成的资产损失，不再上报国家税务总局审核。国家税务总局公告2011年第25号发布的《企业资产损失所得税税前扣除管理办法》第十二条同时废止。

二、企业因国务院决定事项形成的资产损失，应以专项申报的方式向主管税务机关申报扣除。专项申报扣除的有关事项，按照国家税务总局公告2011年第25号规定执行。

三、本公告适用于2013年度及以后年度企业所得税申报。

特此公告。

财政部 国家税务总局关于金融企业贷款损失准备金企业所得税税前扣除政策的通知

（财税〔2012〕5号 2012年1月29日发布）

各省、自治区、直辖市、计划单列市财政厅（局）、国家税务局、地方税务局，新疆生产建设兵团财务局：

根据《中华人民共和国企业所得税法》及《中华人民共和国企业所得税法实施条例》的有关规定，现就政策性银行、商业银行、财务公司、城乡信用社和金融租赁公司等金融企业提取的贷款损失准备金税前扣除政策问题，通知如下：

一、准予税前提取贷款损失准备金的贷款资产范围包括：

（一）贷款（含抵押、质押、担保等贷款）；

（二）银行卡透支、贴现、信用垫款（含银行承兑汇票垫款、信用证垫款、担保垫款等）、进出口押汇、同业拆出、应收融资租赁款等各项具有贷款特征的风险资产；

（三）由金融企业转贷并承担对外还款责任的国外贷款，包括国际金融组织贷款、外国买方信贷、外国政府贷款、日本国际协力银行不附条件贷款和外国政府混合贷款等资产。

二、金融企业准予当年税前扣除的贷款损失准备金计算公式如下：

准予当年税前扣除的贷款损失准备金 = 本年末准予提取贷款损失准备金的贷款资产余额 × 1% − 截至上年末已在税前扣除的贷款损失准备金的余额。

金融企业按上述公式计算的数额如为负数，应当相应调增当年应纳税所得额。

三、金融企业的委托贷款、代理贷款、国债投资、应收股利、上交央行准备金以及金融企业剥离的债权和股权、应收财政贴息、央行款项等不承担风险和损失的资产，不得提取贷款损失准备金在税前扣除。

四、金融企业发生的符合条件的贷款损失，应先冲减已在税前扣除的贷款损失准备金，不足冲减部分可据实在计算当年应纳税所得额时扣除。

五、金融企业涉农贷款和中小企业贷款损失准备金的税前扣除政策，凡按照《财政部 国家税务总局关于延长金融企业涉农贷款和中小企业贷款损失准备金税前扣除政策执行期限的通知》（财税〔2011〕104号）的规定执行的，不再适用本通知第一条至第四条的规定。

六、本通知自2011年1月1日起至2013年12月31日止执行。

企业资产损失所得税税前扣除管理办法

（国家税务总局公告2011年第25号 2011年3月31日发布 自2011年1月1日起施行）

第一章 总 则

第一条 根据《中华人民共和国企业所得税法》（以下简称企业所得税法）及其实施条例、《中华人民共和国税收征收管理法》（以下简称征管法）及其实施细则、《财政部 国家税务总局关于企业资产损失税前扣除政策的通知》（财税〔2009〕57号）（以下简称《通知》）的规定，制定本办法。

第二条 本办法所称资产是指企业拥有或者控制的、用于经营管理活动相关的资产，包括现金、银行存款、应收及预付款项（包括应收票据、各类垫款、企业之间往来款项）等货币性资产，存货、固定资产、无形资产、在建工程、生产性生物资产等非货币性资产，以及债权性投资和股权（权益）性投资。

第三条 准予在企业所得税税前扣除的资产损失，是指企业在实际处置、转让上述资产过程中发生的合理损失（以下简称实际资产损失），以及企业虽未实际处置、转让上述资产，但符合《通知》和本办法规定条件计算确认的损失（以下简称法定资产损失）。

第四条 企业实际资产损失，应当在其实际发生且会计上已作损失处理的年度申报扣除；法定资产损失，应当在企业向主管税务机关提供证据资料证明该项资产已符合法定资产损失确认条件，且会计上已作损失处理的年度申报扣除。

第五条 企业发生的资产损失，应按规定的程序和要求向主管税务机关申报后方能在税前扣除。未经申报的损失，不得在税前扣除。

第六条 企业以前年度发生的资产损失未能在当年税前扣除的，可以按照本办法的规定，向税务机关说明并进行专项申报扣除。其中，属于实际资产损失，准予追补至该项损失发生年度扣除，其追补确认期限一般不得超过五年，但因计划经济体制转轨过程中遗留的资产损失、企业重组上市过程中因权属不清出现争议而未能及时扣除的资产损失、因承担国家政策性任务而形成的资产损失以及政策定性不明确而形成资产损失等特殊原因形成的资产损失，其追补确认期限经国家税务总局批准后可适当延长。属于法定资产损失，应在申报年度扣除。

企业因以前年度实际资产损失未在税前扣除而多缴的企业所得税税款，可在追补确认年度企业所得税应纳税款中予以抵扣，不足抵扣的，向以后年度递延抵扣。

企业实际资产损失发生年度扣除追补确认的损失后出现亏损的，应先调整资产损失发生年度的亏损额，再按弥补亏损的原则计算以后年度多缴的企业所得税税款，并按前款办法进行税务处理。

第二章 申报管理

第七条 企业在进行企业所得税年度汇算清缴申报时，可将资产损失申报材料和纳税资料作为企业所得税年度纳税申报表的附件一并向税务机关报送。

第八条 企业资产损失按其申报内容和要求的不同，分为清单申报和专项申报两种申报形式。其中,属于清单申报的资产损失,企业可按会计核算科目进行归类、汇总,然后再将汇总清单报送税务机关,有关会计核算资料和纳税资料留存备查;属于专项申报的资产损失,企业应逐项(或逐笔)报送申请报告,同时附送会计核算资料及其他相关的纳税资料。

企业在申报资产损失税前扣除过程中不符合上述要求的,税务机关应当要求其改正,企业拒绝改正的,税务机关有权不予受理。

第九条 下列资产损失,应以清单申报的方式向税务机关申报扣除:

(一)企业在正常经营管理活动中,按照公允价格销售、转让、变卖非货币资产的损失;

(二)企业各项存货发生的正常损耗;

(三)企业固定资产达到或超过使用年限而正常报废清理的损失;

(四)企业生产性生物资产达到或超过使用年限而正常死亡发生的资产损失;

(五)企业按照市场公平交易原则,通过各种交易场所、市场等买卖债券、股票、期货、基金以及金融衍生产品等发生的损失。

第十条 前条以外的资产损失,应以专项申报的方式向税务机关申报扣除。企业无法准确判别是否属于清单申报扣除的资产损失,可以采取专项申报的形式申报扣除。

第十一条 在中国境内跨地区经营的汇总纳税企业发生的资产损失,应按以下规定申报扣除:

(一)总机构及其分支机构发生的资产损失,除应按专项申报和清单申报的有关规定,各自向当地主管税务机关申报外,各分支机构同时还应上报总机构;

(二)总机构对各分支机构上报的资产损失,除税务机关另有规定外,应以清单申报的形式向当地主管税务机关进行申报;

(三)总机构将跨地区分支机构所属资产捆绑打包转让所发生的资产损失,由总机构向当地主管税务机关进行专项申报。

第十二条 企业因国务院决定事项形成的资产损失,应向国家税务总局提供有关资料。国家税务总局审核有关情况后,将损失情况通知相关税务机关。企业应按本办法的要求进行专项申报。

第十三条 属于专项申报的资产损失,企业因特殊原因不能在规定的时限内报送相关资料的,可以向主管税务机关提出申请,经主管税务机关同意后,可适当延期申报。

第十四条 企业应当建立健全资产损失内部核销管理制度,及时收集、整理、编制、审核、申报、保存资产损失税前扣除证据材料,方便税务机关检查。

第十五条 税务机关应按分项建档、分级管理的原则,建立企业资产损失税前扣除管理台账和纳税档案,及时进行评估。对资产损失金额较大或经评估后发现不符合资产损失税前扣除规定、或存有疑点、异常情况的资产损失,应及时进行核查。对有证据证明申报扣除的资产损失不真实、不合法的,应依法作出税收处理。

第三章 资产损失确认证据

第十六条 企业资产损失相关的证据包括具有法律效力的外部证据和特定事项的企业内部证据。

第十七条 具有法律效力的外部证据,是指司法机关、行政机关、专业技术鉴定部门等依法出具的与本企业资产损失相关的具有法律效力的书面文件，主要包括：

(一)司法机关的判决或者裁定；

(二)公安机关的立案结案证明、回复；

(三)工商部门出具的注销、吊销及停业证明；

(四)企业的破产清算公告或清偿文件；

(五)行政机关的公文；

(六)专业技术部门的鉴定报告；

(七)具有法定资质的中介机构的经济鉴定证明；

(八)仲裁机构的仲裁文书；

(九)保险公司对投保资产出具的出险调查单、理赔计算单等保险单据；

(十)符合法律规定的其他证据。

第十八条 特定事项的企业内部证据，是指会计核算制度健全、内部控制制度完善的企业，对各项资产发生毁损、报废、盘亏、死亡、变质等内部证明或承担责任的声明，主要包括：

(一)有关会计核算资料和原始凭证；

(二)资产盘点表；

(三)相关经济行为的业务合同；

(四)企业内部技术鉴定部门的鉴定文件或资料；

(五)企业内部核批文件及有关情况说明；

(六)对责任人由于经营管理责任造成损失的责任认定及赔偿情况说明；

(七)法定代表人、企业负责人和企业财务负责人对特定事项真实性承担法律责任的声明。

第四章 货币资产损失的确认

第十九条 企业货币资产损失包括现金损失、银行存款损失和应收及预付款项损失等。

第二十条 现金损失应依据以下证据材料确认：

(一)现金保管人确认的现金盘点表(包括倒推至基准日的记录)；

(二)现金保管人对于短缺的说明及相关核准文件；

(三)对责任人由于管理责任造成损失的责任认定及赔偿情况的说明；

(四)涉及刑事犯罪的，应有司法机关出具的相关材料；

(五)金融机构出具的假币收缴证明。

第二十一条 企业因金融机构清算而发生的存款类资产损失应依据以下证据材料确认：

(一)企业存款类资产的原始凭据；

(二)金融机构破产、清算的法律文件；

(三)金融机构清算后剩余资产分配情况资料。

金融机构应清算而未清算超过三年的，企业可将该款项确认为资产损失，但应有法院或破产清算管理人出具的未完成清算证明。

第二十二条 企业应收及预付款项坏账损失应依据以下相关证据材料确认：

(一)相关事项合同、协议或说明；

(二)属于债务人破产清算的，应有人民法院的破产、清算公告；

（三）属于诉讼案件的，应出具人民法院的判决书或裁决书或仲裁机构的仲裁书，或者被法院裁定终（中）止执行的法律文书；

（四）属于债务人停止营业的，应有工商部门注销、吊销营业执照证明；

（五）属于债务人死亡、失踪的，应有公安机关等有关部门对债务人个人的死亡、失踪证明；

（六）属于债务重组的，应有债务重组协议及其债务人重组收益纳税情况说明；

（七）属于自然灾害、战争等不可抗力而无法收回的，应有债务人受灾情况说明以及放弃债权申明。

第二十三条 企业逾期三年以上的应收款项在会计上已作为损失处理的，可以作为坏账损失，但应说明情况，并出具专项报告。

第二十四条 企业逾期一年以上，单笔数额不超过五万或者不超过企业年度收入总额万分之一的应收款项，会计上已经作为损失处理的，可以作为坏账损失，但应说明情况，并出具专项报告。

第五章 非货币资产损失的确认

第二十五条 企业非货币资产损失包括存货损失、固定资产损失、无形资产损失、在建工程损失、生产性生物资产损失等。

第二十六条 存货盘亏损失，为其盘亏金额扣除责任人赔偿后的余额，应依据以下证据材料确认：

（一）存货计税成本确定依据；

（二）企业内部有关责任认定、责任人赔偿说明和内部核批文件；

（三）存货盘点表；

（四）存货保管人对于盘亏的情况说明。

第二十七条 存货报废、毁损或变质损失，为其计税成本扣除残值及责任人赔偿后的余额，应依据以下证据材料确认：

（一）存货计税成本的确定依据；

（二）企业内部关于存货报废、毁损、变质、残值情况说明及核销资料；

（三）涉及责任人赔偿的，应当有赔偿情况说明；

（四）该项损失数额较大的（指占企业该类资产计税成本10%以上，或减少当年应纳税所得、增加亏损10%以上，下同），应有专业技术鉴定意见或法定资质中介机构出具的专项报告等。

第二十八条 存货被盗损失，为其计税成本扣除保险理赔以及责任人赔偿后的余额，应依据以下证据材料确认：

（一）存货计税成本的确定依据；

（二）向公安机关的报案记录；

（三）涉及责任人和保险公司赔偿的，应有赔偿情况说明等。

第二十九条 固定资产盘亏、丢失损失，为其账面净值扣除责任人赔偿后的余额，应依据以下证据材料确认：

（一）企业内部有关责任认定和核销资料；

（二）固定资产盘点表；

（三）固定资产的计税基础相关资料；

（四）固定资产盘亏、丢失情况说明；

（五）损失金额较大的，应有专业技术鉴定报告或法定资质中介机构出具的专项报告等。

第三十条 固定资产报废、毁损损失，为其账面净值扣除残值和责任人赔偿后的余额，应依据以下证据材料确认：

（一）固定资产的计税基础相关资料；

（二）企业内部有关责任认定和核销资料；

（三）企业内部有关部门出具的鉴定材料；

（四）涉及责任赔偿的，应当有赔偿情况的说明；

（五）损失金额较大的或自然灾害等不可抗力原因造成固定资产毁损、报废的，应有专业技术鉴定意见或法定资质中介机构出具的专项报告等。

第三十一条 固定资产被盗损失，为其账面净值扣除责任人赔偿后的余额，应依据以下证据材料确认：

（一）固定资产计税基础相关资料；

（二）公安机关的报案记录，公安机关立案、破案和结案的证明材料；

（三）涉及责任赔偿的，应有赔偿责任的认定及赔偿情况的说明等。

第三十二条 在建工程停建、报废损失，为其工程项目投资账面价值扣除残值后的余额，应依据以下证据材料确认：

（一）工程项目投资账面价值确定依据；

（二）工程项目停建原因说明及相关材料；

（三）因质量原因停建、报废的工程项目和因自然灾害和意外事故停建、报废的工程项目，应出具专业技术鉴定意见和责任认定、赔偿情况的说明等。

第三十三条 工程物资发生损失，可比照本办法存货损失的规定确认。

第三十四条 生产性生物资产盘亏损失，为其账面净值扣除责任人赔偿后的余额，应依据以下证据材料确认：

（一）生产性生物资产盘点表；

（二）生产性生物资产盘亏情况说明；

（三）生产性生物资产损失金额较大的，企业应有专业技术鉴定意见和责任认定、赔偿情况的说明等。

第三十五条 因森林病虫害、疫情、死亡而产生的生产性生物资产损失，为其账面净值扣除残值、保险赔偿和责任人赔偿后的余额，应依据以下证据材料确认：

（一）损失情况说明；

（二）责任认定及其赔偿情况的说明；

（三）损失金额较大的，应有专业技术鉴定意见。

第三十六条 对被盗伐、被盗、丢失而产生的生产性生物资产损失，为其账面净值扣除保险赔偿以及责任人赔偿后的余额，应依据以下证据材料确认：

（一）生产性生物资产被盗后，向公安机关的报案记录或公安机关立案、破案和结案的证明材料；

（二）责任认定及其赔偿情况的说明。

第三十七条 企业由于未能按期赎回抵押资产，使抵押资产被拍卖或变卖，其账面净值大于变卖价值的差额，可认定为资产损失，按以下证据材料确认：

（一）抵押合同或协议书；

（二）拍卖或变卖证明、清单；

（三）会计核算资料等其他相关证据材料。

第三十八条 被其他新技术所代替或已经超过法律保护期限，已经丧失使用价值和转让价值，尚未摊销的无形资产损失，应提交以下证据备案：

（一）会计核算资料；

（二）企业内部核批文件及有关情况说明；

（三）技术鉴定意见和企业法定代表人、主要负责人和财务负责人签章证实无形资产已无使用价值或转让价值的书面申明；

（四）无形资产的法律保护期限文件。

第六章 投资损失的确认

第三十九条 企业投资损失包括债权性投资损失和股权（权益）性投资损失。

第四十条 企业债权投资损失应依据投资的原始凭证、合同或协议、会计核算资料等相关证据材料确认。下列情况债权投资损失的，还应出具相关证据材料：

（一）债务人或担保人依法被宣告破产、关闭、被解散或撤销、被吊销营业执照、失踪或者死亡等，应出具资产清偿证明或者遗产清偿证明。无法出具资产清偿证明或者遗产清偿证明，且上述事项超过三年以上的，或债权投资（包括信用卡透支和助学贷款）余额在三百万元以下的，应出具对应的债务人和担保人破产、关闭、解散证明、撤销文件、工商行政管理部门注销证明或查询证明以及追索记录等（包括司法追索、电话追索、信件追索和上门追索等原始记录）；

（二）债务人遭受重大自然灾害或意外事故，企业对其资产进行清偿和对担保人进行追偿后，未能收回的债权，应出具债务人遭受重大自然灾害或意外事故证明、保险赔偿证明、资产清偿证明等；

（三）债务人因承担法律责任，其资产不足归还所借债务，又无其他债务承担者的，应出具法院裁定证明和资产清偿证明；

（四）债务人和担保人不能偿还到期债务，企业提出诉讼或仲裁的，经人民法院对债务人和担保人强制执行，债务人和担保人均无资产可执行，人民法院裁定终结或终止（中止）执行的，应出具人民法院裁定文书；

（五）债务人和担保人不能偿还到期债务，企业提出诉讼后被驳回起诉的、人民法院不予受理或不予支持的，或经仲裁机构裁决免除（或部分免除）债务人责任，经追偿后无法收回的债权，应提交法院驳回起诉的证明，或法院不予受理或不予支持证明，或仲裁机构裁决免除债务人责任的文书；

（六）经国务院专案批准核销的债权，应提供国务院批准文件或经国务院同意后由国务院有关部门批准的文件。

第四十一条 企业股权投资损失应依据以下相关证据材料确认：

（一）股权投资计税基础证明材料；

（二）被投资企业破产公告、破产清偿文件；

（三）工商行政管理部门注销、吊销被投资单位营业执照文件；

（四）政府有关部门对被投资单位的行政处理决定文件；

（五）被投资企业终止经营、停止交易的法律或其他证明文件；

（六）被投资企业资产处置方案、成交及入账材料；

（七）企业法定代表人、主要负责人和财务负责人签章证实有关投资（权益）性损失的书面申明；

（八）会计核算资料等其他相关证据材料。

第四十二条 被投资企业依法宣告破产、关闭、解散或撤销、吊销营业执照、停止生产经营活动、失踪等，应出具资产清偿证明或者遗产清偿证明。

上述事项超过三年以上且未能完成清算的，应出具被投资企业破产、关闭、解散或撤销、吊销等的证明以及不能清算的原因说明。

第四十三条 企业委托金融机构向其他单位贷款，或委托其他经营机构进行理财，到期不能收回贷款或理财款项，按照本办法第六章有关规定进行处理。

第四十四条 企业对外提供与本企业生产经营活动有关的担保，因被担保人不能按期偿还债务而承担连带责任，经追索，被担保人无偿还能力，对无法追回的金额，比照本办法规定的应收款项损失进行处理。

与本企业生产经营活动有关的担保是指企业对外提供的与本企业应税收入、投资、融资、材料采购、产品销售等生产经营活动相关的担保。

第四十五条 企业按独立交易原则向关联企业转让资产而发生的损失，或向关联企业提供借款、担保而形成的债权损失，准予扣除，但企业应作专项说明，同时出具中介机构出具的专项报告及其相关的证明材料。

第四十六条 下列股权和债权不得作为损失在税前扣除：

（一）债务人或者担保人有经济偿还能力，未按期偿还的企业债权；

（二）违反法律、法规的规定，以各种形式、借口逃废或悬空的企业债权；

（三）行政干预逃废或悬空的企业债权；

（四）企业未向债务人和担保人追偿的债权；

（五）企业发生非经营活动的债权；

（六）其他不应当核销的企业债权和股权。

第七章 其他资产损失的确认

第四十七条 企业将不同类别的资产捆绑（打包），以拍卖、询价、竞争性谈判、招标等市场方式出售，其出售价格低于计税成本的差额，可以作为资产损失并准予在税前申报扣除，但应出具资产处置方案、各类资产作价依据、出售过程的情况说明、出售合同或协议、成交及入账证明、资产计税基础等确定依据。

第四十八条 企业正常经营业务因内部控制制度不健全而出现操作不当、不规范或因业务创新但政策不明确、不配套等原因形成的资产损失，应由企业承担的金额，可以作为资产损失并准予在税前申报扣除，但应出具损失原因证明材料或业务监管部门定性证明、损失专项说明。

第四十九条 企业因刑事案件原因形成的损失，应由企业承担的金额，或经公安机关立案侦查两年以上仍未追回的金额，可以作为资产损失并准予在税前申报扣除，但应出具公安机关、人民检察院的立案侦查情况或人民法院的判决书等损失原因证明材料。

第八章 附 则

第五十条 本办法没有涉及的资产损失事项，只要符合企业所得税法及其实施条例等法律、法规规定的，也可以向税务机关申报扣除。

第五十一条 省、自治区、直辖市和计划单列市国家税务局、地方税务局可以根据本办法制定具体实施办法。

第五十二条 本办法自2011年1月1日起施行，《国家税务总局关于印发〈企业资产损失税前扣除管理办法〉的通知》(国税发〔2009〕88号)、《国家税务总局关于企业以前年度未扣除资产损失企业所得税处理问题的通知》(国税函〔2009〕772号)、《国家税务总局关于电信企业坏账损失税前扣除问题的通知》(国税函〔2010〕196号)同时废止。本办法生效之日前尚未进行税务处理的资产损失事项，也应按本办法执行。

国家税务总局关于房地产开发企业注销前有关企业所得税处理问题的公告

（国家税务总局公告 2010 年第 29 号　2010 年 12 月 24 日发布　自 2010 年 1 月 1 日起施行
依据国家税务总局公告 2016 年第 81 号国家税务总局关于房地产开发企业土地增值税清算涉及企业所得税退税有关问题的公告，自 2016 年 12 月 9 日起本法规全文废止）

根据《中华人民共和国企业所得税法》及其实施条例的相关规定，现就房地产开发企业注销前由于预征土地增值税导致多缴企业所得税的退税问题公告如下：

一、房地产开发企业（以下简称企业）按规定对开发项目进行土地增值税清算后，在向税务机关申请办理注销税务登记时，如注销当年汇算清缴出现亏损，应按照以下方法计算出其在注销前项目开发各年度多缴的企业所得税税款，并申请退税：

（一）企业整个项目缴纳的土地增值税总额，应按照项目开发各年度实现的项目销售收入占整个项目销售收入总额的比例，在项目开发各年度进行分摊，具体按以下公式计算：

各年度应分摊的土地增值税 = 土地增值税总额 ×（项目年度销售收入 ÷ 整个项目销售收入总额）

本公告所称销售收入包括视同销售房地产的收入，但不包括企业销售的增值额未超过扣除项目金额 20% 的普通标准住宅的销售收入。

（二）项目开发各年度应分摊的土地增值税减去该年度已经税前扣除的土地增值税后，余额属于当年应补充扣除的土地增值税；企业应调整当年度的应纳税所得额，并按规定计算当年度应退的企业所得税税款；当年度已缴纳的企业所得税税款不足退税的，应作为亏损向以后年度结转，并调整以后年度的应纳税所得额。

（三）企业对项目进行土地增值税清算的当年，由于按照上述方法进行土地增值税分摊调整后，导致当年度应纳税所得额出现正数的，应按规定计算缴纳企业所得税。

（四）企业按上述方法计算的累计退税额，不得超过其在项目开发各年度累计实际缴纳的企业所得税。

二、企业在申请退税时，应向主管税务机关提供书面材料证明应退企业所得税款的计算过程，包括企业整个项目缴纳的土地增值税总额、整个项目销售收入总额、项目年度销售收入、各年度应分摊的土地增值税和已经税前扣除的土地增值税、各年度的适用税率等。

三、企业按规定对开发项目进行土地增值税清算后，在向税务机关申请办理注销税务登记时，如注销当年汇算清缴出现亏损，但土地增值税清算当年未出现亏损，或尽管土地增值税清算当年出现亏损，但在注销之前年度已按税法规定弥补完毕的，不执行本公告。

主管税务机关应结合企业土地增值税清算年度至注销年度之间的汇算清缴情况，判断其是否应该执行本公告，并对应退企业所得税款进行核实。

四、本公告自 2010 年 1 月 1 日起施行。

特此公告。

国家税务总局关于企业取得财产转让等所得企业所得税处理问题的公告

（国家税务总局公告 2010 年第 19 号　2010 年 10 月 27 日发布　自 2010 年 11 月 26 日起执行）

根据《中华人民共和国企业所得税法实施条例》第二十五条规定，现就企业以不同形式取得财产转让等收入征收企业所得税问题公告如下：

一、企业取得财产（包括各类资产、股权、债权等）转让收入、债务重组收入、接受捐赠收入、无法偿付的应付款收入等，不论是以货币形式、还是非货币形式体现，除另有规定外，均应一次性计入确认收入的年度计算缴纳企业所得税。

二、本公告自发布之日起 30 日后施行。2008 年 1 月 1 日至本公告施行前，各地就上述收入计算的所得，已分 5 年平均计入各年度应纳税所得额计算纳税的，在本公告发布后，对尚未计算纳税的应纳税所得额，应一次性作为本年度应纳税所得额计算纳税。

特此公告。

国家税务总局关于企业股权投资损失所得税处理问题的公告

(国家税务总局公告2010年第6号　2010年7月28日发布　自2010年1月1日起执行)

根据《中华人民共和国企业所得税法》第八条及其有关规定,现就企业股权投资损失所得税处理问题公告如下:

一、企业对外进行权益性(以下简称股权)投资所发生的损失,在经确认的损失发生年度,作为企业损失在计算企业应纳税所得额时一次性扣除。

二、本规定自2010年1月1日起执行。本规定发布以前,企业发生的尚未处理的股权投资损失,按照本规定,准予在2010年度一次性扣除。

特此公告。

企业重组业务企业所得税管理办法

（国家税务总局公告2010年第4号　2010年7月26日发布　自2010年1月1日起施行）

第一章　总则及定义

第一条　为规范和加强对企业重组业务的企业所得税管理，根据《中华人民共和国企业所得税法》（以下简称《税法》）及其实施条例（以下简称《实施条例》）、《中华人民共和国税收征收管理法》及其实施细则（以下简称《征管法》）、《财政部　国家税务总局关于企业重组业务企业所得税处理若干问题的通知》（财税〔2009〕59号）（以下简称《通知》）等有关规定，制定本办法。

第二条　本办法所称企业重组业务，是指《通知》第一条所规定的企业法律形式改变、债务重组、股权收购、资产收购、合并、分立等各类重组。

第三条　企业发生各类重组业务，其当事各方，按重组类型，分别指以下企业：

（一）债务重组中当事各方，指债务人及债权人。

（二）股权收购中当事各方，指收购方、转让方及被收购企业。

（三）资产收购中当事各方，指转让方、受让方。

（四）合并中当事各方，指合并企业、被合并企业及各方股东。

（五）分立中当事各方，指分立企业、被分立企业及各方股东。

第四条　同一重组业务的当事各方应采取一致税务处理原则，即统一按一般性或特殊性税务处理。

第五条　《通知》第一条第（四）项所称实质经营性资产，是指企业用于从事生产经营活动、与产生经营收入直接相关的资产，包括经营所用各类资产、企业拥有的商业信息和技术、经营活动产生的应收款项、投资资产等。

第六条　《通知》第二条所称控股企业，是指由本企业直接持有股份的企业。

第七条　《通知》中规定的企业重组，其重组日的确定，按以下规定处理：

（一）债务重组，以债务重组合同或协议生效日为重组日。

（二）股权收购，以转让协议生效且完成股权变更手续日为重组日。

（三）资产收购，以转让协议生效且完成资产实际交割日为重组日。

（四）企业合并，以合并企业取得被合并企业资产所有权并完成工商登记变更日期为重组日。

（五）企业分立，以分立企业取得被分立企业资产所有权并完成工商登记变更日期为重组日。

第八条　重组业务完成年度的确定，可以按各当事方适用的会计准则确定，具体参照各当事方经审计的年度财务报告。由于当事方适用的会计准则不同导致重组业务完成年度的判定有差异时，各当事方应协商一致，确定同一个纳税年度作为重组业务完成年度。

第九条　本办法所称评估机构，是指具有合法资质的中国资产评估机构。

第二章　企业重组一般性税务处理管理

第十条　企业发生《通知》第四条第（一）项规定的由法人转变为个人独资企业、合伙企业等非法人组织，或将登记注册地转移至中华人民共和国境外（包括港澳台地区），应按照《财政部国家税务总局关于企业清算业务企业所得税处理若干问题的通知》（财税〔2009〕60 号）规定进行清算。

企业在报送《企业清算所得纳税申报表》时，应附送以下资料：

（一）企业改变法律形式的工商部门或其他政府部门的批准文件；

（二）企业全部资产的计税基础以及评估机构出具的资产评估报告；

（三）企业债权、债务处理或归属情况说明；

（四）主管税务机关要求提供的其他资料证明。

第十一条 企业发生《通知》第四条第（二）项规定的债务重组，应准备以下相关资料，以备税务机关检查。

（一）以非货币资产清偿债务的，应保留当事各方签订的清偿债务的协议或合同，以及非货币资产公允价格确认的合法证据等；

（二）债权转股权的，应保留当事各方签订的债权转股权协议或合同。

第十二条 企业发生《通知》第四条第（三）项规定的股权收购、资产收购重组业务，应准备以下相关资料，以备税务机关检查。

（一）当事各方所签订的股权收购、资产收购业务合同或协议；

（二）相关股权、资产公允价值的合法证据。

第十三条 企业发生《通知》第四条第（四）项规定的合并，应按照财税〔2009〕60 号文件规定进行清算。

被合并企业在报送《企业清算所得纳税申报表》时，应附送以下资料：

（一）企业合并的工商部门或其他政府部门的批准文件；

（二）企业全部资产和负债的计税基础以及评估机构出具的资产评估报告；

（三）企业债务处理或归属情况说明；

（四）主管税务机关要求提供的其他资料证明。

第十四条 企业发生《通知》第四条第（五）项规定的分立，被分立企业不再继续存在，应按照财税〔2009〕60 号文件规定进行清算。

被分立企业在报送《企业清算所得纳税申报表》时，应附送以下资料：

（一）企业分立的工商部门或其他政府部门的批准文件；

（二）被分立企业全部资产的计税基础以及评估机构出具的资产评估报告；

（三）企业债务处理或归属情况说明；

（四）主管税务机关要求提供的其他资料证明。

第十五条 企业合并或分立，合并各方企业或分立企业涉及享受《税法》第五十七条规定中就企业整体（即全部生产经营所得）享受的税收优惠过渡政策尚未期满的，仅就存续企业未享受完的税收优惠，按照《通知》第九条的规定执行；注销的被合并或被分立企业未享受完的税收优惠，不再由存续企业承继；合并或分立而新设的企业不得再承继或重新享受上述优惠。合并或分立各方企业按照《税法》的税收优惠规定和税收优惠过渡政策中就企业有关生产经营项目的所得享受的税收优惠承继问题，按照《实施条例》第八十九条规定执行。

第三章 企业重组特殊性税务处理管理

第十六条 企业重组业务，符合《通知》规定条件并选择特殊性税务处理的，应按照《通知》第十一条规定进行备案；如企业重组各方需要税务机关确认，可以选择由重组主导方向主管税务机关提出申请，层报省税务机关给予确认。

采取申请确认的，主导方和其他当事方不在同一省（自治区、市）的，主导方省税务机关应将确认文件抄送其他当事方所在地省税务机关。

省税务机关在收到确认申请时，原则上应在当年度企业所得税汇算清缴前完成确认。特殊情况，需要延长的，应将延长理由告知主导方。

第十七条 企业重组主导方，按以下原则确定：

（一）债务重组为债务人；

（二）股权收购为股权转让方；

（三）资产收购为资产转让方；

（四）吸收合并为合并后拟存续的企业，新设合并为合并前资产较大的企业；

（五）分立为被分立的企业或存续企业。

第十八条 企业发生重组业务，按照《通知》第五条第（一）项要求，企业在备案或提交确认申请时，应从以下方面说明企业重组具有合理的商业目的：

（一）重组活动的交易方式。即重组活动采取的具体形式、交易背景、交易时间、在交易之前和之后的运作方式和有关的商业常规；

（二）该项交易的形式及实质。即形式上交易所产生的法律权利和责任，也是该项交易的法律后果。另外，交易实际上或商业上产生的最终结果；

（三）重组活动给交易各方税务状况带来的可能变化；

（四）重组各方从交易中获得的财务状况变化；

（五）重组活动是否给交易各方带来了在市场原则下不会产生的异常经济利益或潜在义务；

（六）非居民企业参与重组活动的情况。

第十九条 《通知》第五条第（三）和第（五）项所称“企业重组后的连续12个月内”，是指自重组日起计算的连续12个月内。

第二十条 《通知》第五条第（五）项规定的原主要股东，是指原持有转让企业或被收购企业20%以上股权的股东。

第二十一条 《通知》第六条第（四）项规定的同一控制，是指参与合并的企业在合并前后均受同一方或相同的多方最终控制，且该控制并非暂时性的。能够对参与合并的企业在合并前后均实施最终控制权的相同多方，是指根据合同或协议的约定，对参与合并企业的财务和经营政策拥有决定控制权的投资者群体。在企业合并前，参与合并各方受最终控制方的控制在12个月以上，企业合并后所形成的主体在最终控制方的控制时间也应达到连续12个月。

第二十二条 企业发生《通知》第六条第（一）项规定的债务重组，根据不同情形，应准备以下资料：

（一）发生债务重组所产生的应纳税所得额占该企业当年应纳税所得额50%以上的，债务重组所得要求在5个纳税年度的期间内，均匀计入各年度应纳税所得额的，应准备以下资料：

1. 当事方的债务重组的总体情况说明(如果采取申请确认的,应为企业的申请,下同),情况说明中应包括债务重组的商业目的;

2. 当事各方所签订的债务重组合同或协议;

3. 债务重组所产生的应纳税所得额、企业当年应纳税所得额情况说明;

4. 税务机关要求提供的其他资料证明。

(二)发生债权转股权业务,债务人对债务清偿业务暂不确认所得或损失,债权人对股权投资的计税基础以原债权的计税基础确定,应准备以下资料:

1. 当事方的债务重组的总体情况说明。情况说明中应包括债务重组的商业目的;

2. 双方所签订的债转股合同或协议;

3. 企业所转换的股权公允价格证明;

4. 工商部门及有关部门核准相关企业股权变更事项证明材料;

5. 税务机关要求提供的其他资料证明。

第二十三条 企业发生《通知》第六条第(二)项规定的股权收购业务,应准备以下资料:

(一)当事方的股权收购业务总体情况说明,情况说明中应包括股权收购的商业目的;

(二)双方或多方所签订的股权收购业务合同或协议;

(三)由评估机构出具的所转让及支付的股权公允价值;

(四)证明重组符合特殊性税务处理条件的资料,包括股权比例,支付对价情况,以及12个月内不改变资产原来的实质性经营活动和原主要股东不转让所取得股权的承诺书等;

(五)工商等相关部门核准相关企业股权变更事项证明材料;

(六)税务机关要求的其他材料。

第二十四条 企业发生《通知》第六条第(三)项规定的资产收购业务,应准备以下资料:

(一)当事方的资产收购业务总体情况说明,情况说明中应包括资产收购的商业目的;

(二)当事各方所签订的资产收购业务合同或协议;

(三)评估机构出具的资产收购所体现的资产评估报告;

(四)受让企业股权的计税基础的有效凭证;

(五)证明重组符合特殊性税务处理条件的资料,包括资产收购比例,支付对价情况,以及12个月内不改变资产原来的实质性经营活动、原主要股东不转让所取得股权的承诺书等;

(六)工商部门核准相关企业股权变更事项证明材料;

(七)税务机关要求提供的其他材料证明。

第二十五条 企业发生《通知》第六条第(四)项规定的合并,应准备以下资料:

(一)当事方企业合并的总体情况说明。情况说明中应包括企业合并的商业目的;

(二)企业合并的政府主管部门的批准文件;

(三)企业合并各方当事人的股权关系说明;

(四)被合并企业的净资产、各单项资产和负债及其账面价值和计税基础等相关资料;

(五)证明重组符合特殊性税务处理条件的资料,包括合并前企业各股东取得股权支付比例情况、以及12个月内不改变资产原来的实质性经营活动、原主要股东不转让所取得股权的承诺书等;

(六)工商部门核准相关企业股权变更事项证明材料;

（七）主管税务机关要求提供的其他资料证明。

第二十六条 《通知》第六条第（四）项所规定的可由合并企业弥补的被合并企业亏损的限额，是指按《税法》规定的剩余结转年限内，每年可由合并企业弥补的被合并企业亏损的限额。

第二十七条 企业发生《通知》第六条第（五）项规定的分立，应准备以下资料：

（一）当事方企业分立的总体情况说明。情况说明中应包括企业分立的商业目的；

（二）企业分立的政府主管部门的批准文件；

（三）被分立企业的净资产、各单项资产和负债账面价值和计税基础等相关资料；

（四）证明重组符合特殊性税务处理条件的资料，包括分立后企业各股东取得股权支付比例情况、以及12个月内不改变资产原来的实质性经营活动、原主要股东不转让所取得股权的承诺书等；

（五）工商部门认定的分立和被分立企业股东股权比例证明材料；分立后，分立和被分立企业工商营业执照复印件；分立和被分立企业分立业务账务处理复印件；

（六）税务机关要求提供的其他资料证明。

第二十八条 根据《通知》第六条第（四）项第2目规定，被合并企业合并前的相关所得税事项由合并企业承继，以及根据《通知》第六条第（五）项第2目规定，企业分立，已分立资产相应的所得税事项由分立企业承继，这些事项包括尚未确认的资产损失、分期确认收入的处理以及尚未享受期满的税收优惠政策承继处理问题等。其中，对税收优惠政策承继处理问题，凡属于依照《税法》第五十七条规定中就企业整体（即全部生产经营所得）享受税收优惠过渡政策的，合并或分立后的企业性质及适用税收优惠条件未发生改变的，可以继续享受合并前各企业或分立前被分立企业剩余期限的税收优惠。合并前各企业剩余的税收优惠年限不一致的，合并后企业每年度的应纳税所得额，应统一按合并日各合并前企业资产占合并后企业总资产的比例进行划分，再分别按相应的剩余优惠计算应纳税额。合并前各企业或分立前被分立企业按照《税法》的税收优惠规定以及税收优惠过渡政策中就有关生产经营项目所得享受的税收优惠承继处理问题，按照《实施条例》第八十九条规定执行。

第二十九条 适用《通知》第五条第（三）项和第（五）项的当事各方应在完成重组业务后的下一年度的企业所得税年度申报时，向主管税务机关提交书面情况说明，以证明企业在重组后的连续12个月内，有关符合特殊性税务处理的条件未发生改变。

第三十条 当事方的其中一方在规定时间内发生生产经营业务、公司性质、资产或股权结构等情况变化，致使重组业务不再符合特殊性税务处理条件的，发生变化的当事方应在情况发生变化的30天内书面通知其他所有当事方。主导方在接到通知后30日内将有关变化通知其主管税务机关。

上款所述情况发生变化后60日内，应按照《通知》第四条的规定调整重组业务的税务处理。原交易各方应各自按原交易完成时资产和负债的公允价值计算重组业务的收益或损失，调整交易完成纳税年度的应纳税所得额及相应的资产和负债的计税基础，并向各自主管税务机关申请调整交易完成纳税年度的企业所得税年度申报表。逾期不调整申报的，按照《征管法》的相关规定处理。

第三十一条 各当事方的主管税务机关应当对企业申报或确认适用特殊性税务处理的重组业务进行跟踪监管，了解重组企业的动态变化情况。发现问题，应及时与其他当事方主管税务机关沟通联系,并按照规定给予调整。

第三十二条 根据《通知》第十条规定,若同一项重组业务涉及在连续 12 个月内分步交易,且跨两个纳税年度,当事各方在第一步交易完成时预计整个交易可以符合特殊性税务处理条件,可以协商一致选择特殊性税务处理的,可在第一步交易完成后,适用特殊性税务处理。主管税务机关在审核有关资料后,符合条件的,可以暂认可适用特殊性税务处理。第二年进行下一步交易后,应按本办法要求,准备相关资料确认适用特殊性税务处理。

第三十三条 上述跨年度分步交易,若当事方在首个纳税年度不能预计整个交易是否符合特殊性税务处理条件,应适用一般性税务处理。在下一纳税年度全部交易完成后,适用特殊性税务处理的,可以调整上一纳税年度的企业所得税年度申报表,涉及多缴税款的,各主管税务机关应退税,或抵缴当年应纳税款。

第三十四条 企业重组的当事各方应该取得并保管与该重组有关的凭证、资料,保管期限按照《征管法》的有关规定执行。

第四章 跨境重组税收管理

第三十五条 发生《通知》第七条规定的重组,凡适用特殊性税务处理规定的,应按照本办法第三章相关规定执行。

第三十六条 发生《通知》第七条第(一)、(二)项规定的重组,适用特殊税务处理的,应按照《国家税务总局关于印发〈非居民企业所得税源泉扣缴管理暂行办法〉的通知》(国税发〔2009〕3号)和《国家税务总局关于加强非居民企业股权转让所得企业所得税管理的通知》(国税函〔2009〕698 号)要求,准备资料。

第三十七条 发生《通知》第七条第(三)项规定的重组,居民企业应向其所在地主管税务机关报送以下资料:

1. 当事方的重组情况说明,申请文件中应说明股权转让的商业目的;

2. 双方所签订的股权转让协议;

3. 双方控股情况说明;

4. 由评估机构出具的资产或股权评估报告。报告中应分别列示涉及的各单项被转让资产和负债的公允价值;

5. 证明重组符合特殊性税务处理条件的资料,包括股权或资产转让比例,支付对价情况,以及 12 个月内不改变资产原来的实质性经营活动、不转让所取得股权的承诺书等;

6. 税务机关要求的其他材料。

国家税务总局关于贯彻落实企业所得税法若干税收问题的通知

(国税函〔2010〕79号 2010年2月22日发布)

各省、自治区、直辖市和计划单列市国家税务局、地方税务局：

根据《中华人民共和国企业所得税法》(以下简称企业所得税法)和《中华人民共和国企业所得税法实施条例》(以下简称《实施条例》)的有关规定，现就贯彻落实企业所得税法过程中若干问题，通知如下：

一、关于租金收入确认问题

根据《实施条例》第十九条的规定，企业提供固定资产、包装物或者其他有形资产的使用权取得的租金收入，应按交易合同或协议规定的承租人应付租金的日期确认收入的实现。其中，如果交易合同或协议中规定租赁期限跨年度，且租金提前一次性支付的，根据《实施条例》第九条规定的收入与费用配比原则，出租人可对上述已确认的收入，在租赁期内，分期均匀计入相关年度收入。

出租方如为在我国境内设有机构场所、且采取据实申报缴纳企业所得的非居民企业，也按本条规定执行。

二、关于债务重组收入确认问题

企业发生债务重组，应在债务重组合同或协议生效时确认收入的实现。

三、关于股权转让所得确认和计算问题

企业转让股权收入，应于转让协议生效、且完成股权变更手续时，确认收入的实现。转让股权收入扣除为取得该股权所发生的成本后，为股权转让所得。企业在计算股权转让所得时，不得扣除被投资企业未分配利润等股东留存收益中按该项股权所可能分配的金额。

四、关于股息、红利等权益性投资收益收入确认问题

企业权益性投资取得股息、红利等收入，应以被投资企业股东会或股东大会作出利润分配或转股决定的日期，确定收入的实现。

被投资企业将股权(票)溢价所形成的资本公积转为股本的，不作为投资方企业的股息、红利收入，投资方企业也不得增加该项长期投资的计税基础。

五、关于固定资产投入使用后计税基础确定问题

企业固定资产投入使用后，由于工程款项尚未结清未取得全额发票的，可暂按合同规定的金额计入固定资产计税基础计提折旧，待发票取得后进行调整。但该项调整应在固定资产投入使用后12个月内进行。

六、关于免税收入所对应的费用扣除问题

根据《实施条例》第二十七条、第二十八条的规定，企业取得的各项免税收入所对应的各项成本费用，除另有规定者外，可以在计算企业应纳税所得额时扣除。

七、企业筹办期间不计算为亏损年度问题

企业自开始生产经营的年度，为开始计算企业损益的年度。企业从事生产经营之前进行筹办活动期间发生筹办费用支出，不得计算为当期的亏损，应按照《国家税务总局关于企业所得税若干税务事项衔接问题的通知》(国税函〔2009〕98号)第九条规定执行。

八、从事股权投资业务的企业业务招待费计算问题

对从事股权投资业务的企业(包括集团公司总部、创业投资企业等),其从被投资企业所分配的股息、红利以及股权转让收入,可以按规定的比例计算业务招待费扣除限额。

国家税务总局关于企业以前年度未扣除资产损失企业所得税处理问题的通知

（国税函〔2009〕772号　2009年12月31日发布）

各省、自治区、直辖市和计划单列市国家税务局、地方税务局：

现将企业以前年度未能扣除的资产损失企业所得税处理问题通知如下：

一、根据《国家税务总局关于印发〈企业资产损失税前扣除管理办法〉的通知》（国税发〔2009〕88号）（全文废止——编者注）第三条规定的精神，企业以前年度（包括2008年度新企业所得税法实施以前年度）发生，按当时企业所得税有关规定符合资产损失确认条件的损失，在当年因为各种原因未能扣除的，不能结转在以后年度扣除；可以按照《中华人民共和国企业所得税法》和《中华人民共和国税收征收管理法》的有关规定，追补确认在该项资产损失发生的年度扣除，而不能改变该项资产损失发生的所属年度。

二、企业因以前年度资产损失未在税前扣除而多缴纳的企业所得税税款，可在审批确认年度企业所得税应纳税款中予以抵缴，抵缴不足的，可以在以后年度递延抵缴。

三、企业资产损失发生年度扣除追补确认的损失后如出现亏损，首先应调整资产损失发生年度的亏损额，然后按弥补亏损的原则计算以后年度多缴的企业所得税税款，并按前款办法进行税务处理。

国家税务总局关于企业清算所得税有关问题的通知

（国税函〔2009〕684 号　2009 年 12 月 4 日发布）

各省、自治区、直辖市和计划单列市国家税务局、地方税务局：

根据《中华人民共和国企业所得税法》及其实施条例的有关规定，现就企业清算所得税有关问题通知如下：

一、企业清算时，应当以整个清算期间作为一个纳税年度，依法计算清算所得及其应纳所得税。企业应当自清算结束之日起 15 日内，向主管税务机关报送企业清算所得税纳税申报表，结清税款。

企业未按照规定的期限办理纳税申报或者未按照规定期限缴纳税款的，应根据《中华人民共和国税收征收管理法》的相关规定加收滞纳金。

二、进入清算期的企业应对清算事项，报主管税务机关备案。

国家税务总局关于印发《中华人民共和国企业清算所得税申报表》的通知

(国税函〔2009〕388号　2009年7月17日发布)

各省、自治区、直辖市和计划单列市国家税务局、地方税务局：

为贯彻落实《中华人民共和国企业所得税法》及其实施条例，税务总局制定了企业清算所得税申报表及其附表。现将《中华人民共和国企业清算所得税申报表》及附表印发给你们，请各地税务机关及时做好上述报表的印制、发放、学习、培训及软件修改等工作。执行中有何问题，请及时向税务总局(所得税司)报告。

附件：

1. 中华人民共和国企业清算所得税申报表及附表
2. 中华人民共和国企业清算所得税申报表及附表填报说明

附件1

中华人民共和国企业清算所得税申报表

清算期间：　　年　　月　　日至　　年　　月　　日

纳税人名称：

纳税人识别号：□□□□□□□□□□□□□□□□□□　　　　金额单位：元(列至角分)

类别	行次	项目	金额
应纳税所得额计算	1	资产处置损益(填附表一)	
	2	负债清偿损益(填附表二)	
	3	清算费用	
	4	清算税金及附加	
	5	其他所得或支出	
	6	清算所得(1+2-3-4+5)	
	7	免税收入	
	8	不征税收入	
	9	其他免税所得	
	10	弥补以前年度亏损	
	11	应纳税所得额(6-7-8-9-10)	
应纳所得税额计算	12	税率(25%)	
	13	应纳所得税额(11×12)	

续表

类别	行次	项目	金额
应补(退)所得税额计算	14	减(免)企业所得税额	
	15	境外应补所得税额	
	16	境内外实际应纳所得税额(13－14＋15)	
	17	以前纳税年度应补(退)所得税额	
	18	实际应补(退)所得税额(16＋17)	

纳税人盖章： 清算组盖章： 经办人签字： 申报日期： 年 月 日	代理申报中介机构盖章： 经办人签字及执业证件号码： 代理申报日期： 年 月 日	主管税务机关 受理专用章： 受理人签字： 受理日期： 年 月 日

附表一：

资产处置损益明细表

填报时间： 年 月 日　　　　金额单位：元(列至角分)

行次	项目	账面价值(1)	计税基础(2)	可变现价值或交易价格(3)	资产处置损益(4)＝(3)－(2)
1	货币资金				
2	短期投资 *				
3	交易性金融资产#				
4	应收票据				
5	应收账款				
6	预付账款				
7	应收利息				
8	应收股利				
9	应收补贴款 *				

续表

行次	项目	账面价值(1)	计税基础(2)	可变现价值或交易价格(3)	资产处置损益(4)=(3)-(2)
10	其他应收款				
11	存货				
12	待摊费用*				
13	一年内到期的非流动资产				
14	其他流动资产				
15	可供出售金融资产#				
16	持有至到期投资#				
17	长期应收款#				
18	长期股权投资				
19	长期债权投资*				
20	投资性房地产#				
21	固定资产				
22	在建工程				
23	工程物资				
24	固定资产清理				
25	生物资产#				
26	油气资产#				
27	无形资产				
28	开发支出#				
29	商誉#				
30	长期待摊费用				
31	其他非流动资产				
32	总计				

经办人签字：　　　　　　　　　　　　　　　　　纳税人盖章：

附表二：

负债清偿损益明细表

填报时间： 年 月 日 金额单位：元(列至角分)

行次	项目	账面价值(1)	计税基础(2)	清偿金额(3)	负债清偿损益(4)=(2)-(3)
1	短期借款				
2	交易性金融负债#				
3	应付票据				
4	应付账款				
5	预收账款				
6	应付职工薪酬#				
7	应付工资 *				
8	应付福利费 *				
9	应交税费				
10	应付利息				
11	应付股利				
12	其他应交款 *				
13	其他应付款				
14	预提费用 *				
15	一年内到期的非流动负债				
16	其他流动负债				
17	长期借款				
18	应付债券				
19	长期应付款				
20	专项应付款				
21	预计负债#				
22	其他非流动负债				
23	总计				

经办人签字： 纳税人盖章：

附表三：

剩余财产计算和分配明细表

填报时间：　　年　　月　　日　　　　　　　　　　　　　　金额单位：元(列至角分)

类别	行次	项目			金额	
剩余财产计算	1	资产可变现价值或交易价格				
	2	清算费用				
	3	职工工资				
	4	社会保险费用				
	5	法定补偿金				
	6	清算税金及附加				
	7	清算所得税额				
	8	以前年度欠税额				
	9	其他债务				
	10	剩余财产(1－2－…－9)				
	11	其中：累计盈余公积				
	12	累计未分配利润				
剩余财产分配		股东名称	持有清算企业权益性投资比例(％)	投资额	分配的财产金额	其中：确认为股息金额
	13	(1)				
	14	(2)				
	15	(3)				
	16	…				
	17	…				

经办人签字：　　　　　　　　　　　　　　　　　　　　　　　纳税人盖章：

附件2：

中华人民共和国企业清算所得税申报表填报说明

一、适用范围

本表适用于按税收规定进行清算、缴纳企业所得税的居民企业纳税人(以下简称纳税人)申报。

二、填报依据

根据《中华人民共和国企业所得税法》及其实施条例和相关税收政策规定计算填报。

三、有关项目填报说明

（一）表头项目

1.“清算期间”：填报纳税人实际生产经营终止之日至办理完毕清算事务之日止的期间。

2.“纳税人名称”：填报税务机关统一核发的税务登记证所载纳税人的全称。

3.“纳税人识别号”：填报税务机关统一核发的税务登记证号码。

（二）行次说明

1.第1行“资产处置损益”：填报纳税人全部资产按可变现价值或交易价格扣除其计税基础后确认的资产处置所得或损失金额。本行通过附表一《资产处置损益明细表》计算填报。

2.第2行“负债清偿损益”：填报纳税人全部负债按计税基础减除其清偿金额后确认的负债清偿所得或损失金额。本行通过附表二《负债清偿损益明细表》计算填报。

3.第3行“清算费用”：填报纳税人清算过程中发生的与清算业务有关的费用支出，包括清算组组成人员的报酬，清算财产的管理、变卖及分配所需的评估费、咨询费等费用，清算过程中支付的诉讼费用、仲裁费用及公告费用，以及为维护债权人和股东的合法权益支付的其他费用。

4.第4行“清算税金及附加”：填报纳税人清算过程中发生的除企业所得税和允许抵扣的增值税以外的各项税金及其附加。

5.第5行“其他所得或支出”：填报纳税人清算过程中取得的其他所得或发生的其他支出。其中，其他支出以“－”号（负数）填列。

6.第6行“清算所得”：填报纳税人全部资产按可变现价值或交易价格减除其计税基础、清算费用、相关税费，加上债务清偿损益等后的余额。

7.第7行“免税收入”：填报纳税人清算过程中取得的按税收规定免税收入。

8.第8行“不征税收入”：填报纳税人清算过程中取得的按税收规定不征税收入。

9.第9行“其他免税所得”：填报纳税人清算过程中取得的按税收规定免税的所得。

10.第10行“弥补以前年度亏损”：填报纳税人按税收规定可在税前弥补的以前纳税年度尚未弥补的亏损额。

11.第11行“应纳税所得额”：金额等于本表第6－7－8－9－10行。本行按照上述顺序计算结果为负数，本行金额填零。

12.第12行“税率”：填报企业所得税法规定的税率25%。

13.第13行“应纳所得税额”：金额等于本表第11×12行。

14.第14行“减（免）企业所得税额”：填报纳税人按税收规定准予减免的企业所得税额。

15.第15行“境外应补所得税额”：填报纳税人按税收规定在清算期间发生的境外所得应在境内补缴的企业所得税额。

16.第16行“境内外实际应纳所得税额”：金额等于本表第13－14＋15行。

17.第17行“以前纳税年度应补（退）所得税额”：填报纳税人因以前纳税年度损益调整、汇算清缴多缴、欠税等在清算期间应补（退）企业所得税额。其中，应退企业所得税额以“－”号（负数）填列。

18.第18行“实际应补（退）所得税额”：金额＝本表第16＋17行。

四、表内及表间关系

1.第1行＝附表一第32行“资产处置损益（4）”列的总计数。

2.第2行＝附表二第23行“负债清偿损益（4）”列的总计数。

3.第6行＝本表第1＋2－3－4＋5行。

4. 第 11 行 = 本表第 6 - 7 - 8 - 9 - 10 行。

5. 第 13 行 = 本表第 11 × 12 行。

6. 第 16 行 = 本表第 13 - 14 + 15 行。

7. 第 18 行 = 本表第 16 + 17 行。

附表一 《资产处置损益明细表》填报说明

一、适用范围

本表适用于按税收规定进行清算、缴纳企业所得税的居民企业纳税人(以下简称纳税人)申报。

二、填报依据

根据《中华人民共和国企业所得税法》及其实施条例和相关税收政策规定计算填报。

三、有关项目填报说明

1. 标有 * 行次由执行企业会计制度的纳税人填报;标有#行次由执行企业会计准则的纳税人填报;其他行次执行企业会计制度和企业会计准则的纳税人均填报。

执行企业会计制度和企业会计准则以外的纳税人,按照本表的行次内容根据其资产情况分析填报。

2. "账面价值(1)"列:填报纳税人按照国家统一会计制度规定确定的清算开始日的各项资产账面价值的金额。

3. "计税基础(2)"列:填报纳税人按照税收规定确定的清算开始日的各项资产计税基础的金额,即取得资产时确定的计税基础减除在清算开始日以前纳税年度内按照税收规定已在税前扣除折旧、摊销、准备金等的余额。

4. "可变现价值或交易价格(3)"列:填报纳税人清算过程中各项资产可变现价值或交易价格的金额。

5. "资产处置损益(4)"列:填报纳税人各项资产可变现价值或交易价格减除其计税基础的余额。

四、表内及表间关系

1. "资产处置损益(4)"列 = 本表"可变现价值或交易价格(3)"列 - "计税基础(2)"列。

2. 第 32 行"账面价值(1)"列总计 = 本表"账面价值(1)"列第 1 + … + 31 行总计。

3. 第 32 行"计税基础(2)"列总计 = 本表"计税基础(2)"列第 1 + … + 31 行总计。

4. 第 32 行"可变现价值或交易价格(3)"列总计 = 本表"可变现价值或交易价格(3)"列第 1 + … + 31 行总计。

5. 第 32 行"资产处置损益(4)"列总计 = 本表第 32 行"可变现价值或交易价格(3)"列总计 - 本表第 32 行"计税基础(2)"列总计 = 本表"资产处置损益(4)"列第 1 + … + 31 行总计。

6. 第 32 行"资产处置损益(4)"列总计 = 主表第 1 行。

附表二 《负债清偿损益明细表》填报说明

一、适用范围

本表适用于按税收规定进行清算、缴纳企业所得税的居民企业纳税人(以下简称纳税人)申报。

二、填报依据

根据《中华人民共和国企业所得税法》及其实施条例和相关税收政策规定计算填报。

三、有关项目填报说明

1. 标有 * 行次由执行企业会计制度的纳税人填报;标有#行次由执行企业会计准则的纳税人填报;其他行次执行企业会计制度和企业会计准则的纳税人均填报。

执行企业会计制度和企业会计准则以外的纳税人,按照本表的行次内容根据其负债情况分析填报。

2. "账面价值(1)"列:填报纳税人按照国家统一会计制度规定确定的清算开始日的各项负债账面价值的金额。

3. "计税基础(2)"列:填报纳税人按照税收规定确定的清算开始日的各项负债计税基础的金额,即负债的账面价值减去未来期间计算应纳税所得额时按照税收规定予以扣除金额的余额。

4.“清偿金额(3)”列:填报纳税人清算过程中各项负债的清偿金额。

5.“负债清偿损益(4)”列:填报纳税人各项负债计税基础减除其清偿金额的余额。

四、表内及表间关系

1.“负债清偿损益(4)”列 = 本表“计税基础(2)”列 - “清偿金额(3)”列。

2.第23行“账面价值(1)”列总计 = 本表“账面价值(1)”列第1 + … + 22行总计。

3.第23行“计税基础(2)”列总计 = 本表“计税基础(2)”列第1 + … + 22行总计。

4.第23行“清偿金额(3)”列总计 = 本表“清偿金额(3)”列第1 + … + 22行总计。

5.第23行“负债清偿损益(4)”列总计 = 本表第23行“计税基础(2)”列总计 - 本表第23行“清偿金额(3)”列总计 = 本表“负债清偿损益(4)”列第1 + … + 22行总计。

6.第23行“负债清偿损益”列总计 = 主表第2行。

附表三 《剩余财产计算明细表》填报说明

一、适用范围

本表适用于按税收规定进行清算、缴纳企业所得税的居民企业纳税人(以下简称纳税人)申报。

二、填报依据

根据《中华人民共和国企业所得税法》及其实施条例和相关税收政策规定计算填报。

三、有关项目填报说明

1.第1行“资产可变现价值或交易价格”:填报纳税人全部资产的可变现价值或交易价格金额。

2.第2行“清算费用”:填报纳税人清算过程中发生的与清算业务有关的费用支出,包括清算组组成人员的报酬,清算财产的管理、变卖及分配所需的评估费、咨询费等费用,清算过程中支付的诉讼费用、仲裁费用及公告费用,以及为维护债权人和股东的合法权益支付的其他费用。

3.第3行“职工工资”:填报纳税人清算过程中偿还的职工工资。

4.第4行“社会保险费用”:填报纳税人清算过程中偿还欠缴的各种社会保险费用。

5.第5行“法定补偿金”:填报纳税人清算过程中按照有关规定支付的法定补偿金。

6.第6行“清算税金及附加”:填报纳税人清算过程中发生的除企业所得税和允许抵扣的增值税以外的各项税金及其附加。

7.第7行“清算所得税额”:填报纳税人清算过程中应缴的清算企业所得税金额。

8.第8行“以前年度欠税额”:填报纳税人以前年度欠缴的各项税金及其附加。

9.第9行“其他债务”:填报纳税人清算过程中偿还的其他债务。

10.第10行“剩余财产”:填报纳税人全部资产按可变现价值或交易价格减除清算费用、职工工资、社会保险费用、法定补偿金、清算税费、清算所得税额、以前年度欠税和企业其他债务后的余额。

11.第11行“其中:累计盈余公积”:填报纳税人截止开始分配剩余财产时累计从净利润提取的盈余公积金额。

12.第12行“其中:累计未分配利润”:填报纳税人截止开始分配剩余财产时累计的未分配利润金额。

13.第13-17行“股东名称”列:填报清算企业的各股东名称。

14.第13-17行“持有清算企业权益性投资比例”列:填报清算企业的各股东持有清算企业的权益性投资比例。

15.第13-17行“投资额”列:填报清算企业各股东向清算企业进行权益性投资总额。

16.第13-17行“分配的财产金额”列:填报清算企业的各股东从清算企业剩余财产中按照其持有的清算企业的权益性投资比例分得的财产金额。

17.第13-17行“其中确认为股息金额”列:填报清算企业的各股东从清算企业剩余财产分得财产中,

相当于累计未分配利润和累计盈余公积按照其持有清算企业权益性投资比例计算确认的部分。清算企业的非企业所得税纳税人股东不填此列。

四、表内及表间关系

1. 第 10 行 = 本表第 1 − 2 − … − 9 行。

2. 第 2 行 = 主表第 3 行。

3. 第 6 行 = 主表第 4 行。

4. 第 7 行 = 主表第 16 行。

企业资产损失税前扣除管理暂行办法

(国税发〔2009〕88 号 2009 年 5 月 4 日发布 自 2008 年 1 月 1 日起执行)

第一章 总 则

第一条 根据《中华人民共和国企业所得税法》及其实施条例、《中华人民共和国税收征收管理法》及其实施细则、《财政部、国家税务总局关于企业资产损失税前扣除政策的通知》(财税〔2009〕57 号)等税收法律、法规和政策规定,制定本办法。

第二条 本办法所称资产是指企业拥有或者控制的、用于经营管理活动且与取得应税收入有关的资产,包括现金、银行存款、应收及预付款项(包括应收票据)等货币资产,存货、固定资产、在建工程、生产性生物资产等非货币资产,以及债权性投资和股权(权益)性投资。

第三条 企业发生的上述资产损失,应在按税收规定实际确认或者实际发生的当年申报扣除,不得提前或延后扣除。

因各类原因导致资产损失未能在发生当年准确计算并按期扣除的,经税务机关批准后,可追补确认在损失发生的年度税前扣除,并相应调整该资产损失发生年度的应纳所得税额。调整后计算的多缴税额,应按照有关规定予以退税,或者抵顶企业当期应纳税款。

第四条 企业发生的资产损失,按本办法规定须经有关税务机关审批的,应在规定时间内按程序及时申报和审批。

第二章 资产损失税前扣除的审批

第五条 企业实际发生的资产损失按税务管理方式可分为自行计算扣除的资产损失和须经税务机关审批后才能扣除的资产损失。

下列资产损失,属于由企业自行计算扣除的资产损失:

(一)企业在正常经营管理活动中因销售、转让、变卖固定资产、生产性生物资产、存货发生的资产损失;

(二)企业各项存货发生的正常损耗;

(三)企业固定资产达到或超过使用年限而正常报废清理的损失;

(四)企业生产性生物资产达到或超过使用年限而正常死亡发生的资产损失;

(五)企业按照有关规定通过证券交易场所、银行间市场买卖债券、股票、基金以及金融衍生产品等发生的损失;

(六)其他经国家税务总局确认不需经税务机关审批的其他资产损失。

上述以外的资产损失,属于需经税务机关审批后才能扣除的资产损失。

企业发生的资产损失,凡无法准确辨别是否属于自行计算扣除的资产损失,可向税务机关提出审批申请。

第六条 税务机关对企业资产损失税前扣除的审批是对纳税人按规定提供的申报材料与法定条件进行符合性审查。企业资产损失税前扣除不实行层层审批,企业可直接向有权审批税务机关申请。税务机关审批权限如下:

(一)企业因国务院决定事项所形成的资产损失,由国家税务总局规定资产损失的具体审批事项后,报省级税务机关负责审批。

(二)其他资产损失按属地审批的原则,由企业所在地管辖的省级税务机关根据损失金额大小、证据涉及地区等因素,适当划分审批权限。

(三)企业捆绑资产所发生的损失,由企业总机构所在地税务机关审批。

第七条 负责审批的税务机关应对企业资产损失税前扣除审批申请即报即批。作出审批决定的时限为:

(一)由省级税务机关负责审批的,自受理之日起30个工作日内;

(二)由省级以下税务机关负责审批的,其审批时限由省级税务机关确定,但审批时限最长不得超过省级税务机关负责审批的时限。

因情况复杂需要核实,在规定期限内不能作出审批决定的,经本级税务机关负责人批准,可以适当延长期限,但延期期限不得超过30天。同时,应将延长期限的理由告知申请人。

第八条 税务机关受理企业当年的资产损失审批申请的截止日为本年度终了后第45日。企业因特殊原因不能按时申请审批的,经负责审批的税务机关同意后可适当延期申请。

第九条 企业资产损失税前扣除,在企业自行计算扣除或者按照审批权限由有关税务机关按照规定进行审批扣除后,应由企业主管税务机关进行实地核查确认追踪管理。各级税务机关应将资产损失审批纳入岗位责任制考核体系,根据本办法的要求,规范程序,明确责任,建立健全监督制约机制和责任追究制度。

第三章 资产损失确认证据

第十条 企业发生属于由企业自行计算扣除的资产损失,应按照企业内部管理控制的要求,做好资产损失的确认工作,并保留好有关资产会计核算资料和原始凭证及内部审批证明等证据,以备税务机关日常检查。

企业按规定向税务机关报送资产损失税前扣除申请时,均应提供能够证明资产损失确属已实际发生的合法证据,包括:具有法律效力的外部证据和特定事项的企业内部证据。

第十一条 具有法律效力的外部证据,是指司法机关、行政机关、专业技术鉴定部门等依法出具的与本企业资产损失相关的具有法律效力的书面文件,主要包括:

(一)司法机关的判决或者裁定;

(二)公安机关的立案结案证明、回复;

(三)工商部门出具的注销、吊销及停业证明;

(四)企业的破产清算公告或清偿文件;

(五)行政机关的公文;

(六)国家及授权专业技术鉴定部门的鉴定报告;

(七)具有法定资质的中介机构的经济鉴定证明;

(八)经济仲裁机构的仲裁文书;

(九)保险公司对投保资产出具的出险调查单、理赔计算单等;

(十)符合法律条件的其他证据。

第十二条 特定事项的企业内部证据,是指会计核算制度健全,内部控制制度完善的企业,对各项资产发生毁损、报废、盘亏、死亡、变质等内部证明或承担责任的声明，主要包括：

（一）有关会计核算资料和原始凭证；

（二）资产盘点表；

（三）相关经济行为的业务合同；

（四）企业内部技术鉴定部门的鉴定文件或资料（数额较大、影响较大的资产损失项目，应聘请行业内的专家参加鉴定和论证）；

（五）企业内部核批文件及有关情况说明；

（六）对责任人由于经营管理责任造成损失的责任认定及赔偿情况说明；

（七）法定代表人、企业负责人和企业财务负责人对特定事项真实性承担法律责任的声明。

第四章 现金等货币资产损失的认定

第十三条 企业货币资产损失包括现金损失、银行存款损失和应收（预付）账款损失等。

第十四条 企业清查出的现金短缺扣除责任人赔偿后的余额，确认为现金损失。现金损失确认应提供以下证据：

（一）现金保管人确认的现金盘点表（包括倒推至基准日的记录）；

（二）现金保管人对于短款的说明及相关核准文件；

（三）对责任人由于管理责任造成损失的责任认定及赔偿情况的说明；

（四）涉及刑事犯罪的，应提供司法机关的涉案材料。

第十五条 企业将货币性资金存入法定具有吸收存款职能的机构，因该机构依法破产、清算，或者政府责令停业、关闭等原因，确实不能收回的部分，确认为存款损失。存款损失应提供以下相关证据：

（一）企业存款的原始凭据；

（二）法定具有吸收存款职能的机构破产、清算的法律文件；

（三）政府责令停业、关闭文件等外部证据；

（四）清算后剩余资产分配的文件。

第十六条 企业应收、预付账款发生符合坏账损失条件的，申请坏账损失税前扣除，应提供下列相关依据：

（一）法院的破产公告和破产清算的清偿文件；

（二）法院的败诉判决书、裁决书，或者胜诉但被法院裁定终（中）止执行的法律文书；

（三）工商部门的注销、吊销证明；

（四）政府部门有关撤销、责令关闭的行政决定文件；

（五）公安等有关部门的死亡、失踪证明；

（六）逾期三年以上及已无力清偿债务的确凿证明；

（七）与债务人的债务重组协议及其相关证明；

（八）其他相关证明。

第十七条 逾期不能收回的应收款项中，单笔数额较小、不足以弥补清收成本的，由企业作出专项说明，对确实不能收回的部分，认定为损失。

第十八条 逾期三年以上的应收款项，企业有依法催收磋商记录，确认债务人已资不抵债、连续三年亏损或连续停止经营三年以上的,并能认定三年内没有任何业务往来,可以认定为损失。

第五章 非货币资产损失的认定

第十九条 企业非货币资产损失包括存货损失、固定资产损失、在建工程损失、生物资产损失等。

第二十条 存货盘亏损失,其盘亏金额扣除责任人赔偿后的余额部分,依据下列证据认定损失:

(一)存货盘点表;

(二)存货保管人对于盘亏的情况说明;

(三)盘亏存货的价值确定依据(包括相关入库手续、相同相近存货采购发票价格或其他确定依据);

(四)企业内部有关责任认定、责任人赔偿说明和内部核批文件。

第二十一条 存货报废、毁损和变质损失,其账面价值扣除残值及保险赔偿或责任赔偿后的余额部分,依据下列相关证据认定损失:

(一)单项或批量金额较小(占企业同类存货10%以下、或减少当年应纳税所得、增加亏损10%以下、或10万元以下。下同)的存货,由企业内部有关技术部门出具技术鉴定证明;

(二)单项或批量金额超过上述规定标准的较大存货,应取得专业技术鉴定部门的鉴定报告或者具有法定资质中介机构出具的经济鉴定证明;

(三)涉及保险索赔的,应当有保险公司理赔情况说明;

(四)企业内部关于存货报废、毁损、变质情况说明及审批文件;

(五)残值情况说明;

(六)企业内部有关责任认定、责任赔偿说明和内部核批文件。

第二十二条 存货被盗损失,其账面价值扣除保险理赔以及责任赔偿后的余额部分,依据下列证据认定损失:

(一)向公安机关的报案记录,公安机关立案、破案和结案的证明材料;

(二)涉及责任人的责任认定及赔偿情况说明;

(三)涉及保险索赔的,应当有保险公司理赔情况说明。

第二十三条 固定资产盘亏、丢失损失,其账面净值扣除责任人赔偿后的余额部分,依据下列证据确认损失:

(一)固定资产盘点表;

(二)盘亏、丢失情况说明,单项或批量金额较大的固定资产盘亏、丢失,企业应逐项作出专项说明,并出具具有法定资质中介机构出具的经济鉴定证明;

(三)企业内部有关责任认定和内部核准文件等。

第二十四条 固定资产报废、毁损损失,其账面净值扣除残值、保险赔偿和责任人赔偿后的余额部分,依据下列相关证据认定损失:

(一)企业内部有关部门出具的鉴定证明;

(二)单项或批量金额较小的固定资产报废、毁损,可由企业逐项作出说明,并出具内部有关技术部门的技术鉴定证明；

单项或批量金额较大的固定资产报废、毁损，企业应逐项作出专项说明，并出具专业技术鉴定机构的鉴定报告，也可以同时附送中介机构的经济鉴定证明。

（三）自然灾害等不可抗力原因造成固定资产毁损、报废的，应当有相关职能部门出具的鉴定报告，如消防部门出具受灾证明，公安部门出具的事故现场处理报告、车辆报损证明，房管部门的房屋拆除证明，锅炉、电梯等安检部门的检验报告等；

（四）企业固定资产报废、毁损情况说明及内部核批文件；

（五）涉及保险索赔的，应当有保险公司理赔情况说明。

第二十五条 固定资产被盗损失，其账面净值扣除保险理赔以及责任赔偿后的余额部分，依据下列证据认定损失：

（一）向公安机关的报案记录，公安机关立案、破案和结案的证明材料；

（二）涉及责任人的责任认定及赔偿情况说明；

（三）涉及保险索赔的，应当有保险公司理赔情况说明。

第二十六条 在建工程停建、废弃和报废、拆除损失，其账面价值扣除残值后的余额部分，依据下列证据认定损失：

（一）国家明令停建项目的文件；

（二）有关政府部门出具的工程停建、拆除文件；

（三）企业对报废、废弃的在建工程项目出具的鉴定意见和原因说明及核批文件，单项数额较大的在建工程项目报废，应当有专业技术鉴定部门的鉴定报告；

（四）工程项目实际投资额的确定依据。

第二十七条 在建工程自然灾害和意外事故毁损损失，其账面价值扣除残值、保险赔偿及责任赔偿后的余额部分，依据下列证据认定损失：

（一）有关自然灾害或者意外事故证明；

（二）涉及保险索赔的，应当有保险理赔说明；

（三）企业内部有关责任认定、责任人赔偿说明和核准文件。

第二十八条 工程物资发生损失的，比照本办法存货损失的规定进行认定。

第二十九条 生产性生物资产盘亏损失，其账面净值扣除责任人赔偿后的余额部分，依据下列证据确认损失：

（一）生产性生物资产盘点表；

（二）盘亏情况说明，单项或批量金额较大的生产性生物资产，企业应逐项作出专项说明；

（三）企业内部有关责任认定和内部核准文件等。

第三十条 因森林病虫害、疫情、死亡而产生的生产性生物资产损失，其账面净值扣除残值、保险赔偿和责任人赔偿后的余额部分，依据下列相关证据认定损失：

（一）企业内部有关部门出具的鉴定证明；

（二）单项或批量金额较大的生产性生物资产森林病虫害、疫情、死亡，企业应逐项作出专项说明，并出具专业技术鉴定部门的鉴定报告；

（三）因不可抗力原因造成生产性生物资产森林病虫害、疫情、死亡，应当有相关职能部门出具的鉴定报告，如林业部门出具的森林病虫害证明、卫生防疫部门出具的疫情证明、消防部门出

具的受灾证明,公安部门出具的事故现场处理报告等;

(四)企业生产性生物资产森林病虫害、疫情、死亡情况说明及内部核批文件;

(五)涉及保险索赔的,应当有保险公司理赔情况说明。

第三十一条 对被盗伐、被盗、丢失而产生的生产性生物资产损失,其账面净值扣除保险理赔以及责任赔偿后的余额部分,依据下列证据认定损失:

(一)生产性生物资产被盗后,向公安机关的报案记录或公安机关立案、破案和结案的证明材料;

(二)涉及责任人的责任认定及赔偿情况说明;

(三)涉及保险索赔的,应当有保险公司理赔情况说明。

第三十二条 企业由于未能按期赎回抵押资产,使抵押资产被拍卖或变卖,其账面净值大于变卖价值的差额部分,依据拍卖或变卖证明,认定为资产损失。

第六章 投资损失的认定

第三十三条 企业投资损失包括债权性投资损失和股权(权益)性投资损失。

第三十四条 下列各类符合坏账损失条件的债权投资,依据下列相关证据认定损失:

(一)债务人和担保人依法宣告破产、关闭、解散或撤销,并终止法人资格,企业对债务人和担保人进行追偿后,未能收回的债权,应提交债务人和担保人破产、关闭、解散证明、撤销文件、县级及县级以上工商行政管理部门注销证明和资产清偿证明。

(二)债务人死亡,或者依法宣告失踪或者死亡,企业依法对其资产或者遗产进行清偿,并对担保人进行追偿后,未能收回的债权,应提交债务人和担保人债务人死亡失踪证明,资产或者遗产清偿证明。

(三)债务人遭受重大自然灾害或意外事故,损失巨大且不能获得保险补偿,确实无力偿还的债务;或者保险赔偿清偿后,确实无力偿还的债务,企业对其资产进行清偿和对担保人进行追偿后,未能收回的债权,应提交债务人遭受重大自然灾害或意外事故证明,保险赔偿证明、资产清偿证明。

(四)债务人和担保人虽未依法宣告破产、关闭、解散或撤销,但已完全停止经营活动,被县及县以上工商行政管理部门依法吊销营业执照,企业对债务人和担保人进行追偿后,未收回的债权,应提交债务人和担保人被县及县以上工商行政管理部门注销或吊销证明和资产清偿证明。

(五)债务人和担保人虽未依法宣告破产、关闭、解散或撤销,但已完全停止经营活动或下落不明,连续两年以上未参加工商年检,企业对债务人和担保人进行追偿后,未收回的债权,应提交县及县以上工商行政管理部门查询证明和资产清偿证明。

(六)债务人触犯刑律,依法受到制裁,其资产不足归还所借债务,又无其他债务承担者,经追偿后确实无法收回的债权,应提交法院裁定证明和资产清偿证明。

(七)债务人和担保人不能偿还到期债务,企业诉诸法律,经法院对债务人和担保人强制执行,债务人和担保人均无资产可执行,法院裁定终结或终止(中止)执行后,企业仍无法收回的债权。应提交法院强制执行证明和资产清偿证明,其中终止(中止)执行的,还应按市场公允价估算债务人和担保人的资产,如果其价值不足以清偿属于《破产法》规定的优先清偿项目,由企业出具专项说明,可将应收债权全额确定为债权损失;如果清偿《破产法》规定的优先清偿项目后仍有结余但不足以清偿所欠债务的,按所欠债务的比例确定企业应收债权的损失金额。

对同一债务人有多项债权的,可以按类推的原则确认债权损失金额。

(八)企业对债务人和担保人诉诸法律后,因债务人和担保人主体资格不符或消亡,同时又无其他债务承担人,被法院驳回起诉或裁定免除(或免除部分)债务人责任,或因借款合同、担保合同等权利凭证遗失或法律追溯失效,法院不予受理或不予支持,经追偿后确实无法收回的债权,应提交法院驳回起诉的证明,或裁定免除债务人责任的判决书、裁定书或民事调解书,或法院不予受理或不予支持证明。

(九)债务人由于上述一至八项原因不能偿还到期债务,企业依法取得抵债资产,但仍不足以抵偿相关的债权,经追偿后仍无法收回的金额,应提交抵债资产接收、抵债金额确定证明和上述一至八项相关的证明。

(十)债务人由于上述一至九项原因不能偿还到期债务,企业依法进行债务重组而发生的损失,应提交损失原因证明材料、具有法律效力的债务重组方案。

(十一)企业经批准采取打包出售、公开拍卖、招标等市场方式出售、转让股权、债权的,其出售转让价格低于账面价值的差额,应提交资产处置方案、出售转让合同(或协议)、成交及入账证明、资产账面价值清单。

(十二)企业因内部控制制度不健全、操作程序不规范或因业务创新但政策不明确、不配套等原因而形成的损失,应由企业承担的金额,应提交损失原因证明材料或业务监管部门定性证明、损失专项说明。

(十三)企业因刑事案件原因形成的损失,应由企业承担的金额或经公安机关立案侦察2年以上仍无法追回的金额,应提交损失原因证明材料,公、检、法部门的立案侦察情况或判决书。

(十四)金融企业对于余额在500万元以下(含500万元)的抵押(质押)贷款,农村信用社、村镇银行为50万元以下(含50万元)的抵押(质押)贷款,经追索1年以上,仍无法收回的金额,应提交损失原因证明材料、追索记录(包括电话追索、信件追索和上门追索等原始记录,并由经办人员和负责人签章确认)等。

(十五)经国务院专案批准核销的债权,应提交国务院批准文件或经国务院同意后由国务院有关部门批准的文件。

第三十五条 金融企业符合坏账条件的银行卡透支款项以及相关的已计入应纳税所得额的其他应收款项,依据下列相关证据认定损失:

(一)持卡人和担保人依法宣告破产,资产经法定清偿后,未能还清的款项,应提交法院破产证明和资产清偿证明。

(二)持卡人和担保人死亡或依法宣告失踪或者死亡,以其资产或遗产清偿后,未能还清的款项,应提交死亡或失踪证明和资产或遗产清偿证明。

(三)经诉讼或仲裁并经强制执行程序后,仍无法收回的款项,应提交诉讼判决书或仲裁书和强制执行证明。

(四)持卡人和担保人因经营管理不善、资不抵债,经有关部门批准关闭,被县及县级以上工商行政管理部门注销、吊销营业执照,以其资产清偿后,仍未能还清的款项,应提交有关管理部门批准持卡人关闭的文件和工商行政管理部门注销持卡人营业执照的证明。

(五)余额在2万元以下(含2万元),经追索2年以上,仍无法收回的款项,应提交追索记录,包括电话追索、信件追索和上门追索等原始记录，并由经办人员和负责人签章确认。

第三十六条 金融企业符合坏账条件的助学贷款，依据下列相关证据认定损失：

（一）债务人死亡，或者依法宣告失踪或者死亡，或丧失完全民事行为能力或劳动能力，无继承人或受遗赠人，在依法处置其助学贷款抵押物（质押物）及债务人的私有资产，并向担保人追索连带责任后，仍未能归还的贷款，应提交债务人死亡或者失踪的宣告，或公安部门、医院出具的债务人死亡证明；司法部门出具的债务人丧失完全民事能力的证明，或经县以上医院出具的债务人丧失劳动能力的证明，以及对助学贷款抵押物（质押物）处理和对担保人的追索情况。

（二）经诉讼并经强制执行程序后，在依法处置其助学贷款抵押物（质押物）及债务人的私有资产，并向担保人追索连带责任后，仍未能归还的贷款，应提交法院判决书或法院在案件无法继续执行时作出的终结裁定书，以及对助学贷款抵押物（质押物）处理和对担保人的追索情况。

（三）贷款逾期后，在企业确定的有效追索期限内，依法处置其助学贷款抵押物（质押物）及债务人的私有资产，同时向担保人追索连带责任后，仍未能归还的贷款，应提交对助学贷款抵押物（质押物）和对担保人的追索情况。

第三十七条 企业符合条件的股权（权益）性投资损失，应依据下列相关证据认定损失：

（一）企业法定代表人、主要负责人和财务负责人签章证实有关投资损失的书面声明；

（二）有关被投资方破产公告、破产清偿文件；工商部门注销、吊销文件；政府有关部门的行政决定文件；终止经营、停止交易的法律或其他证明文件；

（三）有关资产的成本和价值回收情况说明；

（四）被投资方清算剩余资产分配情况的证明。

第三十八条 企业的股权（权益）投资当有确凿证据表明已形成资产损失时，应扣除责任人和保险赔款、变价收入或可收回金额后，再确认发生的资产损失。

可收回金额一律暂定为账面余额的5%。

第三十九条 企业委托金融机构向其他单位贷款，接受贷款单位不能按期偿还的，比照本办法进行处理。

第四十条 企业委托符合法定资格要求的机构进行理财，应按业务实质和《中华人民共和国企业所得税法》及实施条例的规定区分为债权性投资和股权（权益）性投资，并按相关投资确认损失的条件和证据要求申报委托理财损失。

第四十一条 企业对外提供与本企业应纳税收入有关的担保，因被担保人不能按期偿还债务而承担连带还款责任，经清查和追索，被担保人无偿还能力，对无法追回的，比照本办法应收账款损失进行处理。

与本企业应纳税收入有关的担保是指企业对外提供的与本企业投资、融资、材料采购、产品销售等主要生产经营活动密切相关的担保。

企业为其他独立纳税人提供的与本企业应纳税收入无关的贷款担保等，因被担保方还不清贷款而由该担保人承担的本息等，不得申报扣除。

第四十二条 下列股权和债权不得确认为在企业所得税前扣除的损失：

（一）债务人或者担保人有经济偿还能力，不论何种原因，未按期偿还的企业债权；

（二）违反法律、法规的规定，以各种形式、借口逃废或者悬空的企业债权；

（三）行政干预逃废或者悬空的企业债权；

（四）企业未向债务人和担保人追偿的债权；

（五）企业发生非经营活动的债权；

（六）国家规定可以从事贷款业务以外的企业因资金直接拆借而发生的损失；

（七）其他不应当核销的企业债权和股权。

第七章 责 任

第四十三条 税务机关应按本办法规定的时间和程序，本着公正、透明、廉洁、高效和方便纳税人的原则，及时受理和审批纳税人申报的资产损失审批事项。非因客观原因未能及时受理或审批的，或者未按规定程序进行审批和核实造成审批错误的，应按《中华人民共和国税收征收管理法》和税收执法责任制的有关规定追究责任。

上一级税务机关应对下一级税务机关每一纳税年度审批的资产损失事项进行抽查监督。

第四十四条 税务机关对企业申请税前扣除的资产损失的审批不改变企业的依法申报责任，企业采用伪造、变造有关资料证明等手段多列多报资产损失，或本办法规定需要审批而未审批直接税前扣除资产损失造成少缴税款的，税务机关根据《中华人民共和国税收征收管理法》的有关规定进行处理。

因税务机关责任审批或核实错误，造成企业未缴或少缴税款的，按《中华人民共和国税收征收管理法》第五十二条规定执行。

第四十五条 税务机关对企业自行申报扣除和经审批扣除的资产损失进行纳税检查时，根据实质重于形式原则对有关证据的真实性、合法性和合理性进行审查，对有确凿证据证明由于不真实、不合法或不合理的证据或估计而造成的税前扣除，应依法进行纳税调整，并区分情况分清责任，按规定对纳税人和有关责任人依法进行处罚。有关技术鉴定部门或中介机构为纳税人提供虚假证明而税前扣除资产损失，导致未缴、少缴税款的，按《中华人民共和国税收征收管理法》及其实施细则的规定处理。

第八章 附 则

第四十六条 各省、自治区、直辖市和计划单列市国家税务局、地方税务局可以根据本办法，对企业资产损失税前扣除制定具体实施办法。

第四十七条 本办法自2008年1月1日起执行。

财政部　国家税务总局关于企业重组业务企业所得税处理若干问题的通知

（财税〔2009〕59 号　2009 年 4 月 30 日发布　自 2008 年 1 月 1 日起执行）

各省、自治区、直辖市、计划单列市财政厅（局）、国家税务局、地方税务局，新疆生产建设兵团财务局：

根据《中华人民共和国企业所得税法》第二十条和《中华人民共和国企业所得税法实施条例》（国务院令第 512 号）第七十五条规定，现就企业重组所涉及的企业所得税具体处理问题通知如下：

一、本通知所称企业重组，是指企业在日常经营活动以外发生的法律结构或经济结构重大改变的交易，包括企业法律形式改变、债务重组、股权收购、资产收购、合并、分立等。

（一）企业法律形式改变，是指企业注册名称、住所以及企业组织形式等的简单改变，但符合本通知规定其他重组的类型除外。

（二）债务重组，是指在债务人发生财务困难的情况下，债权人按照其与债务人达成的书面协议或者法院裁定书，就其债务人的债务作出让步的事项。

（三）股权收购，是指一家企业（以下称为收购企业）购买另一家企业（以下称为被收购企业）的股权，以实现对被收购企业控制的交易。收购企业支付对价的形式包括股权支付、非股权支付或两者的组合。

（四）资产收购，是指一家企业（以下称为受让企业）购买另一家企业（以下称为转让企业）实质经营性资产的交易。受让企业支付对价的形式包括股权支付、非股权支付或两者的组合。

（五）合并，是指一家或多家企业（以下称为被合并企业）将其全部资产和负债转让给另一家现存或新设企业（以下称为合并企业），被合并企业股东换取合并企业的股权或非股权支付，实现两个或两个以上企业的依法合并。

（六）分立，是指一家企业（以下称为被分立企业）将部分或全部资产分离转让给现存或新设的企业（以下称为分立企业），被分立企业股东换取分立企业的股权或非股权支付，实现企业的依法分立。

二、本通知所称股权支付，是指企业重组中购买、换取资产的一方支付的对价中，以本企业或其控股企业的股权、股份作为支付的形式；所称非股权支付，是指以本企业的现金、银行存款、应收款项、本企业或其控股企业股权和股份以外的有价证券、存货、固定资产、其他资产以及承担债务等作为支付的形式。

三、企业重组的税务处理区分不同条件分别适用一般性税务处理规定和特殊性税务处理规定。

四、企业重组，除符合本通知规定适用特殊性税务处理规定的外，按以下规定进行税务处理：

（一）企业由法人转变为个人独资企业、合伙企业等非法人组织，或将登记注册地转移至中华人民共和国境外（包括港澳台地区），应视同企业进行清算、分配，股东重新投资成立新企业。企业的全部资产以及股东投资的计税基础均应以公允价值为基础确定。

企业发生其他法律形式简单改变的，可直接变更税务登记，除另有规定外，有关企业所得税纳税事项（包括亏损结转、税收优惠等权益和义务）由变更后企业承继，但因住所发生变化而不符合税收优惠条件的除外。

（二）企业债务重组，相关交易应按以下规定处理：

1. 以非货币资产清偿债务，应当分解为转让相关非货币性资产、按非货币性资产公允价值清偿债务两项业务，确认相关资产的所得或损失。

2. 发生债权转股权的，应当分解为债务清偿和股权投资两项业务，确认有关债务清偿所得或损失。

3. 债务人应当按照支付的债务清偿额低于债务计税基础的差额，确认债务重组所得；债权人应当按照收到的债务清偿额低于债权计税基础的差额，确认债务重组损失。

4. 债务人的相关所得税纳税事项原则上保持不变。

（三）企业股权收购、资产收购重组交易，相关交易应按以下规定处理：

1. 被收购方应确认股权、资产转让所得或损失。

2. 收购方取得股权或资产的计税基础应以公允价值为基础确定。

3. 被收购企业的相关所得税事项原则上保持不变。

（四）企业合并，当事各方应按下列规定处理：

1. 合并企业应按公允价值确定接受被合并企业各项资产和负债的计税基础。

2. 被合并企业及其股东都应按清算进行所得税处理。

3. 被合并企业的亏损不得在合并企业结转弥补。

（五）企业分立，当事各方应按下列规定处理：

1. 被分立企业对分立出去资产应按公允价值确认资产转让所得或损失。

2. 分立企业应按公允价值确认接受资产的计税基础。

3. 被分立企业继续存在时，其股东取得的对价应视同被分立企业分配进行处理。

4. 被分立企业不再继续存在时，被分立企业及其股东都应按清算进行所得税处理。

5. 企业分立相关企业的亏损不得相互结转弥补。

五、企业重组同时符合下列条件的，适用特殊性税务处理规定：

（一）具有合理的商业目的，且不以减少、免除或者推迟缴纳税款为主要目的。

（二）被收购、合并或分立部分的资产或股权比例符合本通知规定的比例。

（三）企业重组后的连续12个月内不改变重组资产原来的实质性经营活动。

（四）重组交易对价中涉及股权支付金额符合本通知规定比例。

（五）企业重组中取得股权支付的原主要股东，在重组后连续12个月内，不得转让所取得的股权。

六、企业重组符合本通知第五条规定条件的，交易各方对其交易中的股权支付部分，可以按以下规定进行特殊性税务处理：

（一）企业债务重组确认的应纳税所得额占该企业当年应纳税所得额50%以上，可以在5个纳税年度的期间内，均匀计入各年度的应纳税所得额。

企业发生债权转股权业务，对债务清偿和股权投资两项业务暂不确认有关债务清偿所得或损失，股权投资的计税基础以原债权的计税基础确定。企业的其他相关所得税事项保持不变。

（二）股权收购，收购企业购买的股权不低于被收购企业全部股权的75%，且收购企业在该股权收购发生时的股权支付金额不低于其交易支付总额的85%，可以选择按以下规定处理：

1. 被收购企业的股东取得收购企业股权的计税基础，以被收购股权的原有计税基础确定。

2. 收购企业取得被收购企业股权的计税基础，以被收购股权的原有计税基础确定。

3. 收购企业、被收购企业的原有各项资产和负债的计税基础和其他相关所得税事项保持不变。

（三）资产收购，受让企业收购的资产不低于转让企业全部资产的75%，且受让企业在该资产收购发生时的股权支付金额不低于其交易支付总额的85%，可以选择按以下规定处理：

1. 转让企业取得受让企业股权的计税基础，以被转让资产的原有计税基础确定。

2. 受让企业取得转让企业资产的计税基础，以被转让资产的原有计税基础确定。

（四）企业合并，企业股东在该企业合并发生时取得的股权支付金额不低于其交易支付总额的85%，以及同一控制下且不需要支付对价的企业合并，可以选择按以下规定处理：

1. 合并企业接受被合并企业资产和负债的计税基础，以被合并企业的原有计税基础确定。

2. 被合并企业合并前的相关所得税事项由合并企业承继。

3. 可由合并企业弥补的被合并企业亏损的限额 = 被合并企业净资产公允价值 × 截至合并业务发生当年年末国家发行的最长期限的国债利率。

4. 被合并企业股东取得合并企业股权的计税基础，以其原持有的被合并企业股权的计税基础确定。

（五）企业分立，被分立企业所有股东按原持股比例取得分立企业的股权，分立企业和被分立企业均不改变原来的实质经营活动，且被分立企业股东在该企业分立发生时取得的股权支付金额不低于其交易支付总额的85%，可以选择按以下规定处理：

1. 分立企业接受被分立企业资产和负债的计税基础，以被分立企业的原有计税基础确定。

2. 被分立企业已分立出去资产相应的所得税事项由分立企业承继。

3. 被分立企业未超过法定弥补期限的亏损额可按分立资产占全部资产的比例进行分配，由分立企业继续弥补。

4. 被分立企业的股东取得分立企业的股权（以下简称“新股”），如需部分或全部放弃原持有的被分立企业的股权（以下简称“旧股”），“新股”的计税基础应以放弃“旧股”的计税基础确定。如不需放弃“旧股”，则其取得“新股”的计税基础可从以下两种方法中选择确定：直接将“新股”的计税基础确定为零；或者以被分立企业分立出去的净资产占被分立企业全部净资产的比例先调减原持有的“旧股”的计税基础，再将调减的计税基础平均分配到“新股”上。

（六）重组交易各方按本条（一）至（五）项规定对交易中股权支付暂不确认有关资产的转让所得或损失的，其非股权支付仍应在交易当期确认相应的资产转让所得或损失，并调整相应资产的计税基础。

非股权支付对应的资产转让所得或损失 =（被转让资产的公允价值 - 被转让资产的计税基础）×（非股权支付金额 ÷ 被转让资产的公允价值）

七、企业发生涉及中国境内与境外之间（包括港澳台地区）的股权和资产收购交易，除应符合本通知第五条规定的条件外，还应同时符合下列条件，才可选择适用特殊性税务处理规定：

（一）非居民企业向其100%直接控股的另一非居民企业转让其拥有的居民企业股权，没有因此造成以后该项股权转让所得预提税负担变化，且转让方非居民企业向主管税务机关书面承诺在3年（含3年）内不转让其拥有受让方非居民企业的股权；

（二）非居民企业向与其具有100%直接控股关系的居民企业转让其拥有的另一居民企业股权；

（三）居民企业以其拥有的资产或股权向其100%直接控股的非居民企业进行投资；

（四）财政部、国家税务总局核准的其他情形。

八、本通知第七条第（三）项所指的居民企业以其拥有的资产或股权向其100%直接控股关系的非居民企业进行投资，其资产或股权转让收益如选择特殊性税务处理，可以在10个纳税年度内均匀计入各年度应纳税所得额。

九、在企业吸收合并中，合并后的存续企业性质及适用税收优惠的条件未发生改变的，可以继续享受合并前该企业剩余期限的税收优惠，其优惠金额按存续企业合并前一年的应纳税所得额（亏损计为零）计算。

在企业存续分立中，分立后的存续企业性质及适用税收优惠的条件未发生改变的，可以继续享受分立前该企业剩余期限的税收优惠，其优惠金额按该企业分立前一年的应纳税所得额（亏损计为零）乘以分立后存续企业资产占分立前该企业全部资产的比例计算。

十、企业在重组发生前后连续12个月内分步对其资产、股权进行交易，应根据实质重于形式原则将上述交易作为一项企业重组交易进行处理。

十一、企业发生符合本通知规定的特殊性重组条件并选择特殊性税务处理的，当事各方应在该重组业务完成当年企业所得税年度申报时，向主管税务机关提交书面备案资料，证明其符合各类特殊性重组规定的条件。企业未按规定书面备案的，一律不得按特殊重组业务进行税务处理。

十二、对企业在重组过程中涉及的需要特别处理的企业所得税事项，由国务院财政、税务主管部门另行规定。

十三、本通知自2008年1月1日起执行。

财政部　国家税务总局关于企业清算业务企业所得税处理若干问题的通知

（财税〔2009〕60号　2009年4月30日发布　自2008年1月1日起执行）

各省、自治区、直辖市、计划单列市财政厅（局）、国家税务局、地方税务局，新疆生产建设兵团财务局：

根据《中华人民共和国企业所得税法》第五十三条、第五十五条和《中华人民共和国企业所得税法实施条例》（国务院令第512号）第十一条规定，现就企业清算有关所得税处理问题通知如下：

一、企业清算的所得税处理，是指企业在不再持续经营，发生结束自身业务、处置资产、偿还债务以及向所有者分配剩余财产等经济行为时，对清算所得、清算所得税、股息分配等事项的处理。

二、下列企业应进行清算的所得税处理：

（一）按《公司法》、《企业破产法》等规定需要进行清算的企业；

（二）企业重组中需要按清算处理的企业。

三、企业清算的所得税处理包括以下内容：

（一）全部资产均应按可变现价值或交易价格，确认资产转让所得或损失；

（二）确认债权清理、债务清偿的所得或损失；

（三）改变持续经营核算原则，对预提或待摊性质的费用进行处理；

（四）依法弥补亏损，确定清算所得；

（五）计算并缴纳清算所得税；

（六）确定可向股东分配的剩余财产、应付股息等。

四、企业的全部资产可变现价值或交易价格，减除资产的计税基础、清算费用、相关税费，加上债务清偿损益等后的余额，为清算所得。

企业应将整个清算期作为一个独立的纳税年度计算清算所得。

五、企业全部资产的可变现价值或交易价格减除清算费用，职工的工资、社会保险费用和法定补偿金，结清清算所得税、以前年度欠税等税款，清偿企业债务，按规定计算可以向所有者分配的剩余资产。

被清算企业的股东分得的剩余资产的金额，其中相当于被清算企业累计未分配利润和累计盈余公积中按该股东所占股份比例计算的部分，应确认为股息所得；剩余资产减除股息所得后的余额，超过或低于股东投资成本的部分，应确认为股东的投资转让所得或损失。

被清算企业的股东从被清算企业分得的资产应按可变现价值或实际交易价格确定计税基础。

六、本通知自2008年1月1日起执行。

财政部　国家税务总局关于金融企业贷款损失准备金企业所得税税前扣除有关问题的通知

（财税〔2009〕64 号　2009 年 4 月 30 日发布）

各省、自治区、直辖市、计划单列市财政厅（局）、国家税务局、地方税务局，新疆生产建设兵团财务局：

根据《中华人民共和国企业所得税法》及《中华人民共和国企业所得税法实施条例》的有关规定，现就政策性银行、商业银行、财务公司和城乡信用社等国家允许从事贷款业务的金融企业提取的贷款损失准备税前扣除政策问题，通知如下：

一、准予提取贷款损失准备的贷款资产范围包括：

（一）贷款（含抵押、质押、担保等贷款）；

（二）银行卡透支、贴现、信用垫款（含银行承兑汇票垫款、信用证垫款、担保垫款等）、进出口押汇、同业拆出等各项具有贷款特征的风险资产；

（三）由金融企业转贷并承担对外还款责任的国外贷款，包括国际金融组织贷款、外国买方信贷、外国政府贷款、日本国际协力银行不附条件贷款和外国政府混合贷款等资产。

二、金融企业准予当年税前扣除的贷款损失准备计算公式如下：

准予当年税前扣除的贷款损失准备 = 本年末准予提取贷款损失准备的贷款资产余额 × 1% − 截至上年末已在税前扣除的贷款损失准备余额

金融企业按上述公式计算的数额如为负数，应当相应调增当年应纳税所得额。

三、金融企业的委托贷款、代理贷款、国债投资、应收股利、上交央行准备金、以及金融企业剥离的债权和股权、应收财政贴息、央行款项等不承担风险和损失的资产，不得提取贷款损失准备在税前扣除。

四、金融企业发生的符合条件的贷款损失，按规定报经税务机关审批后，应先冲减已在税前扣除的贷款损失准备，不足冲减部分可据实在计算当年应纳税所得额时扣除。

五、本通知自 2008 年 1 月 1 日起至 2010 年 12 月 31 日止执行。

财政部　国家税务总局关于企业资产损失税前扣除政策的通知

（财税〔2009〕57号　2009年4月16日发布　自2008年1月1日起执行）

各省、自治区、直辖市、计划单列市财政厅（局）、国家税务局、地方税务局，新疆生产建设兵团财务局：

根据《中华人民共和国企业所得税法》和《中华人民共和国企业所得税法实施条例》（国务院令第512号）的有关规定，现就企业资产损失在计算企业所得税应纳税所得额时的扣除政策通知如下：

一、本通知所称资产损失，是指企业在生产经营活动中实际发生的、与取得应税收入有关的资产损失，包括现金损失，存款损失，坏账损失，贷款损失，股权投资损失，固定资产和存货的盘亏、毁损、报废、被盗损失，自然灾害等不可抗力因素造成的损失以及其他损失。

二、企业清查出的现金短缺减除责任人赔偿后的余额，作为现金损失在计算应纳税所得额时扣除。

三、企业将货币性资金存入法定具有吸收存款职能的机构，因该机构依法破产、清算，或者政府责令停业、关闭等原因，确实不能收回的部分，作为存款损失在计算应纳税所得额时扣除。

四、企业除贷款类债权外的应收、预付账款符合下列条件之一的，减除可收回金额后确认的无法收回的应收、预付款项，可以作为坏账损失在计算应纳税所得额时扣除：

（一）债务人依法宣告破产、关闭、解散、被撤销，或者被依法注销、吊销营业执照，其清算财产不足清偿的；

（二）债务人死亡，或者依法被宣告失踪、死亡，其财产或者遗产不足清偿的；

（三）债务人逾期3年以上未清偿，且有确凿证据证明已无力清偿债务的；

（四）与债务人达成债务重组协议或法院批准破产重整计划后，无法追偿的；

（五）因自然灾害、战争等不可抗力导致无法收回的；

（六）国务院财政、税务主管部门规定的其他条件。

五、企业经采取所有可能的措施和实施必要的程序之后，符合下列条件之一的贷款类债权，可以作为贷款损失在计算应纳税所得额时扣除：

（一）借款人和担保人依法宣告破产、关闭、解散、被撤销，并终止法人资格，或者已完全停止经营活动，被依法注销、吊销营业执照，对借款人和担保人进行追偿后，未能收回的债权；

（二）借款人死亡，或者依法被宣告失踪、死亡，依法对其财产或者遗产进行清偿，并对担保人进行追偿后，未能收回的债权；

（三）借款人遭受重大自然灾害或者意外事故，损失巨大且不能获得保险补偿，或者以保险赔偿后，确实无力偿还部分或者全部债务，对借款人财产进行清偿和对担保人进行追偿后，未能收回的债权；

（四）借款人触犯刑律，依法受到制裁，其财产不足归还所借债务，又无其他债务承担者，经追偿后确实无法收回的债权；

(五)由于借款人和担保人不能偿还到期债务,企业诉诸法律,经法院对借款人和担保人强制执行,借款人和担保人均无财产可执行,法院裁定执行程序终结或终止(中止)后,仍无法收回的债权;

(六)由于借款人和担保人不能偿还到期债务,企业诉诸法律后,经法院调解或经债权人会议通过,与借款人和担保人达成和解协议或重整协议,在借款人和担保人履行完还款义务后,无法追偿的剩余债权;

(七)由于上述(一)至(六)项原因借款人不能偿还到期债务,企业依法取得抵债资产,抵债金额小于贷款本息的差额,经追偿后仍无法收回的债权;

(八)开立信用证、办理承兑汇票、开具保函等发生垫款时,凡开证申请人和保证人由于上述(一)至(七)项原因,无法偿还垫款,金融企业经追偿后仍无法收回的垫款;

(九)银行卡持卡人和担保人由于上述(一)至(七)项原因,未能还清透支款项,金融企业经追偿后仍无法收回的透支款项;

(十)助学贷款逾期后,在金融企业确定的有效追索期限内,依法处置助学贷款抵押物(质押物),并向担保人追索连带责任后,仍无法收回的贷款;

(十一)经国务院专案批准核销的贷款类债权;

(十二)国务院财政、税务主管部门规定的其他条件。

六、企业的股权投资符合下列条件之一的,减除可收回金额后确认的无法收回的股权投资,可以作为股权投资损失在计算应纳税所得额时扣除:

(一)被投资方依法宣告破产、关闭、解散、被撤销,或者被依法注销、吊销营业执照的;

(二)被投资方财务状况严重恶化,累计发生巨额亏损,已连续停止经营3年以上,且无重新恢复经营改组计划的;

(三)对被投资方不具有控制权,投资期限届满或者投资期限已超过10年,且被投资单位因连续3年经营亏损导致资不抵债的;

(四)被投资方财务状况严重恶化,累计发生巨额亏损,已完成清算或清算期超过3年以上的;

(五)国务院财政、税务主管部门规定的其他条件。

七、对企业盘亏的固定资产或存货,以该固定资产的账面净值或存货的成本减除责任人赔偿后的余额,作为固定资产或存货盘亏损失在计算应纳税所得额时扣除。

八、对企业毁损、报废的固定资产或存货,以该固定资产的账面净值或存货的成本减除残值、保险赔款和责任人赔偿后的余额,作为固定资产或存货毁损、报废损失在计算应纳税所得额时扣除。

九、对企业被盗的固定资产或存货,以该固定资产的账面净值或存货的成本减除保险赔款和责任人赔偿后的余额,作为固定资产或存货被盗损失在计算应纳税所得额时扣除。

十、企业因存货盘亏、毁损、报废、被盗等原因不得从增值税销项税额中抵扣的进项税额,可以与存货损失一起在计算应纳税所得额时扣除。

十一、企业在计算应纳税所得额时已经扣除的资产损失,在以后纳税年度全部或者部分收回时,其收回部分应当作为收入计入收回当期的应纳税所得额。

十二、企业境内、境外营业机构发生的资产损失应分开核算,对境外营业机构由于发生资产损失而产生的亏损，不得在计算境内应纳税所得额时扣除。

十三、企业对其扣除的各项资产损失，应当提供能够证明资产损失确属已实际发生的合法证据，包括具有法律效力的外部证据、具有法定资质的中介机构的经济鉴证证明、具有法定资质的专业机构的技术鉴定证明等。

十四、本通知自2008年1月1日起执行。

企业财产损失所得税税前扣除鉴证业务准则(试行)

(国税发〔2007〕9号　2007年2月2日发布　自2007年3月1日起实行)

一、总则

(一)为了规范企业财产损失所得税税前扣除鉴证业务(以下简称财产损失鉴证),根据企业所得税法规和《注册税务师管理暂行办法》及其有关规定,制定本准则。

(二)财产损失鉴证是指,税务师事务所接受委托对企业财产损失所得税税前扣除的信息实施必要的审核程序,并出具鉴证报告,以增强税务机关对该项信息信任程度的一种业务。

(三)在接受委托前,税务师事务所应当初步了解业务环境。业务环境包括:业务约定事项、鉴证对象特征、使用的标准,预期使用者的需求、责任方及其环境的相关特征,以及可能对鉴证业务产生重大影响的事项、交易、条件和惯例等其他事项。

(四)承接财产损失鉴证业务,应当具备下列条件:

1. 属于企业财产损失鉴证项目;

2. 税务师事务所符合独立性和专业胜任能力等相关专业知识和职业道德规范的要求;

3. 税务师事务所能够获取充分、适当的证据以支持其结论,并出具书面鉴证报告;

4. 与委托人协商签订涉税鉴证业务约定书(见附件1)。

(五)财产损失鉴证的鉴证对象是,与企业财产损失所得税税前扣除相关的会计资料、内部证据和外部证据等可以收集、识别和评价的证据及信息。具体包括:企业相关会计资料、有关文件及证明材料等。

(六)税务师事务所运用职业判断对鉴证对象作出合理一致的评价或计量时,应当符合适当的标准。适当的评价标准应当具备相关性、完整性、可靠性、中立性和可理解性等特征。

(七)税务师事务所从事财产损失鉴证业务,应当以职业怀疑态度、有计划地实施必要的审核程序,获取与鉴证对象相关的充分、适当的证据,并及时对制定的计划、实施的程序、获取的相关证据以及得出的结论作出记录。在确定证据收集的性质、时间和范围时,应当体现重要性原则,评估鉴证业务风险以及可获取证据的数量和质量,对委托事项提供合理保证。

(八)税务师事务所应当严格按照税法及其有关规定开展财产损失鉴证业务,并遵守国家有关法律、法规及本业务准则。

二、货币资产损失的审核

(一)现金损失的审核

1. 评价有关货币资金的内部控制是否存在、有效且一贯遵守。

2. 抽查凭证,并与总账、明细账核对。

3. 会同会计主管人员盘存库存现金,获取现金保管人确认及会计主管人员签字的现金盘点表(包括倒推至基准日的记录)。

4. 获取现金保管人对于短款的说明及相关核准文件。

5. 由于管理责任造成的现金损失,应取得责任认定及赔偿情况的说明。

6. 涉及刑事犯罪的现金损失,应取得有关司法涉案材料。

7. 确认现金损失税前扣除的金额。计算企业清查出的现金短缺金额,并扣除责任人赔偿后的余额,确认现金损失税前扣除的具体金额。

（二）坏账损失的审核

1. 评价有关坏账准备及坏账损失内部控制是否存在、有效且一贯遵守。

2. 确认应收账款的存在,并为申报企业所有。

（1）获取应收、预付账款明细表与总账及明细账核对一致；

（2）审核应收及预付款项发生、结存的合理性和合法性；

（3）采用下列步骤确认应收、预付款是否真实存在：

①审核构成该笔债权的相关文件资料（契约、定购单、发票、运货单据等）；

②抽查对应账户,以确认账务处理是否正确。

3. 审核坏账损失的合理性和真实性。

（1）申报企业采用备抵法核算损失的,实施如下审核程序：

①复核坏账准备金计算书,当期坏账准备计算是否准确；

②审核坏账损失的相关会计处理及税务处理是否正确。

（2）逐笔审核坏账损失的原因及有关证明资料,确认坏账发生的真实性及计算的准确性,并确认是否符合税法规定的条件。

（3）审核企业关联方之间的往来账款。关联方之间的往来账款不得确认为坏账。但关联企业的应收账款,经法院判决债务方破产后,破产企业的财产不足清偿债务的部分,经税务机关审核后,债权方企业可以作为坏账损失在税前扣除。

4. 获取充分必要的证据。

（1）债务人被依法宣告破产、撤销（包括被政府责令关闭）、吊销工商营业执照、死亡、失踪,其剩余财产或遗产确实不足清偿或无法找到承债人追偿债务的,应当取得以下证据：

①法院的破产公告或破产判决书及破产清算的清偿文件；

②政府部门有关撤销、责令关闭等的行政决定文件；

③工商等有关部门出具的注销、吊销营业证照的证明；

④公安等有关部门出具的死亡、失踪证明。

（2）债务人逾期三年以上未清偿且有确凿证明表明已无力清偿债务的,应取得以下证据：

①企业依法催收磋商的记录；

②债务人已资不抵债的,应取得经审计的上年度会计报告；债务人连续三年亏损的,应取得经审计的最近三年度会计报告；债务人连续三年停止经营的,应取得所在地工商等部门的证明材料,并取得三年内没有任何业务往来的证明；

③逾期三年以上未收回的应收款项,债务人在中国境外及港、澳、台地区的,应取得境外有资质的机构或中国驻外使（领）馆出具的有关证明。

（3）符合条件的债务重组形成的坏账,应取得下列证据：

①企业进行债务重组的批准文件、法院判决书、裁决书和企业债务重组方案及相关资料；

②企业应收债权账面价值的有效凭证和账务处理证据等。

（4）因自然灾害、战争及国际政治事件等不可抗力因素影响,确实无法收回的应收款项,应取得下列证据：

①企业的专项说明；

②专门机构或部门出具的相关证明文件,或者中国驻外使(领)馆出具的有关说明。

5. 确认坏账损失税前扣除的金额。

(1)债务人已经清算的,计算扣除债务人清算财产实际清偿后的余额,确认不能收回的坏账损失税前扣除的具体金额。

(2)对尚未清算的,由中介机构进行职业推断和客观评判,计算并确认不能收回的坏账损失的具体金额。

(3)债务人已失踪、死亡的应收账款,其遗产不足清偿部分或无法找到承债人追偿债务的,由中介机构进行职业推断和客观评判,计算并确认不能收回的坏账损失的具体金额。

(4)因自然灾害、战争及国际政治事件等不可抗力因素影响,对确实无法收回的应收款项,由中介机构进行职业推断和客观评判,计算并确认不能收回的坏账损失的具体金额。

(5)逾期不能收回的应收款项,有败诉的法院判决书、裁决书,或者胜诉但无法执行或债务人无偿债能力被法院裁定终(中)止执行的,依据法院判决、裁定或终(中)止执行的法律文书,确认坏账损失税前扣除的具体金额。

在逾期不能收回的应收款项中,单笔数额较小、不足以弥补清收成本的,由企业作出专项说明,由中介机构进行职业推断和客观评判,计算并确认不能收回的坏账损失的具体金额。

(6)逾期三年以上且认定为坏账的应收款项,由中介机构进行职业推断和客观评判,确认坏账损失税前扣除的具体金额。

(7)逾期三年以上的应收款项,债务人在境外及港、澳、台地区的,经依法催收仍不能收回的,依据有关境外证明材料,确认坏账损失税前扣除的具体金额。

(8)债务重组形成的坏账损失,应按债权人重组债权的计税成本与收到的现金或非现金资产的公允价值之间的差额,确认坏账损失税前扣除的具体金额。

三、非货币性资产损失的审核

(一)存货损失的审核

1. 企业存货发生的损失,包括有关商品、产成品、半成品、在产品以及各类材料、燃料、包装物、低值易耗品等发生的盘亏、变质、淘汰、毁损、报废、被盗等造成的净损失及永久性或实质性损失。

2. 存货损失真实性的审核。

(1)评价有关存货的内部控制是否存在、有效且一贯遵守。

(2)确认存货盘点日盘亏数量。

①对已盘点存货数量实施抽查;

②获取盘点汇总表副本进行复核,并选择金额较大、收发频繁等存货项目作为重要的存货项目,与存货明细账核对;

③审核存货盘点,获取存货盘点盈亏调整记录。重大盘亏事项是否已获得必要解释;盘亏事项会计处理是否正确并已获批准;盘亏事项账务调整是否已及时入账,非正常损失的外购货物及产成品、在产品所耗用的外购项目的进项税额是否按规定转出,并同时确认为损失。

(3)获取并审核纳税人存货盘点计划及存货盘点表,评价存货盘点的可信程度。

3. 报废、毁损存货的审核。到现场察看存货的现状,并记录、拍照等。

4. 获取充分必要的证据。

(1)盘亏的存货。

①取得存货盘点表;

②存货保管人对于盘亏的情况说明;

③取得盘亏存货的价值确定依据(包括相关入库手续、相同或相近存货采购发票价格或其他确定依据);

④企业内部有关责任认定、责任人赔偿说明和内部核批文件。

(2)报废、毁损的存货。

①属于单项或批量金额较小的存货,应取得企业内部有关技术部门出具的技术鉴定证明;

②属于单项或批量金额较大的存货,应取得国家有关技术部门或具有技术鉴定资格的机构出具的技术鉴定证明;

③涉及保险索赔的,应取得保险公司理赔情况的说明;

④取得企业内部关于存货报废、毁损情况的责任认定、赔偿情况及相关审批文件;

⑤残值情况的说明。

(3)被盗的存货。

①取得公安机关出具的相关报案、结案证明材料;

②取得涉及责任人的责任认定及赔偿情况的说明材料;

③涉及保险索赔的,应取得保险公司理赔情况的说明材料。

(4)发生永久或实质性损失的存货。对发生永久或实质性损失的应提供或取得以下证据:

①资产被淘汰、变质的经济、技术等原因的说明;

②企业法定代表人、主要负责人和财务负责人签章证实有关资产已霉烂变质、已无使用价值或转让价值、已毁损等的书面证明;

③有关技术部门或具有技术鉴定资格的机构出具的品质鉴定报告;

④有关资产的成本和价值回收情况的说明。

5.确认存货损失税前扣除的金额。计算企业的存货确已形成财产净损失或者已发生永久或实质性损失,并扣除变价收入、可收回金额以及责任和保险赔款后的余额,确认存货损失税前扣除的具体金额。

(二)固定资产损失的审核

1.固定资产损失,包括企业房屋建筑物、机器设备、运输设备、工具器具等发生盘亏、淘汰、毁损、报废、丢失、被盗等造成的净损失及固定资产发生的永久或实质性损失。

2.固定资产损失真实性审核。

(1)评价固定资产管理的内部控制是否存在、有效且一贯遵守。

(2)评价固定资产计价对应缴所得税的影响,审核固定资产计价是否符合税法及有关规定。

(3)审核房屋产权证、车辆运营证、船舶船籍证明等所有权证明文件,确定固定资产是否归被审核单位所有。

①通过核对购货合同、发票、保险单、运单等资料,抽查测试其计价是否正确,授权批准手续是否齐备,会计处理是否正确;

②审核竣工决算、验收和移交报告是否正确,与在建工程的相关记录是否核对相符;

③审核投资者投入固定资产是否按投资各方确认价值入账,是否有评估报告并经有关部门

或有资质的机构确认,交接手续是否齐全。

3. 报废、毁损的固定资产审核。实地观察报废、毁损的固定资产,并进行记录、拍照等。

4. 获取充分必要的证据。

(1)盘亏的固定资产应取得:

①固定资产盘点表;

②盘亏情况说明,单项或批量金额较大的固定资产盘亏,企业应逐项作出专项说明;

③企业内部有关责任认定和内部核准文件等。

(2)对报废、毁损的固定资产应取得:

①企业内部有关部门出具的鉴定证明;

②单项或批量金额较大的固定资产报废、毁损,企业应逐项作出专项说明,并委托有技术鉴定资格的机构进行鉴定,出具鉴定说明;

③不可抗力原因(自然灾害、意外事故、战争等)造成固定资产毁损、报废的,应当有相关职能部门出具的鉴定报告,如消防部门出具受灾证明,公安部门出具的事故现场处理报告、车辆报损证明,房管部门的房屋拆除证明,锅炉、电梯等安检部门的检验报告等;

④企业固定资产报废、毁损情况说明及内部核批文件;

⑤涉及保险索赔的,应取得保险公司理赔情况的说明。

(3)对被盗的固定资产应取得下列证据:

①向公安机关的报案和结案的相关证明材料;

②涉及责任人的,应取得责任认定及赔偿情况的说明;

③涉及保险索赔的,应取得保险公司理赔情况的说明。

(4)对发生永久或实质性损失的,应取得下列证据:

①资产被淘汰、变质的经济、技术等原因的说明;

②企业法定代表人、主要负责人和财务负责人签章证实有关资产已无使用价值或转让价值、已毁损等的书面证明;

③有关技术部门或具有技术鉴定资格的机构出具的品质鉴定报告;

④有关资产的成本和价值回收情况说明。

5. 确认固定资产损失税前扣除的金额。

(1)对盘亏的固定资产,依据账面净值扣除责任人赔偿后的余额,确认固定资产损失税前扣除的具体金额;

(2)对报废、毁损的固定资产,依据账面净值扣除残值、保险赔偿和责任人赔偿后的余额,确认固定资产损失税前扣除的具体金额;

(3)对被盗的固定资产,依据账面净值扣除保险理赔以及责任赔偿后的余额,确认固定资产损失税前扣除的具体金额;

(4)计算企业固定资产已发生永久或实质性损失,并扣除变价收入、可收回金额以及责任和保险赔款后的余额,确认固定资产损失税前扣除的具体金额。

(三)在建工程及其他资产损失的审核

1. 在建工程及其他资产损失,包括企业已经发生的因停建、废弃和报废、拆除在建工程项目以及因此而引起的相应工程物资报废或削价处理等发生的损失。

2. 确认在建工程及其他资产的存在，并为申报企业所有。

(1)获取或编制在建工程及其他资产递延资产明细表，复核加计正确。

(2)抽查重要的原始凭证，审核在建工程及其他资产增加的合法性和真实性，查阅有关合同、协议等资料和支出凭证，是否经授权批准，会计处理是否正确。

3. 在建工程及其他资产状态的审核。到现场察看在建工程及其他资产的现状，并记录、拍照等。

4. 获取充分必要的证据。

(1)因停建、废弃和报废、拆除的在建工程，应取得下列证据：

①国家明令停建项目的文件；

②有关政府部门出具的工程停建、拆除文件；

③企业对报废、废弃的在建工程项目出具的鉴定意见和原因说明及核批文件，单项数额较大的在建工程项目报废，应取得行业专家参与的技术鉴定意见；

④工程项目实际投资额的确定依据。

(2)由于自然灾害和意外事故毁损的在建工程，应取得下列证据：

①有关自然灾害或者意外事故的证明；

②涉及保险索赔的，应取得保险理赔的说明；

③企业内部有关责任认定、责任人赔偿说明和核准文件。

5. 确认在建工程及其他资产损失税前扣除的金额。

(1)因停建、废弃和报废、拆除的在建工程造成的损失，依据账面价值扣除残值后的余额，确认该项资产损失税前扣除的具体金额；

(2)由于自然灾害和意外事故毁损的在建工程造成的损失，依据账面价值扣除残值、保险赔偿及责任赔偿后的余额，确认该项资产损失税前扣除的具体金额。

四、无形资产损失的审核

1. 确认无形资产的存在并为申报企业所有。

(1)获取或编制无形资产明细表，复核加计正确，并与总账数和明细账合计数核对是否相符。

(2)审核无形资产的权属证书原件、专利技术的持有和保密状况等，并获取有关协议和董事会纪要等文件、资料，审核无形资产的性质、构成内容、计价依据，确定无形资产的存在性。

(3)评价无形资产计价对应缴所得税的影响，审核无形资产计价是否符合税法及其有关规定。

(4)审核无形资产各项目的摊销是否符合有关规定，是否与上期一致，若改变摊销政策，审核其依据是否充分。审核本期摊销额及其会计处理和税务处理是否正确。

①除另有规定者外，外购商誉的摊销费用不得税前扣除；

②外购无形资产的价值，包括买价和购买过程中发生的相关费用。企业自行研制开发无形资产，应对研究开发费用进行准确归集，凡在发生时已作为研究开发费直接扣除的，该项无形资产使用时，不得再分期摊销；

③取得土地使用权支付给国家或其他纳税人的土地出让价款应作为无形资产管理，并在不短于合同规定的使用期间内平均摊销；

④购买的计算硬件所附带的软件,未单独计价的,应并入计算机硬件作为固定资产管理;单独计价的软件,应作为无形资产管理。

2. 获取充分必要的证据。确认无形资产损失,应取得下列证据:

(1)资产被淘汰的经济、技术等原因的说明;

(2)企业法定代表人、主要负责人和财务负责人签章证实有关资产已无使用价值或转让价值等的书面证明;

(3)有关技术部门或具有技术鉴定资格的机构出具的品质鉴定报告;

(4)无形资产的法律保护期限文件;

(5)无形资产的成本和价值回收情况的说明。

3. 确认无形资产损失税前扣除的金额。计算企业无形资产确已形成财产净损失或者已发生永久或实质性损失,并扣除变价收入、可收回金额以及责任和保险赔款后的余额,确认无形资产损失税前扣除的具体金额。

五、投资损失的审核

1. 确认投资的存在并为申报企业所有。

(1)短期投资。

①获取或编制短期投资明细表,复核加计正确,并与总账数和明细账合计数核对是否相符,结合短期投资跌价准备和委托贷款科目与报表数核对是否相符。

②获取股票、债券及基金账户对账单,与明细账余额核对,审核期末资金账户余额会计处理是否正确。必要时,向证券公司等发函询证。

③获取期货账户对账单,与明细账余额核对,审核期末资金账户余额会计处理是否正确。必要时,向期货公司发函询证。

④监盘库存有价证券,并与相关账户余额进行核对,如有差异,应查明原因,并作出记录或进行适当调整。

⑤对在外保管的有价证券,查阅有关保管的证明文件。必要时,向保管人函证。

⑥审核申报损失的短期投资增加项目的记账凭证及其原始凭证是否完整合法,会计处理是否正确。审核短期投资成本的确定是否符合相关规定。

(2)长期投资。

①获取或编制长期股权投资明细表,复核加计正确,并与总账数和明细账合计数核对相符,结合长期投资减值准备科目与报表数核对相符。

②审核申报损失的长期投资的原始凭证,对于增加的项目要核实其入账基础是否符合投资合同、协议的有关规定,会计处理是否正确;对于减少的项目要核实其变动原因及授权批准手续。

③以非货币性交易换入长期股权投资时,审核其初始投资成本是否为换出资产的账面价值加上应付的相关税费。

④审核股票权证等凭据,核对其所有权及金额。必要时,应向被投资单位函证投资单位的投资额、持股比例及被审计单位发放股利情况。若股票权证等已提供质押或受到其他约束的,应取证(或函证),提请被审计单位作适当披露。

(3)债权投资。

①获取或编制长期债权投资明细表,复核加计正确,并与总账数和明细账合计数核对相符,

结合长期投资减值准备和委托贷款科目与报表数核对相符。

②审核申报损失的债券投资的原始凭证,对于增加的项目要核实其入账基础是否符合有关规定,会计处理是否正确;对于减少的项目要核实其变动原因及授权批准手续。

③监盘库存有价证券,取得盘点表,核对其所有权及金额。

2. 取得充分必要的证据。确认投资损失应取得下列证据:

(1)有关被投资方破产公告、破产清偿文件;工商等有关部门注销、吊销文件;政府有关部门的行政决定文件;终止经营、停止交易的法律或其他证明文件;

(2)有关资产的成本和价值回收情况说明;

(3)被投资方清算剩余财产分配情况的证明;

(4)企业法定代表人、主要负责人和财务负责人签章证实有关资产已霉烂变质、已无使用价值或转让价值、已毁损等的书面证明。

3. 确认投资损失税前扣除的金额。计算企业各类投资确已形成财产净损失或者已发生永久或实质性损失,并扣除变价收入、可收回金额以及责任和保险赔款后的余额,确认投资损失税前扣除的具体金额。

六、其他资产损失的审核

(一)资产评估损失的审核

1. 确认评估资产的存在,审核申请资产评估损失税前扣除是否符合规定条件。

(1)获取资产评估报告和附件,并与总账数和明细账记录的资产评估损失额核对是否相符。

(2)审核各项资产评估确认的损失是否符合税收法规和有关规定。

2. 取得充分必要的证据。确认资产评估损失应取得下列证据:

(1)国家统一组织清产核资的文件(不包括国有资产日常管理中经常化、制度化资产清查);

(2)具有评估资质的机构出具的资产评估资料;

(3)政府部门资产评估确认文书;

(4)应税改组业务已纳税证明资料;

(5)免税改组业务涉及资产评估增值或损失已纳税调整证明资料。

3. 确认资产评估损失税前扣除的金额。计算企业确已形成的资产评估损失税前扣除的具体金额。

(二)搬迁、征用资产损失的审核

1. 确认因政府规划搬迁、征用资产的存在,审核申请该项资产损失税前扣除是否符合规定的条件。

(1)获取政府规划搬迁、征用的资产明细表,复核加计正确,并与总账数和明细账合计数核对是否相符。

(2)审核因政府规划搬迁、征用的资产损失是否有明确的法律、政策依据。

(3)审核因政府规划搬迁、征用的资产损失是否属于政府行为。

2. 取得充分必要的证据。确认因政府规划搬迁、征用等发生的财产损失应取得下列证据:

(1)政府有关部门的行政决定文件及法律政策依据;

(2)专业技术部门或具有资质的机构出具的鉴定证明;

(3)企业资产账面价值的确定依据。

3. 确认搬迁、征用资产损失税前扣除的金额。计算企业因政府规划搬迁、征用确已形成的财产损失,并扣除政府拆迁补偿等收入后的余额,确认该项资产损失税前扣除的具体金额。

(三)担保资产损失的审核

1. 确认担保资产存在并为申报企业所有。获取担保损失明细表,复核加计正确,并与总账数和明细账合计数核对是否相符。

2. 取得充分必要的证据。确认企业对外提供与本身应纳税收入有关的担保,承担连带还款责任发生财产损失,应取得下列证据:

(1)法院的破产公告或破产判决书及破产清算的清偿文件、政府部门有关撤销、责令关闭等的行政决定文件、工商等有关部门出具的注销、吊销执业证照的证明、公安等有关部门出具的死亡、失踪证明;

(2)逾期三年以上无力清偿债务的确凿证明;

(3)企业依法催收磋商记录;

(4)地方主管税务机关的证明。

3. 确认担保损失税前扣除的金额。计算企业对外提供与本身应纳税收入有关的担保、承担连带还款责任发生的财产损失,并扣除可收回金额后的余额,确认担保资产损失税前扣除的具体金额。

(四)抵押资产损失的审核

1. 确认抵押资产为申报企业所有。

2. 取得企业未能按期赎回抵押资产的相关资料。

3. 取得抵押资产被拍卖或变卖的证明材料。

4. 确认抵押资产损失税前扣除的金额。依据抵押资产账面净值扣除变卖收入后的余额,确认抵押资产损失税前扣除的具体金额。

(五)出售住房损失的审核

1. 确认资产的存在,并为申报企业所有。

(1)获取企业出售房改住房明细表(包括出售住房使用权和全部或部分产权);

(2)复核加计正确,并与总账、明细账核对是否相符。

2. 取得充分必要的证据。

(1)县级以上人民政府房改主管机构批准的实行房改的批复文件或企业上级主管部门依据县级以上人民政府房改主管机构批复,对该企业实行房改的批复方案;

(2)购置住房的发票(企业自建的住房,提供竣工决算和建造支出的发票或有关凭证)和住房计提折旧的情况及账面净值余额;

(3)出售住房的价格及每套住房的出售价格的凭证;

(4)获取住宅共用部位、公用设施维修基金的情况及清理费用支出凭证;

(5)住房周转金建立及取消的情况说明,取消住房周转金的会计凭证。

3. 审核企业出售的住房是否按市(州、地区)政府规定的房改价格收取房款,是否存在实际售价低于市(州、地区)政府核定的房改价格的情形。

4. 审核企业对已按规定领取了一次性补发购房补贴的无房和住房未达到规定面积的老职工,以及停止住房实物分配后参加工作的新职工,是否存在按低于成本价出售住房的情形。

5. 审核企业住房制度改革中出售住房的时间和账务处理，是否符合相关规定。

6. 确认出售住房损失税前扣除的金额。计算企业按规定取消住房基金和住房周转金制度后出售住房的收入，扣除按规定提取的住宅共用部位、公用设施维修基金以及住房账面净值和有关清理费用后的余额，确认出售住房损失税前扣除的具体金额。

七、金融企业呆账损失的审核

（一）确认财产的存在并为申报企业所有

1. 获取或编制短期贷款（长期贷款）明细表，复核加计正确，并与报表数、总账数和明细账合计数核对是否相符。

2. 获取并审核贷款合同、协议、贷款证（或 IC 卡）及授权批准或其他有关资料和借款凭证（借据），确认贷款的真实性，并与会计记录核对。

3. 审核申报损失贷款的偿还情况，核对会计记录和原始凭证。

4. 向借款单位函证，并与贷款期末余额核对。

5. 对于以财产抵押的贷款，应注意有关抵押资产的所有权归属和贷款合同规定的限制条款。

（二）取得充分必要的证据

1. 金融企业发生符合税法规定的各类呆账损失，应提供或取得下列证明材料：

（1）借款人或被投资企业的贷款和投资合同、发放贷款和投资凭证及相关材料。

（2）法院、公安、工商、企业主管等部门、保险企业等单位出具的呆账损失的相关证明材料。

（3）税务机关要求报送的其他资料。

（4）遇有下列情形之一的，应提供或取得相关证明材料：

①借款人和担保人依法宣告破产、关闭、解散，并终止法人资格，金融企业对借款人和担保人进行追偿后，未能收回债权的相关证明材料；

②借款人死亡，或者依照民法通则及其有关规定宣告失踪或者死亡，金融企业依法对其财产或者遗产进行清偿，并对担保人进行追偿后，未能收回债权的相关证明材料；

③借款人遭受重大自然灾害或意外事故，损失巨大且不能获得保险补偿，确实无力偿还的贷款；或者保险赔偿清偿后，确实无力偿还的部分债务，金融企业对其财产进行清偿和对担保人进行追偿后，未能收回债权的相关证明材料；

④借款人和担保人虽未依法宣告破产、关闭、解散，但已完全停止经营活动，被县（市、区）及县以上工商行政管理部门依法注销、吊销营业执照，终止法人资格，金融企业对借款人和担保人进行清偿后，未能收回债权的相关证明材料；

⑤借款人触犯刑律，依法受到制裁，其财产不足归还所借债务，又无其他债务承担者，金融企业经追偿后确实无法收回债权的相关证明材料；

⑥由于借款人和担保人不能偿还到期债务，金融企业诉诸法律，经法院对借款人和担保人强制执行，借款人和担保人均无财产可执行，法院裁定终结执行后，金融企业仍无法收回债权的相关证明材料；

⑦由于上述（1）至（6）项原因借款人不能偿还到期债务，金融企业对依法取得的抵债资产，按评估确认的市场公允价值入账后，扣除抵债资产接收费用，小于贷款本息的差额，经追偿后仍无法收回债权的相关证明材料；

⑧开立信用证、办理承兑汇票、开具保函等发生垫款时，凡开证申请人和保证人由于上述

(1)至(7)项原因,无法偿还垫款,金融企业经追偿后仍无法收回垫款的相关证明材料;

⑨按照国家法律法规规定具有投资权的金融企业的对外投资,由于被投资企业依法宣告破产、关闭、解散,并终止法人资格的,经金融企业对被投资企业清算和追偿后仍无法收回股权的相关证明材料;

⑩银行卡被伪造、冒用、骗领而发生的应由银行承担的净损失的相关证明材料;

助学贷款逾期后,银行在确定的有效追索期内,并依法处置助学贷款抵押物(质押物)和向担保人追索连带责任后,仍无法收回贷款的相关证明材料;

金融企业发生的除贷款本金和应收利息以外的其他逾期3年无法收回的应收账款(不含关联企业之间的往来账款)的相关证明材料;

经国务院专案批准核销债权的相关证明材料。

2. 确认呆账损失税前扣除的金额。对于符合税法规定允许在税前扣除的呆账损失,应当按照金融企业对借款人和担保人进行追偿后仍无法收回的债权或净损失,确认税前扣除的呆账损失的具体金额。下列债权或者股权不得作为呆账损失税前扣除:

(1)借款人或者担保人有经济偿还能力,不论何种原因,未按期偿还的金融企业债权;

(2)违反法律、法规的规定,以各种形式、借口逃废或者悬空的金融企业债权;

(3)行政干预逃废或者悬空的金融企业债权;

(4)金融企业未向借款人和担保人追偿的债权;

(5)金融企业发生非经营活动的债权;

(6)其他不应当核销的金融企业债权或者股权。

八、鉴证报告的出具

(一)鉴证报告的基本内容

税务师事务所应当按照相关法律、法规、规章及其他有关规定,在实施必要的审核程序后出具含有鉴证结论或鉴证意见的书面报告。鉴证报告应当包括:

1. 标题。鉴证报告的标题应当统一规范为"鉴证事项+鉴证报告"。

2. 收件人。鉴证报告的收件人是指注册税务师按照业务约定书的要求致送鉴证报告的对象,一般是指鉴证业务的委托人。鉴证报告应当载明收件人的全称。

3. 引言段。鉴证报告的引言段应当表明委托人和受托人的责任,说明对委托事项已进行鉴证审核以及审核的原则和依据等。

4. 审核过程及实施情况。鉴证报告的审核过程及实施情况应当披露以下内容:

(1)简要评述与企业财产损失所得税税前扣除有关的内部控制及其有效性。

(2)简要评述与企业财产损失所得税税前扣除有关的各项内部证据和外部证据的相关性和可靠性。

(3)简要陈述对委托单位和具有法定资质的机构提供的证据、事实及涉及金额等进行审核、验证和计算并进行职业推断的情况。

5. 鉴证结论或鉴证意见。注册税务师应当根据鉴证情况提出鉴证结论或鉴证意见。无保留意见的鉴证报告应当提出鉴证结论,并确认审核事项的具体金额。保留意见的鉴证报告应当提出鉴证结论,并对持保留意见的审核事项予以说明,提出初步意见或解决方案供税务机关审核裁定。无法表明意见或否定意见的鉴证报告应当提出鉴证意见,并详细说明审核事项可能对鉴证结论产生的重大影响,逐项阐述无法表明意见的理据;或描述审核事项存在违反税收法律法规及有关规定的情形,逐项阐述出具否定意见的理据。

6. 鉴证报告的要素还应当包括:

(1)由税务师事务所所长和注册税务师签名或盖章;

(2)载明税务师事务所的名称和地址,并加盖税务师事务所公章;

(3)注明报告日期。

(二)鉴证报告的分类与适用

税务师事务所经过审核鉴证,应当根据鉴证情况,出具真实、合法的鉴证报告。鉴证报告的种类可以分为以下四种:

1. 无保留意见的鉴证报告。适用于税务师事务所经过审核鉴证,完全可以确认企业财产损失所得税税前扣除具体金额的情形。企业可以据此办理财产损失税前扣除申报或审批事宜。(参考文本见附件2)

2. 保留意见的鉴证报告。适用于税务师事务所经过审核鉴证,发现可能对企业财产损失金额产生影响的事项,因税法有关规定本身不够明确或经咨询税务机关后理解该项政策仍有较大分歧,或获取的证据不够充分,对上述涉税事项提出保留意见后,可以确认企业财产损失所得税税前扣除具体金额的情形。企业可据此办理财产损失税前扣除申报或审批事宜。(参考文本见附件3)

3. 无法表明意见的鉴证报告。适用于税务师事务所经过审核鉴证,发现某些可能对企业财产损失产生重大影响的事项,因审核范围受到限制,无法对企业财产损失所得税税前扣除发表意见的情形。企业不可据此办理财产损失税前扣除申报或审批事宜。(参考文本见附件4)

4. 否定意见的鉴证报告。适用于税务师事务所经过审核鉴证,对该企业编报财产损失申报表持有重大异议,不能确认企业财产损失所得税税前扣除具体金额的情形。企业不可据此办理财产损失税前扣除申报或审批事宜。(参考文本见附件5)

附件:1. 涉税鉴证业务约定书(略)

2. 企业财产损失所得税税前扣除鉴证报告(适用于无保留意见的鉴证报告)(略)

3. 企业财产损失所得税税前扣除鉴证报告(适用于保留意见的鉴证报告)(略)

4. 企业财产损失所得税税前扣除鉴证报告(适用于无法表明意见的鉴证报告)(略)

5. 企业财产损失所得税税前扣除鉴证报告(适用于否定意见的鉴证报告)(略)

国家税务总局关于企业财产损失所得税前扣除中有关涉税鉴证业务问题的通知

(国税发〔2006〕185号　2006年12月26日发布)

各省、自治区、直辖市和计划单列市国家税务局、地方税务局，扬州税务进修学院：

《企业财产损失所得税前扣除管理办法》(国家税务总局令第13号，以下简称《办法》)第十五条规定：企业申报扣除各项资产损失时，均应提供能够证明资产损失确属已实际发生的合法证据，包括：具有法律效力的外部证据、具有法定资质的中介机构的经济鉴证证明和特定事项的企业内部证据。为规范税务师事务所的执业行为，提高执业质量，发挥税务师事务所及注册税务师在涉税鉴证业务中的作用，现将有关问题通知如下：

一、税务师事务所在受托办理企业财产损失所得税前扣除业务时，应当汇集税法规定的具有法律效力的外部证据和特定事项的企业内部证据，按照独立、客观、公正原则，在充分调查研究、论证和计算基础上，进行职业推断和客观评判，出具涉税鉴证证明或鉴定意见书。税务机关对税务师事务所的涉税鉴证证明或鉴定意见书具有检查、审核和认定权。

二、企业发生自然灾害、永久或实质性损害申报审批财产损失的，受托办理的税务师事务所必须根据国家及授权专业技术鉴定部门的鉴定材料以及《办法》第四十条规定的其他证据，出具涉税鉴证证明。

三、关于货币资产损失的鉴证

(一)对现金损失的鉴证，受托办理的税务师事务所应将《办法》第十九条规定的证据收集齐全，连同涉税鉴证证明一并提交税务机关确认。

(二)对符合《办法》第二十条申请税前扣除条件的企业应收、预付账款发生坏账损失尚未清算的，受托办理的税务师事务所应在充分调查研究、论证和计算基础上，进行职业推断和客观评判，出具涉税鉴证证明。

(三)对《办法》第二十一条规定的货币资产损失的其他情形，受托办理的税务师事务所除应依据该条规定收集相关书据和出具涉税鉴证证明外，同时还应提供第二十二条规定的相应依据。

四、关于非货币性资产损失，受托办理的税务师事务所应对企业盘亏、报废、毁损、被盗的存货和固定资产以及因停建、废弃和报废、拆除的在建工程发生的损失，收集齐全《办法》相应规定的证据，在此基础上进行职业推断和客观评判，出具涉税鉴证证明。

五、关于资产评估损失，受托办理的税务师事务所应首先严格审查企业申请税前扣除是否符合《办法》第四十二条规定的条件，办理时应注意收集齐全规定的各项证据，出具涉税鉴证证明，提交税务机关确认。

六、关于其他特殊财产损失，受托办理的税务师事务所对因政府规划搬迁、征用发生财产损失申请税前扣除的企业要严格审查相关条件，收集齐全规定证据；对企业之间因销售商品发生的商业信用损失、企业对外提供担保损失以及企业抵押财产被拍卖或变卖的价差损失等，必须严格按照《办法》相应规定办理。

七、受托办理企业财产损失所得税前扣除申请的税务师事务所必须严格遵守国家法律、法规;遵守独立、客观、公正的执业原则,保证行为合法、执业规范、操作严谨、档案完整;本着委托人自愿的原则接受委托,签订协议,做到规范严谨、标的明确、权责清晰,并按照国家价格主管部门的有关规定收取费用,不得采用不正当手段招揽业务。

八、对在办理涉税鉴证业务过程中,税务师事务所和注册税务师违规操作,出具虚假报告,造成不良影响的,由省级税务机关按照《注册税务师管理暂行办法》(国家税务总局令第14号)的有关规定给予通报、警告、罚款、撤销执业备案或收回执业证等处罚。

九、各级税务机关在受理企业财产损失所得税前扣除申请时,应对出具涉税鉴证证明的中介机构的法定资质进行严格审查。

十、各级税务机关和税务人员必须严格遵守有关规定,不得参与税务师事务所的中介业务,不得指定、推荐中介机构。对税务师事务所按照规定出具的涉税鉴证证明,税务机关不得拒绝受理。

企业财产损失所得税前扣除管理办法

（国家税务总局令第13号 2005年6月3日第4次局务会议审议通过 2005年8月9日发布
自2005年9月1日起施行）

第一章 总 则

第一条 为进一步规范和完善企业财产损失所得税前扣除的管理，促进企业所得税管理的精细化，根据《中华人民共和国税收征收管理法》及其实施细则、《中华人民共和国企业所得税暂行条例》及其实施细则的有关规定，制定本办法。

第二条 本办法所称财产是指企业拥有或者控制的、用于经营管理活动且与取得应纳税所得有关的资产，包括现金、银行存款、应收及预付款项（包括应收票据）、存货、投资（包括委托贷款、委托理财）、固定资产、无形资产（不包括商誉）和其他资产。

第三条 企业的各项财产损失，按财产的性质分为货币资金损失、坏账损失、存货损失、投资转让或清算损失、固定资产损失、在建工程和工程物资损失、无形资产损失和其他资产损失；按申报扣除程序分为自行申报扣除财产损失和经审批扣除财产损失；按损失原因分为正常损失（包括正常转让、报废、清理等）、非正常损失（包括因战争、自然灾害等不可抗力造成损失，因人为管理责任毁损、被盗造成损失，政策因素造成损失等）、发生改组等评估损失和永久实质性损害。

第四条 企业的各项财产损失，应在损失发生当年申报扣除，不得提前或延后。非因计算错误或其他客观原因，企业未及时申报的财产损失，逾期不得扣除。按本办法规定须经有关税务机关审批的，应按规定时间和程序及时申报。因税务机关的原因导致财产损失未能按期扣除的，经税务机关批准后，应调整该财产损失发生年度的纳税申报表，重新计算应纳所得税额。调整后的应纳所得税额如小于调整前的应纳所得税额，应将财产损失发生年度多缴的税款按照有关规定予以退税、抵缴欠税或下期应缴税款，不得改变财产损失所属纳税年度。

第五条 企业已申报扣除的财产损失又获得价值恢复或补偿，应在价值恢复或实际取得补偿年度并入应纳税所得。因债权人原因确实无法支付的应付账款，包括超过三年以上未支付的应付账款，如果债权人已按本办法规定确认损失并在税前扣除的，应并入当期应纳税所得依法缴纳企业所得税。

第二章 税前扣除财产损失的审批

第六条 企业在经营管理活动中因销售、转让、变卖资产发生的财产损失，各项存货发生的正常损耗以及固定资产达到或超过使用年限而正常报废清理发生的财产损失，应在有关财产损失实际发生当期申报扣除。

第七条 企业因下列原因发生的财产损失，须经税务机关审批才能在申报企业所得税时扣除：

（1）因自然灾害、战争等政治事件等不可抗力或者人为管理责任，导致现金、银行存款、存货、短期投资、固定资产的损失；

（2）应收、预付账款发生的坏账损失；

(3)金融企业的呆账损失；

(4)存货、固定资产、无形资产、长期投资因发生永久或实质性损害而确认的财产损失；

(5)因被投资方解散、清算等发生的投资损失；

(6)按规定可以税前扣除的各项资产评估损失；

(7)因政府规划搬迁、征用等发生的财产损失；

(8)国家规定允许从事信贷业务之外的企业间的直接借款损失。

第八条 企业财产损失税前扣除审批是对纳税人按规定提供的申报资料与法定条件的相关性进行的符合性审查。负责审批的税务机关需要对申报材料的内容进行核实的，应当指派两名以上工作人员进行核查。因财产损失数额较大、外部合法证据不充分等原因，实地核查工作量大、耗时长的，可委托企业所在地县(区)级税务机关具体组织实施。税务机关可对经批准税前扣除的财产损失的真实性进行检查。

第九条 企业的财产损失税前扣除，原则上由企业所在地县(区)级主管税务机关负责。省、自治区、直辖市和计划单列市税务机关(以下简称省级税务机关)可以根据财产损失金额的大小适当划分审批权限。因政府规划搬迁、征用等发生的财产损失由该级政府所在地税务机关的上一级税务机关审批。

第十条 企业财产损失税前扣除不得实行层层审批，企业可向所在地县(区)级主管税务机关申请，也可直接向省级税务机关规定的负责审批的税务机关申请。

第十一条 各级税务机关对企业税前扣除的财产损失申请的受理和审批，除听证和公示外，应比照《国家税务总局关于实施税务行政许可若干问题的通知》(国税发〔2004〕73 号)有关规定执行。

第十二条 县(区)级税务机关负责审批的，必须自受理之日起二十个工作日做出审批决定；市(地)级税务机关负责审批的，必须自受理之日起三十个工作日内做出审批决定；省级税务机关负责审批的，必须自受理之日起六十个工作日内做出审批决定。因情况复杂需要核实，在规定期限内不能做出决定的，经本级税务机关负责人批准，可以延长十天，并将延长期限的理由告知纳税人。

第十三条 企业发生的各项需审批的财产损失应在纳税年度终了后 15 日内集中一次报税务机关审批。企业发生自然灾害、永久或实质性损害需要现场取证的，应在证据保留期间及时申报审批，也可在年度终了后集中申报审批，但必须出据中介机构、国家及授权专业技术鉴定部门等的鉴定材料。

第十四条 企业税前扣除财产损失的审批采取谁审批、谁负责的制度，各级税务机关应将财产损失审批纳入岗位责任制考核体系，根据本办法的要求，规范程序，明确责任，建立健全监督制约机制和责任追究制度。

第三章 财产损失认定的证据

第十五条 企业申报扣除各项资产损失时，均应提供能够证明资产损失确属已实际发生的合法证据，包括：具有法律效力的外部证据、具有法定资质的中介机构的经济鉴证证明和特定事项的企业内部证据。

第十六条 具有法律效力的外部证据，是指司法机关、公安机关、行政机关、专业技术鉴定部

门等依法出具的与本企业资产损失相关的具有法律效力的书面文件,主要包括:

(一)司法机关的判决或者裁定;

(二)公安机关的立案结案证明、回复;

(三)工商部门出具的注销、吊销及停业证明;

(四)企业的破产清算公告或清偿文件;

(五)政府部门的公文及明令禁止的文件;

(六)国家及授权专业技术鉴定部门的鉴定报告;

(七)保险公司对投保资产出具的出险调查单,理赔计算单等;

(八)符合法律条件的其他证据。

第十七条 中介机构的经济鉴证证明,是指税务师事务所等具有法定资质的社会中介机构按照独立、客观、公正原则,在充分调查研究、论证和计算基础上,进行职业推断和客观评判,对企业某项经济事项发表的专项经济鉴证证明或鉴定意见书。

第十八条 企业会计核算制度健全,内部控制制度完善的,可以特定事项的内部证据作为资产损失的认定证据。特定事项的企业内部证据,是指本企业对各项资产发生毁损、报废、盘亏等内部证明或承担责任的申明,主要包括:

(一)会计核算有关资料和原始凭证;

(二)资产盘点表;

(三)相关经济行为的业务合同;

(四)企业内部技术鉴定部门的鉴定文件或资料(数额较大、影响较大的资产损失项目,应聘请行业内专家参加鉴定和论证);

(五)企业内部核批文件及有关情况说明;

(六)由于经营管理责任造成的损失,要有对责任人的责任认定及赔偿情况说明;

(七)法定代表人、企业负责人和企业财务负责人对特定事项真实性承担税收法律责任的申明。

第四章 货币资产损失的认定

第十九条 企业清查出的现金短缺,将现金短缺数额扣除责任人赔偿后的余额,确认为损失。现金损失确认应提供以下证据:

(一)现金保管人确认的现金盘点表(包括倒推至基准日的记录);

(二)现金保管人对于短款的说明及相关核准文件;

(三)由于管理责任造成的,应当有对责任认定及赔偿情况的说明;

(四)涉及刑事犯罪的应当提供有关司法涉案材料。

第二十条 企业应收、预付账款发生的坏账损失申请税前扣除必须符合下列条件之一:

(一)债务人被依法宣告破产、撤销(包括被政府责令关闭)、吊销工商营业执照、死亡、失踪,其剩余财产或遗产确实不足清偿;

(二)债务人逾期三年以上未清偿且有确凿证明表明已无力清偿债务;

(三)符合条件的债务重组形成的坏账;

(四)因自然灾害、战争及国际政治事件等不可抗力因素影响,确实无法收回的应收款项。

第二十一条 本办法第二十条所述情形中债务人已经清算的，应当扣除债务人清算财产实际清偿的部分后，对不能收回的款项，认定为损失。

对尚未清算的，由中介机构进行职业推断和客观评判后出具经济鉴证证明，对确实不能收回的部分认定为损失。

债务人已失踪、死亡的应收账款，在取得公安机关已失踪、死亡的证明后，确定其遗产不足清偿部分或无法找到承债人追偿债务的，由中介机构进行职业推断和客观评判后出具经济鉴证证明，对确实不能收回的部分，认定为损失。

因自然灾害、战争及国际政治事件等不可抗力因素影响，对确实无法收回的应收款项，由企业作出专项说明，经中介机构进行职业推断和客观评判后出具经济鉴证证明，或者取得中国驻外使(领)馆出具的有关证明后，对确实不能收回的部分，认定为损失。

逾期不能收回的应收款项，有败诉的法院判决书、裁决书，或者胜诉但无法执行或债务人无偿债能力被法院裁定终(中)止执行的，依据法院判决、裁定或终(中)止执行的法律文书，认定为损失。

在逾期不能收回的应收款项中，单笔数额较小、不足以弥补清收成本的，由企业作出专项说明，经中介机构进行职业推断和客观评判后出具经济鉴证证明，对确实不能收回的部分，认定为损失。

逾期三年以上的应收款项，企业有依法催收磋商记录，确认债务人已资不抵债、连续三年亏损或连续停止经营三年以上的，并能认定三年内没有任何业务往来，中介机构进行职业推断和客观评判后出具经济鉴证证明，认定为损失。

逾期三年以上的应收款项，债务人在境外及港、澳、台地区的，经依法催收仍不能收回的，在取得境外中介机构出具的有关证明，或者取得中国驻外使(领)馆出具的有关证明后，认定为损失。

第二十二条 企业应收、预付账款发生上述情况申请坏账损失税前扣除应提供下列依据：

(一)法院的破产公告和破产清算的清偿文件；

(二)工商部门的注销、吊销证明；

(三)政府部门有关撤销、责令关闭等的行政决定文件；

(四)公安等有关部门的死亡、失踪证明；

(五)逾期三年以上及已无力清偿债务的确凿证明；

(六)债权人债务重组协议、法院判决、国有企业债转股批准文件；

(七)与关联方的往来账款必须有法院判决或所在地主管税务机关证明。

第五章 非货币性资产损失的认定

第二十三条 企业存货发生的损失包括有关商品、产成品、半成品、在产品以及各类材料、燃料、包装物、低值易耗品等发生的盘亏、变质、淘汰、毁损、报废、被盗等造成的净损失。

第二十四条 对盘亏的存货，扣除责任人赔偿后的余额部分，依据下列证据认定损失：

(一)存货盘点表；

(二)中介机构的经济鉴证证明；

(三)存货保管人对于盘亏的情况说明；

（四）盘亏存货的价值确定依据（包括相关入库手续、相同相近存货采购发票价格或其他确定依据）；

（五）企业内部有关责任认定、责任人赔偿说明和内部核批文件。

第二十五条 对报废、毁损的存货，其账面价值扣除残值及保险赔偿或责任赔偿后的余额部分，依据下列证据认定损失：

（一）单项或批量金额较小的存货由企业内部有关技术部门出具技术鉴定证明；

（二）单项或批量金额较大的存货，应取得国家有关技术部门或具有技术鉴定资格的中介机构出具的技术鉴定证明；

（三）涉及保险索赔的，应当有保险公司理赔情况说明；

（四）企业内部关于存货报废、毁损情况说明及审批文件；

（五）残值情况说明；

（六）企业内部有关责任认定、责任赔偿说明和内部核批文件。

第二十六条 对被盗的存货，其账面价值扣除保险理赔以及责任赔偿后的余额部分，依据下列证据认定损失：

（一）向公安机关的报案记录，公安机关立案、破案和结案的证明材料；

（二）涉及责任人的责任认定及赔偿情况说明；

（三）涉及保险索赔的，应当有保险公司理赔情况说明。

第二十七条 固定资产损失包括企业房屋建筑物、机器设备、运输设备、工具器具等发生盘亏、淘汰、毁损、报废、丢失、被盗等造成的净损失。

第二十八条 对盘亏的固定资产，其账面净值扣除责任人赔偿后的余额部分，依据下列证据确认损失：

（一）固定资产盘点表；

（二）盘亏情况说明，单项或批量金额较大的固定资产盘亏，企业应逐项作出专项说明，由中介机构进行职业推断和客观评判后出具经济鉴证证明；

（三）企业内部有关责任认定和内部核准文件等。

第二十九条 对报废、毁损的固定资产，其账面净值扣除残值、保险赔偿和责任人赔偿后的余额部分，依据下列证据认定损失：

（一）企业内部有关部门出具的鉴定证明；

（二）单项或批量金额较大的固定资产报废、毁损，企业应逐项作出专项说明，并委托有技术鉴定资格的机构进行鉴定，出具鉴定说明；

（三）不可抗力原因（自然灾害、意外事故、战争等）造成固定资产毁损、报废的，应当有相关职能部门出具的鉴定报告，如消防部门出具受灾证明，公安部门出具的事故现场处理报告、车辆报损证明，房管部门的房屋拆除证明，锅炉、电梯等安检部门的检验报告等；

（四）企业固定资产报废、毁损情况说明及内部核批文件；

（五）涉及保险索赔的，应当有保险公司理赔情况说明。

第三十条 对被盗的固定资产，其账面净值扣除保险理赔以及责任赔偿后的余额部分，依据下列证据认定损失：

（一）向公安机关的报案记录，公安机关立案、破案和结案的证明材料；

(二)涉及责任人的责任认定及赔偿情况说明;

(三)涉及保险索赔的,应当有保险公司理赔情况说明。

第三十一条 在建工程和工程物资损失包括企业已经发生的因停建、废弃和报废、拆除在建工程项目以及因此而引起的相应工程物资报废或削价处理等发生的损失。

第三十二条 因停建、废弃和报废、拆除的在建工程,其账面价值扣除残值后的余额部分,依据下列证据认定损失:

(一)国家明令停建项目的文件;

(二)有关政府部门出具的工程停建、拆除文件;

(三)企业对报废、废弃的在建工程项目出具的鉴定意见和原因说明及核批文件,单项数额较大的在建工程项目报废,应当有行业专家参与的技术鉴定意见;

(四)工程项目实际投资额的确定依据。

第三十三条 由于自然灾害和意外事故毁损的在建工程,其账面价值扣除残值、保险赔偿及责任赔偿后的余额部分,依据下列证据认定损失:

(一)有关自然灾害或者意外事故证明;

(二)涉及保险索赔的,应当有保险理赔说明;

(三)企业内部有关责任认定、责任人赔偿说明和核准文件。

第三十四条 工程物资发生损失的,比照本办法存货损失的规定进行认定。

第六章 资产永久或实质性损害的认定

第三十五条 存货出现以下一项或若干项情形时,应当确认为发生永久或实质性损害:

(一)已霉烂变质;

(二)已过期且无转让价值;

(三)经营中已不再需要,并且已无使用价值和转让价值;

(四)其他足以证明已无使用价值和转让价值。

第三十六条 固定资产出现下列情形之一时,应当确认为发生永久或实质性损害:

(一)长期闲置不用,且已无转让价值;

(二)由于技术进步原因,已经不可使用;

(三)已遭毁损,不再具有使用价值和转让价值;

(四)因本身原因,使用后导致企业产生大量不合格品;

(五)其他实质上已经不能再给企业带来经济利益。

第三十七条 无形资产出现以下一项或若干项情形时,应当确认为发生永久或实质性损害:

(一)已被其他新技术所替代,且已无使用价值和转让价值;

(二)已超过法律保护期限,且已不能为企业带来经济利益;

(三)其他足以证明已经丧失使用价值和转让价值。

第三十八条 投资出现以下一项或若干项情形时,应当确认为发生永久或实质性损害:

(一)被投资方已依法宣告破产、撤销、关闭或被注销、吊销工商营业执照;

(二)被投资方财务状况严重恶化,累计发生巨额亏损,已连续停止经营三年以上,且无重新恢复经营的改组计划等;

(三)被投资方财务状况严重恶化,累计发生巨额亏损,被投资方的股票从证券交易市场摘牌,停止交易一年或一年以上;

(四)被投资方财务状况严重恶化,累计发生巨额亏损,已进行清算。

第三十九条 企业的存货、固定资产、无形资产和投资当有确凿证据表明已形成财产损失或者已发生永久或实质性损害时,应扣除变价收入、可收回金额以及责任和保险赔款后,再确认发生的财产损失。

可收回金额可以由中介机构评估确定。未经中介机构评估的,固定资产和长期投资的可收回金额一律暂定为账面余额的5%;存货为账面价值的1%。已按永久或实质性损害确认财产损失的各项资产必须保留会计记录,各项资产实际清理报废时,应根据实际清理报废情况和已预计的可收回金额确认损益。

第四十条 企业的存货、固定资产、无形资产和投资因发生永久或实质性损害情形,应依据下列证据认定财产损失:

(一)资产被淘汰、变质的经济、技术等原因的说明;

(二)企业法定代表人、主要负责人和财务负责人签章证实有关资产已霉烂变质、已无使用价值或转让价值、已毁损等的书面申明;

(三)中介机构或有关技术部门的品质鉴定报告;

(四)无形资产的法律保护期限文件;

(五)有关被投资方破产公告、破产清偿文件;工商部门注销、吊销文件;政府有关部门的行政决定文件;终止经营、停止交易的法律或其他证明文件;

(六)有关资产的成本和价值回收情况说明;

(七)被投资方清算剩余财产分配情况的证明。

第四十一条 企业委托金融机构向其它单位贷款,被贷款单位不能按期偿还的,比照本办法投资转让处置损失进行处理。

第七章 资产评估损失的认定

第四十二条 企业各项资产因评估确认的损失申请税前扣除,必须符合以下条件:

(一)国家统一组织的企业清产核资中发生的资产评估损失;

(二)企业按规定应纳税的各种类型改组中发生的评估损失;

(三)企业免税改组业务,对各类资产评估净增值或损失已进行纳税调整的。

第四十三条 企业的各项资产应依据下列证据确认资产评估损失:

(一)国家统一组织清产核资的文件(不包括国有资产日常管理中经常化、制度化资产清查);

(二)中介机构资产评估资料;

(三)政府部门资产评估确认文书;

(四)应税改组业务已纳税证明资料;

(五)免税改组业务涉及资产评估增值或损失已纳税调整证明资料。

第八章 其他特殊财产损失的认定

第四十四条 因政府规划搬迁、征用等发生的财产损失申请税前扣除,必须符合下列条件:

(一)有明确的法律、政策依据;

(二)不属于政府摊派。

第四十五条 企业因政府规划搬迁、征用,依据下列证据认定财产损失:

(一)政府有关部门的行政决定文件及法律政策依据;

(二)专业技术部门或中介机构鉴定证明;

(三)企业资产的账面价值确定依据。

第四十六条 除国家规定可以从事信贷业务的金融保险机构(包括经批准成立的企业集团内部财务公司)外,企业之间原则上不得直接从事信贷业务。企业之间除因销售商品等发生的商业信用外,其他的资金拆借发生的损失除经国务院批准外,一律不得在税前扣除。

第四十七条 企业对外提供与本身应纳税收入有关的担保,因被担保人不能按期偿还债务而承担连带还款责任,经清查和追索,被担保人无偿还能力,对无法追回的,比照本办法坏账损失进行管理。企业为其他独立纳税人提供的与本身应纳税收入无关的贷款担保等,因被担保方还不清贷款而由该担保人承担的本息等,不得申报扣除。

第四十八条 企业由于未能按期赎回抵押资产,使抵押资产被拍卖或变卖,其账面净值大于变卖价值的差额部分,依据拍卖或变卖证明,认定为财产损失。

第九章 责　　任

第四十九条 税务机关应按本办法规定的时间和程序,本着公正透明、廉洁高效和方便纳税人的原则,及时受理和审批纳税人申报的财产损失审批事项。非因客观原因未能及时受理或审批的,或者未按规定程序进行审批和核实造成审批错误的,应按《中华人民共和国税收征收管理法》和税收执法责任制的有关规定追究责任。

第五十条 税务机关对企业申请税前扣除的财产损失的审批不改变企业的申报责任,企业采用伪造、变造有关资料证明等手段多列多报财产损失,或本办法规定需要审批而未审批直接税前扣除财产损失造成少缴税款的,税务机关根据《中华人民共和国税收征收管理法》的有关规定进行处理。

因税务机关责任审批或核实错误,造成企业未缴或少缴税款,按《中华人民共和国税收征收管理法》第52条规定执行。

第五十一条 税务机关对企业自行申报扣除和经审批扣除的财产损失进行纳税检查时,根据实质重于形式原则对有关证据的真实性、合法性和合理性进行审查,对有确凿证据证明由于不真实、不合法或不合理的证据或估计而造成的税前扣除应依法进行纳税调整,并区分情况分清责任,按规定对纳税人和有关责任人依法进行处罚。有关技术鉴定部门或中介机构为纳税人提供虚假证明,导致未缴、少缴税款的,按《中华人民共和国税收征收管理法》及其实施细则的规定处理。

第十章 附　　则

第五十二条 各省、自治区、直辖市和计划单列市国家税务局、地方税务局可根据本办法制定具体实施办法。

第五十三条 本办法自2005年9月1日起执行,国家税务总局1997年12月16日印发的《企业财产损失税前扣除管理办法》(国税发〔1997〕190号)同时废止。

国家税务总局关于金融企业呆帐损失税前扣除审批事项的通知

（国税发〔2003〕73号　2003年6月19日发布　自2003年6月1日起执行）

各省、自治区、直辖市和计划单列市国家税务局：

《金融企业呆帐损失税前扣除管理办法》（国家税务总局4号令）规定，金融企业发生的呆帐损失需经税务机关审批方可税前扣除。为了加强金融企业呆帐损失税前扣除的管理，现对金融企业呆帐损失税前扣除审批事项明确如下：

一、以下金融企业呆帐损失由国家税务总局负责审批：

（一）国务院决定的事项；

（二）金融体制改革和金融企业改组改制过程中清理出的跨省区的呆帐损失；

（三）银行、城乡信用社和其他金融企业发生的单笔（项）5000万元以上的呆帐损失。

二、除以上情形外，金融企业的呆帐损失一律由省及省以下税务机关审批，审批的具体权限和程序由省一级税务机关确定。

三、需经国家税务总局审批的金融企业呆帐损失，按以下程序申请审批：

（一）国务院决定的事项、金融体制改革和金融企业改组改制过程中清理出的跨省区的呆帐损失，由金融企业直接向国家税务总局申请审批；

（二）其他情形由当地主管税务机关审核确认后层报国家税务总局审批。

四、本通知自2003年6月1日起执行。

财政部　国家税务总局关于对企业兼并破产中不予核销的银行呆、坏账损失营业税抵扣问题的通知

（财税字〔1997〕100号　1997年8月1日发布）

为贯彻落实《国务院关于在若干城市试行国有企业兼并破产和职工再就业有关问题的补充通知》（国发〔1997〕10号）的精神，现对修理业兼并破产中不予核销的银行呆、坏账损失营业税抵扣问题通知如下：

一、对因越权超范围使用有关政策而形成的银行呆、坏账损失，可由税务部门在银行应上缴属于地方财政收入的营业税（即5%的部分）中抵扣，不得用上缴中央财政的营业税（即3%的部分）抵扣。

越权超范围使用有关政策而形成的银行呆、坏账损失，是指非试点城市和地区以及试点城市的非国有工业企业、试点城市管辖的县（市）属企业擅自使用国发〔1994〕59号文件有关破产方面的政策，而形成的银行呆、坏账损失。

二、银行在因越权超范围使用有关政策而形成银行呆、坏账损失后，应将相关资料报送主管税务机关，待主管税务机关认定后，方可允许抵扣，否则不予抵扣。

相关资料，是指破产（兼并）企业的名称，破产（兼并）的原因（包括批准的机关和批准的文件），形成银行呆、坏账损失的数额以及主管税务机关要求报送的其他资料。

三、各级税务机关要严格按照国发〔1997〕10号文件和本通知规定的范围进行认定，严禁借此扩大了或变相扩大抵扣范围。对于银行超越范围抵扣营业税的，应按《中华人民共和国税收征收管理法》及相关规定处理。

请遵照执行。

二、增 值 税

国家税务总局关于纳税人资产重组有关增值税问题的公告

（国家税务总局公告 2013 年第 66 号　2013 年 11 月 19 日发布　自 2013 年 12 月 1 日起施行）

现将纳税人资产重组有关增值税问题公告如下：

纳税人在资产重组过程中，通过合并、分立、出售、置换等方式，将全部或者部分实物资产以及与其相关联的债权、负债经多次转让后，最终的受让方与劳动力接收方为同一单位和个人的，仍适用《国家税务总局关于纳税人资产重组有关增值税问题的公告》(国家税务总局公告 2011 年第 13 号)的相关规定，其中货物的多次转让行为均不征收增值税。资产的出让方需将资产重组方案等文件资料报其主管税务机关。

本公告自 2013 年 12 月 1 日起施行。纳税人此前已发生并处理的事项，不再做调整；未处理的，按本公告规定执行。

特此公告。

国家税务总局关于纳税人资产重组增值税留抵税额处理有关问题的公告

（国家税务总局公告2012年第55号　2012年12月13日发布　自2013年1月1日起施行）

现将纳税人资产重组中增值税留抵税额处理有关问题公告如下：

一、增值税一般纳税人（以下称“原纳税人”）在资产重组过程中，将全部资产、负债和劳动力一并转让给其他增值税一般纳税人（以下称“新纳税人”），并按程序办理注销税务登记的，其在办理注销登记前尚未抵扣的进项税额可结转至新纳税人处继续抵扣。

二、原纳税人主管税务机关应认真核查纳税人资产重组相关资料，核实原纳税人在办理注销税务登记前尚未抵扣的进项税额，填写《增值税一般纳税人资产重组进项留抵税额转移单》（见附件）。

《增值税一般纳税人资产重组进项留抵税额转移单》一式三份，原纳税人主管税务机关留存一份，交纳税人一份，传递新纳税人主管税务机关一份。

三、新纳税人主管税务机关应将原纳税人主管税务机关传递来的《增值税一般纳税人资产重组进项留抵税额转移单》与纳税人报送资料进行认真核对，对原纳税人尚未抵扣的进项税额，在确认无误后，允许新纳税人继续申报抵扣。

本公告自2013年1月1日起施行。

特此公告。

国家税务总局关于纳税人资产重组有关增值税问题的公告

（国家税务总局公告2011年第13号 2011年2月18日发布
自2011年3月1日起执行）

根据《中华人民共和国增值税暂行条例》及其实施细则的有关规定，现将纳税人资产重组有关增值税问题公告如下：

纳税人在资产重组过程中，通过合并、分立、出售、置换等方式，将全部或者部分实物资产以及与其相关联的债权、负债和劳动力一并转让给其他单位和个人，不属于增值税的征税范围，其中涉及的货物转让，不征收增值税。

本公告自2011年3月1日起执行。此前未作处理的，按照本公告的规定执行。《国家税务总局关于转让企业全部产权不征收增值税问题的批复》（国税函〔2002〕420号）、《国家税务总局关于纳税人资产重组有关增值税政策问题的批复》（国税函〔2009〕585号）、《国家税务总局关于中国直播卫星有限公司转让全部产权有关增值税问题的通知》（国税函〔2010〕350号）同时废止。

特此公告。

国家税务总局关于企业破产、倒闭、解散、停业后增值税留抵税额处理问题的批复

（国税函〔1998〕429 号 1998 年 7 月 16 日发布）

北京市国家税务局：

你局《关于增值税留抵税款处理问题的请示》（京国税〔1998〕298 号）收悉，现批复如下：

对因破产、倒闭、解散、停业而注销税务登记的企业，其原有的留抵税额的处理问题，《国家税务总局关于印发〈增值税问题解答（之一）〉的通知》（国税函发〔1995〕288 号）已明确法规：纳税人破产、倒闭、解散、停业后，其期初存货中尚未抵扣的已征税款，以及征税后出现的进项税额大于销项税额后不足抵扣部分（即留抵税额），税务机关不再退税。

三、土地增值税

财政部　国家税务总局关于企业改制重组有关土地增值税政策的通知

（财税〔2015〕5 号　2015 年 2 月 2 日发布）

各省、自治区、直辖市、计划单列市财政厅（局）、地方税务局，西藏、宁夏、青海省（自治区）国家税务局，新疆生产建设兵团财务局：

为贯彻落实《国务院关于进一步优化企业兼并重组市场环境的意见》（国发〔2014〕14 号），现将企业在改制重组过程中涉及的土地增值税政策通知如下：

一、按照《中华人民共和国公司法》的规定，非公司制企业整体改建为有限责任公司或者股份有限公司，有限责任公司（股份有限公司）整体改建为股份有限公司（有限责任公司）。对改建前的企业将国有土地、房屋权属转移、变更到改建后的企业，暂不征土地增值税。

本通知所称整体改建是指不改变原企业的投资主体，并承继原企业权利、义务的行为。

二、按照法律规定或者合同约定，两个或两个以上企业合并为一个企业，且原企业投资主体存续的，对原企业将国有土地、房屋权属转移、变更到合并后的企业，暂不征土地增值税。

三、按照法律规定或者合同约定，企业分设为两个或两个以上与原企业投资主体相同的企业，对原企业将国有土地、房屋权属转移、变更到分立后的企业，暂不征土地增值税。

四、单位、个人在改制重组时以国有土地、房屋进行投资，对其将国有土地、房屋权属转移、变更到被投资的企业，暂不征土地增值税。

五、上述改制重组有关土地增值税政策不适用于房地产开发企业。

六、企业改制重组后再转让国有土地使用权并申报缴纳土地增值税时，应以改制前取得该宗国有土地使用权所支付的地价款和按国家统一规定缴纳的有关费用，作为该企业“取得土地使用权所支付的金额”扣除。企业在重组改制过程中经省级以上（含省级）国土管理部门批准，国家以国有土地使用权作价出资入股的，再转让该宗国有土地使用权并申报缴纳土地增值税时，应以该宗土地作价入股时省级以上（含省级）国土管理部门批准的评估价格，作为该企业“取得土地使用权所支付的金额”扣除。办理纳税申报时，企业应提供该宗土地作价入股时省级以上（含省级）国土管理部门的批准文件和批准的评估价格，不能提供批准文件和批准的评估价格的，不得扣除。

七、企业按本通知有关规定享受相关土地增值税优惠政策的，应及时向主管税务机关提交相关房产、国有土地权证、价值证明等书面材料。

八、本通知执行期限为 2015 年 1 月 1 日至 2017 年 12 月 31 日。《财政部　国家税务总局关于土地增值税一些具体问题规定的通知》（财税字〔1995〕48 号）第一条、第三条，《财政部　国家税务总局关于土地增值税若干问题的通知》（财税〔2006〕21 号）第五条同时废止。

财政部　国家税务总局关于土地增值税若干问题的通知

（财税〔2006〕21号　2006年3月2日发布　自2006年3月2日起执行）

各省、自治区、直辖市、计划单列市财政厅（局）、地方税务局，新疆生产建设兵团财务局：

根据《中华人民共和国土地增值税暂行条例》（以下简称《条例》）及其实施细则和有关规定精神，现将土地增值税有关问题明确如下：

一、关于纳税人建造普通标准住宅出售和居民个人转让普通住宅的征免税问题

《条例》第八条中“普通标准住宅”和《财政部、国家税务总局关于调整房地产市场若干税收政策的通知》（财税字〔1999〕210号）第三条中“普通住宅”的认定，一律按各省、自治区、直辖市人民政府根据《国务院办公厅转发建设部等部门关于做好稳定住房价格工作意见的通知》（国办发〔2005〕26号）制定并对社会公布的“中小套型、中低价位普通住房”的标准执行。纳税人既建造普通住宅，又建造其他商品房的，应分别核算土地增值额。

在本文件发布之日前已向房地产所在地地方税务机关提出免税申请，并经税务机关按各省、自治区、直辖市人民政府原来确定的普通标准住宅的标准审核确定，免征土地增值税的普通标准住宅，不做追溯调整。

二、关于转让旧房准予扣除项目的计算问题

纳税人转让旧房及建筑物，凡不能取得评估价格，但能提供购房发票的，经当地税务部门确认，《条例》第六条第（一）、（三）项规定的扣除项目的金额，可按发票所载金额并从购买年度起至转让年度止每年加计5%计算。对纳税人购房时缴纳的契税，凡能提供契税完税凭证的，准予作为“与转让房地产有关的税金”予以扣除，但不作为加计5%的基数。

对于转让旧房及建筑物，既没有评估价格，又不能提供购房发票的，地方税务机关可以根据《中华人民共和国税收征收管理法》（以下简称《税收征管法》）第35条的规定，实行核定征收。

三、关于土地增值税的预征和清算问题

各地要进一步完善土地增值税预征办法，根据本地区房地产业增值水平和市场发展情况，区别普通住房、非普通住房和商用房等不同类型，科学合理地确定预征率，并适时调整。工程项目竣工结算后，应及时进行清算，多退少补。

对未按预征规定期限预缴税款的，应根据《税收征管法》及其实施细则的有关规定，从限定的缴纳税款期限届满的次日起，加收滞纳金。

对已竣工验收的房地产项目，凡转让的房地产的建筑面积占整个项目可售建筑面积的比例在85%以上的，税务机关可以要求纳税人按照转让房地产的收入与扣除项目金额配比的原则，对已转让的房地产进行土地增值税的清算。具体清算办法由各省、自治区、直辖市和计划单列市地方税务局规定。

四、关于因城市实施规划、国家建设需要而搬迁，纳税人自行转让房地产的征免税问题

《中华人民共和国土地增值税暂行条例实施细则》第十一条第四款所称：因“城市实施规划”而搬迁，是指因旧城改造或因企业污染、扰民（指产生过量废气、废水、废渣和噪音，使城市居民生活受到一定危害），而由政府或政府有关主管部门根据已审批通过的城市规划确定进行搬迁的情况；因“国家建设的需要”而搬迁，是指因实施国务院、省级人民政府、国务院有关部委批准的建设项目而进行搬迁的情况。

五、关于以房地产进行投资或联营的征免税问题

对于以土地(房地产)作价入股进行投资或联营的,凡所投资、联营的企业从事房地产开发的,或者房地产开发企业以其建造的商品房进行投资和联营的,均不适用《财政部、国家税务总局关于土地增值税一些具体问题规定的通知》(财税字〔1995〕048 号)第一条暂免征收土地增值税的规定。

六、本文自 2006 年 3 月 2 日起执行。

财政部 国家税务总局关于土地增值税一些具体问题规定的通知

（财税字〔1995〕48号 1995年5月25日发布）

各省、自治区、直辖市、计划单列市财政厅（局）、国家税务局、地方税务局，扬州培训中心、长春税务学院：

按照《中华人民共和国土地增值税暂行条例》（以下简称条例）和《中华人民共和国土地增值税暂行条例实施细则》（以下简称细则）的规定，现对土地增值税一些具体问题规定如下：

一、关于以房地产进行投资、联营的征免税问题

对于以房地产进行投资、联营的，投资、联营的一方以土地（房地产）作价入股进行投资或作为联营条件，将房地产转让到所投资、联营的企业中时，暂免征收土地增值税。对投资、联营企业将上述房地产再转让的，应征收土地增值税。

二、关于合作建房的征免税问题

对于一方出地，一方出资金，双方合作建房，建成后按比例分房自用的，暂免征收土地增值税；建成后转让的，应征收土地增值税。

三、关于企业兼并转让房地产的征免税问题

在企业兼并中，对被兼并企业将房地产转让到兼并企业中的，暂免征收土地增值税。

四、关于细则中“赠与”所包括的范围问题

细则所称的“赠与”是指如下情况：

（一）房产所有人、土地使用权所有人将房屋产权、土地使用权赠与直系亲属或承担直接赡养义务人的。

（二）房产所有人、土地使用权所有人通过中国境内非营利的社会团体、国家机关将房屋产权、土地使用权赠与教育、民政和其他社会福利、公益事业的。

上述社会团体是指中国青少年发展基金会、希望工程基金会、宋庆龄基金会、减灾委员会、中国红十字会、中国残疾人联合会、全国老年基金会、老区促进会以及经民政部门批准成立的其他非营利的公益性组织。

五、关于个人互换住房的征免税问题

对个人之间互换自有居住用房地产的，经当地税务机关核实，可以免征土地增值税。

六、关于地方政府要求房地产开发企业代收的费用如何计征土地增值税的问题

对于县级及县级以上人民政府要求房地产开发企业在售房时代收的各项费用，如果代收费用是计入房价中向购买方一并收取的，可作为转让房地产所取得的收入计税；如果代收费用未计入房价中，而是在房价之外单独收取的，可以不作为转让房地产的收入。

对于代收费用作为转让收入计税的，在计算扣除项目金额时，可予以扣除，但不允许作为加计20%扣除的基数；对于代收费用未作为转让房地产的收入计税的，在计算增值额时不允许扣除代收费用。

七、关于新建房与旧房的界定问题

新建房是指建成后未使用的房产。凡是已使用一定时间或达到一定磨损程度的房产均属旧房。使用时间和磨损程度标准可由各省、自治区、直辖市财政厅(局)和地方税务局具体规定。

八、关于扣除项目金额中的利息支出如何计算问题

(一)利息的上浮幅度按国家的有关规定执行,超过上浮幅度的部分不允许扣除;

(二)对于超过贷款期限的利息部分和加罚的利息不允许扣除。

九、关于计算增值额时扣除已缴纳印花税的问题

细则中规定允许扣除的印花税,是指在转让房地产时缴纳的印花税。房地产开发企业按照《施工、房地产开发企业财务制度》的有关规定,其缴纳的印花税列入管理费用,已相应予以扣除。其他的土地增值税纳税义务人在计算土地增值税时允许扣除在转让时缴纳的印花税。

十、关于转让旧房如何确定扣除项目金额的问题

转让旧房的,应按房屋及建筑物的评估价格、取得土地使用权所支付的地价款和按国家统一规定交纳的有关费用以及在转让环节缴纳的税金作为扣除项目金额计征土地增值税。对取得土地使用权时未支付地价款或不能提供已支付的地价款凭据的,不允许扣除取得土地使用权所支付的金额。

十一、关于已缴纳的契税可否在计税时扣除的问题

对于个人购入房地产再转让的,其在购入时已缴纳的契税,在旧房及建筑物的评估价中已包括了此项因素,在计征土地增值税时,不另作为"与转让房地产有关的税金"予以扣除。

十二、关于评估费用可否在计算增值额时扣除的问题

纳税人转让旧房及建筑物时因计算纳税的需要而对房地产进行评估,其支付的评估费用允许在计算增值额时予以扣除。对条例第九条规定的纳税人隐瞒、虚报房地产成交价格等情形而按房地产评估价格计算征收土地增值税所发生的评估费用,不允许在计算土地增值税时予以扣除。

十三、关于既建普通标准住宅又搞其他类型房地产开发的如何计税的问题

对纳税人既建普通标准住宅又搞其他房地产开发的,应分别核算增值额。不分别核算增值额或不能准确核算增值额的,其建造的普通标准住宅不能适用条例第八条(一)项的免税规定。

十四、关于预售房地产所取得的收入是否申报纳税的问题

根据细则的规定,对纳税人在项目全部竣工结算前转让房地产取得的收入可以预征土地增值税。具体办法由各省、自治区、直辖市地方税务局根据当地情况制定。因此,对纳税人预售房地产所取得的收入,当地税务机关规定预征土地增值税的,纳税人应当到主管税务机关办理纳税申报,并按规定比例预交,待办理决算后,多退少补;当地税务机关规定不预征土地增值税的,也应在取得收入时先到税务机关登记或备案。

十五、关于分期收款的外币收入如何折合人民币的问题

对于取得的收入为外国货币的,依照细则规定,以取得收入当天或当月1日国家公布的市场汇价折合人民币,据以计算土地增值税税额。对于以分期收款形式取得的外币收入,也应按实际收款日或收款当月1日国家公布的市场汇价折合人民币。

十六、关于纳税期限的问题

根据条例第十条、第十二条和细则第十五条的规定,税务机关核定的纳税期限,应在纳税人签订房地产转让合同之后、办理房地产权属转让(即过户及登记)手续之前。

十七、关于财政部、国家税务总局《关于对1994年1月1日前签订开发及转让合同的房地产征免土地增值税的通知》(财法字〔1995〕7号)适用范围的问题。

该通知规定的适用范围,限于房地产开发企业转让新建房地产的行为,非房地产开发企业或房地产开发企业转让存量房地产的,不适用此规定。

四、出口退税

国家税务总局关于出口企业申报出口货物退(免)税提供收汇资料有关问题的公告

(国家税务总局公告2013年第30号　2013年6月9日发布　自2013年8月1日起执行)

为了准确计算、审核办理出口退(免)税,核实出口业务的真实性,防范骗取出口退税违法行为的发生,根据《国务院关于调低出口退税率加强出口退税管理的通知》(国发明电〔1995〕3号)、《国家外汇管理局　海关总署国家税务总局关于货物贸易外汇管理制度改革的公告》(国家外汇管理局公告2012年第1号)的有关规定,现将出口企业申报出口货物退(免)税提供收汇资料的有关问题公告如下:

一、出口企业申报退(免)税的出口货物,须在退(免)税申报期截止之日内收汇(跨境贸易人民币结算的为收取人民币,下同),并按本公告的规定提供收汇资料;未在退(免)税申报期截止之日内收汇的出口货物,除本公告第五条所列不能收汇或不能在出口货物退(免)税申报期的截止之日内收汇的出口货物外,适用增值税免税政策。

二、有下列情形之一的出口企业,在申报退(免)税时,对已收汇的出口货物,应填报《出口货物收汇申报表》(附件1),并提供该货物银行结汇水单等出口收汇凭证(跨境贸易人民币结算的为收取人民币的收款凭证,原件和盖有企业公章的复印件,下同);对暂未收汇的出口货物,生产企业应在《生产企业出口货物免、抵、退税申报明细表》的"单证不齐标志"栏(第20栏)中填写"W",暂不参与免抵退税计算,待收汇并填报《出口货物收汇申报表》后,方可参与免抵退税计算;对不能收汇或不能在出口货物退(免)税申报期的截止之日内收汇的属于本公告第五条所列的出口货物,按本公告第五条的规定办理:

(一)被外汇管理部门列为B、C类企业的;

(二)被外汇管理部门列为重点监测企业的;

(三)被人民银行列为跨境贸易人民币重点监管企业的;

(四)被海关列为C、D类企业的;

(五)被税务机关评定为D级纳税信用等级的;

(六)因虚开增值税专用发票或其他增值税扣税凭证、增值税偷税、骗取国家出口退税款等原因,被税务机关给予行政处罚的;

(七)因违反进、出口管理,收、付汇管理等方面的规定,被海关、外汇管理、人民银行、商务等部门给予行政处罚的;

(八)向主管税务机关申报的不能收汇的原因为虚假的;

(九)向主管税务机关提供的出口货物收汇凭证是冒用的。

前款第(一)至第(五)项情形的执行时间(以申报退(免)税时间为准,本款下同)为主管税务机关通知之日起至情形存续期结束;前款第(六)至第(九)项情形的执行时间为主管税务机关通知之日起24个月内;出口企业并存上述若干情形的,执行时间的截止时间为情形中的最晚截止时间。

三、自2014年5月1日起，出口企业上一年度收汇率低于70%（外汇管理局、人民银行提供的企业上一年度出口收汇金额，加上企业申报并经主管税务机关审核确认的不能收汇金额合计，占企业申报退（免）税的上一年度出口货物出口额的比例）的，该出口企业当年5月至次年4月申报的退（免）税，按本公告第二条的规定执行。

四、本公告第二条、第三条所列出口企业以外的其他出口企业申报的出口货物退（免）税，可不提供出口收汇凭证，本条第二款规定的情形除外；对不能收汇或不能在出口货物退（免）税申报期的截止之日内收汇的属于本公告第五条所列的货物，按本公告第五条的规定办理。

主管税务机关在出口退（免）税审核中，发现前款出口企业申报退（免）税的出口货物存在需要进一步核实出口业务真实性的，出口企业在接到主管税务机关通知后，应填报《生产企业出口业务自查表》或《外贸企业出口业务自查表》、《出口货物收汇申报表》或《出口货物不能收汇申报表》（附件2）及相关证明材料。主管税务机关对企业报送的申报表和相关资料，按有关规定核查无误后，方可办理该笔出口货物退（免）税。

五、出口货物由于本公告附件3所列原因，不能收汇或不能在出口货物退（免）税申报期的截止之日内收汇的，如按会计制度规定须冲减出口销售收入的，在冲减销售收入后，属于本公告第二条所列出口企业应在申报退（免）税时，属于本公告第四条所列出口企业应在退（免）税申报期截止之日内，向主管税务机关报送《出口货物不能收汇申报表》，提供附件3所列原因对应的有关证明材料，经主管税务机关审核确认后，可视同收汇处理。

六、合同约定全部收汇的最终日期在出口退（免）税申报期限截止之日后的，出口企业应在合同约定最终收汇日期次月的增值税纳税申报期内，向主管税务机关提供收汇凭证，不能提供的，对应的出口货物适用增值税免税政策。

七、本公告规定的适用增值税免税政策的出口货物，出口企业应在退（免）税申报期截止之日的次月或在确定免税的次月的增值税纳税申报期，按规定向主管税务机关申报免税，前期已申报退（免）税的，出口企业应用负数申报冲减原退（免）税申报数据，并按现行会计制度的有关规定进行相应调整，出口企业当期免抵退税额（外贸企业为退税额，本条下同）不足冲减的，应补缴差额部分的税款。出口企业如果未按上述规定申报冲减的，一经主管税务机关发现，除按规定补缴已办理的免抵退税额，对出口货物增值税实行免税或征税外，还应接受主管税务机关按《中华人民共和国税收征收管理法》做出的处罚。

八、主管税务机关发现出口企业申报出口货物退（免）税提供的收汇资料存在以下情形的，除按《中华人民共和国税收征收管理法》相应的规定处罚外，相应的出口货物适用增值税征税政策，属于偷骗税的，由稽查部门查处：

（一）不能收汇的原因或证明材料为虚假的；

（二）收汇凭证是冒用的。

九、主管税务机关发现出口企业出口货物的收汇情况存在非进口商付汇等疑点的，对该笔收汇对应的出口货物暂不办理出口退（免）税；已办理退（免）税的，主管税务机关可按照所涉及的退税额对该企业其他已审核通过的等额的应退税款暂缓办理出口退（免）税，无其他应退税款或应退税款小于所涉及退税额的，可由出口企业提供差额部分的担保。待税务机关核实排除相应疑点后，方可办理退（免）税或解除担保。

十、省级国家税务局应设立评估指标、预警值,按照人民银行、外汇管理局提供的出口收汇数据,对出口企业的货物流、资金流进行定期评估、预警,凡发现出口企业申报退(免)税的出口货物结汇数据异常的,应进行核查,发现违规的,应按相应规定处理;属于偷骗税的,由稽查部门查处。

十一、本公告的出口货物,不包括《财政部 国家税务总局关于出口货物劳务增值税和消费税政策的通知》(财税〔2012〕39 号)第一条第(二)项(第 2 目除外)、第(三)项所列的视同出口货物以及易货贸易出口货物、委托出口货物,暂不包括边境小额贸易出口货物;本公告的出口企业,不包括委托出口的企业。

十二、本公告自 2013 年 8 月 1 日起执行。

特此公告。

附件:

1. 出口货物收汇申报表
2. 出口货物不能收汇申报表
3. 出口货物不能收汇的原因及证明材料

附件 1：

出口货物收汇申报表

纳税人名称：（公章）
海关企业代码：　　　　　　　　　　　　所属期：　　年　　月
纳税人识别号：　　　　　　　　　　　　　　　　　　　　　　单位：　　元

序号	出口货物报关单号	出口发票号码	记出口销售帐日期	出口货物销售额			出口货物收汇情况										非进口商付汇原因	非进口国家（地区）付汇原因	备注
				币种	金额	折合人民币金额	收入凭证号码	收汇日期	结汇方式	金融机构代码	银行业务编号	币种	金额	折合人民币金额	付汇人	付汇国家（地区）			
栏次	1	2	3	4	5	6	7	8	9	10	11	12	13	14	15	16	17	18	19
合计		/	/	/	/		/	/	/	/	/	/	/		/	/	/	/	/

出口企业	主管税务机关
兹声明以上申报无讹并愿意承担一切法律责任。 经办人： 财务负责人： 法定代表人（负责人）： 年　　月　　日	经办人： 复核人： 负责人：（公章） 年　　月　　日

填表说明：
1. 若 1 张报关单对应的出口收入凭证超过两个的，应分行进行填写。
2. 各商业银行的出口收入凭证上的银行业务编号名称不统一，第 11 栏“银行业务编号”栏应填写出口收入凭证上的“业务编号”或“我行业务编号”等。
3. 在第 17 栏、第 18 栏填报原因说明的，应同时附送相关资料，如出口合同等，出口合同号应填写在备注栏。

附件 2：

出口货物不能收汇申报表

纳税人名称：（公章）
海关企业代码：
纳税人识别号：　　　　　　　　　　　　　　　　　　所属期：　　年　　月　　　　　　　　　　　　　　　　　　单位：元

序号	出口货物报关单号	出口发票号码	记出口销售账日期	出口货物销售额			出口货物收汇情况				不能收汇原因		提供证明材料种类	合同约定全部收汇最终日期	出口合同号码	备注
				币种	金额	折人民币金额	币种	已收汇金额	未收汇金额	未收汇比例	原因代码	原因具体说明				
栏次	1	2	3	4	5	6	7	8	9	10	11	12	13	14	15	16

出口企业	主管税务机关
兹声明以上申报无讹并愿意承担一切法律责任。 经办人： 财务负责人： 法定代表人（负责人）：（公章） 年　　月　　日	经办人： 负核人： 负责人： 年　　月　　日

填表说明：

1. 第 11 栏不能收汇原因的"原因代码"栏，应根据不能收汇原因，按照本公告附件 3 填写。
2. 出口合同约定全部收汇最终日期在退（免）税申报截止之日以后的，即不能收汇原因代码为"08"的，应填写第 14 栏"合同约定全部收汇最终日期"。

附件3：

出口货物不能收汇的原因及证明材料

出口企业出口货物因下列原因导致不能收汇的，应提供相应的证明材料，报主管税务机关。

（一）因国外商品市场行情变动的，提供有关商会出具的证明或有关交易所行情报价资料。原因代码：01。

（二）因出口商品质量原因的，提供进口商的有关函件和进口国商检机构的证明；由于客观原因无法提供进口国商检机构证明的，提供进口商的检验报告、相关证明材料和出口单位书面保证函。原因代码：02。

（三）因动物及鲜活产品变质、腐烂、非正常死亡或损耗的，提供进口商的有关函件和进口国商检机构的证明；由于客观原因确实无法提供商检证明的，提供进口商有关函件、相关证明材料和出口单位书面保证函。原因代码：03。

（四）因自然灾害、战争等不可抗力因素的，提供报刊等新闻媒体的报道材料或中国驻进口国使领馆商务处出具的证明。原因代码：04。

（五）因进口商破产、关闭、解散的，提供报刊等新闻媒体的报道材料或中国驻进口国使领馆商务处出具的证明。原因代码：05。

（六）因进口国货币汇率变动的，提供报刊等新闻媒体刊登或外汇局公布的汇率资料。原因代码：06。

（七）因溢短装的，提供提单或其他正式货运单证等商业单证。原因代码：07。

（八）因出口合同约定全部收汇最终日期在申报退（免）税截止期限以后的，提供出口合同。原因代码：08。

（九）因其他原因的，提供主管税务机关认可的有效凭证。原因代码：09。

五、契　　税

财政部　国家税务总局关于继续支持企业事业单位改制重组有关契税政策的通知

（财税〔2018〕17号　2018年3月2日发布）

各省、自治区、直辖市、计划单列市财政厅（局）、地方税务局，西藏、宁夏、青海省（自治区）国家税务局，新疆生产建设兵团财政局：

为贯彻落实《国务院关于进一步优化企业兼并重组市场环境的意见》（国发〔2014〕14号），继续支持企业、事业单位改制重组，现就企业、事业单位改制重组涉及的契税政策通知如下：

一、企业改制

企业按照《中华人民共和国公司法》有关规定整体改制，包括非公司制企业改制为有限责任公司或股份有限公司，有限责任公司变更为股份有限公司，股份有限公司变更为有限责任公司，原企业投资主体存续并在改制（变更）后的公司中所持股权（股份）比例超过75%，且改制（变更）后公司承继原企业权利、义务的，对改制（变更）后公司承受原企业土地、房屋权属，免征契税。

二、事业单位改制

事业单位按照国家有关规定改制为企业，原投资主体存续并在改制后企业中出资（股权、股份）比例超过50%的，对改制后企业承受原事业单位土地、房屋权属，免征契税。

三、公司合并

两个或两个以上的公司，依照法律规定、合同约定，合并为一个公司，且原投资主体存续的，对合并后公司承受原合并各方土地、房屋权属，免征契税。

四、公司分立

公司依照法律规定、合同约定分立为两个或两个以上与原公司投资主体相同的公司，对分立后公司承受原公司土地、房屋权属，免征契税。

五、企业破产

企业依照有关法律法规规定实施破产，债权人（包括破产企业职工）承受破产企业抵偿债务的土地、房屋权属，免征契税；对非债权人承受破产企业土地、房屋权属，凡按照《中华人民共和国劳动法》等国家有关法律法规政策妥善安置原企业全部职工规定，与原企业全部职工签订服务年限不少于三年的劳动用工合同的，对其承受所购企业土地、房屋权属，免征契税；与原企业超过30%的职工签订服务年限不少于三年的劳动用工合同的，减半征收契税。

六、资产划转

对承受县级以上人民政府或国有资产管理部门按规定进行行政性调整、划转国有土地、房屋权属的单位，免征契税。

同一投资主体内部所属企业之间土地、房屋权属的划转，包括母公司与其全资子公司之间，同一公司所属全资子公司之间，同一自然人与其设立的个人独资企业、一人有限公司之间土地、房屋权属的划转,免征契税。

母公司以土地、房屋权属向其全资子公司增资,视同划转,免征契税。

七、债权转股权

经国务院批准实施债权转股权的企业,对债权转股权后新设立的公司承受原企业的土地、房屋权属,免征契税。

八、划拨用地出让或作价出资

以出让方式或国家作价出资(入股)方式承受原改制重组企业、事业单位划拨用地的,不属上述规定的免税范围,对承受方应按规定征收契税。

九、公司股权(股份)转让

在股权(股份)转让中,单位、个人承受公司股权(股份),公司土地、房屋权属不发生转移,不征收契税。

十、有关用语含义

本通知所称企业、公司,是指依照我国有关法律法规设立并在中国境内注册的企业、公司。

本通知所称投资主体存续,是指原企业、事业单位的出资人必须存在于改制重组后的企业,出资人的出资比例可以发生变动;投资主体相同,是指公司分立前后出资人不发生变动,出资人的出资比例可以发生变动。

本通知自2018年1月1日起至2020年12月31日执行。本通知发布前,企业、事业单位改制重组过程中涉及的契税尚未处理的,符合本通知规定的可按本通知执行。

财政部　国家税务总局关于进一步支持企业事业单位改制重组有关契税政策的通知

（财税〔2015〕37号　2015年3月31日发布）

各省、自治区、直辖市、计划单列市财政厅（局）、地方税务局，西藏、宁夏、青海省（自治区）国家税务局，新疆生产建设兵团财务局：

为贯彻落实《国务院关于进一步优化企业兼并重组市场环境的意见》（国发〔2014〕14号），继续支持企业、事业单位改制重组，现就企业、事业单位改制重组涉及的契税政策通知如下：

一、企业改制

企业按照《中华人民共和国公司法》有关规定整体改制，包括非公司制企业改制为有限责任公司或股份有限公司，有限责任公司变更为股份有限公司，股份有限公司变更为有限责任公司，原企业投资主体存续并在改制（变更）后的公司中所持股权（股份）比例超过75%，且改制（变更）后公司承继原企业权利、义务的，对改制（变更）后公司承受原企业土地、房屋权属，免征契税。

二、事业单位改制

事业单位按照国家有关规定改制为企业，原投资主体存续并在改制后企业中出资（股权、股份）比例超过50%的，对改制后企业承受原事业单位土地、房屋权属，免征契税。

三、公司合并

两个或两个以上的公司，依照法律规定、合同约定，合并为一个公司，且原投资主体存续的，对合并后公司承受原合并各方土地、房屋权属，免征契税。

四、公司分立

公司依照法律规定、合同约定分立为两个或两个以上与原公司投资主体相同的公司，对分立后公司承受原公司土地、房屋权属，免征契税。

五、企业破产

企业依照有关法律法规规定实施破产，债权人（包括破产企业职工）承受破产企业抵偿债务的土地、房屋权属，免征契税；对非债权人承受破产企业土地、房屋权属，凡按照《中华人民共和国劳动法》等国家有关法律法规政策妥善安置原企业全部职工，与原企业全部职工签订服务年限不少于三年的劳动用工合同的，对其承受所购企业土地、房屋权属，免征契税；与原企业超过30%的职工签订服务年限不少于三年的劳动用工合同的，减半征收契税。

六、资产划转

对承受县级以上人民政府或国有资产管理部门按规定进行行政性调整、划转国有土地、房屋权属的单位，免征契税。

同一投资主体内部所属企业之间土地、房屋权属的划转，包括母公司与其全资子公司之间，同一公司所属全资子公司之间，同一自然人与其设立的个人独资企业、一人有限公司之间土地、房屋权属的划转，免征契税。

七、债权转股权

经国务院批准实施债权转股权的企业，对债权转股权后新设立的公司承受原企业的土地、房屋权属，免征契税。

八、划拨用地出让或作价出资

以出让方式或国家作价出资（入股）方式承受原改制重组企业、事业单位划拨用地的，不属上述规定的免税范围，对承受方应按规定征收契税。

九、公司股权（股份）转让

在股权（股份）转让中，单位、个人承受公司股权（股份），公司土地、房屋权属不发生转移，不征收契税。

十、有关用语含义

本通知所称企业、公司，是指依照我国有关法律法规设立并在中国境内注册的企业、公司。

本通知所称投资主体存续，是指原企业、事业单位的出资人必须存在于改制重组后的企业，出资人的出资比例可以发生变动；投资主体相同，是指公司分立前后出资人不发生变动，出资人的出资比例可以发生变动。

本通知自2015年1月1日起至2017年12月31日执行。本通知发布前，企业、事业单位改制重组过程中涉及的契税尚未处理的，符合本通知规定的可按本通知执行。

财政部　国家税务总局关于企业事业单位改制重组契税政策的通知

（财税〔2012〕4号　2012年1月12日发布）

各省、自治区、直辖市、计划单列市财政厅（局）、地方税务局，西藏、宁夏、青海省（自治区）国家税务局，新疆生产建设兵团财务局：

为了支持企业、事业单位改革，促进国民经济持续、健康发展，现就企业、事业单位改制重组等涉及的契税政策通知如下：

一、企业公司制改造

非公司制企业，按照《中华人民共和国公司法》的规定，整体改建为有限责任公司（含国有独资公司）或股份有限公司，有限责任公司整体改建为股份有限公司，股份有限公司整体改建为有限责任公司的，对改建后的公司承受原企业土地、房屋权属，免征契税。上述所称整体改建是指不改变原企业的投资主体，并承继原企业权利、义务的行为。

非公司制国有独资企业或国有独资有限责任公司，以其部分资产与他人组建新公司，且该国有独资企业（公司）在新设公司中所占股份超过50%的，对新设公司承受该国有独资企业（公司）的土地、房屋权属，免征契税。

国有控股公司以部分资产投资组建新公司，且该国有控股公司占新公司股份超过85%的，对新公司承受该国有控股公司土地、房屋权属，免征契税。上述所称国有控股公司，是指国家出资额占有限责任公司资本总额超过50%，或国有股份占股份有限公司股本总额超过50%的公司。

二、公司股权（股份）转让

在股权（股份）转让中，单位、个人承受公司股权（股份），公司土地、房屋权属不发生转移，不征收契税。

三、公司合并

两个或两个以上的公司，依据法律规定、合同约定，合并为一个公司，且原投资主体存续的，对其合并后的公司承受原合并各方的土地、房屋权属，免征契税。

四、公司分立

公司依照法律规定、合同约定分设为两个或两个以上与原公司投资主体相同的公司，对派生方、新设方承受原企业土地、房屋权属，免征契税。

五、企业出售

国有、集体企业整体出售，被出售企业法人予以注销，并且买受人按照《中华人民共和国劳动法》等国家有关法律法规政策妥善安置原企业全部职工，与原企业全部职工签订服务年限不少于三年的劳动用工合同的，对其承受所购企业的土地、房屋权属，免征契税；与原企业超过30%的职工签订服务年限不少于三年的劳动用工合同的，减半征收契税。

六、企业破产

企业依照有关法律、法规规定实施破产，债权人（包括破产企业职工）承受破产企业抵偿债务的土地、房屋权属，免征契税；对非债权人承受破产企业土地、房屋权属，凡按照《中华人民共和国劳动法》等国家有关法律法规政策妥善安置原企业全部职工，与原企业全部职工签订服务年限不少于三年的劳动用工合同的，对其承受所购企业的土地、房屋权属，免征契税；与原企业超过30%的职工签订服务年限不少于三年的劳动用工合同的，减半征收契税。

七、债权转股权

经国务院批准实施债权转股权的企业，对债权转股权后新设立的公司承受原企业的土地、房屋权属，免征契税。

八、资产划转

对承受县级以上人民政府或国有资产管理部门按规定进行行政性调整、划转国有土地、房屋权属的单位，免征契税。

同一投资主体内部所属企业之间土地、房屋权属的划转，包括母公司与其全资子公司之间，同一公司所属全资子公司之间，同一自然人与其设立的个人独资企业、一人有限公司之间土地、房屋权属的划转，免征契税。

九、事业单位改制

事业单位按照国家有关规定改制为企业的过程中，投资主体没有发生变化的，对改制后的企业承受原事业单位土地、房屋权属，免征契税。投资主体发生变化的，改制后的企业按照《中华人民共和国劳动法》等有关法律法规妥善安置原事业单位全部职工，与原事业单位全部职工签订服务年限不少于三年劳动用工合同的，对其承受原事业单位的土地、房屋权属，免征契税；与原事业单位超过30%的职工签订服务年限不少于三年劳动用工合同的，减半征收契税。

十、其他

以出让方式或国家作价出资(入股)方式承受原改制重组企业、事业单位划拨用地的，不属上述规定的免税范围，对承受方应按规定征收契税。

本通知所称企业、公司是指依照中华人民共和国有关法律法规设立并在中国境内注册的企业、公司。

本通知执行期限为2012年1月1日至2014年12月31日。《财政部　国家税务总局关于企业改制重组若干契税政策的通知》(财税〔2008〕175号)、《财政部　国家税务总局关于事业单位改制有关契税政策的通知》(财税〔2010〕22号)以及《国家税务总局关于企业改制重组契税政策若干执行问题的通知》(国税发〔2009〕89号)同时废止。

国家税务总局关于企业改制重组契税政策若干执行问题的通知

（国税发〔2009〕89号 2009年4月28日发布）

各省、自治区、直辖市和计划单列市财政厅（局）、地方税务局：

《财政部 国家税务总局关于企业改制重组若干契税政策的通知》（财税〔2008〕175号）已发布实施，根据各地在政策执行中反映的情况，经商财政部同意，现就若干具体问题明确如下：

一、财税〔2008〕175号文件第二条中规定的“股权转让”，仅包括股权转让后企业法人存续的情况，不包括企业法人注销的情况。在执行中，应根据工商管理部门对企业进行的登记认定，即企业不需办理变更和新设登记，或仅办理变更登记的，适用该条；企业办理新设登记的，不适用该条，对新设企业承受原企业的土地、房屋权属应征收契税。

二、财税〔2008〕175号文件第二、三、四条中的“企业”，是指公司制企业，包括股份有限公司和有限责任公司。

三、财税〔2008〕175号文件第七条中规定的“行政性调整和划转”，是指县级以上人民政府或国有资产管理部门批准的资产划转。

四、以出让方式或国家作价出资（入股）方式承受原改制重组企业划拨用地的，不属于财税〔2008〕175号文件规定的免税范围，对承受方应征收契税。

五、《财政部 国家税务总局关于企业改制过程中以国家作价出资（入股）方式转移国有土地使用权有关契税问题的通知》（财税〔2008〕129号）自文件发布之日起执行。

六、按照《财政部 国家税务总局关于延长企业改制重组若干契税政策执行期限的通知》（财税〔2006〕41号）规定，《财政部 国家税务总局关于企业改制重组若干契税政策的通知》（财税〔2003〕184号）于2008年12月31日执行期满。自2009年1月1日起，《国家税务总局关于企业改制重组契税政策有关问题解释的通知》（国税函〔2006〕844号）相应停止执行。

财政部　国家税务总局关于企业改制重组若干契税政策的通知

（财税〔2008〕175号　2008年12月29日发布）

为了支持企业改革，加快建立现代企业制度，促进国民经济持续、健康发展，现就企业改制重组中涉及的若干契税政策通知如下：

一、企业公司制改造

非公司制企业，按照《中华人民共和国公司法》的规定，整体改建为有限责任公司（含国有独资公司）或股份有限公司，或者有限责任公司整体改建为股份有限公司的，对改建后的公司承受原企业土地、房屋权属，免征契税。上述所称整体改建是指不改变原企业的投资主体，并承继原企业权利、义务的行为。

非公司制国有独资企业或国有独资有限责任公司，以其部分资产与他人组建新公司，且该国有独资企业（公司）在新设公司中所占股份超过50%的，对新设公司承受该国有独资企业（公司）的土地、房屋权属，免征契税。

国有控股公司以部分资产投资组建新公司，且该国有控股公司占新公司股份85%以上的，对新公司承受该国有控股公司土地、房屋权属免征契税。上述所称国有控股公司，是指国家出资额占有限责任公司资本总额50%以上，或国有股份占股份有限公司股本总额50%以上的国有控股公司。

二、企业股权转让

在股权转让中，单位、个人承受企业股权，企业土地、房屋权属不发生转移，不征收契税。

三、企业合并

两个或两个以上的企业，依据法律规定、合同约定，合并改建为一个企业，且原投资主体存续的，对其合并后的企业承受原合并各方的土地、房屋权属，免征契税。

四、企业分立

企业依照法律规定、合同约定分设为两个或两个以上投资主体相同的企业，对派生方、新设方承受原企业土地、房屋权属，不征收契税。

五、企业出售

国有、集体企业出售，被出售企业法人予以注销，并且买受人按照《劳动法》等国家有关法律法规政策妥善安置原企业全部职工，其中与原企业30%以上职工签订服务年限不少于三年的劳动用工合同的，对其承受所购企业的土地、房屋权属，减半征收契税；与原企业全部职工签订服务年限不少于三年的劳动用工合同的，免征契税。

六、企业注销、破产

企业依照有关法律、法规的规定实施注销、破产后，债权人（包括注销、破产企业职工）承受注销、破产企业土地、房屋权属以抵偿债务的，免征契税；对非债权人承受注销、破产企业土地、房屋权属，凡按照《劳动法》等国家有关法律法规政策妥善安置原企业全部职工，其中与原企业30%以上职工签订服务年限不少于三年的劳动用工合同的，对其承受所购企业的土地、房屋权属,减半征收契税;与原企业全部职工签订服务年限不少于三年的劳动用工合同的,免征契税。

七、其他

经国务院批准实施债权转股权的企业,对债权转股权后新设立的公司承受原企业的土地、房屋权属,免征契税。

政府主管部门对国有资产进行行政性调整和划转过程中发生的土地、房屋权属转移,不征收契税。

企业改制重组过程中,同一投资主体内部所属企业之间土地、房屋权属的无偿划转,包括母公司与其全资子公司之间,同一公司所属全资子公司之间,同一自然人与其设立的个人独资企业、一人有限公司之间土地、房屋权属的无偿划转,不征收契税。

本通知执行期限为2009年1月1日至2011年12月31日。

国家税务总局关于企业改制重组契税政策有关问题解释的通知

（国税函〔2006〕844号　2006年8月28日发布并执行）

各省、自治区、直辖市和计划单列市财政厅（局）、地方税务局：

《财政部、国家税务总局关于延长企业改制重组若干契税政策执行期限的通知》（财税〔2006〕41号）中规定，将《财政部、国家税务总局关于企业改制重组若干契税政策的通知》（财税〔2003〕184号，以下称184号文件）执行期限延至2008年12月31日。根据各地执行中反映的情况，现就有关问题明确如下：

一、184号文件第一条第一款中规定的“整体改建”，是指改建后的企业承继原企业全部权利和义务的改制行为。

二、184号文件第二、三、四条中所谓“企业”，是指法人企业。

三、184号文件第二条第一款中规定的“股权转让”，包括单位、个人承受企业股权，同时变更该企业法人代表、投资人、经营范围等法人要素的情况。在执行中，可以根据工商管理部门进行的企业登记认定。即：企业办理变更登记的，适用于该款规定；企业办理新设登记的，不适用于该款规定。对新设企业承受原企业的土地、房屋权属应征收契税。

四、184号文件第四条规定的“企业分立”，仅指新设企业、派生企业与被分立企业投资主体完全相同的行为。

五、184号文件第七条中规定的“同一投资主体内部所属企业之间”，是指母公司与其全资子公司之间、母公司所属的各个全资子公司之间的关系，以及同一自然人设立的个人独资企业之间、同一自然人设立的个人独资企业与一人有限责任公司之间的关系。

六、以出让方式承受原改制企业划拨用地的，不属于184号文件规定的范围，对承受人应征收契税。

本通知自下发之日起执行。

财政部　国家税务总局关于延长企业改制重组若干契税政策执行期限的通知

（财税〔2006〕41号　2006年3月29日发布）

各省、自治区、直辖市、计划单列市财政厅（局）、地方税务局，新疆生产建设兵团财务局：

《财政部　国家税务总局关于企业改制重组若干契税政策的通知》（财税〔2003〕184号）执行时间已于2005年底到期。为继续支持企业改革，加快建立现代企业制度，企业改制重组涉及的契税政策，继续按照财税〔2003〕184号文件的有关规定执行，执行期限为2006年1月1日至2008年12月31日。

财政部　国家税务总局关于企业改制重组若干契税政策的通知

（财税〔2003〕184号　2003年8月20日发布）

各省、自治区、直辖市、计划单列市财政厅（局）、地方税务局、新疆生产建设兵团财务局：

为了支持企业改革的逐步深化，加快建立现代企业制度，促进国民经济持续、健康发展，现就企业改制重组中涉及的若干契税政策通知如下：

一、企业公司制改造

非公司制企业，按照《中华人民共和国公司法》的规定，整体改建为有限责任公司（含国有独资公司）或股份有限公司，或者有限责任公司整体改建为股份有限公司的，对改建后的公司承受原企业土地、房屋权属，免征契税。

非公司制国有独资企业或国有独资有限责任公司，以其部分资产与他人组建新公司，且该国有独资企业（公司）在新设公司中所占股份超过50%的，对新设公司承受该国有独资企业（公司）的土地、房屋权属，免征契税。

二、企业股权重组

在股权转让中，单位、个人承受企业股权，企业土地、房屋权属不发生转移，不征收契税。

国有、集体企业实施“企业股份合作制改造”，由职工买断企业产权，或向其职工转让部分产权，或者通过其职工投资增资扩股，将原企业改造为股份合作制企业的，对改造后的股份合作制企业承受原企业的土地、房屋权属，免征契税。

三、企业合并

两个或两个以上的企业，依据法律规定、合同约定，合并改建为一个企业，对其合并后的企业承受原合并各方的土地、房屋权属，免征契税。

四、企业分立

企业依照法律规定、合同约定分设为两个或两个以上投资主体相同的企业，对派生方、新设方承受原企业土地、房屋权属，不征收契税。

五、企业出售

国有、集体企业出售，被出售企业法人予以注销，并且买受人妥善安置原企业30%以上职工的，对其承受所购企业的土地、房屋权属，减半征收契税；全部安置原企业职工的，免征契税。

六、企业关闭、破产

企业依照有关法律、法规的规定实施关闭、破产后，债权人（包括关闭、破产企业职工）承受关闭、破产企业土地、房屋权属以抵偿债务的，免征契税；对非债权人承受关闭、破产企业土地、房屋权属，凡妥善安置原企业30%以上职工的，减半征收契税；全部安置原企业职工的，免征契税。

七、其他

经国务院批准实施债权转股权的企业，对债权转股权后新设立的公司承受原企业的土地、房屋权属，免征契税。

政府主管部门对国有资产进行行政性调整和划转过程中发生的土地、房屋权属转移，不征收契税。

企业改制重组过程中,同一投资主体内部所属企业之间土地、房屋权属的无偿划转,不征收契税。

第五、六款所称“妥善安置原企业职工”,是指国有、集体企业买受人或关闭、破产企业的土地、房屋权属承受人,按照国家有关规定对原企业职工进行合理补偿,并与被安置职工签订服务年限不少于三年的劳动用工合同,以及按照《劳动法》落实相关政策。

本通知自2003年10月1日起至2005年12月31日止执行。

自本通知实施之日起,《财政部　国家税务总局关于企业改革中有关契税政策的通知》(财税〔2001〕161号)停止执行。此前,按照财税〔2001〕161号文件规定应缴纳契税而尚未缴纳的,经省、自治区、直辖市和计划单列市主管契税征管工作的财政部门或地方税务机关审核,凡符合本通知规定的不再追缴,已经缴纳的,不予退还。

六、个人所得税

财政部 国家税务总局关于个人与用人单位解除劳动关系取得的一次性补偿收入征免个人所得税问题的通知

(财税〔2001〕157 号 2001 年 9 月 10 日发布 自 2001 年 10 月 1 日起执行)

为进一步支持企业、事业单位、机关、社会团体等用人单位推进劳动人事制度改革,妥善安置有关人员,维护社会稳定,现对个人因与用人单位解除劳动关系而取得的一次性补偿收入征免个人所得税的有关问题通知如下:

一、个人因与用人单位解除劳动关系而取得的一次性补偿收入(包括用人单位发放的经济补偿金、生活补助费和其他补助费用),其收入在当地上年职工平均工资 3 倍数额以内的部分,免征个人所得税;超过的部分按照《国家税务总局关于个人因解除劳动合同取得经济补偿金征收个人所得税问题的通知》(国税发〔1999〕178 号)的有关规定,计算征收个人所得税。

二、个人领取一次性补偿收入时按照国家和地方政府规定的比例实际缴纳的住房公积金、医疗保险费、基本养老保险费、失业保险费,可以在计征其一次性补偿收入的个人所得税时予以扣除。

三、企业依照国家有关法律规定宣告破产,企业职工从该破产企业取得的一次性安置费收入,免征个人所得税。

本通知自 2001 年 10 月 1 日起执行。

以前规定与本通知规定不符的,一律按本通知规定执行。对于此前已发生而尚未进行税务处理的一次性补偿收入也按本通知规定执行。

国家税务总局关于国有企业职工因解除劳动合同取得一次性补偿收入征免个人所得税问题的通知

（国税发〔2000〕77 号　2000 年 5 月 8 日发布　自 2000 年 6 月 1 日起执行）

为支持国有企业改革的顺利进行，妥善安置企业职工，保持社会稳定，现对国有企业职工因解除劳动合同而取得的一次性补偿收入征免个人所得税的问题明确如下：

一、对国有企业职工，因企业依照《中华人民共和国企业破产法（试行）》宣告破产，从破产企业取得的一次性安置费收入，免予征收个人所得税。

二、除上述第一条的规定外，国有企业职工与企业解除劳动合同取得的一次性补偿收入，在当地上年企业职工年平均工资的 3 倍数额内，可免征个人所得税。具体免征标准由各省、自治区、直辖市和计划单列市地方税务局规定。超过该标准的一次性补偿收入，应按照《国家税务总局关于个人因解除劳动合同取得经济补偿金征收个人所得税问题的通知》（国税发〔1999〕178 号）的有关规定，全额计算征收个人所得税。

三、本通知自 2000 年 6 月 1 日起执行。此前规定与本通知规定不一致的，按本通知执行。

国家税务总局关于个人因解除劳动合同取得经济补偿金征收个人所得税问题的通知

（国税发〔1999〕178 号　1999 年 9 月 23 日发布　自 1999 年 10 月 1 日起执行）

近接一些地区请示，要求对企业在改组、改制或减员增效过程中解除职工的劳动合同而支付给被解聘职工的一次性经济补偿金征收个人所得税政策问题加以明确。经研究，现规定如下：

一、对于个人因解除劳动合同而取得一次性经济补偿收入，应按“工资、薪金所得”项目计征个人所得税。

二、考虑到个人取得的一次性经济补偿收入数额较大，而且被解聘的人员可能在一段时间内没有固定收入，因此，对于个人取得的一次性经济补偿收入，可视为一次取得数月的工资、薪金收入，允许在一定期限内进行平均。具体平均办法为：以个人取得的一次性经济补偿收入，除以个人在本企业的工作年限数，以其商数作为个人的月工资、薪金收入，按照税法规定计算缴纳个人所得税。个人在本企业的工作年限数按实际工作年限数计算，超过 12 年的按 12 年计算。

三、按照上述方法计算的个人一次性经济补偿收入应纳的个人所得税税款，由支付单位在支付时一次性代扣，并于次月 7 日内缴入国库。

四、个人按国家和地方政府规定比例实际缴纳的住房公积金、医疗保险金、基本养老保险金、失业保险基金在计税时应予以扣除。

五、个人在解除劳动合同后又再次任职、受雇的，对个人已缴纳个人所得税的一次性经济补偿收入，不再与再次任职、受雇的工资、薪金所得合并计算补偿个人所得税。

六、本通知自 1999 年 10 月 1 日起执行，此前规定与本通知规定不一致的，按本通知执行。

七、涉税批复

国家税务总局关于大屯煤电(集团)有限责任公司债转股及减资企业所得税处理问题的批复

(税总函〔2015〕221号 2015年4月28日发布)

江苏省国家税务局:

你局《关于大屯煤电(集团)有限责任公司债转股及减资所得税处理的请示》(苏国税发〔2014〕164号)收悉,经研究,批复如下:

大屯煤电(集团)有限责任公司债转股的企业所得税处理问题,可参照《国家税务总局关于债务重组所得企业所得税处理问题的批复》(国税函〔2009〕1号)相关规定执行。债务重组,以债务重组合同或协议生效日为重组日。

大屯煤电(集团)有限责任公司减资(股权回购)的企业所得税处理问题,参照《财政部 国家税务总局关于印发〈关于执行《企业会计制度》和相关会计准则有关问题解答(三)〉的通知》(财会〔2003〕29号)和《国家税务总局关于执行〈企业会计制度〉需要明确的有关所得税问题的通知》(国税发〔2003〕45号)相关规定执行。

国家税务总局关于鄂尔多斯羊绒集团有限责任公司资产损失税前扣除问题的批复

(税总函〔2015〕193号　2015年4月7日发布)

内蒙古自治区地方税务局：

你局《关于鄂尔多斯羊绒集团有限责任公司资产损失所得税税前列支问题的请示》(内地税发〔2015〕4号)收悉。经研究,批复如下：

鄂尔多斯羊绒集团有限责任公司与青岛德正资源控股有限公司相互提供担保,由此,鄂尔多斯羊绒集团有限责任公司为青岛德正资源控股有限公司全额代偿债务形成的担保损失,应比照《国家税务总局关于发布〈企业资产损失所得税税前扣除管理办法〉的公告》(国家税务总局公告2011年第25号)第二十二条、第二十三条、第二十四条规定的应收款项损失进行处理,不得按照你局提出的"在法院判决或裁决之前先按其代偿金额的70%确认为担保损失,并准予在2014年度税前扣除,其余损失待法院判决或裁决之后再予税前扣除"的建议执行。

国家税务总局关于税务机关协助执行人民法院裁定有关问题的批复

（税总函〔2013〕466 号　2013 年 8 月 26 日发布）

广东省国家税务局：

你局《关于罗湖区法院判决深圳飞镖公司犯非法经营罪要求东莞市国税局配合其追缴非法所得有关涉税问题的请示》（粤国税发〔2012〕184 号）收悉。经研究，批复如下：

一、人民法院的生效判决、裁定，税务机关应当执行。

二、相关款项应当直接退至深圳市罗湖区人民法院指定账户。由于深圳市罗湖区人民法院不是已入库税款的纳税人，退款行为系将税款退至异地第三方账户，因此，在办理退款手续时，应当对此作出特别说明，并将深圳市罗湖区人民法院的相关法律文书一并送交东莞市当地国库办理。

最高人民法院关于税务机关就破产企业欠缴税款产生的滞纳金提起的债权确认之诉应否受理问题的批复

（法释〔2012〕9号　2012年6月4日最高人民法院审判委员会第1548次会议通过
2012年6月26日发布　自2012年7月12日起施行）

青海省高级人民法院：

你院《关于税务机关就税款滞纳金提起债权确认之诉应否受理问题的请示》（青民他字〔2011〕1号）收悉。经研究，答复如下：

税务机关就破产企业欠缴税款产生的滞纳金提起的债权确认之诉，人民法院应依法受理。依照企业破产法、税收征收管理法的有关规定，破产企业在破产案件受理前因欠缴税款产生的滞纳金属于普通破产债权。对于破产案件受理后因欠缴税款产生的滞纳金，人民法院应当依照《最高人民法院关于审理企业破产案件若干问题的规定》第六十一条规定处理。

此复。

国家税务总局关于债务重组所得企业所得税处理问题的批复

（国税函〔2009〕1号　2009年1月4日发布）

海南省国家税务局：

你局《关于企业债务重组所得征免企业所得税问题的请示》（琼国税发〔2008〕231号）收悉，经研究，批复如下：

《企业债务重组业务所得税处理办法》（国家税务总局令第6号）自2003年3月1日起执行。此前，企业债务重组中因豁免债务等取得的债务重组所得，应按照当时的会计准则处理，即"以低于债务账面价值的现金清偿某项债务的，债务人应将重组债务的账面价值与支付的现金之间的差额；或以债务转为资本清偿某项债务的，债务人应将重组债务的账面价值与债权人因放弃债权而享有股权的份额之间的差额"，确认为资本公积。

国家税务总局关于企业之间相互提供贷款担保发生担保损失税前扣除问题的批复

（国税函〔2007〕1272号　2007年12月18日发布）

深圳市地方税务局：

你局《关于企业对外提供担保而发生的担保损失企业所得税税前扣除问题的请示》（深地税发〔2006〕691号）收悉，经研究，批复如下：

《企业财产损失所得税前扣除管理办法》（国家税务总局令第13号）第四十七条规定："企业对外提供与本身应纳税收入有关的担保，因被担保人不能按期偿还债务而承担连带还款责任，经清查和追索，被担保人无偿还能力，对无法追回的，比照本办法坏账损失进行管理。企业为其他独立纳税人提供的与本身应纳税收入无关的贷款担保等，因被担保方还不清贷款而由该担保人承担的本息等，不得申报扣除。"其中，"与本身应纳税收入有关的担保"是指企业对外提供的与本企业投资、融资、材料采购、产品销售等主要生产经营活动密切相关的担保。

根据合同双方权利与义务对等和实质重于形式的原则，企业之间签订贷款互保合同，相互提供的贷款担保，与企业的融资活动密切相关，因此，签订贷款互保合同的一方（担保企业）为另一方（被担保企业）提供的贷款担保，在被担保企业为担保企业所提供的贷款担保总额之内（含）的部分，应认为与其本身应纳税收入有关。

上述担保企业为被担保企业提供贷款担保，因承担担保连带责任所发生的损失，在被担保企业为担保企业所提供的贷款担保总额之内（含）的部分，可按照国家税务总局令第13号第四十七条的相关规定进行税前扣除，超过被担保企业为担保企业所提供的贷款担保总额的部分，不得扣除。

国家税务总局关于人民法院强制执行被执行人财产有关税收问题的复函

（国税函〔2005〕869 号　2005 年 9 月 12 日发布）

最高人民法院：

你院《关于人民法院依法强制执行拍卖、变卖被执行人财产后，税务部门能否直接向人民法院征收营业税的征求意见稿》（〔2005〕执他字第 12 号）收悉。经研究，函复如下：

一、人民法院的强制执行活动属司法活动，不具有经营性质，不属于应税行为，税务部门不能向人民法院的强制执行活动征税。

二、无论拍卖、变卖财产的行为是纳税人的自主行为，还是人民法院实施的强制执行活动，对拍卖、变卖财产的全部收入，纳税人均应依法申报缴纳税款。

三、税收具有优先权。《中华人民共和国税收征收管理法》第四十五条规定，税务机关征收税款，税收优先于无担保债权，法律另有规定的除外；纳税人欠缴的税款发生在纳税人以其财产设定抵押、质押或者纳税人的财产被留置之前的，税收应当先于抵押权、质权、留置权执行。

四、鉴于人民法院实际控制纳税人因强制执行活动而被拍卖、变卖财产的收入，根据《中华人民共和国税收征收管理法》第五条的规定，人民法院应当协助税务机关依法优先从该收入中征收税款。

国家税务总局关于以房屋抵顶债务应征收营业税问题的批复

（国税函〔1998〕771 号　1998 年 12 月 15 日发布）

大连市地方税务局：

你局《关于大连市西岗区金属物资中心被法院裁决以房屋抵顶债务是否征收营业税的请示》（大地税函〔1998〕42 号）收悉。现批复如下：

单位或个人以房屋抵顶有关债务，不论是经双方（或多方）协商决定的，还是由法院裁定的，其房屋所有权已发生转移，且原房主也取得了经济利益（减少了债务），因此，对单位或个人以房屋或其他不动产抵顶有关债务的行为，应按“销售不动产”税目征收营业税。

第三编　地 方 财 税

北　京

北京市国家税务局　北京市地方税务局关于企业资产损失所得税税前扣除有关问题的公告

(北京市国家税务局　北京市地方税务局公告〔2011〕16号　2011年12月31日发布
自2011年1月1日起施行)

根据《国家税务总局关于发布〈企业资产损失所得税税前扣除管理办法〉的公告》(国家税务总局公告2011年第25号,以下简称《公告》)的有关规定,现将企业申报税前扣除资产损失有关问题公告如下:

一、关于企业资产损失税前扣除申报的管理

(一)清单申报

企业发生属于《公告》规定适用清单申报的资产损失,应填写《企业资产损失清单申报扣除情况表》(附件1),作为企业所得税年度纳税申报表的附件,于企业所得税年度纳税申报时一并向主管税务机关报送,有关会计核算资料和纳税资料留存备查。

(二)专项申报

企业发生属于《公告》规定适用专项申报的资产损失,应填写《企业资产损失专项申报扣除情况表》(附件2)、《提交资料清单》(附件3)和提交《公告》规定的企业资产损失相关证据材料,于企业所得税年度纳税申报前一并向主管税务机关报送。

(三)汇总纳税企业资产损失的申报

在中国境内汇总纳税企业总分支机构发生的资产损失,应按以下规定申报扣除:

1. 总分支机构均在本市范围内的资产损失申报

总分支机构均在本市范围内的,由总机构按照清单申报和专项申报的有关规定向其所在地主管税务机关申报,各分支机构不再向其所在地主管税务机关申报。

2. 跨地区经营总分支机构的资产损失申报

跨地区经营总机构及其分支机构发生的资产损失,除应按清单申报和专项申报的有关规定,各自向其主管税务机关申报外,各分支机构同时还应上报总机构。

总机构不在本市的,其本市二级分支机构及二级分支机构所属在本市的三、四级分支机构发生的资产损失,由二级分支机构一并向二级分支机构主管税务机关进行专项申报和清单申报。

总机构不在本市且二级分支机构也不在本市的,其本市三级分支机构及其所属在本市的四级分支机构发生的资产损失,由三级分支机构一并向三级分支机构主管税务机关进行专项申报和清单申报。

二、资产损失申报资料的下载

申报税前扣除资产损失的企业可从北京市国家税务局网站(www. bjsat. gov. cn)、北京市地方税务局网站(www. tax861. gov. cn)下载有关申报资料。

三、本公告自2011年1月1日起施行

《北京市国家税务局转发〈国家税务总局关于印发企业资产损失税前扣除管理办法的通知〉的通知》(京国税发〔2009〕117号)、《北京市地方税务局转发国家税务总局关于印发〈企业资产损失税前扣除管理办法〉的通知》(京地税企〔2009〕153号)、《北京市国家税务局关于企业资产损失税前扣除审批管理工作的补充通知》(京国税函〔2010〕68号)、《北京市国家税务局关于电信企业坏账损失税前扣除问题的公告》(公告〔2011〕1号)同时废止。

特此公告。

附件(略)

北京市国家税务局转发《国家税务总局关于企业清算所得税有关问题的通知》的通知

(京国税函〔2010〕87 号　2010 年 8 月 12 日发布)

各区、县(地区)国家税务局,直属税务分局:

现将《国家税务总局关于企业清算所得税有关问题的通知》(国税函〔2009〕684 号)转发给你们,并就有关问题明确如下,请一并贯彻执行。

一、企业在年度中间终止生产经营,按《公司法》、《企业破产法》等规定需要进行清算的,依据《中华人民共和国企业所得税法》第五十五条的规定,应将终止生产经营当年度 1 月 1 日至实际经营终止之日作为一个纳税年度,于实际经营终止之日起 60 日内完成当年度企业所得税汇算清缴,结清当年度应缴(应退)企业所得税税款。

二、企业终止生产经营进行清算之日可按以下原则确定:

(一)企业章程规定的经营期限届满之日;

(二)企业股东会、股东大会或类似机构决议解散之日;

(三)企业依法被吊销营业执照、责令关闭或者被撤销之日;

(四)企业被人民法院依法予以解散或宣告破产之日;

(五)有关法律、行政法规规定清算开始之日;

(六)企业因其他原因解散或进行清算之日。

三、企业应当自终止生产经营活动开始清算之日起 15 日内向主管税务机关提交《企业清算事项备案表》(具体格式见附件)并附送以下备案资料:

(一)纳税人终止正常生产经营活动开始清算的证明文件或材料;

(二)管理人或清算组联络人员名单及联系方式;

主管税务机关在接到企业的《企业清算事项备案表》后,应送达《税务事项通知书》,并将其纳入清算期企业所得税管理。

四、企业在清算期内取得来源于我国境外的所得的,仍须依据《财政部　国家税务总局关于企业境外所得税收抵免有关问题的通知》(财税〔2009〕125 号)的相关规定,按照分国(地区)不分项原则,采取"抵免法",计算按照我国税法计算的在我国境内应补缴的企业所得税额。

五、企业应当自清算结束之日起 15 日内,向主管税务机关报送《中华人民共和国企业清算所得税申报表》及其附表和下列资料,完成清算所得税申报,结清税款。

(一)清算报告或者清算方案或破产财产变价方案的执行情况说明。

(二)清算期间资产负债表、损益表(依据相关法律法规要求须经中介机构审计的,还应同时附送具有法定资质的中介机构的审计报告)。

(三)资产盘点表。

(四)清算所得计算过程的说明。

(五)以下情况的,还需报送资产评估的说明和相关证明材料:

1. 资产处置交易双方存在关联关系的;

2. 采取可变现价值确认资产处置所得或损失的。

（六）企业清算结束如有尚未处置的财产，同时报送尚未处置的财产清单、清算组指定保管人的授权委托书、组织机构代码证或身份证复印件。

（七）股东分配剩余财产明细表。

（八）非营利组织还应同时附送清算结束后其剩余财产的处置情况说明。

（九）主管税务机关要求报送的其他资料。

六、纳税人在申请办理注销税务登记时，应向主管税务机关提交《中华人民共和国企业清算所得税申报表》及其附表的复印件，作为申请注销税务登记的附报资料之一。

七、主管税务机关应建立清算企业管理电子台账，对备案的清算企业的有关情况造册登记，以加强对清算企业的管理。《企业清算所得税事项备案表》及其附报资料、《中华人民共和国企业清算所得税纳税申报表》及其附表和附报资料，应作为申报资料，由主管税务机关按照档案管理的相关规定做好归档处理。

附件（略）

北京市国家税务局转发《国家税务总局关于印发〈企业资产损失税前扣除管理办法〉的通知》的通知

（京国税发〔2009〕117 号　2009 年 6 月 11 日发布）

各区、县（地区）国家税务局，直属税务分局：

现将《国家税务总局关于印发〈企业资产损失税前扣除管理办法〉的通知》（国税发〔2009〕88 号，以下简称国税发〔2009〕88 号）转发给你们，并根据我市征管实际情况作如下补充，请一并贯彻执行。

一、企业资产损失税前扣除审批权限问题

（一）除国税发〔2009〕88 号第六条第（一）款规定的资产损失由北京市国家税务局负责审批外，其他资产损失由各区、县（地区）国家税务局，直属税务分局（以下简称各局）按照国税发〔2009〕88 号的规定进行审批。对于各局单笔审批金额在 5 亿元以上的资产损失应报市局备案。

（二）按照《国家税务总局关于印发〈跨地区经营汇总纳税企业所得税征收管理暂行办法〉的通知》（国税发〔2008〕28 号）的规定实行汇总纳税的分支机构，其发生的须经税务机关审批后才能扣除的资产损失应由分支机构所在地主管税务机关审核并出具证明后，再由总机构向所在地主管税务机关申报扣除。

二、纳税人向税务机关申报资产损失时，应按国税发〔2009〕88 号的规定报送相关证据材料，并提交加盖本单位公章的资产损失税前扣除申请书和《资产损失税前扣除申请表》（表式详见附件一）各一份。

三、负责审批资产损失的税务机关，作出审批决定的时限为自受理之日起 30 个工作日内。因情况复杂需要核实，在规定期限内不能做出审批决定的，可以按照国税发〔2009〕88 号第七条第（二）款第二项的规定适当延长。

四、国税发〔2009〕88 号第十七条中“单笔数额较小”是指单笔数额在 2 万元（含）以下的应收款项。

五、各局应采取各种方式抓紧对纳税人开展政策的宣传、辅导工作，明确纳税人的权利和义务，努力提高工作效率，严格按照国税发〔2009〕88 号的规定和相关要求做好审批工作，并建立相关台账（台账样式详见附件二），妥善保管有关资料。

六、各局应对企业自行计算扣除的资产损失和经税务机关审批扣除的资产损失的真实性、合法性和合理性进行实地核查，并将核查情况作出书面意见。

附件（略）

北京市财政局　北京市国家税务局　北京市地方税务局转发财政部　国家税务总局关于企业重组业务企业所得税处理若干问题的通知

（京财税〔2009〕1000 号　2009 年 5 月 27 日发布）

各区县财政局、国家税务局、地方税务局、市国家税务局直属税务分局、市地方税务局直属分局：

现将《财政部　国家税务总局关于企业重组业务企业所得税处理若干问题的通知》（财税〔2009〕59 号，以下简称《通知》）转发给你们，并就有关问题明确如下，请一并依照执行。

企业发生符合《通知》规定的特殊性重组条件并选择特殊性税务处理的，当事各方在该重组业务完成当年企业所得税年度申报时，除应向主管税务机关报送重组合同（协议）、董事会和股东大会通过的相关协议、有关部门的批复文件外，还应报送其他相关资料。其他相关资料须包括以下基本内容：

1. 重组类型界定（按《通知》第一条规定分类）；

2. 重组完成时间；

3. 重组业务中涉及的基本经济业务，包括资产转让、置换，债务清偿，职工安置，土地出让金或土地使用权转让的处理和当事人；

4. 符合特殊重组条件的说明；

5. 重组合理商业目的说明；

6. 经济业务的作价；

7. 中介机构的评估文件；

8. 有关资产或债务的重组业务发生前后的计税基础；

9. 有关纳税事项或责任的承继规定；

10. 其他需要向税务机关说明的事项。

北京市地方税务局转发国家税务总局关于债务重组所得企业所得税处理问题的批复

（京地税企〔2009〕29 号　2009 年 2 月 9 日发布）

各区、县地方税务局、各分局：

现将《国家税务总局关于债务重组所得企业所得税处理问题的批复》（国税函〔2009〕1 号）转发给你们，请依照执行。

关于债务重组所得企业所得税处理问题的批复

（国税函〔2009〕1 号）

海南省国家税务局：

你局《关于企业债务重组所得征免企业所得税问题的请示》（琼国税发〔2008〕231 号）收悉，经研究，批复如下：

《企业债务重组业务所得税处理办法》（国家税务总局令第 6 号）自 2003 年 3 月 1 日起执行。此前，企业债务重组中因豁免债务等取得的债务重组所得，应按照当时的会计准则处理，即“以低于债务账面价值的现金清偿某项债务的，债务人应将重组债务的账面价值与支付的现金之间的差额；或以债务转为资本清偿某项债务的，债务人应将重组债务的账面价值与债权人因放弃债权而享有股权的份额之间的差额”，确认为资本公积。

北京市地方税务局非货币性资产投资转让所得、债务重组所得、捐赠收入均匀计入企业所得税应纳税所得管理规定

（京地税企〔2004〕584 号　2004 年 12 月 14 日发布　自 2004 年 7 月 1 日起执行）

第一章　总　　则

第一条　为加强对非货币性资产投资转让所得、债务重组所得、捐赠收入（以下简称“三项所得”）计征企业所得税管理工作，根据《中华人民共和国企业所得税暂行条例》及其《实施细则》、《国家税务总局关于企业股权投资业务若干所得税问题的通知》（国税发〔2000〕118 号）、《企业债务重组业务所得税处理办法》（国家税务总局令第 6 号）、《国家税务总局关于执行〈企业会计制度〉需要明确的有关所得税问题的通知》（国税发〔2003〕45 号）、《国家税务总局关于做好已取消和下放管理的企业所得税审批项目后续管理工作的通知》（国税发〔2004〕82 号）和《北京市地方税务局关于印发〈北京市地方税务局取消审批项目后续管理工作规程〉的通知》（京地税发〔2004〕577 号）文件精神，制定本规定。

第二条　企业以经营活动的部分非货币性资产对外投资，包括股份公司的法人股东以其经营活动的部分非货币性资产向股份公司配购股票，应在投资交易发生时，将其分解为按公允价值销售有关非货币性资产和投资两项经济业务进行所得税处理，并按规定计算确认资产转让所得或损失。上述资产转让所得如数额较大，在一个纳税年度确认实现缴纳企业所得税确有困难的，可作为递延所得，在投资交易发生当期及随后不超过 5 个纳税年度内平均摊转到各年度的应纳税所得中。

企业在债务重组业务中因以非现金资产抵债或因债权人的让步而确认的资产转让所得或债务重组所得，如果数额较大，一次性纳税确有困难的，可以在不超过 5 个纳税年度的期间内均匀计入各年度的应纳税所得额。

企业接受捐赠的非货币性资产，须按接受捐赠时资产的入账价值确认捐赠收入，并入当期应纳税所得，依法计算缴纳企业所得税。企业取得的捐赠收入金额较大，并入一个纳税年度缴税确有困难的，可以在不超过 5 年的期间内均匀计入各年度的应纳税所得。

上述“三项所得”的数额较大，是指纳税人在一个纳税年度发生的“三项所得”，占当年应纳税所得 50% 及以上。

第三条　在我市范围内实行独立经济核算，并按规定向地方税务机关缴纳企业所得税的纳税人，发生“三项所得”数额较大，要求将“三项所得”自当期起在不超过 5 年的期间均匀计入各年度应纳税所得额的，适用本规定。

第二章　申 报 受 理

第四条　纳税人发生“三项所得”均匀计入各年度应纳税所得的，应在企业所得税年度汇算清缴时，向主管税务机关报送《企业所得税年度纳税申报表》和《企业所得税取消审批项目报备表》［表式见《北京市地方税务局转发国家税务总局关于做好已取消和下放管理的企业所得税审

批项目后续管理工作及衔接问题的通知》(京地税企〔2004〕580 号)],说明其“三项所得”的交易及分摊情况。

第五条 依据《中华人民共和国税收征收管理法》第 25 条“税务机关要求报送的其它资料”之规定,纳税人在年度汇算清缴申报“三项所得”自当期起,在不超过 5 年的期间均匀计入各年度应纳税所得时,需要附送中介机构出具的“三项所得”均匀计入各年度应纳税所得鉴证报告。

税务所对附送中介机构鉴证报告或未附送中介机构鉴证报告的纳税人申报“三项所得”均匀计入各年度应纳税所得时,均应受理。

第六条 税务机关对实行上门申报的纳税人,免费提供《企业所得税年度纳税申报表》和《企业所得税取消审批项目报备表》表格,纳税人也可以从北京市地方税务局的网站下载;实行电子申报的纳税人应按有关规定录入《企业所得税年度纳税申报表》和《企业所得税取消审批项目报备表》,通过电子网络向税务机关申报。

第七条 税务所对纳税人报送的“三项所得”均匀计入各年度应纳税所得的报备资料应认真进行核对。对报送《企业所得税取消审批项目报备表》填写齐全的纳税人,即时制作《受理备案通知书》(样式见《北京市地方税务局关于印发〈北京市地方税务局取消审批项目后续管理工作规程〉的通知》(京地税发〔2004〕577 号)送达纳税人,将“三项所得”均匀计入各年度应纳税所得的报备资料移交审核岗位;对报送《企业所得税取消审批项目报备表》填写不齐全的纳税人,开具《补充资料通知书》[样式见《北京市地方税务局关于印发〈北京市地方税务局取消审批项目后续管理工作规程〉的通知》(京地税发〔2004〕577 号)],通知纳税人在年度汇算清缴申报期内补正。

第八条 税务所对已受理的纳税人“三项所得”均匀计入各年度应纳税所得的报备资料,在 5 个工作日内准确录入北京市地方税务局信息管理系统,通过该系统自动生成《企业所得税取消审批项目管理台帐》[台帐格式见《北京市地方税务局转发国家税务总局关于做好已取消和下放管理的企业所得税审批项目后续管理工作及衔接问题的通知》(京地税企〔2004〕580 号)]。

第三章 审核与分类管理

第九条 税务所应根据纳税人报送的《企业所得税年度纳税申报表》、《企业所得税取消审批项目报备表》、中介机构出具的“三项所得”均匀计入各年度应纳税所得鉴证报告以及《企业所得税取消审批项目管理台帐》,对纳税人“三项所得”均匀计入各年度应纳税所得情况进行动态管理。

第十条 税务所负责“三项所得”均匀计入各年度应纳税所得的审核工作,审核内容包括:

(一)纳税人适用“三项所得”均匀计入各年度应纳税所得的政策是否准确;

(二)纳税人“三项所得”均匀计入各年度应纳税所得的申报数据与税务机关了解掌握的企业生产经营、重组改制情况是否相符;“三项所得”是否占当年应纳税所得 50% 及以上;以后年度计入应纳税所得额的申报数据与《企业所得税取消审批项目管理台帐》的数据是否一致;

(三)是否附送中介机构出具的纳税人“三项所得”均匀计入各年度应纳税所得鉴证报告。

第十一条 税务所在对纳税人“三项所得”均匀计入各年度应纳税所得情况进行审核时,将符合下列条件之一的纳税人,列入数据不实(或情况异常)一类;将不符合下列条件的纳税人,列入企业数据属实(或无情况异常)一类。

(一)纳税人"三项所得"均匀计入各年度应纳税所得适用政策不准确;

(二)纳税人"三项所得"均匀计入各年度应纳税所得报备数据与税务机关了解掌握的纳税人生产经营、重组改制情况不符;纳税人"三项所得"占当年应纳税所得不足50%;纳税人以后年度计入应纳税所得的申报数据与《企业所得税取消审批项目管理台帐》的数据不一致;

(三)未附送中介机构出具的纳税人"三项所得"均匀计入各年度应纳税所得鉴证报告。

第十二条 税务所依据审核结果,对"三项所得"均匀计入各年度应纳税所得的纳税人实施分类管理,并于年度汇算清缴期结束后10个工作日内,向主管税务机关税政管理部门反馈:

(一)对纳税人"三项所得"均匀计入各年度应纳税所得情况基本属实(或无异常情况)的,按台帐内容汇总有关数据;

(二)对纳税人"三项所得"均匀计入各年度应纳税所得数据不实(或情况异常)的,列出纳税人名单(包括计算机代码,下同),并依据《北京市地方税务局纳税评估工作规程》(试行)的有关规定开展纳税评估工作。

第四章 评估与检查

第十三条 主管税务机关纳税评估部门依据《北京市地方税务局纳税评估工作规程》(试行)的有关规定,对"三项所得"均匀计入各年度应纳税所得数据不实(或情况异常)的纳税人开展纳税评估工作。每季度终了后15个工作日内,将本季度有关纳税人"三项所得"均匀计入各年度应纳税所得的评估结果反馈给税政管理部门和评估对象所在税务所,当年所有"三项所得"均匀计入各年度应纳税所得的评估工作须在年底前完成。

第十四条 依据《北京市地方税务局纳税评估工作规程》(试行)的有关规定,对经评估后转入税务检查程序的纳税人,检查部门应在季度终了后15个工作日内,将本季度检查结果反馈给税政管理部门和检查对象所在税务所;当年所有"三项所得"均匀计入各年度应纳税所得检查工作须在年底前完成。

第十五条 对未经纳税评估而直接进行的税务专项或专案检查,检查部门也应在季度终了后15个工作日内,将有关纳税人"三项所得"均匀计入各年度应纳税所得情况的检查结果反馈给税政管理部门和检查对象所在税务所。

第五章 统计与分析

第十六条 主管税务机关税政管理部门根据税务所、评估部门和检查部门反馈的结果,按照"三项所得"计征企业所得税的有关政策规定,通过综合分析,全面掌握本辖区"三项所得"均匀计入各年度应纳税所得政策的执行情况。如发现"三项所得"均匀计入各年度应纳税所得政策规定方面的问题,应在发现后5个工作日内向上级税政管理部门反映;如发现"三项所得"均匀计入各年度应纳税所得征管措施方面的问题,应在发现后30个工作日进行补充和完善,并于补充完善后5个工作日内向上级税政管理部门备案。

第十七条 主管税务机关税政管理部门收到评估或检查部门反馈的纳税人"三项所得"均匀计入各年度应纳税所得情况的评估、检查结果后,及时督促税务所维护台帐。

第十八条 主管税务机关税政管理部门于本年度终了后15个工作日内向上级税政管理部门报送《企业所得税取消审批项目统计表》[表式见《北京市地方税务局转发国家税务总局关于

做好已取消和下放管理的企业所得税审批项目后续管理工作及衔接问题的通知》(京地税企〔2004〕580 号)]。

第六章　档案管理

第十九条　税务所按照《北京市地方税务局税务档案管理办法》的有关规定,对纳税人“三项所得”均匀计入各年度应纳税所得的报备资料,即《企业所得税取消审批项目报备表》实施档案管理。

第二十条　税务所在收到纳税人“三项所得”均匀计入各年度应纳税所得情况的纳税评估和税务检查结果后 10 个工作日内,对《企业所得税取消审批项目管理台帐》数据进行维护。

第七章　法律责任

第二十一条　主管税务机关对未按照本规定履行纳税申报义务的纳税人,依据《中华人民共和国税收征收管理法》的有关规定进行处理。

第二十二条　主管税务机关通过纳税评估或税务检查,发现纳税人的申报不符合“三项所得”均匀计入各年度应纳税所得有关税收政策规定的纳税人,应及时进行纳税调整,补征税款;涉嫌偷税的,按照《中华人民共和国税收征收管理法》及其实施细则的有关规定进行查处。

第二十三条　主管税务机关对中介机构为纳税人出具的“三项所得”均匀计入各年度应纳税所得鉴证报告中确认的数额保留检查权。

第二十四条　主管税务机关对违反法律、法规,出具数据不实或内容虚假的“三项所得”均匀计入各年度应纳税所得鉴证报告的中介机构,除由纳税人补缴税款及滞纳金外,还将根据《中华人民共和国税收征收管理法》及其实施细则的有关规定,对中介机构进行查处。

第二十五条　对于违反本规定造成的税收执法过错行为,依照《税收执法过错责任追究暂行办法》的有关规定进行责任追究。

第八章　附　　则

第二十六条　如法律、法规对“三项所得”均匀计入各年度应纳税所得管理工作另有新规定的,从其规定。

第二十七条　本办法由北京市地方税务局负责解释。

第二十八条　本办法自 2004 年 7 月 1 日起执行。

北京市国家税务局转发国家税务总局关于《企业债务重组业务所得税处理办法》的文件的通知

（京国税发〔2003〕65号　2003年3月25日发布）

各区、县国家税务局，各直属分局：

现将国家税务总局《企业债务重组业务所得税处理办法》（国家税务总局令第6号）（以下简称6号令）转发给你们，并作如下补充，请一并贯彻执行。

一、债务重组业务中债务人以低于债务计税成本的现金清偿债务的，债务人实际支付的现金小于应付债务账面价值的差额，作为债务人的所得，计入应纳税所得额。债权人取得的现金小于应收债权账面价值的，作为债权人的债务重组损失，允许税前扣除。

二、债务人以非现金资产清偿债务，非现金资产是指现金以外的资产，包括存货、短期投资、固定资产、长期投资、无形资产等。债务人应当将非现金资产分解为按公允价值转让非现金资产，再以与非现金资产公允价值相当的金额偿还债务两项经济业务进行所得税处理，债务人应当根据有关资产公允价值与该资产账面余额的差额确认资产的转让所得或损失，债权人取得的非现金资产，应当按照该资产的公允价值（包括与转让有关的税费）确定其计税成本，按应收债权账面价值与公允价值的差额确认债务重组所得或损失。

三、债务人以债务转为资本方式进行债务重组时，须符合国家有关法律、法规的规定。

四、修改其他债务条件进行债务重组的，债务人应在债务重组协议签订时确认债务重组的所得，债权人可相应确认债务重组损失。按照企业所得税税前扣除确定性原则的要求，债务重组中涉及的或有收益不确认为应税所得，或有支出不得作为损失在税前扣除，待收益或支出实际发生时，再分别确认为应税所得或在税前扣除。

五、6号令中涉及的有关资产的转让损失和债务重组损失应按照市局"印发《贯彻国家税务总局制定的〈企业财产损失税前扣除管理办法〉具体实施方案》的通知"（京国税〔1998〕062号）的规定的程序和权限执行，同时，纳税人还应向税务机关提供债务重组情况说明、债务重组协议、相关的结算凭证和入账凭证。

六、符合6号令第八条规定条件，涉及的所得额在1000万元以下（含1000万元），由区、县国家税务局审批，1000万元以上的，由区、县国家税务局审核同意后报市国家税务局审批。

七、按照6号令第十条的规定，如果债务人是债权人的股东，债权人所作的让步应当推定为企业对股东的分配，即，债权人企业所作让步应视为对债务人企业的股利分配支付额，债务人企业应按规定计算股权投资所得补税额。

上　海

上海市国家税务局　上海市地方税务局关于落实企业资产(股权)划转特殊性税务处理申报工作的实施意见

(沪国税函〔2016〕11号　2016年2月4日发布)

各区县税务局,市税务三分局:

根据《中华人民共和国企业所得税法》及其实施条例、《财政部　国家税务总局关于促进企业重组有关企业所得税处理问题的通知》(财税〔2014〕109号)、《国家税务总局关于资产(股权)划转企业所得税征管问题的公告》(国家税务总局公告2015年第40号)等有关文件规定,为做好本市企业资产(股权)划转特殊性税务处理申报工作,结合本市实际,提出如下实施意见,请按照执行。

一、各税务分局对企业报送的《居民企业资产(股权)划转特殊性税务处理申报表》(详见附件2)和申报资料(详见附件1),应在规定时间内予以受理,并在企业报送的《居民企业资产(股权)划转特殊性税务处理申报表》上加盖税务机关受理章后与《告知书》(详见附件3)一并发给企业。

各税务分局若在受理申报过程中发现企业报送资料不齐全的,应不予受理。

二、各税务分局应当在企业资产(股权)划转完成后,每年结合企业的纳税申报表信息、备案资料、其它税收征管信息以及第三方涉税信息,组织专家团队对资产(股权)划转特殊性税务处理事项开展风险排查。对存在风险点的企业,各税务机关应当采取稽查、纳税评估等后续管理方式,对企业资产(股权)划转特殊性税务处理情况进行核查。风险应对部门应将核查结果反馈所得税管理部门,风险核查指引由市局适时制定。

各税务分局采用实地核查方式核查的,应对企业保存的备查资料(详见附件5)进行核对。对未按规定保存备查资料的,各税务分局应按《中华人民共和国税收征收管理法》相关条款规定进行处理。

三、各税务分局应于企业所得税年度汇算清缴结束后的20日内,将企业资产(股权)划转特殊性税务处理申报情况报告及《企业资产(股权)划转特殊性税务处理申报情况统计表》(详见附件6)上报市局(所得税处)。

附件:

1. 上海市企业资产(股权)划转特殊性税务处理申报事项操作规程
2. 居民企业资产(股权)划转特殊性税务处理申报表
3.《告知书》
4. 资产(股权)划转特殊性税务处理承诺书
5. 上海市企业资产(股权)划转特殊性税务处理备查资料
6. 企业资产(股权)划转特殊性税务处理申报情况统计表

附件1

上海市企业资产(股权)划转特殊性税务处理申报事项操作规程

事项名称:资产(股权)划转特殊性税务处理申报

申报依据:《中华人民共和国企业所得税法》及其实施条例、《财政部　国家税务总局关于促进企业重组有关企业所得税处理问题的通知》(财税〔2014〕109号)、《国家税务总局关于资产(股权)划转企业所得税征管问题的公告》(国家税务总局公告2015年第40号)

分局工作要求:

一、受理时间:

各税务分局受理部门应在企业资产(股权)划转完成日相对应年度的企业所得税汇算清缴期间,受理企业资产(股权)划转特殊性税务处理申报。

二、受理资料:

1.《居民企业资产(股权)划转特殊性税务处理申报表》;

2. 资产(股权)划转总体情况说明,包括基本情况、划转方案等,并详细说明划转的商业目的;

3. 交易双方或多方签订的资产(股权)划转合同(协议),需有权部门(包括内部和外部)批准的,应提供批准文件;

4. 被划转资产(股权)账面净值和计税基础说明;

5. 交易双方按账面净值划转资产(股权)的说明(需附会计处理资料);

6. 交易双方均未在会计上确认损益的说明(需附会计处理资料);

7. 12个月内不改变被划转资产(股权)原来实质性经营活动的承诺书。

三、受理流程:受理窗口。

四、受理期限:当场办结。

五、回复方式:在企业上报的《居民企业资产(股权)划转特殊性税务处理申报表》加盖主管税务机关受理专用章并发放《告知书》。

附件 2

居民企业资产(股权)划转特殊性税务处理申报表

企业名称(章):　　　　　　　　纳税人识别号:　　　　　　　　金额单位:元(列至角分)

<table>
<tr><td rowspan="13">基本情况</td><td>划出方企业名称</td><td colspan="9"></td></tr>
<tr><td>划出方纳税人识别号</td><td colspan="2"></td><td colspan="4">主管税务机关名称</td><td colspan="3"></td></tr>
<tr><td>划入方企业名称</td><td colspan="9"></td></tr>
<tr><td>划入方纳税人识别号</td><td colspan="2"></td><td colspan="4">主管税务机关名称</td><td colspan="3"></td></tr>
<tr><td rowspan="7">划转双方关系</td><td colspan="9">○关系 1:100% 直接控制的母子公司
母公司是:○划出方○划入方
100% 控股起始时间:　　年　　月　　日</td></tr>
<tr><td colspan="9">○关系 2:受同一或相同多家居民企业 100% 直接控制</td></tr>
<tr><td rowspan="2">股东名称(划转双方为关系 2 时填报)</td><td colspan="4">划出方</td><td colspan="4">划入方</td></tr>
<tr><td colspan="2">持股比例</td><td colspan="2">持股起始时间(年月日)</td><td colspan="2">持股比例</td><td colspan="2">持股起始时间(年月日)</td></tr>
<tr><td></td><td colspan="2"></td><td colspan="2"></td><td colspan="2"></td><td colspan="2"></td></tr>
<tr><td></td><td colspan="2"></td><td colspan="2"></td><td colspan="2"></td><td colspan="2"></td></tr>
<tr><td>合计</td><td colspan="2">100%</td><td colspan="2"></td><td colspan="2">100%</td><td colspan="2"></td></tr>
<tr><td colspan="5">划转完成日(　　年　　月　　日)</td><td colspan="5"></td></tr>
<tr><td>被划转资产(股权)账面净值</td><td colspan="4"></td><td colspan="4">被划转资产(股权)计税基础</td><td></td></tr>
</table>

续表

			会计科目	金额	资产(股权)计税基础
会计处理	划出方	借			
		贷			
	划入方	借			
		贷			
申报企业其他需说明的情况:					
谨声明:本人知悉并保证本表填报内容及所附证明材料真实、完整,并承担因资料虚假而产生的法律和行政责任。 法定代表人签章: 年 月 日					

填表人: 填表日期:

填表说明:

1.“持股起始时间”是指填报的持股比例起始时间,如2013年1月1日持股80%,2015年1月1日持股100%,“持股比例”填100%,“持股起始时间”填报2015年1月1日。

2.“会计处理”栏次应明细填报划转的每一项资产,且划出方与划入方资产应一一对应填报。

3.“会计处理”栏次划出方、划入方的会计科目涉及“所有者权益类”科目的,不填报资产计税基础;划出方、划入方填报的借贷应平衡。

4.本表一式三份,受理税务机关、划出方、划入方各一份。相关行次不够的可自行添加。

附件3

《告 知 书》

一、采用资产(股权)划转特殊性税务处理的交易各方企业,应在资产(股权)划转完成后的下一年度的企业所得税年度纳税申报时,各自向主管税务机关提交书面情况说明,以证明被划转资产(股权)自划转完成日后连续12个月内,没有改变原来的实质性经营活动。

二、交易一方在资产(股权)划转完成日后连续12个月内发生生产经营业务、公司性质、资产或股权结构等情况变化,致使资产(股权)划转不再符合特殊性税务处理条件的,发生变化的交易一方应在情况发生变化的30日内报告其主管税务机关,同时书面通知另一方。另一方应在接到通知后30日内将有关变化报告其主管税务机关。

原交易双方应在发生上述变化后60日内,按照国家税务总局公告2015年第40号第八条规定进行税务处理。

三、资产(股权)划入方应建立相关资产(股权)的税会差异台账,准确记录划入资产(股权)的计税基础、账面价值、转让或处置资产(股权)所得或损失以及与相关的税收调整情况。

四、资产(股权)划转的交易各方应按本实施意见及相关附件规定的范围、地点、时限保存划出(或划入)资产(股权)的备查资料,以备税务机关审查、核实。

上海市国家税务局________区(县)国家税务局
上海市地方税务局________区(县)分局印发

附件4

资产(股权)划转特殊性税务处理承诺书(样式)

本企业承诺:按照《财政部　国家税务总局关于促进企业重组有关企业所得税处理问题的通知》(财税〔2014〕109号)、《国家税务总局关于资产(股权)划转企业所得税征管问题的公告》(国家税务总局公告2015年第40号)的有关规定,本企业自股权或资产划转完成日起连续12个月内不改变被划转股权或资产原来的实质性经营活动。

特此承诺!

企业名称(盖章):
法定代表人签字:
财务负责人签字:
年　　月　　日

附件5

上海市企业资产(股权)划转特殊性税务处理备查资料

分局工作要求:

一、核对备查资料是否齐全

1. 加盖主管税务机关受理专用章的《居民企业资产(股权)划转特殊性税务处理申报表》;
2. 交易双方或多方签订的股权或资产划转合同(协议);
3. 属需有权部门(包括内部和外部)批准的相应批准文件;
4. 划出方的被划转股权或资产的相应转账会计处理凭证;
5. 划入方的接受划入股权或资产的相应会计处理入账凭证以及税会差异台账;
6. 属资产(股权)划转应变更股权登记的,保存工商股权变更登记的相关凭证。

二、保存期限

至少保存至自股权或资产划转完成日所属年度后的十年。

三、存放地点

企业工商登记注册地。

附件 6

企业资产(股权)划转特殊性税务处理申报情况统计表

报送单位:________________税务局

行次	申报企业名称	划出方企业名称	划出方纳税人识别号	划出方纳税人识别号	划出方主管税务机关	划入方企业名称	划入方纳税人识别码	划入方主管税务机关	划转关系		划转完成日	被划转资产(股权)账面净值	被划转资产(股权)计税基础
									100% 直接控制的母子公司	“受同一或相同多家居民企业 100 直接控制”			
	1	2	3	4	5	6	7	8	9		10	11	12
1													
2													
3													
4													
5													
6													
7													
…													
合计		—											

填表人:　　　　　　　　　　　　　　　　　　　　填报日期:

填表说明:

1. 第 1 列“申报企业名称”:填报向其主管税务机关申报资产(股权)划转特殊性税务处理申报表的企业名称。

2. 第 8 列“100% 直接控制的母子公司”:以申报企业为主体判断,填报母公司母或子公司、划出方或划入方。如申报企业是母公司、资产(股权)划出方,则填报“母公司、划出方”。

3. 第 9 列“受同一或相同多家居民企业 100% 直接控制”:填报资产(股权)“划出方”或“划入方”。

上海市国家税务局　上海市地方税务局关于落实企业重组业务企业所得税特殊性税务处理工作的实施意见

（沪国税函〔2015〕24号　2015年9月29日发布）

各区县税务局，市税务三分局、自贸区税务分局：

根据《中华人民共和国企业所得税法》及其实施条例、《财政部　国家税务总局关于企业重组业务企业所得税处理若干问题的通知》（财税〔2009〕59号）、《财政部　国家税务总局关于促进企业重组有关企业所得税处理问题的通知》（财税〔2014〕109号）、《国家税务总局关于发布〈企业重组业务企业所得税管理办法〉的公告》（国家税务总局公告2010年第4号）、《国家税务总局关于企业重组业务企业所得税征收管理若干问题的公告》（国家税务总局公告2015年第48号）等有关规定，为做好本市企业重组业务特殊性税务处理工作，结合本市实际，提出如下实施意见，请按照执行。

一、适用范围

本《实施意见》适用于重组当事各方中至少有一方是本市居民企业（以下简称“企业”）、符合企业所得税特殊性税务处理条件且选择特殊性税务处理的企业重组业务。企业重组业务包括债务重组、股权收购、资产收购、合并、分立以及本市居民企业向其直接控股的非居民企业投资。

二、受理要求

税务机关对企业报送的《企业重组所得税特殊性税务处理报告表及附表》和申报资料（详见附件1）符合法定形式，信息填写齐全，且报送资料齐全的，税务机关在规定时间内予以受理，并在企业报送的《企业重组所得税特殊性税务处理报告表》上加盖税务机关受理章后发放《告知书》（详见附件2）。对受理申报过程中发现企业重组业务报送资料不齐全，应不予受理。

三、后续管理要求

（一）建立专业团队

市局建立企业所得税重组业务管理专业团队，负责协调各分局之间的企业重组业务评估、审查、核实工作。

各税务分局应建立一支由企业所得税业务能力强、实践经验丰富的人员组成的企业重组业务所得税管理专业团队。各分局所得税管理部门每年制定审查、核实计划，并集中专业团队人员予以实施，确保在不超过5年的工作周期内有计划地对采用重组业务所得税特殊性税务处理的企业（对跨区域的重组业务由重组主导方企业主管税务机关牵头）开展逐户评估、审查或核实工作，对企业迁移或注销的，应在迁移或注销前进行核查。

（二）设立台账

各税务分局应建立债务重组所得、非居民企业投资所得台账（台账格式详见附件3、4），对企业每年申报的债务重组所得、非居民企业投资所得与台账进行比对，做好持续跟踪管理工作。

（三）日常管理工作

税务机关在对企业特殊性税务处理时确定的重组资产（股权）计税基础与转让或处置时的计税基础及相关年度纳税申报表比对时，发现问题的，应依法进行调整。

税务机关发现企业重组业务已采用特殊性税务处理但不符合税法规定的特殊性税务处理条件、企业重组后的连续12个月内改变了重组资产原来的实质性经营活动或取得股权支付的原主要股东在重组后连续12个月内转让所取得的股权等问题的，应及时要求企业依法进行纳税调整，并按《中华人民共和国税收征收管理法》（以下简称"征管法"）相关规定追缴企业所得税税款及滞纳金。发现属于已注销的被合并（或分立）企业存在企业所得税纳税调整问题的，则要求由合并企业或分立后存续的企业依法承担相关企业所得税纳税义务。

（四）核查管理工作

税务机关应依托信息化手段、税收征管基础数据、纳税申报数据、第三方涉税信息等，对采用所得税特殊性税务处理的企业开展风险核查。对存在风险点的企业，应当采取实地方式审查、核实。具体审查、核实工作指引，由市局另行制定。

各级税务机关对企业进行实地核查时，应当指派2名以上专业团队人员按照规定程序进行实地核查，对企业保存的备查资料（详见附件5）进行核对，按照《征管法》的规定，备查资料应至少保存至重组年度结束后的十年。核查须撰写核查报告，同时将审查、核实结果逐户录入企业重组管理系统。企业同时有多个重组项目需实地核查的，各专业团队应协调一致，实行一次进户核查。

（五）统计工作

税务机关应对每年适用特殊性税务处理的企业重组做好统计和相关资料的归档工作；各税务分局应于每年7月底前将企业重组业务所得税特殊性税务处理征管情况报告及《企业重组所得税特殊性税务处理统计表》（详见附件6）上报市局（所得税处）；各税务分局对下一年核查计划、本年度核查情况及《企业重组所得税特殊性税务处理税务评估核查情况统计表》（详见附件7）在次年8月底前上报市局（所得税处）。

四、其他事项

本《实施意见》适用于2015年度及以后年度企业所得税汇算清缴。《上海市国家税务局上海市地方税务局关于印发〈上海市企业重组业务企业所得税特殊性税务处理备案事项操作规程（试行）〉的通知》（沪国税所〔2010〕157号）同时废止。

附件：

1. 上海市企业重组业务企业所得税特殊性税务处理申报事项操作规程
2. 《告知书》
3. 企业债务重组特殊性税务处理递延纳税台账
4. 对非居民企业投资特殊性税务处理递延纳税台账
5. 企业重组业务所得税特殊性税务处理备查资料
6. 企业重组所得税特殊性税务处理统计表
7. 企业重组所得税特殊性税务处理税务评估核查情况统计表
8. 企业重组所得税特殊性税务处理报告表
9. 企业重组业务所得税特殊性税务处理承诺书（样式）

附件 1

上海市企业重组业务企业所得税特殊性税务处理申报事项操作规程

目　　录

事项名称:企业重组业务—债务重组

申报依据:《中华人民共和国企业所得税法》及其实施条例、《财政部　国家税务总局关于企业重组业务企业所得税处理若干问题的通知》(财税〔2009〕59 号)、《国家税务总局关于发布〈企业重组业务企业所得税管理办法〉的公告》(国家税务总局公告 2010 年第 4 号)、《国家税务总局关于企业重组业务企业所得税征收管理若干问题的公告》(国家税务总局公告 2015 年第 48 号)

分局工作要求:

一、受理时间:

最迟应在企业所得税纳税年度次年 4 月底前受理债务人申报;最迟应在企业所得税纳税年度次年 5 月底前受理债权人申报。

二、受理要求:

受理部门应认真核对企业申报的资料是否齐全,若企业申报资料不齐全的,应当要求企业补报资料。企业拒绝补报的,税务机关有权不予受理。

三、受理资料:

1.《企业重组所得税特殊性税务处理报告表》(附表 1)[注:债权人申报时还应附送债务人经主管税务机关受理的《企业重组所得税特殊性税务处理报告表》(复印件)];

2.《企业重组所得税特殊性税务处理报告表(债务重组)》(附表 1－1);

3. 债务重组的总体情况说明,包括债务重组方案、基本情况、债务重组所产生的应纳税所得额,并逐条说明债务重组的商业目的;以非货币资产清偿债务的,还应包括企业当年应纳税所得额情况;

4. 清偿债务或债权转股权的合同(协议)或法院裁定书,需有权部门(包括内部和外部)批准的,应提供批准文件；

5. 债权转股权的，提供相关股权评估报告或其他公允价值证明；以非货币资产清偿债务的，提供相关资产评估报告或其他公允价值证明；

6. 重组当事各方一致选择特殊性税务处理并加盖当事各方公章的证明资料；

7. 债权转股权的，还应提供工商管理部门等有权机关登记的相关企业股权变更事项的证明材料，以及债权人12个月内不转让所取得股权的承诺书（详见附件9）；

8. 重组前连续12个月内有无与该重组相关的其他股权、资产交易，与该重组是否构成分步交易、是否作为一项企业重组业务进行处理情况的说明；

9. 按会计准则规定当期应确认资产（股权）转让损益的，应提供按税法规定核算的资产（股权）计税基础与按会计准则规定核算的相关资产（股权）账面价值的暂时性差异专项说明。

四、受理流程：受理窗口

五、受理期限：现场申报的，主管税务机关当场告知企业受理结果；网上办税服务厅申报的，主管税务机关在2个工作日内通过电子方式告知企业受理结果。

六、回复方式：在企业上报的《企业重组所得税特殊性税务处理报告表》上加盖主管税务机关受理专用章。

事项名称：企业重组业务—股权收购

申报依据：《中华人民共和国企业所得税法》及其实施条例、《财政部　国家税务总局关于企业重组业务企业所得税处理若干问题的通知》（财税〔2009〕59号）、《财政部　国家税务总局关于促进企业重组有关企业所得税处理问题的通知》（财税〔2014〕109号）、《国家税务总局关于发布〈企业重组业务企业所得税管理办法〉的公告》（国家税务总局公告2010年第4号）、《国家税务总局关于企业重组业务企业所得税征收管理若干问题的公告》（国家税务总局公告2015年第48号）

分局工作要求：

一、受理时间：

最迟应在企业所得税纳税年度次年4月底前受理转让方申报；最迟应在企业所得税纳税年度次年5月底前受理收购方和被收购企业申报。

若同一项重组业务涉及在连续12个月内分步交易，且跨两个纳税年度，当事各方在首个纳税年度交易完成时预计整个交易符合特殊性税务处理条件，可以暂按适用特殊性税务处理，并在当年企业所得税年度申报时提交书面申报资料。在下一纳税年度全部交易完成后，企业应判断是否适用特殊性税务处理。如适用特殊性税务处理的，当事各方应再次报送相关资料进行申报。

二、受理要求：

受理部门应认真核对企业申报的资料是否齐全，若企业申报资料不齐全的，应当要求企业补报资料。企业拒绝补报的，税务机关有权不予受理。

三、受理资料：

1.《企业重组所得税特殊性税务处理报告表》（附表1）［注：收购方和被收购企业申报时还应附送转让方经主管税务机关受理的《企业重组所得税特殊性税务处理报告表》（复印件）］；

2.《企业重组所得税特殊性税务处理报告表（股权收购）》（附表1－2）；

3. 股权收购业务总体情况说明，包括股权收购方案、基本情况，并逐条说明股权收购的商业目的；

4. 股权收购业务合同（协议），需有权部门（包括内部和外部）批准的，应提供批准文件；

5. 相关股权评估报告或其他公允价值证明；

6. 12个月内不改变重组资产原来的实质性经营活动、原主要股东不转让所取得股权的承诺书（详见附件9)；

7. 工商管理部门等有权机关登记的相关企业股权变更事项的证明材料；

8. 重组当事各方一致选择特殊性税务处理并加盖当事各方公章的证明资料；

9. 涉及非货币性资产支付的，应提供非货币性资产评估报告或其他公允价值证明；

10. 重组前连续12个月内有无与该重组相关的其他股权、资产交易，与该重组是否构成分步交易、是否作为一项企业重组业务进行处理情况的说明；

11. 按会计准则规定当期应确认资产(股权)转让损益的，应提供按税法规定核算的资产(股权)计税基础与按会计准则规定核算的相关资产(股权)账面价值的暂时性差异专项说明。

四、受理流程：受理窗口

五、受理期限：现场申报的，主管税务机关当场告知企业受理结果；网上办税服务厅申报的，主管税务机关在2个工作日内通过电子方式告知企业受理结果。

六、回复方式：在企业上报的《企业重组所得税特殊性税务处理报告表》上加盖主管税务机关受理专用章。

事项名称：企业重组业务—资产收购

申报依据：《中华人民共和国企业所得税法》及其实施条例、《财政部　国家税务总局关于企业重组业务企业所得税处理若干问题的通知》(财税〔2009〕59号)、《财政部　国家税务总局关于促进企业重组有关企业所得税处理问题的通知》(财税〔2014〕109号)、《国家税务总局关于发布〈企业重组业务企业所得税管理办法〉的公告》(国家税务总局公告2010年第4号)、《国家税务总局关于企业重组业务企业所得税征收管理若干问题的公告》(国家税务总局公告2015年第48号)

分局工作要求：

一、受理时间：

最迟应在企业所得税纳税年度次年4月底前受理转让方申报；最迟应在企业所得税纳税年度次年5月底前受理收购方申报。

若同一项重组业务涉及在连续12个月内分步交易，且跨两个纳税年度，当事各方在首个纳税年度交易完成时预计整个交易符合特殊性税务处理条件，可以暂按适用特殊性税务处理，并在当年企业所得税年度申报时提交书面申报资料。在下一纳税年度全部交易完成后，企业应判断是否适用特殊性税务处理。如适用特殊性税务处理的，当事各方应再次报送相关资料进行申报。

二、受理要求：

受理部门应认真核对企业申报的资料是否齐全，若企业申报资料不齐全的，应当要求企业补报资料。企业拒绝补报的，税务机关有权不予受理。

三、受理资料：

1.《企业重组所得税特殊性税务处理报告表》(附表1)[注：收购方申报时还应附送转让方经主管税务机关受理的《企业重组所得税特殊性税务处理报告表》(复印件)]；

2.《企业重组所得税特殊性税务处理报告表(资产收购)》(附表1－3)；

3. 资产收购业务总体情况说明，包括资产收购方案、基本情况，并逐条说明资产收购的商业目的；

4. 资产收购业务合同(协议)，需有权部门(包括内部和外部)批准的，应提供批准文件；

5. 相关资产评估报告或其他公允价值证明；

6. 被收购资产原计税基础的证明；

7. 12个月内不改变资产原来的实质性经营活动、原主要股东不转让所取得股权的承诺书(详见附件9)；

8. 工商管理部门等有权机关登记的相关企业股权变更事项的证明材料；

9. 重组当事各方一致选择特殊性税务处理并加盖当事各方公章的证明资料；

10. 涉及非货币性资产支付的，应提供非货币性资产评估报告或其他公允价值证明；

11. 重组前连续12个月内有无与该重组相关的其他股权、资产交易，与该重组是否构成分步交易、是否作为一项企业重组业务进行处理情况的说明；

12. 按会计准则规定当期应确认资产（股权）转让损益的，应提供按税法规定核算的资产（股权）计税基础与按会计准则规定核算的相关资产（股权）账面价值的暂时性差异专项说明。

四、受理流程：受理窗口

五、受理期限：现场申报的，主管税务机关当场告知企业受理结果；网上办税服务厅申报的，主管税务机关在2个工作日内通过电子方式告知企业受理结果。

六、回复方式：在企业上报的《企业重组所得税特殊性税务处理报告表》上加盖主管税务机关受理专用章。

事项名称：企业重组业务—企业合并

申报依据：《中华人民共和国企业所得税法》及其实施条例、《财政部　国家税务总局关于企业重组业务企业所得税处理若干问题的通知》（财税〔2009〕59号）、《财政部　国家税务总局关于促进企业重组有关企业所得税处理问题的通知》（财税〔2014〕109号）、《国家税务总局关于发布〈企业重组业务企业所得税管理办法〉的公告》（国家税务总局公告2010年第4号）、《国家税务总局关于企业重组业务企业所得税征收管理若干问题的公告》（国家税务总局公告2015年第48号）

分局工作要求：

一、受理时间：

应在被合并企业注销前办理实际经营期企业所得税汇算清缴申报时受理被合并企业申报；最迟应在企业所得税纳税年度次年5月底前受理合并企业、被合并企业股东申报。

二、受理要求：

受理部门应认真核对企业申报的资料是否齐全，若企业申报资料不齐全的，应当要求企业补报资料。企业拒绝补报的，税务机关有权不予受理。

三、受理资料：

1.《企业重组所得税特殊性税务处理报告表》（附表1）[注：除主导方外的其他当事各方申报时还应附送主导方经主管税务机关受理的《企业重组所得税特殊性税务处理报告表》（复印件）]；

2.《企业重组所得税特殊性税务处理报告表（企业合并）》（附表1－4）；

3. 企业合并的总体情况说明，包括合并方案、基本情况，并逐条说明企业合并的商业目的；

4. 企业合并协议或决议，需有权部门（包括内部和外部）批准的，应提供批准文件；

5. 企业合并当事各方的股权关系说明，若属同一控制下且不需支付对价的合并，还需提供在企业合并前，参与合并各方受最终控制方的控制在12个月以上的证明材料；

6. 被合并企业净资产、各单项资产和负债的账面价值和计税基础等相关资料；

7. 12个月内不改变资产原来的实质性经营活动、原主要股东不转让所取得股权的承诺书（详见附件9）；

8. 工商管理部门等有权机关登记的相关企业股权变更事项的证明材料；

9. 合并企业承继被合并企业相关所得税事项（包括尚未确认的资产损失、分期确认收入和尚未享受期满的税收优惠政策等）情况说明；

10. 涉及可由合并企业弥补被合并企业亏损的，需要提供其合并日净资产公允价值证明材料及主管税务机关确认的亏损弥补情况说明；

11. 重组当事各方一致选择特殊性税务处理并加盖当事各方公章的证明资料；

12. 涉及非货币性资产支付的，应提供非货币性资产评估报告或其他公允价值证明；

13. 重组前连续12个月内有无与该重组相关的其他股权、资产交易，与该重组是否构成分步交易、是否作为一项企业重组业务进行处理情况的说明；

14. 按会计准则规定当期应确认资产（股权）转让损益的，应提供按税法规定核算的资产（股权）计税基础与按会计准则规定核算的相关资产（股权）账面价值的暂时性差异专项说明。

四、受理流程：受理窗口

五、受理期限：现场申报的，主管税务机关当场告知企业受理结果；网上办税服务厅申报的，主管税务机关在2个工作日内通过电子方式告知企业受理结果。

六、回复方式：在企业上报的《企业重组所得税特殊性税务处理报告表》上加盖主管税务机关受理专用章。

事项名称：企业重组业务—企业分立

申报依据：《中华人民共和国企业所得税法》及其实施条例、《财政部　国家税务总局关于企业重组业务企业所得税处理若干问题的通知》（财税〔2009〕59号）、《财政部　国家税务总局关于促进企业重组有关企业所得税处理问题的通知》（财税〔2014〕109号）、《国家税务总局关于发布〈企业重组业务企业所得税管理办法〉的公告》（国家税务总局公告2010年第4号）、《国家税务总局关于企业重组业务企业所得税征收管理若干问题的公告》（国家税务总局公告2015年第48号）

分局工作要求：

一、受理时间：

最迟应在企业所得税纳税年度次年5月底前受理分立企业、被分立企业及被分立企业股东申报；分立中重组一方涉及注销的，应在企业尚未办理注销税务登记手续前受理申报。

二、受理要求：

受理部门应认真核对企业申报的资料是否齐全，若企业申报资料不齐全的，应当要求企业补报资料。企业拒绝补报的，税务机关有权不予受理。

三、受理资料：

1.《企业重组所得税特殊性税务处理报告表》（附表1）[注：除主导方外的其他当事各方申报时还应附送主导方经主管税务机关受理的《企业重组所得税特殊性税务处理报告表》（复印件）]；

2.《企业重组所得税特殊性税务处理报告表（企业分立）》（附表1－5）；

3. 企业分立的总体情况说明，包括分立方案、基本情况，并逐条说明企业分立的商业目的；

4. 被分立企业董事会、股东会（股东大会）关于企业分立的决议，需有权部门（包括内部和外部）批准的，应提供批准文件；

5. 被分立企业的净资产、各单项资产和负债账面价值和计税基础等相关资料；

6. 12个月内不改变资产原来的实质性经营活动、原主要股东不转让所取得股权的承诺书（详见附件9）；

7. 工商管理部门等有权机关认定的分立和被分立企业股东股权比例证明材料；分立后，分立和被分立企业工商营业执照复印件；

8. 重组当事各方一致选择特殊性税务处理并加盖当事各方公章的证明资料；

9. 涉及非货币性资产支付的，应提供非货币性资产评估报告或其他公允价值证明；

10. 分立企业承继被分立企业所分立资产相关所得税事项（包括尚未确认的资产损失、分期确认收入和

尚未享受期满的税收优惠政策等)情况说明;

11. 若被分立企业尚有未超过法定弥补期限的亏损,应提供亏损弥补情况说明、被分立企业重组前净资产和分立资产公允价值的证明材料;

12. 重组前连续12个月内有无与该重组相关的其他股权、资产交易,与该重组是否构成分步交易、是否作为一项企业重组业务进行处理情况的说明;

13. 按会计准则规定当期应确认资产(股权)转让损益的,应提供按税法规定核算的资产(股权)计税基础与按会计准则规定核算的相关资产(股权)账面价值的暂时性差异专项说明。

四、受理流程:受理窗口

五、受理期限:现场申报的,主管税务机关当场告知企业受理结果;网上办税服务厅申报的,主管税务机关在2个工作日内通过电子方式告知企业受理结果。

六、回复方式:在企业上报的《企业重组所得税特殊性税务处理报告表》上加盖主管税务机关受理专用章。

事项名称:企业重组业务—对非居民企业投资

申报依据:《中华人民共和国企业所得税法》及其实施条例、《财政部　国家税务总局关于企业重组业务企业所得税处理若干问题的通知》(财税〔2009〕59号)、《财政部　国家税务总局关于促进企业重组有关企业所得税处理问题的通知》(财税〔2014〕109号)、《国家税务总局关于发布〈企业重组业务企业所得税管理办法〉的公告》(国家税务总局公告2010年第4号)、《国家税务总局关于企业重组业务企业所得税征收管理若干问题的公告》(国家税务总局公告2015年第48号)

分局工作要求:

一、受理时间:

最迟应在企业所得税纳税年度次年5月底前受理居民企业申报。

二、受理要求:

受理部门应认真核对企业申报的资料是否齐全,若企业申报资料不齐全的,应当要求企业补报资料。企业拒绝补报的,税务机关有权不予受理。

三、受理材料:

1.《企业重组所得税特殊性税务处理报告表(对非居民企业投资)》(附表1-6);

2. 企业股权投资业务总体情况说明,情况说明中应包括股权投资的商业目的;

3. 双方签订的股权投资协议原件和复印件;

4. 企业与100%直接控股的非居民企业的股权关系证明材料原件和复印件;

5. 由中国资产评估机构出具的所投资股权及转让的资产或股权公允价值的报告;

6. 注册机构证明文件或非居民投资的会计处理;

7. 证明重组符合特殊性税务处理条件的资料,包括股权或资产转让比例,支付对价情况,以及十二个月内不改变资产原来的实质性经营活动、不转让所取得股权的承诺书(详见附件9)等。

四、受理流程:受理窗口

五、受理期限:现场申报的,主管税务机关当场告知企业受理结果;网上办税服务厅申报的,主管税务机关在2个工作日内通过电子方式告知企业受理结果。

六、回复方式:在企业上报的《企业重组所得税特殊性税务处理报告表(对非居民企)上加盖主管税务机关受理专用章。

附件 2

《告　知　书》

一、适用特殊性税务处理的企业，应按规定向主管税务机关报送相关说明：

1. 适用财税〔2009〕59 号文件第五条第（三）项和第（五）项的当事各方应在完成重组业务后的下一年度的企业所得税年度申报时提交书面情况说明，以证明企业在重组后的连续 12 个月内，有关符合特殊性税务处理的条件未发生改变。

2. 企业发生财税〔2009〕59 号文件第六条第（一）项规定的债务重组，应准确记录应予确认的债务重组所得，并在相应年度的企业所得税汇算清缴时对当年确认额及分年结转额的情况做出说明。

3. 企业发生财税〔2009〕59 号文件第七条第（三）项规定的重组，应准确记录应予确认的资产或股权转让收益总额，并在相应年度的企业所得税汇算清缴时对当年确认额及分年结转额的情况做出说明。

4. 适用特殊性税务处理的企业，在以后年度转让或处置重组资产（股权）时，应在年度纳税申报时对资产（股权）转让所得或损失情况进行专项说明，包括特殊性税务处理时确定的重组资产（股权）计税基础与转让或处置时的计税基础的比对情况，以及递延所得税负债的处理情况等。

二、适用特殊性税务处理的当事各方，其中一方在规定时间内发生生产经营业务、公司性质、资产或股权结构等情况变化，致使重组业务不再符合特殊性税务处理条件的，发生变化的当事方应在情况发生变化的 30 天内书面通知其他所有当事方。主导方在接到通知后 30 日内将有关变化通知其主管税务机关及其他当事各方。

上款所述情况发生变化后 60 日内，当事各方应按照财税〔2009〕59 号文件第四条的规定调整重组业务的税务处理。原交易各方应各自按原交易完成时资产和负债的公允价值计算重组业务的收益或损失，调整交易完成纳税年度的应纳税所得额及相应的资产和负债的计税基础，并向各自主管税务机关申请调整交易完成纳税年度的企业所得税年度申报表。逾期不调整申报的，按照《征管法》的相关规定处理。

三、适用特殊性税务处理的企业，应建立重组业务相关资产（股权）的税会差异台账，准确记录重组资产（股权）的计税基础、账面价值、转让或处置重组资产（股权）所得或损失以及与重组相关的税收调整情况，并按规定的范围、地点、时限保存重组事项备查资料，以备税务机关审查、核实。企业在税务机关对特殊性税务处理事项后续管理中不能提供备查资料，或经税务机关核实，重组业务不符合特殊性税务处理条件的，重组事项不适用特殊性税务处理，应及时通知其他重组各方，按照《告知书》第 2 条第 2 款规定办理。

四、本次资产重组业务的备查资料应存放在本企业注册地，按照《征管法》的规定（详见沪国税函〔2015〕号附件 5）备查资料至少应保存至重组年度结束后的十年。

五、适用特殊性重组业务的主导方，应在主管税务机关受理后三日内将经主管税务机关受理的《企业重组所得税特殊性税务处理报告表》（复印件）传递其他重组当事方企业。

上海市区________（县）国家税务局

上海市地方税务局区________（县）分局　印发

附件 3

企业债务重组特殊性税务处理递延纳税台账

纳税人名称：　　　　　　　纳税人识别号：　　　　　　　债权人名称：　　　　　　　债权人识别号：

金额单位：元(列至角分)

除债转股方式外的债务重组	重组债务账面价值	重组债务计税基础	偿债资产公允价值	会计确认的债务重组利得	债务重组应纳税所得额	5个纳税年度分期确认的所得	递延纳税差异调整额								
							重组年度（20　年度）		第二年（20　年度）		第三年（20　年度）		第四年（20　年度）		第五年（20　年度）
							纳税调整	结转以后年度递延确认所得	纳税调整	结转以后年度递延确认所得	纳税调整	结转以后年度递延确认所得	纳税调整	结转以后年度递延确认所得	纳税调整
	(1)	(2)	(3)	(4)=(1)-(3)	(5)=(2)-(3)	(6)=(5)÷5	(7)	(8)	(9)	(10)	(11)	(12)	(13)	(14)	(15)

填写说明：

1. 本台账由除债转股方式外债务重组的债务人填列；若纳税人有多笔债务重组业务的，应按每笔债务重组业务分别填列。

2. “纳税调整”：纳税调整减少的，以负数表示；纳税调整增加的，以正数表示。

3. “结转以后年度递延确认所得”：指按照税法规定结转以后年度的尚未确认的债务重组所得。

4. 若债务重组业务较复杂，本台账不能充分反映企业实际情况的，企业可自行设计台账填列，但必须确保相关数据的完整性。

附件 4

对非居民企业投资特殊性税务处理递延纳税台账

纳税人名称：　　　　　　　　　　　　　　　　　　　被投资企业名称：

资产或股权的账面价值	资产或股权的计税基础	资产或股权的公允价值	会计确认的资产或股权转入收益	资产或股权转让收益
(1)	(2)	(3)	(4)=(1)-(3)	(5)=(2)-(3)
分10年均匀计入年度所得额递延纳税差异调整情况				
重组年度(20　年)	第二年(20　年)	第三年(20　年)	第四年(20　年)	第五年(20　年)

续表

纳税调整	结转以后年度递延确认的收益	纳税调整	结转以后年度递延确认的收益	纳税调整	结转以后年度递延确认的收益	纳税调整	结转以后年度递延确认的收益	纳税调整	结转以后年度递延确认的收益
第六年(20　年)		第七年(20　年)		第八年(20　年)		第九年(20　年)		第十年(20　年)	
纳税调整	结转以后年度递延确认的收益	纳税调整	结转以后年度递延确认的收益	纳税调整	结转以后年度递延确认的收益	纳税调整	结转以后年度递延确认的收益	纳税调整	结转以后年度递延确认的收益

1. 本台账由对非居民企业进行投资的企业填列；若有多笔投资业务的，应按每一笔投资业务分别填列。

2. "纳税调整"：纳税调整减少的，以负数表示；纳税调整增加的，以正数表示。

3. "结转以后年度递延确认所得"：指按照特殊性税务处理规定可以在以后年度确认的资产或股权转让所得。

4. 若对外投资业务较复杂，本台账不能充分反映企业实际情况的，企业可自行设计台账填列，但必须确保相关数据的完整性。

5. 金额单位：元，列至角分。

附件5

企业重组业务所得税特殊性税务处理备查资料

事项名称：企业重组业务—债务重组

分局工作要求：

一、核对备查资料是否齐全：

1. 加盖主管税务机关受理专用章的《企业重组所得税特殊性税务处理报告表》[注：债权人还应留存债务人经主管税务机关受理的《企业重组所得税特殊性税务处理报告表》(复印件)]；

2. 加盖主管税务机关受理专用章的《企业重组所得税特殊性税务处理报告表(债务重组)》；

3. 债务重组的总体情况说明，包括债务重组方案、基本情况、债务重组所产生的应纳税所得额，并逐条说明债务重组的商业目的；以非货币资产清偿债务的，还应包括企业当年应纳税所得额情况；

4. 清偿债务或债权转股权的合同(协议)或法院裁定书，需有权部门(包括内部和外部)批准的，应留存批准文件；

5. 债权转股权的，留存相关股权评估报告或其他公允价值证明；以非货币资产清偿债务的，留存相关资产评估报告或其他公允价值证明；

6. 重组当事各方一致选择特殊性税务处理并加盖当事各方公章的证明资料；

7. 债权转股权的，还应留存工商管理部门等有权机关登记的相关企业股权变更事项的证明材料、债权人12个月内不转让所取得股权的承诺书、以及重组后的连续12个月内上述承诺事项未发生变化的证明；

8. 重组前连续12个月内有无与该重组相关的其他股权、资产交易，与该重组是否构成分步交易、是否作为一项企业重组业务进行处理情况的说明；

9. 按会计准则规定当期应确认资产（股权）转让损益的，应留存按税法规定核算的资产（股权）计税基础与按会计准则规定核算的相关资产（股权）账面价值的暂时性差异专项说明（注：债权转股权的，债务人应留存暂不确认债务清偿所得的专项说明）；

10. 债务人留存重组债务计税基础的证明，债权人留存重组债权计税基础的证明；

11. 以非货币资产清偿债务的，债务人留存《企业债务重组特殊性税务处理递延纳税台账》（详见附件）、国家税务总局公告 2015 年第 48 号第八条规定的情况说明；

12. 债权转股权的，债权人留存国家税务总局公告 2015 年第 48 号第十条规定的专项说明；

13. 有关会计核算资料，包括债务重组业务账务处理凭证、债转股方式债务重组的债权人以后年度处置或转让相关股权的账务处理凭证（债权人留存）等；

14. 债务重组及以后纳税调整年度的企业所得税年度纳税申报表及调整情况说明。

二、保存期限

至少应保存至重组年度结束后的十年。

三、存放地点

本市重组各方企业登记注册地。

事项名称：企业重组业务—股权收购

分局工作要求：

一、核对备查资料是否齐全：

1. 加盖主管税务机关受理专用章的《企业重组所得税特殊性税务处理报告表》[注：收购方和被收购企业还应留存转让方（居民企业）经主管税务机关受理的《企业重组所得税特殊性税务处理报告表》（复印件）]；

2. 加盖主管税务机关受理专用章的《企业重组所得税特殊性税务处理报告表（股权收购）》；

3. 股权收购业务总体情况说明，包括股权收购方案、基本情况，并逐条说明股权收购的商业目的；

4. 股权收购业务合同（协议），需有权部门（包括内部和外部）批准的，应留存批准文件；

5. 相关股权评估报告或其他公允价值证明，以及原计税基础的证明（注：股权收购方以本企业股权作为支付对价的，本企业股权的原计税基础证明无须留存）；

6. 12 个月内不改变重组资产原来的实质性经营活动、原主要股东不转让所取得股权的承诺书，以及重组后的连续 12 个月内上述承诺事项未发生变化的证明；

7. 工商管理部门等有权机关登记的相关企业股权变更事项的证明材料；

8. 重组当事各方一致选择特殊性税务处理并加盖当事各方公章的证明资料；

9. 涉及非货币性资产支付的，应留存非货币性资产评估报告或其他公允价值证明，以及原计税基础的证明；

10. 重组前连续 12 个月内有无与该重组相关的其他股权、资产交易，与该重组是否构成分步交易、是否作为一项企业重组业务进行处理情况的说明；

11. 按会计准则规定当期应确认资产（股权）转让损益的，应留存按税法规定核算的资产（股权）计税基础与按会计准则规定核算的相关资产（股权）账面价值的暂时性差异专项说明；

12. 国家税务总局公告 2015 年第 48 号第十条规定的专项说明；

13. 有关会计核算资料，包括股权收购业务账务处理凭证、以后年度处置或转让相关股权的账务处理凭证等；

14. 股权收购及以后纳税调整年度的企业所得税年度纳税申报表及调整情况说明。

二、保存期限

至少应保存至重组年度结束后的十年。

三、存放地点

本市重组各方企业登记注册地。

事项名称：企业重组业务—资产收购

分局工作要求：

一、核对备查资料是否齐全：

1. 加盖主管税务机关受理专用章的《企业重组所得税特殊性税务处理报告表》[注：收购方还应留存转让方经主管税务机关受理的《企业重组所得税特殊性税务处理报告表》(复印件)]；

2. 加盖主管税务机关受理专用章的《企业重组所得税特殊性税务处理报告表(资产收购)》；

3. 资产收购业务总体情况说明，包括资产收购方案、基本情况，并逐条说明资产收购的商业目的；

4. 资产收购业务合同(协议)，需有权部门(包括内部和外部)批准的，应留存批准文件；

5. 转让方全部资产由具有合法资质的中国资产评估机构出具的资产评估报告或其他公允价值证明；

6. 被收购资产原计税基础的证明；涉及非货币性资产支付的，非货币性资产计税基础证明材料；

7. 被收购资产账面价值及其相关会计核算明细资料，以及与原计税基础差异明细说明(仅资产转让方)；

8. 支付对价的说明，涉及非货币性资产支付的，由具有合法资质的中国资产评估机构出具的非货币性资产评估报告或其他公允价值证明；

9. 涉及非货币性资产支付的，非货币性资产账面价值及其相关会计核算明细资料，以及与计税基础差异明细说明(仅资产收购方)；

10. 涉及非股权支付的，在交易当期确认的非股权支付对应资产转让所得或损失，及相应资产计税基础调整的说明；

11. 12 个月内不改变资产原来的实质性经营活动、原主要股东不转让所取得股权的承诺书，以及重组后 12 个月内上述承诺实际未发生变化的证明材料；

12. 工商管理部门等有权机关登记的相关企业股权变更事项的证明材料；

13. 重组当事各方一致选择特殊性税务处理并加盖当事各方公章的证明资料；

14. 重组前连续 12 个月内有无与该重组相关的其他股权、资产交易，与该重组是否构成分步交易、是否作为一项企业重组业务进行处理情况的说明；

15. 重组当事各方对资产收购是否涉及项目所得税收优惠承继的说明；

16. 重组当事各方对资产收购事项的会计核算说明及凭证，按会计准则规定当期应确认资产(股权)转让损益的，应留存按税法规定核算的资产(股权)计税基础与按会计准则规定核算的相关资产(股权)账面价值的暂时性差异专项说明；

17. 重组当事各方在以后年度转让或处置重组资产(股权)时，按要求在年度纳税申报时对资产(股权)转让所得或损失情况作出的专项说明，包括特殊性税务处理时确定的重组资产(股权)计税基础与转让或处置时的计税基础的比对情况，以及递延所得税负债的处理情况等；

18. 当事各方重组年度及以后纳税调整年度的企业所得税年度纳税申报表及调整情况说明。

二、保存期限：

至少应保存至重组年度结束后的十年。

三、存放地址：

本市重组各方企业登记注册地。

事项名称：企业重组业务—企业合并

分局工作要求：

一、核对备查资料是否齐全：

1. 加盖主管税务机关受理专用章的《企业重组所得税特殊性税务处理报告表》[注：除主导方外的其他当事各方申报时还应附送主导方经主管税务机关受理的《企业重组所得税特殊性税务处理报告表》（复印件）]；

2. 加盖主管税务机关受理专用章的《企业重组所得税特殊性税务处理报告表（企业合并）》；

3. 企业合并的总体情况说明，包括合并方案、基本情况，并逐条说明企业合并的商业目的；

4. 企业合并协议或决议，需有权部门（包括内部和外部）批准的，应留存批准文件；

5. 企业合并当事各方的股权关系说明及证明资料，若属同一控制下且不需支付对价的合并，还需留存在企业合并前，参与合并各方受最终控制方的控制在12个月以上的证明材料；

6. 被合并企业净资产、各单项资产和负债的账面价值和计税基础等相关资料，以及与计税基础差异明细说明；

7. 被合并企业由具有合法资质的中国资产评估机构出具的合并日净资产评估报告或其他公允价值证明；

8. 支付对价的说明，涉及非货币性资产支付的，由具有合法资质的中国资产评估机构出具的非货币性资产评估报告或其他公允价值证明；

9. 涉及非货币性资产支付的，支付方非货币性资产账面价值和计税基础等相关资料，以及与计税基础差异明细说明；

10. 涉及非股权支付的，在交易当期确认的非股权支付对应的资产转让所得或损失，及相应资产计税基础调整的说明；

11. 12个月内不改变资产原来的实质性经营活动、原主要股东不转让所取得股权的承诺书，以及重组后12个月内上述承诺实际未发生变化的证明材料；

12. 工商管理部门等有权机关登记的相关企业股权变更事项的证明材料；

13. 合并企业承继被合并企业相关所得税事项（包括尚未确认的资产损失、分期确认收入和尚未享受期满的税收优惠政策等）情况说明及证明材料；

14. 涉及可由合并企业弥补被合并企业亏损的，需要留存其合并日净资产公允价值证明材料及主管税务机关确认的亏损弥补情况说明（包括可弥补亏损限额计算、各年度可弥补亏损额明细），以及合并后各年度实际弥补亏损情况；

15. 重组当事各方一致选择特殊性税务处理并加盖当事各方公章的证明资料；

16. 重组前连续12个月内有无与该重组相关的其他股权、资产交易，与该重组是否构成分步交易、是否作为一项企业重组业务进行处理情况的说明；

17. 当事各方对合并事项的会计核算说明及凭证，按会计准则规定当期应确认资产（股权）转让损益的，应留存按税法规定核算的资产（股权）计税基础与按会计准则规定核算的相关资产（股权）账面价值的暂时性差异专项说明；

18. 当事各方在以后年度转让或处置重组资产（股权）时，按要求在年度纳税申报时对资产（股权）转让所得或损失情况作出的专项说明，包括特殊性税务处理时确定的重组资产（股权）计税基础与转让或处置时的计税基础的比对情况，以及递延所得税负债的处理情况等；

19. 当事各方重组年度及以后纳税调整年度的企业所得税年度纳税申报表及调整情况说明。

二、保存期限：

至少应保存至重组年度结束后的十年。

三、存放地址：

本市重组各方企业登记注册地。被合并企业注销后，被合并企业留存备查资料由合并企业（吸收合并为合并后存续的企业，新设合并为新设企业）留存。

事项名称：企业重组业务—企业分立

分局工作要求：

一、核对备查资料是否齐全：

1. 加盖主管税务机关受理专用章的《企业重组所得税特殊性税务处理报告表》；（注：除主导方外的其他当事各方申报时还应附送主导方经主管税务机关受理的《企业重组所得税特殊性税务处理报告表》复印件）

2. 加盖主管税务机关受理专用章的《企业重组所得税特殊性税务处理报告表（企业分立附表）》；

3. 企业分立的总体情况说明，包括分立方案、基本情况，并逐条说明企业分立的商业目的；

4. 被分立企业董事会、股东会（股东大会）关于企业分立的决议，需有权部门（包括内部和外部）批准的，应备查批准文件；

5. 被分立企业原净资产、各单项资产和负债账面价值和计税基础等相关资料；

6. 由有合法资质的中国资产评估机构出具的被分立企业资产评估报告；

7. 涉及对价支付的，备查当事各方盖章确认的对价计算说明；对价支付中涉及非货币性资产支付的，应备查非货币性资产由有合法资质的中国资产评估机构出具的资产评估报告或其他公允价值证明；

8. 分立后 12 个月内不改变资产原来的实质性经营活动、原主要股东不转让所取得股权的承诺书；

9. 工商管理部门等有权机关认定的分立和被分立企业股东股权比例证明材料；分立后，分立和被分立企业工商营业执照复印件；

10. 重组当事各方一致选择特殊性税务处理并加盖当事各方公章的证明资料；

11. 分立后被分立企业、新设企业净资产、各单项资产核负债账面价值核计税基础等相关资料，以及分立企业承继被分立企业所分立资产相关所得税事项（包括尚未确认的资产损失、分期确认收入和尚未享受期满的税收优惠政策等）情况说明；

12. 若被分立企业尚有未超过法定弥补期限的亏损，应备查亏损弥补情况说明、被分立企业重组前净资产和分立资产公允价值的证明材料；

13. 重组前连续 12 个月内有无与该重组相关的其他股权、资产交易，与该重组是否构成分步交易、是否作为一项企业重组业务进行处理情况的说明；

14. 当事各方对分立事项的会计核算说明及凭证；当事各方按会计准则规定当期确认资产（股权）转让损益的，备查按税法规定核算的资产（股权）计税基础与按会计准则规定核算的相关资产（股权）账面价值的暂时性差异专项说明。

15. 当事各方在以后年度转让或处置重组资产（股权）时，按要求在年度纳税申报时对资产（股权）转让所得或损失情况作出的专项说明，包括特殊性税务处理时确定的重组资产（股权）计税基础与转让或处置时的计税基础的比对情况，以及递延所得税负债的处理情况等；

16. 当事各方重组年度及以后纳税调整年度的企业所得税年度纳税申报表及调整情况说明。

二、保存期限：

至少应保存至重组年度结束后的十年。

三、存放地址：

本市重组各方企业登记注册地。

事项名称:企业重组业务—对非居民投资

分局工作要求:

一、核对备查资料是否齐全:

1. 加盖主管税务机关受理专用章的《企业重组所得税特殊性税务处理报告表(对非居民企业投资)》;

2. 企业股权投资业务总体情况说明,情况说明中应包括股权投资的商业目的;

3. 双方签订的股权投资协议原件和复印件;

4. 企业与100%直接控股的非居民企业的股权关系证明材料原件和复印件;

5. 由中国资产评估机构出具的所投资股权及转让的资产或股权公允价值的报告;

6. 注册机构证明文件或投资方、被投资方对资产或股权投资事项的会计核算说明及凭证;

7. 证明重组符合特殊性税务处理条件的资料,包括股权或资产转让比例,支付对价情况,以及被投资方出具的十二个月内不改变资产原来的实质性经营活动的承诺书、投资方出具的十二个月内不转让所取得股权的承诺书。

二、保存期限:

至少应保存至重组年度结束后的十年。

三、存放地址:

本市重组各方企业登记注册地。

附件6

企业重组所得税特殊性税务处理统计表

报送单位:×××税务局　　　　纳税年度:　　　　金额:万元

重组类型	重组主导方企业名称	重组主导方所属行业	重组主导方经济类型	重组是否涉及上市公司	重组业务交易金额	重组按一般性税务处理应确认的应纳税所得额(1)	重组按特殊性税务处理确认的应纳税所得额(2)	重组按特殊性税务处理递延确认的应纳税所得额(3)=(1)-(2)
合计	—	—	—	—				

填表说明:

1. 本表只统计重组主导方在本市管辖范围内,且汇算清缴当年完成的重组业务。

2. 重组类型选项包括债务重组、股权收购、资产收购、合并、分立和对非居民企业的投资。

3. 重组主导方所属行业按《国民经济行业分类》(GB/T 4754—2011)填列,填至行业明细分类的大类和中类,如×××花卉种植公司,所属行业为"农业—蔬菜、园艺作物的种植"。

4. "重组主导方经济类型"按征管信息系统口径填报。

5. "重组业务交易金额",是指重组业务的交易支付总额。同一控制下且不需要支付对价的企业合并中,应为被合并企业净资产公允价值。

6."重组按一般性税务处理应确认的应纳税所得额",是指符合特殊性税务处理条件的重组业务若按财税〔2009〕59号文件第四条规定按一般性税务处理应确认的应纳税所得额。同一控制下且不需要支付对价的企业合并中,应为被合并企业净资产公允价值减去计税基础的差额。

7.每行填列一项重组业务。

附件7

企业重组所得税特殊性税务处理税务评估核查情况统计表

报送单位:×××税务局　　　　纳税年度:　　　　单位:万元

企业重组所得税特殊性税务处理基本信息									税务机关评估、核查数据		
重组类型	重组主导方企业名称	重组主导方所属行业	重组主导方经济类型	重组是否涉及上市公司	重组业务交易金额	重组按一般性税务处理应确认的应纳税所得额(1)	重组按特殊性税务处理确认的应纳税所得额(2)	重组按特殊性税务处理递延确认的应纳税所得额(3)=(1)-(2)	重组业务是否符合所得税特殊性税务处理条件	判定为不符合特殊性税务处理条件的重组业务应追补确认的应纳税所得额	判定为不符合特殊性税务处理条件的重组业务应追补的应纳所得税额
合计	—	—	—	—							

填表说明:

1.本表只统计重组主导方在本市管辖范围内,且汇算清缴当年完成的重组业务。

2.重组类型选项包括债务重组、股权收购、资产收购、合并、分立和对非居民企业的投资。

3.重组主导方所属行业按《国民经济行业分类》(GB/T 4754—2011)填列,填至行业明细分类的大类和中类,如×××花卉种植公司,所属行业为"农业—蔬菜、园艺作物的种植"。

4."重组主导方经济类型"按征管信息系统口径填报。

5."重组业务交易金额",是指重组业务的交易支付总额。同一控制下且不需要支付对价的企业合并中,应为被合并企业净资产公允价值。

6."重组按一般性税务处理应确认的应纳税所得额",是指符合特殊性税务处理条件的重组业务若按财税〔2009〕59号文件第四条规定按一般性税务处理应确认的应纳税所得额。同一控制下且不需要支付对价的企业合并中,应为被合并企业净资产公允价值减去计税基础的差额。

7.每行填列一项重组业务。

附件 8

企业重组所得税特殊性税务处理报告表

<table>
<tr><td>纳税人名称(盖章)</td><td></td><td>纳税人识别号</td><td colspan="2"></td></tr>
<tr><td>单位地址</td><td></td><td>财务负责人</td><td colspan="2"></td></tr>
<tr><td>主管税务机关(全称)</td><td></td><td>联系电话</td><td colspan="2"></td></tr>
<tr><td colspan="5">重组日：　　重组业务开始年度：　　重组业务完成年度：</td></tr>
<tr><td>重组交易类型</td><td colspan="4">企业在重组业务中所属当事方类型</td></tr>
<tr><td>□法律形式改变
□债务重组
□股权收购</td><td colspan="4">
□债务人　□债权人
□收购方　□转让方　□被收购企业</td></tr>
<tr><td>□资产收购
□合并
□分立</td><td colspan="4">□收购方　□转让方
□合并企业　□被合并企业　□被合并企业股东
□分立企业　□被分立企业　□被分立企业股东</td></tr>
<tr><td rowspan="5">特殊性税务处理条件</td><td colspan="3">(一)具有合理的商业目的,且不以减少、免除或者推迟缴纳税款为主要目的。</td><td>□</td></tr>
<tr><td colspan="3">(二)被收购、合并或分立部分的资产或股权比例符合规定的比例。</td><td>□比例%</td></tr>
<tr><td colspan="3">(三)企业重组后的连续 12 个月内不改变重组资产原来的实质性经营活动。</td><td>□</td></tr>
<tr><td colspan="3">(四)重组交易对价中涉及股权支付金额符合规定比例。</td><td>□比例%</td></tr>
<tr><td colspan="3">(五)企业重组中取得股权支付的原主要股东,在重组后连续 12 个月内,不得转让所取得的股权。</td><td>□</td></tr>
<tr><td>主管税务机关受理意见</td><td colspan="4">(受理专用章)　　年　月　日</td></tr>
<tr><td colspan="5">其他需要说明的事项(重组业务其他需要说明的事项,如没有则填“无”):</td></tr>
<tr><td>纳税人声明</td><td colspan="4">谨声明:本人知悉并保证本表填报内容及所附证明材料真实、完整,并承担因资料虚假而产生的法律和行政责任。
法定代表人签章:　　年　月　日</td></tr>
</table>

填表人:　　　　填表日期:

填表说明：

1. 本表为企业重组业务适用特殊性税务处理申报时填报。涉及两个及以上重组交易类型的，应分别填报。

2. “特殊性税务处理条件”，债务重组中重组所得超50%的，只需填写条件（一），债转股的，只需填写条件（一）和（五）；合并中同一控制下且不需要支付对价的合并，只需填写条件（一）、（二）、（三）和（五）。

3. 本表一式两份，重组当事方及其所属主管税务机关各一份。

4. 除法律形式简单改变外，重组各方应在该重组业务完成当年，办理企业所得税年度申报时，分别向各自主管税务机关报送《企业重组所得税特殊性税务处理报告表及附表》和申报资料。合并、分立中重组一方涉及注销的，应在尚未办理注销税务登记手续前进行申报。重组主导方申报后，其他当事方向其主管税务机关办理纳税申报。申报时还应附送重组主导方经主管税务机关受理的《企业重组所得税特殊性税务处理报告表及附表》（复印件）。

附件9

企业重组业务所得税特殊性税务处理承诺书（样式）

本企业承诺：按照《财政部　国家税务总局关于促进企业重组有关企业所得税处理问题的通知》（财税〔2014〕109号）、《国家税务总局关于发布〈企业重组业务企业所得税管理办法〉的公告》（国家税务总局公告2010年第4号）、《国家税务总局关于企业重组业务企业所得税征收管理若干问题的公告》（国家税务总局公告2015年第48号）的有关规定，在企业股权收购（□）、资产收购（□）、企业合并（□）或分立（□）重组业务完成后，12个月内不改变重组资产原来的实质性经营活动、原主要股东不转让所取得股权。在企业债务重组债权转股权（□）业务完成后，债权人12个月内不转让所得股权。

特此承诺！

企业名称（盖章）：

法定代表人签字：

财务负责人签字：

年　　月　　日

注：请在适用的重组类型“□”中打勾。

上海市国家税务局　上海市地方税务局关于印发《上海市企业资产损失所得税税前扣除申报事项操作规程（试行）》的通知

（沪国税所〔2011〕101号　2011年9月29日发布　自2011年1月1日起施行）

各区县税务局、各直属分局：

根据《中华人民共和国企业所得税法》及其实施条例、《财政部　国家税务总局关于企业资产损失税前扣除政策的通知》（财税〔2009〕57号）和《国家税务总局关于发布〈企业资产损失所得税税前扣除管理办法〉的公告》（国家税务总局公告2011年第25号）（以下简称《公告》）有关规定，现将《上海市企业资产损失所得税税前扣除申报事项操作规程（试行）》印发给你们。为做好本市企业资产损失税前扣除工作，结合本市实际，提出如下实施意见，请一并按照执行。

一、企业发生的资产损失，应按《公告》及本操作规程规定的程序和要求向主管税务机关申报后方能在税前扣除。未经申报的损失，不得在税前扣除。

若企业按《公告》规定申报扣除以前年度的资产损失的，应按不同的扣除年度分别填报资产损失税前扣除申报表。

二、在中国境内跨地区经营的汇总纳税企业发生的资产损失，应按以下规定申报扣除：

（一）总机构及其分支机构发生的资产损失，除应按专项申报和清单申报的有关规定，各自向其主管税务机关申报外，各分支机构同时还应上报总机构。总机构在本市的，其在本市的分支机构，不单独进行资产损失专项申报和清单申报，由总机构一并进行资产损失专项申报和清单申报。总机构在外埠的，其本市二级分支机构及二级分支机构所属在本市的三、四级分支机构发生的资产损失，由二级分支机构一并向二级分支机构主管税务机关进行专项申报和清单申报。总机构在外埠且二级分支机构不在本市的，其本市三级分支机构及其所属在本市的四级分支机构发生的资产损失，由三级分支机构一并向三级分支机构主管税务机关进行专项申报和清单申报。以此类推。

（二）总机构对外埠各分支机构申报的资产损失，除税务机关另有规定外，应以清单申报的形式向其主管税务机关进行申报。

（三）总机构将跨地区分支机构所属资产捆绑打包转让所发生的资产损失，由总机构向其主管税务机关进行专项申报。

三、各单位对在受理中遇到问题不能办理的，应向市局书面请示。市局不能确定的，由市局向国家税务总局请示。

四、各单位应按分项建档、分级管理的原则，建立企业资产损失税前扣除管理台账和纳税档案，做好后续管理工作。对资产损失金额较大或经后续管理发现不符合资产损失扣除规定、或存有疑点、异常情况的资产损失，应及时进行核查。对有证据证明申报扣除的资产损失不真实、不合法的，应依法作出税收处理。

五、各单位应在年度汇算清缴工作结束后、7月底之前将《企业资产损失税前扣除专项申报汇总表》、《企业资产损失税前扣除清单申报汇总表》（样式附后）上报市局。

六、本通知于2011年1月1日起施行。《关于印发〈企业资产损失所得税前扣除审批事项操作规程(试行)〉的通知》(沪国税所〔2009〕60号)同时废止。

上海市企业资产损失所得税税前扣除申报事项操作规程(试行)

申报事项名称:现金损失专项申报

申报依据:《中华人民共和国企业所得税法》及其实施条例,《财政部　国家税务总局关于企业资产损失税前扣除政策的通知》(财税〔2009〕57号)、《国家税务总局关于发布〈企业资产损失所得税税前扣除管理办法〉的公告》(国家税务总局公告2011年第25号)。

企业申报时限:在企业所得税年度汇算清缴期间,企业应先于企业所得税年度纳税申报表申报之前将资产损失申报材料向主管税务机关报送。

企业提交的材料:

1.《现金损失(专项申报)税前扣除申报表》;

2. 现金保管人确认的现金盘点表(包括倒推至基准日的记录);

3. 现金保管人对于短缺的说明;

4. 现金损失已记入损益的记账凭证复印件;

5. 董事会等权力机构决议或上级公司批复或由董事会、上级公司授权的部门的批复(国有企业还需提供国有资产监管机构或由其授权的部门的批复);

6. 由于管理责任造成的,应有对责任认定及赔偿情况的说明;

7. 涉及刑事犯罪的,应有司法机关出具的相关材料;

8. 被金融机构收缴假币造成的,应有金融机构出具的假币收缴证明;

9. 税务机关所需的其他材料。

(企业应在提供的复印件材料上注明“复印件与原件一致”字样,并加盖公章。)

受理流程:受理窗口

受理部门应认真核对企业申报的资料是否齐全,若企业申报资料不齐全的,应当要求其补报资料。企业拒绝补报的,税务机关有权不予受理。

受理期限:受理部门一般应在七个工作日内办理完受理手续。

回复方式:在企业上报的《现金损失(专项申报)税前扣除申报表》上加盖主管税务机关受理专用章。

申报事项名称:存款类损失专项申报

申报依据:《中华人民共和国企业所得税法》及其实施条例,《财政部　国家税务总局关于企业资产损失税前扣除政策的通知》(财税〔2009〕57号)、《国家税务总局关于发布〈企业资产损失所得税税前扣除管理办法〉的公告》(国家税务总局公告2011年第25号)。

企业申报时限:在企业所得税年度汇算清缴期间,企业应先于企业所得税年度纳税申报表申报之前将资产损失申报材料向主管税务机关报送。

企业提交的材料:

1.《银行存款损失(专项申报)税前扣除申报表》;

2. 企业存款类资产的原始凭据复印件；

3. 存款类损失已记入损益的记账凭证复印件；

4. 董事会等权力机构决议或上级公司批复或由董事会、上级公司授权的部门的批复（国有企业还需提供国有资产监管机构或由其授权的部门的批复）；

5. 金融机构破产、清算的法律文件；

6. 金融机构清算后剩余资产分配情况资料（若属金融机构应清算而未清算超过三年的，应有法院或破产清算管理人出具的未完成清算证明）；

7. 税务机关所需的其他材料。

（企业应在提供的复印件材料上注明“复印件与原件一致”字样，并加盖公章。）

受理流程：受理窗口

受理部门应认真核对企业申报的资料是否齐全，若企业申报资料不齐全的，应当要求其补报资料。企业拒绝补报的，税务机关有权不予受理。

受理期限：受理部门一般应在七个工作日内办理完受理手续。

回复方式：在企业上报的《银行存款损失（专项申报）税前扣除申报表》上加盖主管税务机关受理专用章。

申报事项名称：坏账损失专项申报

申报依据：《中华人民共和国企业所得税法》及其实施条例，《财政部　国家税务总局关于企业资产损失税前扣除政策的通知》（财税〔2009〕57 号）、《国家税务总局关于发布〈企业资产损失所得税税前扣除管理办法〉的公告》（国家税务总局公告 2011 年第 25 号）。

企业申报时限：在企业所得税年度汇算清缴期间，企业应先于企业所得税年度纳税申报表申报之前将资产损失申报材料向主管税务机关报送。

企业提交的材料：

1.《坏账损失（专项申报）税前扣除申报表》；

2. 应收及预付款项明细账和相关发票复印件（若债务人与债权人曾持续发生购销业务的，可提供最后几期销售业务的销售发票复印件）；

3. 坏账损失已记入损益的记账凭证复印件；

4. 相关事项合同、协议或说明；

5. 董事会等权力机构决议或上级公司批复或由董事会、上级公司授权的部门的批复（国有企业还需提供国有资产监管机构或由其授权的部门的批复）；

6. 属于债务人破产清算的，应有人民法院的破产、清算公告；

7. 属于诉讼案件的，应出具人民法院的判决书或裁决书或仲裁机构的仲裁书，或者被法院裁定终（中）止执行的法律文书；

8. 属于债务人停止营业的，应有工商部门注销、吊销营业执照证明；

9. 属于债务人死亡、失踪的，应有公安机关等有关部门对债务人个人的死亡、失踪证明；

10. 属于债务重组的，应有债务重组协议、债务人重组收益纳税情况说明（“纳税情况说明”可提供债务人确认债务重组所得的承诺书，承诺书须有债务人全称，纳税人识别号、债务人主管税务机关名称、按税法规定确认债务重组所得的年度及金额等要素，并加盖债务人公章；或提供债务人已将债务重组所得在年度纳税申报表中反映并经主管税务机关受理盖章的企业所得税年度纳税申报表复印件)；

11. 属于自然灾害、战争等不可抗力而无法收回的,应有债务人受灾情况说明以及放弃债权申明；

12. 属于逾期三年以上的应收款项,应有情况说明并出具专项报告；

13. 属于企业逾期一年以上,单笔数额不超过五万或者不超过企业年度收入总额万分之一的应收款项,应有情况说明并出具专项报告；

14. 属于对外提供与本企业生产经营活动有关的担保而发生的担保损失,除提供上述6至13项相对应的材料外,还需提供被担保单位与本企业应税收入、投资、融资、材料采购、产品销售等生产经营活动密切相关的证明材料；

15. 税务机关所需的其他材料。

(企业应在提供的复印件材料上注明"复印件与原件一致"字样,并加盖公章。)

受理流程:受理窗口

受理部门应认真核对企业申报的资料是否齐全,若企业申报资料不齐全的,应当要求其补报资料。企业拒绝补报的,税务机关有权不予受理。

受理期限:受理部门一般应在七个工作日内办理完受理手续。

回复方式:在企业上报的《坏账损失(专项申报)税前扣除申报表》上加盖主管税务机关受理专用章。

申报事项名称:存货损失专项申报

申报依据:《中华人民共和国企业所得税法》及其实施条例,《财政部　国家税务总局关于企业资产损失税前扣除政策的通知》(财税〔2009〕57号)、《国家税务总局关于发布〈企业资产损失所得税税前扣除管理办法〉的公告》(国家税务总局公告2011年第25号)。

企业申报时限:在企业所得税年度汇算清缴期间,企业应先于企业所得税年度纳税申报表申报之前将资产损失申报材料向主管税务机关报送。

企业提交的材料:

1.《存货损失(专项申报)税前扣除申报表》;

2. 存货损失已记入损益的记账凭证复印件;

3. 董事会等权力机构决议或上级公司批复或由董事会、上级公司授权的部门的批复(国有企业还需提供国有资产监管机构或由其授权的部门的批复);

4. 属于盘亏的存货损失,应提供下列证据:

(1)存货计税基础的确定依据;

(2)企业内部有关责任认定、责任人赔偿说明和内部核批文件;

(3)存货盘点表;

(4)存货保管人对于盘亏的情况说明。

5. 属于报废、毁损和变质的存货损失,应相应提供下列证据:

(1)存货计税基础的确定依据;

(2)企业内部关于存货报废、毁损、变质、残值情况说明及核销资料;

(3)涉及责任人赔偿的,应当有赔偿情况说明;

(4)若该项损失数额较大的[指占企业该类资产计税基础10%以上,或减少当年应纳税所得、增加亏损10%以上,或损失金额100万元以上(含100万元)],应有专业技术鉴定报告或法定资质中介机构出具的专项报告等。

6. 属于被盗的存货损失,应相应提供下列证据:

(1)存货计税基础的确定依据;

(2)向公安机关的报案记录;

(3)涉及责任人和保险公司赔偿的,应有赔偿情况说明等。

7. 属于企业由于未能按时赎回抵押资产,使抵押资产被拍卖或变卖,其计税基础大于变卖价值的差额部分损失,应提供下列证据:

(1)抵押合同或协议书;

(2)拍卖或变卖证明、清单;

(3)会计核算资料等其他相关证据材料。

8. 税务机关所需的其他材料。

(企业应在提供的复印件材料上注明"复印件与原件一致"字样,并加盖公章。)

受理流程:受理窗口

受理部门应认真核对企业申报的资料是否齐全,若企业申报资料不齐全的,应当要求其补报资料。企业拒绝补报的,税务机关有权不予受理。

受理期限:受理部门一般应在七个工作日内办理完受理手续。

回复方式:在企业上报的《存货损失(专项申报)税前扣除申报表》上加盖主管税务机关受理专用章。

申报事项名称:固定资产损失专项申报

申报依据:《中华人民共和国企业所得税法》及其实施条例,《财政部　国家税务总局关于企业资产损失税前扣除政策的通知》(财税〔2009〕57号)、《国家税务总局关于发布〈企业资产损失所得税税前扣除管理办法〉的公告》(国家税务总局公告2011年第25号)。

企业申报时限:在企业所得税年度汇算清缴期间,企业应先于企业所得税年度纳税申报表申报之前将资产损失申报材料向主管税务机关报送。

企业提交的材料:

1.《固定资产损失(专项申报)税前扣除申报表》;

2. 固定资产损失已记入损益的记账凭证复印件;

3. 董事会等权力机构决议或上级公司批复或由董事会、上级公司授权的部门的批复(国有企业还需提供国有资产监管机构或由其授权的部门的批复);

4. 属于盘亏、丢失的固定资产损失,应提供下列证据:

(1)企业内部有关责任认定和核销资料;

(2)固定资产盘点表;

(3)固定资产的计税基础相关资料;

(4)固定资产盘亏、丢失情况说明;

(5)损失金额较大的[指占企业该类资产计税基础10%以上,或减少当年应纳税所得、增加亏损10%以上,或单项损失金额100万元以上(含100万元)],应有专业技术鉴定报告或法定资质中介机构出具的专项报告等。

5.属于报废、毁损的固定资产损失,应相应提供下列证据:

(1)固定资产的计税基础相关资料;

(2)企业内部有关责任认定和核销资料;

(3)企业内部有关部门出具的鉴定材料;

(4)涉及责任赔偿的,应当有赔偿情况的说明;

(5)若该损失金额较大的[指占企业该类资产计税基础10%以上,或减少当年应纳税所得、增加亏损10%以上,或单项损失金额100万元以上(含100万元)]或自然灾害等不可抗力原因造成固定资产毁损、报废的,应有专业技术鉴定报告或法定资质中介机构出具的专项报告等。

6.属于被盗的固定资产损失,应相应提供下列证据:

(1)固定资产的计税基础相关资料;

(2)公安机关的报案记录,公安机关立案、破案和结案的证明材料;

(3)涉及责任赔偿的,应有赔偿责任的认定及赔偿情况的说明。

7.属于企业由于未能按时赎回抵押资产,使抵押资产被拍卖或变卖,其计税基础大于变卖价值的差额部分损失,应提供下列证据:

(1)抵押合同或协议书;

(2)拍卖或变卖证明、清单;

(3)会计核算资料等其他相关证据材料。

8.税务机关所需的其他材料。

(企业应在提供的复印件材料上注明"复印件与原件一致"字样,并加盖公章。)

受理流程:受理窗口

受理部门应认真核对企业申报的资料是否齐全,若企业申报资料不齐全的,应当要求其补报资料。企业拒绝补报的,税务机关有权不予受理。

受理期限:受理部门一般应在七个工作日内办理完受理手续。

回复方式:在企业上报的《固定资产损失(专项申报)税前扣除申报表》上加盖主管税务机关受理专用章。

申报事项名称:在建工程损失专项申报

申报依据:《中华人民共和国企业所得税法》及其实施条例,《财政部　国家税务总局关于企业资产损失税前扣除政策的通知》(财税〔2009〕57号)、《国家税务总局关于发布〈企业资产损失所得税税前扣除管理办法〉的公告》(国家税务总局公告2011年第25号)。

企业申报时限:在企业所得税年度汇算清缴期间,企业应先于企业所得税年度纳税申报表申报之前将资产损失申报材料向主管税务机关报送。

企业提交的材料:

1.《在建工程损失(专项申报)税前扣除申报表》;

2.在建工程损失已记入损益的记账凭证复印件;

3. 董事会等权力机构决议或上级公司批复或由董事会、上级公司授权的部门的批复(国有企业还需提供国有资产监管机构或由其授权的部门的批复);

4. 工程项目投资账面价值确定依据;

5. 工程项目停建原因说明及相关材料;

6. 因质量原因停建、报废的工程项目和因自然灾害和意外事故停建、报废的工程项目,应出具专业技术鉴定报告和责任认定、赔偿情况的说明等。

7. 税务机关所需的其他材料。

(企业应在提供的复印件材料上注明"复印件与原件一致"字样,并加盖公章。)

受理流程:受理窗口

受理部门应认真核对企业申报的资料是否齐全,若企业申报资料不齐全的,应当要求其补报资料。企业拒绝补报的,税务机关有权不予受理。

受理期限:受理部门一般应在七个工作日内办理完受理手续。

回复方式:在企业上报的《在建工损失(专项申报)税前扣除申报表》上加盖主管税务机关受理专用章。

申报事项名称:生产性生物资产损失专项申报

申报依据:《中华人民共和国企业所得税法》及其实施条例,《财政部　国家税务总局关于企业资产损失税前扣除政策的通知》(财税〔2009〕57号)、《国家税务总局关于发布〈企业资产损失所得税税前扣除管理办法〉的公告》(国家税务总局公告2011年第25号)。

企业申报时限:在企业所得税年度汇算清缴期间,企业应先于企业所得税年度纳税申报表申报之前将资产损失申报材料向主管税务机关报送。

企业提交的材料:

1.《生产性生物资产损失(专项申报)税前扣除申报表》;

2. 生产性生物资产损失已记入损益的记账凭证复印件;

3. 董事会等权力机构决议或上级公司批复或由董事会、上级公司授权的部门的批复(国有企业还需提供国有资产监管机构或由其授权的部门的批复);

4. 属于盘亏的生产性生物资产损失,应相应提供下列证据:

(1)生产性生物资产盘点表;

(2)生产性生物资产盘亏情况说明;

(3)生产性生物资产损失金额较大的[指占企业该类资产计税基础10%以上,或减少当年应纳税所得、增加亏损10%以上,或损失金额100万元以上(含100万元)],企业应有专业技术鉴定报告和责任认定、赔偿情况的说明等。

5. 属于森林病虫害、疫情、死亡的生产性生物资产损失,应相应提供下列证据:

(1)损失情况说明;

(2)责任认定及其赔偿情况的说明;

(3)损失金额较大的[指占企业该类资产计税基础10%以上,或减少当年应纳税所得、增加亏损10%以上,或损失金额100万元以上(含100万元)],应有专业技术鉴定报告。

6. 属于被盗伐、被盗、丢失的生产性生物资产损失,应相应提供下列证据:

(1)生产性生物资产被盗后,向公安机关的报案记录或公安机关立案、破案和结案的证明材料;

(2)责任认定及其赔偿情况的说明。

7. 税务机关所需的其他材料。

(企业应在提供的复印件材料上注明"复印件与原件一致"字样,并加盖公章。)

受理流程:受理窗口

受理部门应认真核对企业申报的资料是否齐全,若企业申报资料不齐全的,应当要求其补报资料。企业拒绝补报的,税务机关有权不予受理。

受理期限:受理部门一般应在七个工作日内办理完受理手续。

回复方式:在企业上报的《生产性生物资产损失(专项申报)税前扣除申报表》上加盖主管税务机关受理专用章。

申报事项名称:无形资产损失专项申报

申报依据:《中华人民共和国企业所得税法》及其实施条例,《财政部　国家税务总局关于企业资产损失税前扣除政策的通知》(财税〔2009〕57 号)、《国家税务总局关于发布〈企业资产损失所得税税前扣除管理办法〉的公告》(国家税务总局公告 2011 年第 25 号)。

企业申报时限:在企业所得税年度汇算清缴期间,企业应先于企业所得税年度纳税申报表申报之前将资产损失申报材料向主管税务机关报送。

企业提交的材料:

1.《无形资产损失(专项申报)税前扣除申报表》;

2. 无形资产损失已记入损益的记账凭证复印件;

3. 董事会等权力机构决议或上级公司批复或由董事会、上级公司授权的部门的批复(国有企业还需提供国有资产监管机构或由其授权的部门的批复);

4. 企业有关无形资产损失情况说明;

5. 属于被其他新技术所代替的,应提供技术鉴定报告和企业法定代表人、主要负责人和财务负责人签章证实无形资产已无使用价值或转让价值的书面申明;

6. 属于超过法律保护期限的,应提供无形资产的法律保护期限文件;

7. 税务机关所需的其他材料。

(企业应在提供的复印件材料上注明"复印件与原件一致"字样,并加盖公章。)

受理流程:受理窗口

受理部门应认真核对企业申报的资料是否齐全,若企业申报资料不齐全的,应当要求其补报资料。企业拒绝补报的,税务机关有权不予受理。

受理期限:受理部门一般应在七个工作日内办理完受理手续。

回复方式:在企业上报的《无形资产损失(专项申报)税前扣除申报表》上加盖主管税务机关受理专用章。

申报事项名称:债权性投资损失专项申报

申报依据:《中华人民共和国企业所得税法》及其实施条例,《财政部　国家税务总局关于企业资产损失税前扣除政策的通知》(财税〔2009〕57 号)、《国家税务总局关于发布〈企业资产损失所得税税前扣除管理办法〉的公告》(国家税务总局公告 2011 年第 25 号)。

企业申报时限:在企业所得税年度汇算清缴期间,企业应先于企业所得税年度纳税申报表申报之前将资产损失申报材料向主管税务机关报送。

企业提交的材料:

1.《债权性投资损失(贷款损失除外)(专项申报)税前扣除申报表》或《贷款损失(专项申报)税前扣除申报表》;

2. 债权性投资合同(或贷款合同)以及债权性投资(或发放贷款、还款)的相关凭证复印件;

3. 债权性投资(或贷款)损失已记入损益的记账凭证复印件;

4. 董事会等权力机构决议、上级公司(或企业总机构)批复、国有资产监管机构批复或国有资产监管机构授权的部门的批复;

5. 属于债务人或担保人依法被宣告破产、关闭、被解散或撤销、被吊销营业执照、失踪或者死亡等,应出具资产清偿证明或者遗产清偿证明。无法出具资产清偿证明或者遗产清偿证明,且上述事项超过三年以上的,或债权投资(包括信用卡透支和助学贷款)余额在三百万元以下的,应出具对应的债务人和担保人破产、关闭、解散证明、撤销文件、工商行政管理部门注销证明或查询证明以及追索记录等(包括司法追索、电话追索、信件追索和上门追索等原始记录);

6. 属于债务人遭受重大自然灾害或意外事故,企业对其资产进行清偿和对担保人进行追偿后,未能收回的债权,应出具债务人遭受重大自然灾害或意外事故证明、保险赔偿证明、资产清偿证明等;

7. 属于债务人因承担法律责任,其资产不足归还所借债务,又无其他债务承担者的,应出具法院裁定证明和资产清偿证明;

8. 属于债务人和担保人不能偿还到期债务,企业提出诉讼或仲裁的,经人民法院对债务人和担保人强制执行,债务人和担保人均无资产可执行,人民法院裁定终结或终止(中止)执行的,应出具人民法院裁定文书;

9. 属于债务人和担保人不能偿还到期债务,企业提出诉讼后被驳回起诉的、人民法院不予受理或不予支持的,或经仲裁机构裁决免除(或部分免除)债务人责任,经追偿后无法收回的债权,应提交法院驳回起诉的证明,或法院不予受理或不予支持证明,或仲裁机构裁决免除债务人责任的文书;

10. 属于经国务院专案批准核销的债权,应提供国务院批准文件或经国务院同意后由国务院有关部门批准的文件;

11. 属于按独立交易原则向关联企业转让资产而发生的损失,或向关联企业提供借款、担保而形成的债权损失的,应作专项说明,同时出具法定资质中介机构出具的专项报告及其相关的证明材料(债权性投资交易双方没有关联关系的,债权人提供没有关联关系的承诺书);

12. 税务机关所需的其他材料。

(企业应在提供的复印件材料上注明"复印件与原件一致"字样,并加盖公章。)

受理流程:受理窗口

受理部门应认真核对企业申报的资料是否齐全,若企业申报资料不齐全的,应当要求其补报资料。企业拒绝补报的,税务机关有权不予受理。

受理期限:受理部门一般应在七个工作日内办理完受理手续。

回复方式:在企业上报的《债权性投资损失(贷款损失除外)(专项申报)税前扣除申报表》或《贷款损失(专项申报)税前扣除申报表》上加盖主管税务机关受理专用章。

申报事项名称:股权(权益)性投资损失专项申报

申报依据:《中华人民共和国企业所得税法》及其实施条例,《财政部　国家税务总局关于企业资产损失税前扣除政策的通知》(财税〔2009〕57号)、《国家税务总局关于发布〈企业资产损失所得税税前扣除管理办法〉的公告》(国家税务总局公告2011年第25号)。

企业申报时限:在企业所得税年度汇算清缴期间,企业应先于企业所得税年度纳税申报表申报之前将资产损失申报材料向主管税务机关报送。

企业提交的材料:

1.《股权(权益)性投资损失(专项申报)税前扣除申报表》;

2.对外投资的协议书(合同)、被投资单位公司章程、验资报告复印件;

3.股权(权益)性初始投资、追加投资的相应投资凭证和股权(权益)性投资明细账户复印件;

4.股权(权益)性投资损失已记入损益的记账凭证复印件;

5.企业法定代表人、主要负责人和财务负责人签章证实有关投资(权益)性损失的书面声明;

6.董事会等权力机构决议或上级公司批复或由董事会、上级公司授权的部门的批复(国有企业还需提供国有资产监管机构或由其授权的部门的批复);

7 属于被投资企业依法宣告破产、关闭、解散或撤销、吊销营业执照、停止生产经营活动、失踪等,应提供下列证据:

(1)以下证据之一:

a.被投资企业破产公告、破产清偿文件;

b.工商行政管理部门注销、吊销被投资单位营业执照文件;

c.政府有关部门对被投资单位的行政处理决定文件;

d.被投资企业终止经营、停止交易的法律或其他证明文件。

(2)资产清偿证明(若上述事项超过三年以上且未能完成清算的,应出具被投资企业破产、关闭、解散或撤销、吊销等的证明以及不能清算的原因说明)。

8.税务机关需要的其他材料。

(企业应在提供的复印件材料上注明"复印件与原件一致"字样,并加盖公章。)

受理流程:受理窗口

受理部门应认真核对企业申报的资料是否齐全,若企业申报资料不齐全的,应当要求其补报资料。企业拒绝补报的,税务机关有权不予受理。

受理期限:受理部门一般应在七个工作日内办理完受理手续。

回复方式:在企业上报的《股权(权益)性投资损失(专项申报)税前扣除申报表》上加盖主管税务机关受理专用章。

申报事项名称：其他资产损失专项申报

申报依据：《中华人民共和国企业所得税法》及其实施条例，《财政部　国家税务总局关于企业资产损失税前扣除政策的通知》（财税〔2009〕57号）、《国家税务总局关于发布〈企业资产损失所得税税前扣除管理办法〉的公告》（国家税务总局公告2011年第25号）。

企业申报时限：在企业所得税年度汇算清缴期间，企业应先于企业所得税年度纳税申报表申报之前将资产损失申报材料向主管税务机关报送。

企业提交的材料：

1.《其他资产损失（专项申报）税前扣除申报表》；

2.其他资产损失已记入损益的记账凭证复印件；

3.董事会等权力机构决议或上级公司批复或由董事会、上级公司授权的部门的批复（国有企业还需提供国有资产监管机构或由其授权的部门的批复）；

4.属于企业将不同类别的资产捆绑（打包），以拍卖、询价、竞争性谈判、招标等市场方式出售的，应提供下列证据：

（1）资产处置方案（已向相关政府监管部门备案）；

（2）各类资产作价依据；

（3）出售过程的情况说明；

（4）出售合同或协议；

（5）成交及入账证明；

（6）资产计税基础确定依据。

5.属于企业正常经营业务因内部控制制度不健全而出现操作不当、不规范或因业务创新但政策不明确、不配套等原因形成资产损失的，应提供下列证据：

（1）损失原因证明材料或业务监管部门定性证明；

（2）损失专项说明。

6.属于企业因刑事案件原因形成的损失，应由企业承担的金额，或经公安机关立案侦查两年以上仍未追回的金额，应提供公安机关、人民检察院的立案侦查情况或人民法院的判决书等损失原因证明材料。

7.税务机关所需的其他材料。

（企业应在提供的复印件材料上注明“复印件与原件一致”字样，并加盖公章。）

受理流程：受理窗口

受理部门应认真核对企业申报的资料是否齐全，若企业申报资料不齐全的，应当要求其补报资料。企业拒绝补报的，税务机关有权不予受理。

受理期限：受理部门一般应在七个工作日内办理完受理手续。

回复方式：在企业上报的《其他资产损失（专项申报）税前扣除申报表》上加盖主管税务机关受理专用章。

申报事项名称：资产损失清单申报

申报依据：《中华人民共和国企业所得税法》及其实施条例，《财政部　国家税务总局关于企业资产损失税前扣除政策的通知》（财税〔2009〕57号）、《国家税务总局关于发布〈企业资产损失所得税税前扣除管理办法〉的公告》(国家税务总局公告2011年第25号)。

企业申报时限:在企业所得税年度汇算清缴期间,企业应先于企业所得税年度纳税申报表申报之前将资产损失申报材料向主管税务机关报送。

企业提交的材料:

1.《企业资产损失(清单申报)税前扣除申报表》。

2. 属于境内跨地区经营汇总纳税的总机构,须向其主管税务机关报送《境内跨地区经营汇总纳税企业资产损失申报汇总表》,并附报盖有分支机构所在地主管税务机关受理专用章的资产损失申报表或其他相关证明复印件。

3. 税务机关所需的其他材料。

受理流程:受理窗口

受理期限:除特殊情况外,受理部门一般应在一个工作日内办理完受理手续。

回复方式:在企业上报的《企业资产损失(清单申报)税前扣除申报表》、《境内跨地区经营汇总纳税企业资产损失申报汇总表》上加盖主管税务机关受理专用章。

上海市国家税务局　上海市地方税务局关于进一步做好本市促进企业兼并重组相关税收工作的通知

（沪国税法〔2011〕42号　2011年12月2日发布）

各区县税务局、各直属分局、市局机关各处室：

为贯彻落实《国务院关于促进企业兼并重组的意见》（国发〔2010〕27号）和《上海市人民政府贯彻〈国务院关于促进企业兼并重组的意见〉的实施意见》（沪府发〔2011〕55号），结合本市税收工作实际，现提出如下实施意见：

一、提高认识，加强领导

本市企业兼并重组，对提高产业集中度、推进产业结构调整、优化资源配置、深化体制机制改革发挥了重要作用。在资源环境约束日益加剧、产业竞争日趋激烈的形势下，大力促进企业兼并重组，进一步做好促进企业兼并重组相关税收工作，对于充分发挥税收职能作用、服务本市“创新驱动、转型发展”发展战略，具有重要的现实意义。

本市各级税务部门，要充分认识促进企业兼并重组的重要意义，认真贯彻落实国家和本市有关文件的各项要求，加强组织领导，强化责任分工，形成单位领导亲自挂帅，各税政部门、征管、稽查、纳税服务部门各司其职、共同参与的工作格局。市局业务处室应加强对企业兼并重组有关税收政策研究、解释、协调、落实等管理和指导工作。

二、落实政策，给予优惠

纳税人在资产重组过程中，通过合并、分立、出售、置换等方式，将全部或者部分实物资产以及与其相关联的债权、负债和劳动力一并转让给其他单位和个人，不属于增值税的征税范围，其中涉及的货物转让，不征收增值税。

纳税人在资产重组过程中，通过合并、分立、出售、置换等方式，将全部或者部分实物资产以及与其相关联的债权、债务和劳动力一并转让给其他单位和个人的行为，不属于营业税征收范围，其中涉及的不动产、土地使用权转让，不征收营业税。

对企业债务重组符合财税〔2009〕59号文第五条规定条件的，交易各方对其交易中的股权支付部分，可以按以下规定进行特殊性税务处理：企业债务重组确认的应纳税所得额占该企业当年应纳税所得额50%以上，可以在5个纳税年度的期间内，均匀计入各年度的应纳税所得额。兼并重组后新设立的企业经税务部门确认后仍符合条件的，可按有关规定继续享受原有企业的税收优惠。

对企业公司制改造、股权转让、合并、分立、出售、注销、破产以及其他改制重组行为，符合条件的，按规定给予契税税收优惠，具体按照《财政部　国家税务总局关于企业改制重组若干契税政策的通知》（财税〔2008〕175号）等规定执行。

在企业兼并中，对被兼并企业将房地产转让到兼并企业中的，暂免征收土地增值税。

对经县级以上政府批准及企业主管部门批准改制的企业，可根据《财政部　国家税务总局关于企业改制过程中有关印花税政策的通知》（财税〔2003〕183号）规定，对于资金账簿，凡原已贴花的部分可不再贴花，未贴花的部分和以后新增加的资金按规定贴花。对于各类应税合同，企业改制前签订但尚未履行完的各类应税合同,改制后需要变更执行主体的,对仅改变执行主体、其余条款未作变动且改制前已贴花的,不再贴花。对于产权转移书据,企业因改制签订的产权转移书据免予贴花。

三、加强宣传,优化管理

以进一步做好促进企业兼并重组为主线,以宣传国务院和市政府文件为契机,首先要扩大政策知晓面,通过"12366"税收咨询热线、税收宣传月、税务网站、税务例会等多种渠道和方式,加强宣传企业兼并重组各项税收优惠政策。其次要找准宣传着力点,要对涉及兼并重组事项的纳税人主动开展政策辅导,为支持企业兼并重组提供有效的税收政策支持,使兼并重组企业用足用好税收政策,切实享受到各项税收优惠。

结合本市税源专业化管理要求,从简化税务注销审批流程入手,进一步缩减综合征管软件(上海)办理流程,在清票、清税的基础上,经主管税务机关审核后,对符合条件的兼并重组企业,可当场办结注销审批手续,进一步提高兼并重组过程中企业税务注销等工作的效率和质量。对兼并重组的壳体企业,鼓励通过司法裁定破产的方式,申请办理相关税务注销手续。

在各项税务检查工作中,如发现企业在兼并重组中存在偷逃税款等违法行为,要严格按照相关法律法规进行查处,进一步规范兼并重组的税收秩序,营造良性发展的税收环境。

特此通知。

关于转发《国家税务总局关于印发〈中华人民共和国企业清算所得税申报表〉的通知》及本市贯彻实施意见的通知

（沪国税所〔2009〕112号　2009年8月11日发布）

各区县税务局、各直属分局：

现将《国家税务总局关于印发〈中华人民共和国企业清算所得税申报表〉的通知》（国税函〔2009〕388号，以下简称《通知》转发给你们，并结合《财政部　国家税务总局关于企业清算业务企业所得税处理若干问题的通知》（财税〔2009〕60号）和本市实际，提出如下意见，请一并贯彻执行。

一、适用范围

根据《中华人民共和国企业所得税法》及其实施条例、《中华人民共和国公司法》和《中华人民共和国企业破产法》等的有关规定，《通知》适用于本市居民企业，包括实行查账征收和核定征收企业所得税的企业。

二、企业应当自清算报告日起十五日内，向主管税务机关办理清算登记，报送《上海市企业清算业务企业所得税管理备案登记表》和《清算报告日财务会计报告》等资料。

三、企业在年度中间终止经营活动的，应当自实际经营终止之日起六十日内，向主管税务机关填报《企业所得税年度纳税申报表》，办理当期企业所得税汇算清缴。

四、企业应当在清算结束后，办理注销登记前，就其清算所得向税务机关填报《企业清算所得税申报表》，申报并依法缴纳企业所得税，并报送《清算期间财务会计报告》等资料。

五、本通知第二条所称清算报告日是指下列情形之一：

1. 公司章程规定的营业期限届满或者公司章程规定的其他解散事由出现的，董事会等权力机构解散的决议日；

2. 股东会或者股东大会决议解散，股东会或者股东大会的决议日；

3. 企业重组中需要按清算处理的企业，经董事会等权力机构批准的企业重组协议或合同的签约日；

4. 依法被吊销营业执照、责令关闭或者被撤销，相关行政机关文件签发日；

5. 因公司经营管理发生严重困难，继续存续会使股东利益受到重大损失，通过其他途径不能解决的，持有公司全部股东表决权百分之十以上的股东，请求人民法院解散公司，人民法院予以解散，人民法院裁决日或判决日；

6. 人民法院依照《破产法》规定宣告债务人破产，人民法院宣告日；

7. 其他需要清算的情形，相关证明文件生效日。

六、各单位应当自年度终了之日起一个月内向市局报送《清算所得汇总表》，表式另发。

各单位在执行中有何问题，请及时与市局联系。

广　　东

深圳市国家税务局　深圳市地方税务局关于明确 2017 年度企业所得税汇算清缴资产损失资料留存备查相关事宜的通知

（2018 年 4 月 20 日发布）

尊敬的纳税人：

为进一步深化税务系统“放管服”改革，简化企业纳税申报资料报送，减轻企业办税负担，按照《国家税务总局关于企业所得税资产损失资料留存备查有关事项的公告》（总局 2018 年 15 号公告）要求，现就企业所得税资产损失资料留存备查有关事项通知如下：

一、企业向税务机关申报扣除资产损失（包括清单申报损失和专项申报损失），仅需填报企业所得税年度纳税申报表《资产损失税前扣除及纳税调整明细表》，不再报送资产损失相关资料。相关资料由企业留存备查。

二、《深圳市国家税务局深圳市地方税务局关于 2017 年度居民企业所得税汇算清缴工作的通告》（深圳市国家税务局深圳市地方税务局通告 2018 年第 4 号）中与本通知要求不一致的，以本通知为准。

深圳市国家税务局转发《国家税务总局关于发布〈企业资产损失所得税税前扣除管理办法〉的公告》的通知

（深国税发〔2011〕62 号 2011 年 5 月 7 日发布）

各区国家税务局，各直属机构，各基层分局：

现将《国家税务总局关于发布〈资产损失所得税税前扣除管理办法〉的公告》（国家税务总局公告 2011 年第 25 号，以下简称“25 号公告”）转发给你们，市局补充如下意见，请一并遵照执行。

一、应以清单申报的方式向税务机关申报扣除的资产损失，采取申报表附报形式，纳税人在进行年度申报时，将《企业资产损失清单申报表》随同企业所得税年度纳税申报表一同申报。

二、应以专项申报的方式向税务机关申报扣除的资产损失，纳税人需在年度纳税申报前，向主管税务机关进行专项申报。各单位文书受理岗通过“文书受理—备案类文书—企业资产损失专项申报表”将纳税人申报的《企业资产损失专项申报表》及相关证据资料录入（扫描）CTAIS 系统，并打印相应受理通知书交纳税人。

三、鉴于 25 号公告发布后，相应的 CTAIS 和网站等系统需要进行改造和完善，在相应系统功能未完成改造前，对于按上述第一、二条要求报送的《企业资产损失清单申报表》和《企业资产损失专项申报表》及相关证据资料，纳税人可先行进行纸质申报，税收管理员负责接收和保管纸质资料。待系统功能上线运行后（具体时间另行通知），税收管理员将相关资料交文书受理岗进行补录。

四、对目前已经受理未完成审批的资产损失，按 25 号公告执行；对已经受理并完成审批的资产损失，按审批结果办理，不再另行处理。

五、各单位应采取多种渠道加强宣传辅导，使纳税人了解税收政策的变化和征管流程的调整，及时做好企业资产损失的申报工作。新启用的表单《企业资产损失清单申报表》和《企业资产损失专项申报表》，各单位自行联系国瑞印刷厂领取使用。原 CTAIS 系统中“企业资产损失税前扣除申请审批表（上级审批）”和“企业资产损失税前扣除申请审批表”停止使用。

六、企业所得税汇算清缴结束后，税收管理员应充分利用 CTAIS 系统数据，及时进行纳税评估。

七、各单位在执行中遇到问题请及时反馈市局所得税处。

附件：

企业资产损失清单申报表

企业资产损失专项申报表

附件 1：

企业资产损失清单申报表

纳税人识别号 □□□□□□□□□□□□□□□□□□□□
纳税编码 □□□□□□□□□

纳税人名称：　　　　　　　　　　　　　　　　　　填表日期：

法定代表人		办税人员		联系电话	
生产经营地址					
资产损失税前扣除年度		资产损失金额合计			
资产损失项目		明细项目		金额	
（公章） 法定代表人（负责人）：				办税员：　年　月　日	

填表说明：

1. 该表适用按规定应以清单申报的方式向税务机关申报扣除的资产损失。
2. 资产损失项目包括货币资产损失、非货币资产损失、投资损失、其他资产损失。
3. 货币资产损失明细项目包括现金损失、存款损失、应收及预付款项损失等；非货币资产损失明细项目包括存货损失、固定资产损失、无形资产损失、在建工程损失、生物性资产损失等；投资损失包括债权性投资损失和股权（权益）性投资损失。

附件 2：

企业资产损失专项申报表

纳税人识别号 □□□□□□□□□□□□□□□□□□□□
纳税编码 □□□□□□□□□

纳税人名称：　　　　　　　　　　　　　　　　　　填表日期：

法定代表人		办税人员		联系电话	
生产经营地址					
资产损失税前扣除年度		资产损失金额合计			
资产损失项目		明细项目		金额	

续表

<table>
<tr><td></td><td></td><td></td></tr>
<tr><td></td><td></td><td></td></tr>
<tr><td colspan="3">专项申报理由：
（公章）
法定代表人(负责人)：　　办税员：　年　月　日</td></tr>
</table>

填表说明：

1. 该表适用按规定应以专项申报的方式向税务机关申报扣除的资产损失。

2. 资产损失项目包括货币资产损失、非货币资产损失、投资损失、其他资产损失。

3. 货币资产损失明细项目包括现金损失、存款损失、应收及预付款项损失等；非货币资产损失明细项目包括存货损失、固定资产损失、无形资产损失、在建工程损失、生物性资产损失等；投资损失包括债权性投资损失和股权（权益）性投资损失。

广东省国家税务局关于调整部分企业资产损失税前扣除审批权限的通知

（粤国税发〔2010〕32号　2010年2月11日发布　自2009年1月1日起执行）

广州、各地级市国家税务局：

为切实做好企业资产损失税前扣除审批工作，根据《国家税务总局关于印发〈企业资产损失税前扣除管理办法〉的通知》（国税发〔2009〕88号）和《国家税务总局关于印发〈跨地区经营汇总纳税企业所得税征收管理暂行办法〉的通知》（国税发〔2008〕28号）的规定，结合我省工作实际，为更好地为纳税人服务，同时便于各地对汇总纳税企业进行就地监督管理，经研究，现将中央固定收入企业资产损失5000万元以下的税前扣除审批权限由原来的各市、县（区）局审批调整为由省国税局审批。

中央固定收入企业是指铁路运输企业（包括广铁集团）、国有邮政企业、中国工商银行股份有限公司、中国农业银行、中国银行股份有限公司、国家开发银行、中国农业发展银行、中国进出口银行、中央汇金投资有限公司、中国建设银行股份有限公司、中国建银投资有限责任公司、中国石油天然气股份有限公司、中国石油化工股份有限公司以及海洋石油天然气企业（包括港澳台和外商投资、外国海上石油天然气企业）。

上述企业总机构在广东省内的，其总机构及广东省内分支机构的资产损失，统一以总机构为单位集中报省国税局审批；上述企业总机构不在广东省内，而二级及以下分支机构在广东省内的，以二级分支机构为单位集中报省国税局审批。

上述企业发生的需审批的资产损失，原则上按年度集中一次报批。省国税局受理资产损失审批申请的截止日为年度终了后45日。

企业资产损失审批权限调整后，各地国家税务局应按规定切实做好企业资产损失的实地核查和就地监管工作。

本通知从2009年1月1日起执行。

广东省中山市国家税务局关于明确纳税人注销税务登记其存货及固定资产增值税税务处理问题的通知

（中山国税发〔2009〕111号　2009年12月22日发布）

各分局，第一、二、三、四稽查局：

现将纳税人因注销税务登记存货以及属于动产货物的固定资产（以下简称“固定资产”）增值税处理问题明确如下：

一、纳税人发生解散、破产、撤销以及其他情形，已不再持续经营，依法终止纳税义务的，在向国税机关申报办理注销税务登记之前，在进行清算时，应对其未处置的期末存货以及固定资产应视不同的情况进行增值税的税务处理：

（一）纳税人将期末存货和固定资产对外销售的，应按规定计算缴纳增值税。

（二）纳税人将期末存货和固定资产用于抵偿债务的，属于有偿转让货物的所有权，应按规定计算缴纳增值税。

（三）纳税人发生视同销售货物行为的，应按规定计算缴纳增值税。

（四）一般纳税人已申报抵扣税款的存货和固定资产发生《中华人民共和国增值税暂行条例实施细则》第二十四条列举的非正常损失情形的，已抵扣的税款应作进项税额转出处理。

二、纳税人在注销税务登记时，仍有未处置的存货和固定资产的，应按照根据合理方法确定的可变现价值（如有资质的中介机构出具评估报告确认的价值等）计算缴纳增值税。

三、各分局在受理纳税人注销税务登记申请后，应对其期末存货和固定资产的增值税税务处理情况进行跟踪。

广东省国家税务局转发国家税务总局关于印发《企业资产损失税前扣除管理办法》的通知

(粤国税发〔2009〕95号 2009年5月26日发布)

广州、各地级市国家税务局:

现将《国家税务总局关于印发〈企业资产损失税前扣除管理办法〉的通知》(国税发〔2009〕88号,以下简称《办法》)转发给你们,关于企业资产损失税前扣除审批问题,省国税局补充如下意见,请一并贯彻执行。

一、关于审批程序

企业发生的需经税务机关审批的资产损失,除跨地区经营总分机构外,由居民企业向有权审批的国家税务机关申请;跨地区经营的总分机构,分别由总机构、二级分支机构向有权审批的国家税务机关申请。

二、关于审批权限

企业在一个纳税年度内发生的需经国家税务机关审批的资产损失(金融企业呆账损失除外),《办法》规定由省级税务机关审批或金额在5000万元以上的由省国税局审批,金额在5000万元以下(不含5000万元)的由各地级市、县(区)级国家税务机关审批,其中县(区)级国家税务机关的审批权限,由各地级市国税局确定。

金融企业发生的单笔呆账损失金额在5000万元以上的由省国税局审批,金额在5000万元以下(不含5000万元)的由各地级市、县(区)级国税局审批,其中县(区)级国家税务机关的审批权限,由各地级市国税局确定。外币呆账损失折算成人民币确定。

单笔呆帐是指一个金融企业对一个借款单位(人)符合呆帐条件的贷款。

三、关于审批时限

由各地级市、县(区)级国家税务机关负责审批的,自受理之日起30个工作日内完成。

四、关于审批形式

各级国家税务机关应以正式公文的形式对企业资产损失税前扣除审批申请进行批复。

五、关于2008年度资产损失审批问题

企业2008年度发生的需经国家税务机关审批的资产损失,各级国家税务机关应自省国税局文件下发之日起45天内受理完毕,于2009年8月31日前完成审批。

广东省国家税务局关于银行企业呆账损失企业所得税前扣除问题的意见

（粤国税函〔2009〕22号　2009年1月13日发布）

广东省金融服务办公室：

《关于征求银行呆账损失税前扣除相关手续问题意见的函》（粤金函〔2008〕566号）悉。对广东银行同业公会提出的有关银行企业呆账损失企业所得税前扣除问题，根据现行税收政策规定，函复如下：

一、按照现行税收政策管理权限规定，银行企业的呆账损失在企业所得税前扣除的标准，国税部门执行国家税务总局制定的有关规定，其他部门制定的标准不能作为税前扣除的依据。

二、多笔贷款，其中一笔或少数几笔诉讼，法院裁定终结（中止）执行，如何认定税前扣除的呆账损失问题。

2007年12月31日前，国税部门执行《金融企业呆帐损失税前扣除管理办法》（国家税务总局令第4号）、《企业财产损失所得税前扣除管理办法》（国家税务总局令第13号）。《金融企业呆帐损失税前扣除管理办法》第二条（六）规定：由于借款人和担保人不能偿还到期债务，金融企业诉诸法律，经法院对借款人和担保人强制执行，借款人和担保人均无财产可供执行，法院裁定终结执行后，金融企业仍无法收回的债权，可以作为呆账在企业所得税前扣除；《企业财产损失所得税前扣除管理办法》第二十一条五款规定：逾期不能收回的应收款项，有败诉的法院判决书、裁决书，或者胜诉但无法执行或债务人无偿债能力被法院裁定终（中）止执行的，依据法院判决、裁定或终（中）止执行的法律文书，认定为损失。因此，国税部门是以法院的判决书及终（中）止执行的法律文书确定银行企业的呆账损失和损失金额。

《国家税务总局关于做好2007年度企业所得税汇算清缴工作的补充通知》（国税函〔2008〕264号）下发后，我局补充下发了《关于做好2007年度金融企业呆账损失企业所得税税前扣除的通知》（粤国税函〔2008〕241号），明确：一、金融企业因借款合同、担保合同等权利凭证遗失或法律追溯失效，法院不予受理或不予支持，或经有关法律部门（包括金融企业的法律合规事务部门）依据现行法律规定，出具无法起诉的法律意见书，经具有法定资质的中介机构进行职业推断和客观评判后出具经济鉴证证明，金融企业经追偿后确实无法收回的债权，可以认定为呆账损失，经税务机关审批后，准予在企业所得税前扣除。二、金融企业此前发生的呆账损失未在企业所得税前扣除的，经具有法定资质的中介机构进行职业推断和客观评判后出具经济鉴证证明，经税务机关审批后，准予在企业所得税前扣除。上述条款的实施，对加快我省金融企业的呆账损失处置、减少处置费用、化解资产风险起到了积极的作用。

三、《中华人民共和国企业所得税法》自2008年1月1日起施行，《中华人民共和国企业所得税暂行条例》同时废止。根据《中华人民共和国企业所得税暂行条例》制定的《金融企业呆帐损失税前扣除管理办法》（国家税务总局令第4号）、《企业财产损失所得税前扣除管理办法》（国家税务总局令第13号）也相应废止。银行企业2008年1月1日后发生的呆账损失在企业所得税前如何认定扣除，待国家税务总局明确。

深圳市国家税务局转发国家税务总局关于调整金融企业呆帐损失税前扣除审批权限的通知

（深国税发〔2005〕51 号 2005 年 2 月 24 日发布）

各区局、分局：

现将《国家税务总局关于调整金融企业呆帐损失税前扣除审批权限的通知》（国税发〔2005〕11 号）转发给你们，市局补充如下意见，请一并遵照执行。

一、按照总局文件精神，市局对内资金融企业呆帐损失、内资企业财产损失、坏帐损失税前扣除审批权限相应调整如下：

从 2005 年度起，《转发国家税务总局关于金融企业呆帐损失税前扣除审批事项的通知》（深国税发〔2003〕224 号）审批权限调整为内资金融企业发生的单笔（项）5000 万元（含 5000 万元）以上的呆帐损失和内资企业发生的单笔（项）5000 万元（含 5000 万元）以上的财产损失、坏帐损失报市局审批，单笔（项）5000 万元以下的由主管区、分局审批。

二、2004 年度及以前年度发生的、尚未经市局审批的内资金融企业发生的单笔（项）300 万元（含 300 万元）以上的呆帐损失和内资企业发生的单笔（项）300 万元（含 300 万元）以上的财产损失、坏帐损失，也按调整后的审批权限处理。

三、为了加强下放管理的内资金融企业呆帐损失和内资企业财产损失、坏帐损失企业所得税审批项目的后续管理工作，各主管税务机关应严格按照《金融企业呆帐损失税前扣除管理办法》（国家税务总局令〔2002〕4 号）、《企业财产损失税前扣除管理办法》（国税发〔1997〕190 号）、《关于印发〈企业所得税税前扣除办法〉的通知》（国税发〔2000〕84 号）、《国家税务总局关于执行〈企业会计制度〉需要明确的有关所得税问题的通知》（国税发〔2003〕45 号）的有关规定做好各自权限内的审批管理工作。

对于内资金融企业发生的单笔（项）超过 500 万元（含 500 万元）的呆帐损失和内资企业发生的单笔（项）超过 500 万元（含 500 万元）的财产损失、坏帐损失，各区、分局应在审批后一个月内将终审审批文件及有关明细表上报市局备案。

四、市局将不定期对各区、分局审批上述呆帐损失、财产损失、坏帐损失的工作进行检查、督导。

安　徽

安徽省人民政府办公厅关于进一步优化企业兼并重组市场环境的实施意见

（皖政办〔2015〕6号　2015年2月15日发布）

各市、县人民政府，省政府各部门、各直属机构：

为贯彻落实《国务院关于进一步优化企业兼并重组市场环境的意见》（国发〔2014〕14号），充分发挥企业兼并重组在提高资源配置效率、化解产能严重过剩矛盾、提高产业核心竞争力等方面的重要作用，进一步优化我省企业兼并重组市场环境，经省政府同意，现提出如下实施意见：

一、主要目标和基本原则

（一）主要目标。

1. 体制机制进一步完善。企业兼并重组相关行政审批事项逐步减少，审批效率大幅提升，企业兼并重组的财税、金融、土地等政策体系进一步完善，跨地区、跨行业、跨所有制企业兼并重组的市场壁垒基本消除。

2. 市场环境不断优化。企业兼并重组的多层次资本市场体系进一步完善，企业兼并重组的服务体系不断健全，统一开放、竞争有序的市场体系基本建立。

3. 产业组织结构进一步优化。实施汽车、钢铁、水泥、装备制造、石化、有色金属等产业强强联合、跨地区兼并重组、境外并购和投资合作，产业集中度进一步提高。到2020年，培育壮大10个左右营业收入超千亿元、100个左右超百亿元具有核心竞争力的大型企业集团。

（二）基本原则。

1. 政府引导，企业主导。加强统筹协调，分类指导，完善相关行业规划和配套政策，规范行政行为，消除制度障碍。遵循市场经济规律，发挥市场在资源配置中的决定性作用，尊重企业意愿，引导和激励企业平等协商、自主自愿参与兼并重组。

2. 规范秩序，公平竞争。取消限制企业兼并重组和增加企业兼并重组负担的不合理规定，优化市场环境，促进各种所有制企业公平竞争、优胜劣汰，形成结构合理、竞争有效、规范有序的市场格局。

3. 依法依规，稳妥操作。依法依规推进企业兼并重组，完善现代企业制度。规范企业资产处置和职工安置行为，确保国有资产不流失，确保职工合法权益，确保社会稳定。

二、重点领域

（一）冶金产业。建立资源地和加工地财税利益分配机制，推动矿产资源向优势企业集中。支持钢铁企业与下游汽车、家电等企业建立产业协作联盟；鼓励有色金属冶炼企业积极引进战略投资者，在铜材料精深加工、电子材料和器件等领域合作，进一步延伸产业链。建设全国重要的铁基新材料产业基地和国内最大的铜精炼和精深加工基地。

（二）汽车行业。支持引进先进技术和战略投资者，做强做精产品，支持骨干零部件企业参与核心基础零部件、关键基础材料研发生产。支持骨干企业开展跨国并购，布局并完善全球生产和服务网络，提升国际化经营能力。逐步建成国内规模最大的自主品牌汽车及核心零部件创新发展基地。

（三）能源产业。加快能源企业兼并重组，培育大型综合性能源企业集团，促进煤、电、化等产业融合发展。鼓励大型煤矿企业“走出去”，推动能源开发利用与装备制造互动发展，培育先进煤机、电工装备产业。加速新能源技术开发和创新成果产业化，打造生物质能、光伏、风电等高水平产业链，实现新能源产业集群式发展。

（四）化工产业。鼓励省内煤炭开采企业、化工产品制造企业及其他相关企业进行联合和整合，形成具有较强实力的大型化工企业集团。采取资源和技术入股、股权激励等多种方式，积极引进技术力量强、资金雄厚的行业龙头企业来我省投资发展现代煤化工和化工新材料产业。以安庆、淮南、淮北、定远为布局重点，积极引进战略投资者，加速建成具有核心竞争力、国内一流的化工产业基地。

（五）水泥行业。通过兼并重组和淘汰落后产能，进一步提高产业集中度。推动海螺集团在省内外加大兼并重组力度，适时在境外开展并购和拓展国际市场，进一步提高行业地位，提升核心竞争力。支持海螺、合肥水泥设计院、蚌埠玻璃设计院发挥技术优势，整合省内外水泥装备资源，积极发展节能装备、工艺设备制造和工程总承包，实现设备技术输出一体化。

（六）其他重点产业。在符合国家产业政策的前提下，重点支持船舶、印染、造纸、医药、光伏、电子信息等优势企业以产业链为纽带，以控股、参股等多种形式实施省内外兼并重组，加快淘汰落后产能，优化产业布局，提升综合竞争力。

三、主要任务

（一）取消下放审批事项。系统梳理企业兼并重组涉及的审批事项，缩小审批范围，对市场机制能有效调节的事项，取消相关审批。地方国有股东所持上市公司股份转让，按有关规定分级审批。

（二）简化审批程序。优化企业兼并重组审批流程，推行并联审批，避免互为前置条件。优化省内企业境外收购事前信息报告确认程序，加快办理相关核准手续。对限额内不涉及敏感国家和地区、敏感行业的跨国并购，由审批和核准管理改为登记备案管理。企业兼并重组涉及的生产许可、工商登记、资产权属证明等变更手续，从简限时办理。

（三）实施公共资源统一规范交易。落实省公共资源交易监督管理办法，统一交易规则、交易流程、信息发布、专家资源、信用评价和监督管理。

（四）消除跨地区兼并重组障碍。清理废止不利于企业兼并重组和妨碍公平竞争的不合理规定，破除市场分割和地区封锁。企业跨地区兼并重组的，在依法依规的前提下，可以通过签订统计数据分享比例及财税利益分成协议，实现企业兼并重组成果共享。

（五）放宽民营资本市场准入。探索建立企业投资准入负面清单制度。支持民营资本参与交通、水利、电力、石油、天然气、电信、土地整治和矿产资源勘探开发、金融服务、商贸流通、国防科技工业等行业和领域兼并重组，切实做到平等准入、放手发展。市场准入标准和优惠扶持政策对所有经济主体一视同仁，不对民营资本设置附加条件。

（六）深化国有企业改革。以推进国有企业上市为重点，积极发展混合所有制经济，深入推进国有企业产权多元化改革，鼓励民营企业参与国有企业改制重组。着眼于发挥国有企业规模优势，优化国有资本布局，对主业相同或相近的企业实施合并重组，推进国有资本向优势产业、优势企业和企业主业集聚。完善国有资产管理体制,完善现代企业制度,健全归属清晰、权责明确、保护严格、流转顺畅的现代产权制度。

(七)发挥产业政策导向作用。强化节能减排、安全生产、质量标准等方面约束作用,形成倒逼机制,引导企业兼并重组。出台全省重点产业生产力布局调整意见,制定区域性、行业性准入标准,促进劣势企业尽快退出。鼓励和引导企业通过兼并重组压缩过剩产能、淘汰落后产能,促进转产转型。在控制产能总量的前提下,优先将产能置换给兼并重组主体企业。

(八)引导企业开展跨国并购。整合政策、金融、法律和风险预警等公共信息资源,建立促进境内外并购活动的公共服务平台,拓宽信息交流渠道。建立健全海外并购政策促进体系、服务保障体系和风险控制体系,促进对外投资合作便利化。加强与中非、中葡、中委、中国—东盟等投资基金合作,促进其投资参股我省企业跨国并购。指导企业加强跨国并购项目前期风险评估,科学制定、实施风险监控和分担转移预案。

(九)鼓励企业自主创新和技术进步。对符合国家产业政策的兼并重组升级改造项目,优先予以立项,优先安排产业发展专项资金。支持兼并重组企业建立研发机构,对兼并重组企业新认定的省级以上企业技术中心、工程(重点)实验室、工程(技术)研究中心、公共技术研发检测中心等自用和公共创新平台。

四、保障措施

(一)落实相关税收政策。认真落实兼并重组企业所得税特殊性税务处理、非货币性资产投资交易的企业所得税、跨地区机构企业所得税分配、企业改制重组涉及的土地增值税等相关政策。对企业通过合并、分立、出售、置换等方式,将全部或者部分实物资产以及与其相关联的债权、债务和劳动力一并转让给其他单位和个人,不属于增值税和营业税征收范围,其中涉及的货物转让不征收增值税,不动产、土地使用权转让不征收营业税。

(二)加大财政资金投入。整合省级有关专项资金,支持企业兼并重组。加大对企业兼并重组公共服务投入力度。

(三)发挥国有资本经营预算资金作用。根据企业兼并重组方向、重点和目标,合理安排国有资本经营预算资金,支持企业兼并重组。加快兼并重组企业结构调整和产业转型升级步伐,研究完善相关管理制度,提高资金使用效益。

(四)完善金融服务。优化信贷融资服务,通过财政贴息、信贷奖励补助等方式,鼓励商业银行加大对企业兼并重组的信贷支持力度。允许符合条件企业发行优先股、定向发行可转换债券作为兼并重组支付方式,研究推进定向权证等作为支付方式。鼓励证券公司开展兼并重组融资业务,各类财务投资主体可以通过设立股权投资基金、创业投资基金、产业投资基金、并购基金等形式参与兼并重组。

(五)完善土地使用政策。政府土地储备机构有偿收回企业因兼并重组而退出的土地,按规定支付给企业的土地补偿费可以用于企业安置职工、偿还债务等支出。企业兼并重组中涉及因实施城市规划需要搬迁的工业项目,在符合城乡规划及国家产业政策的条件下,市、县国土资源管理部门经审核并报同级人民政府批准,可收回原国有土地使用权,并以协议出让或租赁方式为原土地使用权人重新安排工业用地。企业兼并重组涉及土地转让、改变用途的,国土资源、住房城乡建设部门要依法依规加快办理相关用地规划手续。企业兼并重组新增用地纳入当地土地供应计划优先安排。

（六）进一步做好再就业和社会保障工作。将企业兼并重组过程中分流职工再就业纳入就业工作整体规划，落实各项就业政策，统一实施就业援助，免费提供职业指导、职业介绍、创业服务等公共就业服务，促进分流职工尽快实现再就业。对在企业兼并重组过程中不裁员或少裁员、保持职工就业岗位稳定并足额缴纳失业保险费的企业，给予一定数额的岗位补贴，所需资金从失业保险基金中列支。进一步完善社会保险政策，切实落实社会保险转移接续办法，对符合条件的分流职工，及时足额发放失业保险金。

五、组织实施

（一）推进服务体系建设。充分发挥省国有企业改革暨企业兼并重组工作联席会议作用，解决跨地区、跨所有制企业兼并重组中的重大问题，组织开展政策执行情况评估和监督检查。加快全省统一的企业股权托管交易市场建设，培育一批业务能力强、服务质量高的中介服务机构，加强市场信息、政策咨询、法律财务顾问、资产评估、融资中介、独立审计和企业管理等咨询服务，促进中介服务机构专业化、规范化发展。

（二）建立专项统计监测制度。加强企业兼并重组信息统计工作，构建企业兼并重组统计指标体系，建立和完善统计调查、监测分析和发布制度。整合行业协会、中介组织等信息资源，畅通统计信息渠道，为企业提供及时有效的信息服务。

（三）加强统筹协调。各地要按照一企一策、分类指导的要求，优化企业兼并重组市场环境，解决本地区企业兼并重组中的突出问题，建立健全合力促进企业兼并重组的工作协调机制，推动各项政策措施落到实处。

芜湖市地方税务局关于转发省地税局《安徽省地方税务局企业资产损失税前扣除管理实施办法》的通知

（芜地税〔2012〕4号　2012年1月19日发布）

各县地方税务局，市地方税务局各分局（局）：

现将省地税局《关于印发〈安徽省地方税务局企业资产损失税前扣除管理实施办法〉的通知》（皖地税〔2011〕67号，以下简称《办法》）转发给你们，并提出如下意见，请一并贯彻执行。

一、资产损失税前扣除专项申报的内容

企业实际发生的资产损失除明确规定属于企业清单申报方式扣除的资产损失外，均须向主管地税税务机关办理专项申报并经有权税务机关进行符合性审核确认后才能扣除。凡无法准确辨别是否属于清单申报扣除的资产损失，企业可向主管地税机关提出采取专项申报的形式申报扣除。

二、资产损失税前扣除专项申报的时限

企业进行清单申报和专项申报时间为企业所得税年度汇算清缴申报前，属于专项申报的资产损失，企业原则上应在实际发生，且会计上已作损失处理的当期向地税机关办理专项申报，最迟不得超过年度汇算清缴申报。对需要现场取证的损失，及时通知主管税务机关进行清理确认，并在证据保留期间及时申报。

三、资产损失税前扣除的审核权限

企业资产损失的申报，应统一报送至主管税务机关受理，对专项申报的资产损失应由所属地税机关主管县局，市区分局进行符合性审查并签署意见。每年6月15日前，各县局，市区分局填报《企业资产损失扣除管理清册》，并对市区企业发生的专项资产损失数额在50万元以上（含50万元）和县属企业发生的专项资产损失数额在100万元以上（含100万元）的项目，连同申报表及其他资料一并报送市局（所得税科）备案，由市局组织重点检查。

四、资产损失税前扣除的管理工作程序

（一）清单申报的资产损失工作程序

主管地税机关受理企业填报的《企业资产损失扣除清单申报表》（见省局《办法》附件1）及资产损失会计科目汇总清单时，对申报资料齐全的应予以当场受理，并向纳税人填发《企业所得税资产损失申报事项报告受理回执》（见附表一）。在受理后3个工作日内，连同《企业资产损失扣除清单申报表》及其他的资料，交县局、市区分局地税机关在《企业资产损失扣除清单申报表》上签署受理意见进行备案登记管理，并向企业送达《税务事项通知书》（见附表二）。对申报资料不完整、不齐全的，应当送达《税务事项通知书》，通知企业限期补正。

属于清单申报的资产损失，企业应按照企业内部管理控制的要求，做好资产损失的确认工作，保留好有关资产会计核算资料和原始凭证及内部审批证明等证据，以备地税机关检查。

（二）专项申报的资产损失工作程序

专项申报的资产损失的税前扣除工作分为申报申请、申请受理两个阶段。

1. 申报申请阶段。主管地税机关受理企业填报的《企业资产损失扣除专项申报表》（见省局

《办法》附件 2)时,对申报资料齐全的应予以当场受理,并向纳税人填发《企业所得税资产损失申报事项报告受理回执》。在受理后 3 个工作日内,连同《企业资产损失扣除专项申报表》及其他的资料,交县局、分局地税机关进行符合性审查。对申报资料不完整、不齐全的,应当送达《税务事项通知书》,通知企业限期补正。

2. 申请受理阶段。县局和市区分局地税机关对纳税人资产损失专项申报的申报材料与法定条件进行符合性审查应在在主管地税机关受理后 15 个工作日内完成,并遵照集体审议的原则,经县(分)局长集体会议讨论后,在《企业资产损失扣除专项申报表》上签署受理意见进行备案登记管理,并向企业送达《税务事项通知书》。依法不予受理的,应送达《税务事项通知书》书面说明理由,并告知纳税人享有申请行政复议的权利。

各级地税机关资产损失税前扣除申报管理,要以国家税收法律、法规和其他合法有效的规范性文件为依据,依法秉公办事,不得擅自越权管理,亦不得无故拖延、以权谋私。

五、资产损失税前扣除监督管理和法律责任

(一)加强内部监督。一是把好资产损失税前扣除核实关。对非货币性资产等需要现场取证的损失,要在企业清理处置前由两名以上税务人员进行现场核实确认,并提交核实报告,确保资产损失税前扣除的真实性。二是把好资产损失税前扣除管理程序关。应按规定的时间和程序,按照公正透明、廉洁高效和方便纳税人的原则,及时受理纳税人的资产损失申报事项。三是非因客观原因造成事后申报无据可查,导致资产损失税前扣除无法落实,或者未按规定程序进行管理的,应按《中华人民共和国税收征收管理法》和税收执法责任制的有关规定追究责任。

(二)加强对专业机构认定结果的监督。主管地税机关在资产损失税前扣除管理中发现有关专业技术或经济鉴证部门不负责任、弄虚作假,应根据《中华人民共和国税收征收管理法》的有关规定追究有关法律责任。并及时向市局报告。

(三)加强资产损失税前扣除的后续管理。企业资产损失税前扣除由审批改为清单申报和专项申报后,各单位应加强对资产损失税前扣除的后续管理,建立企业资产损失税前扣除管理台账和纳税档案(包括《企业资产损失扣除管理清册》、《企业所得税年度申报表》、《企业资产损失扣除专项申报表》或《企业资产损失扣除清单申报表》及纳税人报送的各种证据资料),对企业资产损失税前扣除项目,主管地税机关应及时在安徽省地税征管信息系统"企业所得税管理"中分户录入相关内容,按照"一户式"管理要求对资料进行存档。每年应通过企业所得税汇算、日常管理、纳税评估和纳税检查等方式进行跟踪管理。对有确凿证据证明其不真实、不合法或不合理的税前扣除,应当依法进行纳税调整,并依法进行税收处理。

附表(略)

附件:

一:企业所得税资产损失申报事项报告受理回执(略)

二:税务事项通知书(略)

马鞍山市地方税务局纳税人注销登记税收清算核查管理办法

（马地税〔2011〕126 号　2011 年 11 月 7 日发布　自 2011 年 11 月 1 日起试行）

第一条　为规范纳税人注销环节的税收（含费，下同）清算核查工作，防止税（费）款流失，维护国家利益和纳税人合法权益，根据《中华人民共和国税收征收管理法》及其实施细则和有关税收法律法规规定，制定本办法。

第二条　纳税人申请注销税务登记的，按本办法进行税收清算核查。纳税人申请注销的情形主要有：

（一）纳税人因停产、人民法院宣告破产或关闭而申请注销的；

（二）企业章程规定的营业期限届满而终止经营或者企业章程规定的其他解散事由出现的；

（三）纳税人被工商部门依法吊销营业执照、责令关闭或者被撤销的；

（四）企业由法人转变为个人独资企业、合伙企业等非法人组织、或者将登记注册地转移至中华人民共和国境外的（包括港澳台地区）；

（五）人民法院根据《公司法》第 183 条的规定，对企业予以解散的；

（六）其他原因解散或注销的。

第三条　税收清算核查分纳税人自查清算和税务机关清算核查二个阶段。

第四条　纳税人进入自查清算阶段，管理分局或稽查局应积极对纳税人进行自查辅导或政策解读，帮助纳税人提高自查清算工作质量。

第五条　税收清算核查实施分类管理，即房地产开发企业、市级以上重点税源户申请注销的，由稽查局组织实施税收清算核查。

上述企业之外的纳税人申请注销的，由管理分局组织实施税收清算核查。

第六条　税收清算核查包括纳税人经营期间应缴纳的各项税费以及注销期间资产处理所涉及的各项税费。检查所属期为注销当年度及前两个年度，即一般为 3 年，必要时延伸到 5 年。税务机关对纳税人注销年度以前的税收进行过清算核查的，可不必重复清算核查。

第七条　纳税人注销前成立清算组的，应当在清算组成立之日起 15 日内向管理分局报送经纳税人权力机构终止经营的文书、欠税报告等备案资料；税收自查清算报告应在清算组成立之日起 60 日内提交管理分局或稽查局；纳税人因特殊情况不能提交税收自查清算报告的，应书面报告说明原因。

第八条　进入清算期的纳税人应将清算事项报管理分局或稽查局备案。

第九条　申请注销的纳税人有土地、房屋、车辆、机器设备、大宗存货、长期投资和股东占用的大额往来账等不动产或者资产的，管理分局或稽查局通知纳税人自查清算时，应要求纳税人报送不动产或者资产处置说明。

清算核查中发现不动产或者资产未处置完毕导致不能结清税（费）款的，管理分局不得在 AHTAX2009 征管信息系统作注销处理，可先作非正常户处理，待资产处置完毕，税（费）等事项结清后，按照规定的手续作注销处理。

未进行土地增值税清算的房地产开发企业不得予以注销。

第十条 注销登记纳税人应按规定自行清算,也可委托具有法定资质的中介机构进行清算。

第十一条 纳税人委托具有法定资质的中介机构办理清算的,税务机关应对中介机构出具的鉴定报告进行审核,如确需进行上门复核或实地核查的,按税收清算核查程序执行。

第十二条 管理分局或稽查局实施税收清算核查应通知纳税人清算核查的时间、应提供的资料。税收清算核查应形成核查工作底稿、纳税人注销登记税收清算核查结论或《税务处理决定书》等文书。

清算核查中发现纳税人有偷税需立案查处的,转入稽查程序处理。

第十三条 管理分局应成立税收清算核查领导小组,负责组织、落实、指导、监督本单位税收清算核查工作,并配合稽查局联合开展对房地产企业、市级以上重点税源户的税收清算核查工作。税收清算核查领导小组应由分管业务的副局长、分局业务骨干等人员组成。

稽查局应成立联合税收清算核查领导小组,负责全市房地产企业、市级以上重点税源户的税收清算核查的组织、落实、指导、监督工作。联合税收清算核查领导小组应由稽查局及管理分局人员组成。

第十四条 税收清算核查工作各部门职责分工

(一)办税服务分局负责受理纳税人注销申请、传递纳税人注销申请资料,开票征收纳税人税收清算核查税(费)款。

(二)管理分局负责落实税收清算工作及清算审核、证件收回、发票缴销、事项移交、资料归档等工作。负责税收清算核查后的税(费)款补、退及税(费)款入库工作。积极配合稽查局实施房地产企业、市级以上重点税源户的税收清算核查。

(三)稽查局负责联合管理分局对房地产企业、市级以上重点税源户的税收清算核查以及税务稽查的立案查处工作。

(四)劳务和财产行为税科、所得税科负责清算核查工作中税收政策的解释。

(五)基金(费)科负责清算核查中基金(费)政策的解释。

第十五条 管理分局组织实施的税收清算核查工作流程:

(一)纳税人递交注销申请。纳税人向办税服务分局提交税务登记注销申请,填写《注销税务登记申请审批表》,缴销发票及税务登记证件;有在途税票和欠税的,应缴销税票、结清在途税(费)款、欠税和滞纳金。

办税服务分局应于受理纳税人税务登记注销申请后1个工作日内将资料传递管理分局。

(二)纳税人自查清算。管理分局接到办税服务分局传来的纳税人注销登记申请资料后,应在3个工作日内通知纳税人自实际经营终止之日起60日内完成税(费)款自查清算工作;并自清算结束之日起15个工作日内向管理分局报送企业自查清算资料,到办税服务分局报缴自查清算税(费)款。

(三)管理分局清算核查。纳税人自查清算期满后或管理分局收到纳税人自查清算资料后,管理分局组织对纳税人实施核查,核查原则上应在20个工作日内完成。纳税人放弃自查清算的,管理分局应组织对纳税人实施税收清算核查,清算核查原则上应在60日内完成。

(四)纳税人解缴税款。税收清算核查完毕纳税人持《税务处理决定书》到办税服务分局缴清清算的应纳税(费)款、罚款和滞纳金。

（五）注销登记。完成上述程序、符合注销条件、经管理分局审批后，纳税人到管理分局办理注销登记手续。

第十六条 稽查局组织实施的税收清算核查工作流程：

（一）纳税人递交注销申请。纳税人向办税服务分局提交税务登记注销申请，填写《注销税务登记申请审批表》，缴销发票及税务登记证件；有在途税票和欠税的，应缴销税票、结清在途税（费）款、欠税和滞纳金。

办税服务分局应于受理纳税人税务登记注销申请后1个工作日内将资料传递稽查局。

稽查局在接到办税服务分局传来的资料后，应于5个工作日内收集纳税人税收征管资料、拟定税收清算核查方案，通知管理分局联合实施税收清算核查。

（二）纳税人自查清算。稽查局通知管理分局实施联合清算核查后，应在3个工作日内通知纳税人自实际经营终止之日起60日内完成税（费）款自查清算工作；并自清算结束之日起15个工作日内向稽查局报送企业自查清算资料，到办税服务分局报缴自查清算税（费）款。

（三）稽查局组织清算核查。纳税人自查清算期满后稽查局联合管理分局组织对纳税人实施核查，核查原则上应在20个工作日内完成。纳税人放弃自查清算的，稽查局联合管理分局组织对纳税人实施税收清算核查。清算核查原则上在90日内完成。

（四）纳税人解缴税款。纳税人持稽查局出具的《税务处理决定书》到办税服务分局缴清清算的应纳税（费）款、罚款和滞纳金。

（五）注销登记。完成上述程序、符合注销条件、经管理分局审批后，纳税人到管理分局办理注销登记手续。

第十七条 办税服务分局受理纳税人注销申请，应登记受理台帐，记录受理资料的时间、内容，传递的时间、受传递的部门和人员。纳税人提交申请资料不全的，应当场告知纳税人补正。

第十八条 管理分局或稽查局应在规定的时间内完成税收清算核查工作，因特殊原因需要延长时间的，须报市局征管和科技发展科备案。

第十九条 纳税人申请注销前发生的欠税、纳税人自查清算的税款由管理分局负责监督纳税人按期申报缴纳。稽查局组织实施税收清算核查查补的税款，由稽查局负责监督纳税人按期申报缴纳。

第二十条 纳税人办理注销后，税收清算核查资料由管理分局负责归档保管。由稽查局组织实施的税收清算核查，稽查局应在纳税人按规定缴清查补的税款后，向管理分局移交税收清算核查资料，移交资料时需附资料移交清单列明移交的资料。移交的资料主要包括纳税人申请注销的资料、纳税人自查清算的资料、纳税人报备的资料、稽查局实施税收清算核查中生成的资料等。

稽查局向管理分局移交资料的同时应向市局征管和科技发展科报备。

第二十一条 税收清算核查归档资料目录

（一）《注销税务登记申请审批表》；国税局注销登记时出具的《税务事项通知书》复印件（增值税纳税人和企业所得税由国税管理的纳税人提供）；

（二）税务登记证正、副本等税务登记证件；

（三）《发票领购薄》；

（四）主管部门或董事会、职工代表大会有关决议的原件及复印件；

（五）工商行政管理部门吊销《营业执照》的文件原件及复印件；

（六）清算期资产负债表、损益表；

（七）企业所得税清算申报表；

（八）资产盘点表；

（九）委托具有法定资质的中介机构进行资产评估的资产评估报告；

（十）委托具有法定资质的中介机构进行清算的税收清算报告；

（十一）纳税人清算结束尚未处置的财产清单，清算组指定保管人的授权委托书、组织机构代码证和法人身份证复印件；

（十二）自查清算报告；

（十三）税务机关实施税收清算核查生成的资料；

（十四）其他需归档的税收清算核查资料。

第二十二条 税收清算核查重点

（一）清算当年度及以前年度的税务检查

采取纳税人正常经营期间检查方法进行。对房地产开发企业重点进行土地增值税、注销前突击销售价格明显偏低行为的清算。

（二）清算期的税务检查

自纳税人终止生产经营之日起至注销登记日之前为清算期。重点检查：

（1）企业财产明细表是否真实，是否遗漏了重大实质性资产，重点到相关部门核对银行存款余额、土地、房产和车辆持有及对外投资等情况，并搜集相关权证证据；

（2）企业欠股东的款项是否属实，对企业欠付股东大额款项的，重点检查其是否存在体外循环而少计销售收入现象；

（3）清算期处置的各项实质性资产的处置价格，以及将实质性资产抵偿股东投资的作价是否偏低，是否足额缴纳了各项流转税费。必要时聘请有资质的中介机构进行评估；

（4）企业持有的长期股权投资转让价格是否合理；

（5）土地使用权、房产、车辆等转移到股东名下应缴纳的各项税费，包括营业税、土地增值税等；

（6）对于暂时不能及时处置的土地、房产等实质性资产应采取经有资质评估机构按照市场法评估可变现价值处理，按照可变现价值缴纳税费，也可以在实际处置后再处理，实质性未经税务处理前，企业不得注销；

（7）股东占用的大额往来账项的实质；

（8）不需要支付的往来账项，清算期内未申报债权的应付账项应视同不需支付的款项；

（9）清算期间发生的各种须经税务机关审批的财产损失是否经过了税务机关审批，对于账面存在而实物不存在、处置的清单中又不见的资产不得作为损失税前扣除；

（10）重大应收帐款催收记录和对账资料；

（11）注重企业账存存货的处理，特别要注意账存实不存的现象。出现此种情况，应视同账面存货按公允价销售，同时视同股东投资的回收；

（12）股东实际和视同回收的投资款减去注册资本金，为股利红利所得和财产转让所得，股东为法人的，缴纳企业所得税，股东为自然人的，缴纳个人所得税。

(13)各项资产和负债的计税基础是否属实,重点检查股东以非货币性资产投资,投资时未视同按公允价销售和投资两项业务进行企业所得税、土地增值税处理,而处置时以评估价值作为计税基础少纳税款等问题。

第二十三条 本办法设定的税收清算核查对象为企业所得税在地税管理、或企业所得税虽不在地税管理但有不动产或者资产等需处置的企业纳税人。

定期定额方式征收的个体工商户、企业所得税不在地税管理且没有不动产或者资产等需处置的纳税人申请办理注销税务登记的管理办法见《马鞍山市地方税务局税收征管业务管理办法》。

第二十四条 管理分局、稽查局对注销纳税人未按照本办法组织实施税收清算核查,存在应征未征税款或未加征滞纳金、罚款,造成国家税(费)款流失的,根据《征管法》有关规定追究直接负责的主管人员和其他直接责任人员的行政责任;构成犯罪的,依法移送司法机关处理。

第二十五条 本办法由马鞍山市地方税务局负责解释。

第二十六条 各县地方税务局可结合实际参照执行。

第二十七条 本办法自 2011 年 11 月 1 日起试行。

安徽省地方税务局企业资产损失税前扣除管理实施办法

（皖地税〔2011〕67号 2011年8月10日发布并执行）

第一章 总 则

第一条 为规范企业所得税资产损失税前扣除管理，简化申报手续，优化纳税服务，根据国家税务总局《企业资产损失税前扣除管理办法》（国家税务总局公告〔2011〕25号）制定本实施办法。

第二条 本办法适用于全省各级地方税务机关（以下简称"地税机关"），及全省地方税务系统管辖的各类企业纳税人。

第三条 本办法所称资产是指企业拥有或者控制的、用于经营管理活动相关的资产，包括现金、银行存款、应收及预付款项（包括应收票据、各类垫款、企业之间往来款项）等货币资产，存货、固定资产、无形资产、在建工程、生产性生物资产等非货币资产，以及债权性投资和股权（权益）性投资。

第四条 准予在企业所得税税前扣除的资产损失，是指企业在实际处置、转让资产过程中发生的合理损失（以下简称"实际资产损失"）；以及企业虽未实际处置、转让资产，但符合本办法规定条件计算确认的损失（以下简称"法定资产损失"）。

第五条 企业实际资产损失，应当在其实际发生且会计上已作损失处理的年度申报扣除；法定资产损失，应当在企业向主管地税机关提供证据资料证明该项资产符合法定资产损失确认条件，且会计上已作损失处理的年度申报扣除。

第六条 企业发生的资产损失，应按规定的程序和要求向主管地税机关申报后方能在税前扣除。未经申报的损失，不得在税前扣除。

第二章 申报管理

第七条 企业资产损失按其申报内容和要求的不同，分为清单申报和专项申报两种申报形式。其中，属于清单申报的资产损失，企业可按会计核算科目进行归类、汇总，然后再将汇总清单报送地税机关，有关会计核算资料和纳税资料留存备查；属于专项申报的资产损失，企业应逐项（或逐笔）报送申请报告，同时附送会计核算资料及其他相关的纳税资料。

企业在申报资产损失税前扣除过程中不符合上述要求的，税务机关应当要求其改正，企业拒绝改正的，税务机关有权不予受理。

第八条 下列资产损失，应以清单申报的方式向地税机关申报扣除：

（一）企业在正常经营管理活动中，按照公允价格销售、转让、变卖非货币资产的损失；

（二）企业各项存货发生的正常损耗；

（三）企业固定资产达到或超过使用年限而正常报废清理的损失；

（四）企业生产性生物资产达到或超过使用年限而正常死亡发生的资产损失；

（五）企业按照市场公平交易原则，通过各种交易场所、市场等买卖债券、股票、期货、基金以及金融衍生产品等发生的损失。

第九条 前条以外的资产损失,应以专项申报的方式向地税机关申报扣除。企业无法准确判别是否属于清单申报扣除的资产损失,可以采取专项申报的形式申报扣除。

第十条 属于清单申报的资产损失,企业可在企业所得税年度汇缴申报时,填写《企业资产损失扣除清单申报表》(见附件1),连同资产损失会计科目汇总清单作为企业所得税年度纳税申报表的附件一并报送主管地税机关,并应按照企业内部管理控制的要求,做好资产损失的确认工作,保留好有关资产会计核算资料和原始凭证及内部审批证明等证据,以备地税机关检查。

第十一条 属于专项申报的资产损失,企业原则上应在实际发生,且会计上已作损失处理的当期向地税机关办理专项申报,也可在进行企业所得税年度汇算清缴申报时,将资产损失申报材料和纳税资料作为企业所得税年度纳税申报表的附件一并向税务机关报送。对需要现场取证的损失,及时通知地税机关进行清理确认,并在证据保留期间及时申报,提出专项申报申请,提交相关资料,按本实施办法规定的程序和权限履行申报手续。

第十二条 企业以前年度发生的资产损失未能在当年税前扣除的,可以按照本实施办法的规定,向地税机关说明并进行专项申报扣除。其中,属于实际资产损失,准予追补至该项损失发生年度扣除,其追补确认期限一般不得超过五年,但因计划经济体制转轨过程中遗留的资产损失、企业重组上市过程中因权属不清出现争议而未能及时扣除的资产损失、因承担国家政策性任务而形成的资产损失以及政策定性不明确而形成资产损失等特殊原因形成的资产损失,其追补确认期限经国家税务总局批准后可适当延长。属于法定资产损失,应在申报年度扣除。企业因以前年度实际资产损失未在税前扣除而多缴的企业所得税税款,可在追补确认年度企业所得税应纳税款中予以抵扣,不足抵扣的,向以后年度递延抵扣。

企业实际资产损失发生年度扣除追补确认的损失后出现亏损的,应先调整资产损失发生年度的亏损额,再按弥补亏损的原则计算以后年度多缴的企业所得税税款,并按前款办法进行税务处理。

第十三条 在我省境内适用总分支机构管理办法的汇总纳税企业,总机构发生的资产损失,向其机构所在地主管地税机关申报。二级分支机构(含二级以下)的资产损失由其二级分支机构将资产损失的有关资料汇总,报二级分支机构所在地主管地税机关申报管理。各分支机构同时还应上报总机构。

总机构对各分支机构上报的资产损失,除地税机关另有规定外,应以清单申报的形式向当地主管地税机关进行申报;

总机构将跨地区分支机构所属资产捆绑打包转让所发生的资产损失,由总机构向当地主管地税机关进行专项申报。

第十四条 企业因国务院决定事项形成的资产损失,应报国家税务总局审核。主管地税机关受理后,应逐级向国家税务总局转报有关资料,经国家税务总局审核后的结论逐级通知主管地税机关。企业应按本实施办法的要求进行专项申报。

第十五条 资产损失税前扣除的专项申报管理原则上应采取统一受理、分级管理的办法。分为申报申请、申请受理两个阶段实施。地税机关对属于专项申报扣除企业资产损失税前扣除管理是对纳税人按规定提供的申报材料与法定条件进行符合性审核。

第十六条 专项申报的申请报告,应于企业进行企业所得税年度汇算清缴前,报送主管地税机关审核。金额较大的专项申报损失的审核应由市、县地税机关负责,具体标准由各市地方税务局确定。

第十七条 企业进行专项申报时,应填写《企业资产损失扣除专项申报表》(见附件2),向主管地税机关申报,并按照本实施办法的规定提供能够证明资产损失确属已实际发生的合法证据和会计处理凭证等相关资料。纳税人报送的材料应真实、准确、齐全,并对报送的资料承担法律责任。

第十八条 主管地税机关应对专项申报报告进行符合性审查;对需要交上级地税机关进行符合性审查的,应签署意见,连同申报表及其他资料,及时报送上级地税机关进行审核。

第十九条 对企业资产损失税前扣除项目,主管地税机关应及时在安徽省地税征管信息系统"企业所得税管理"中分户录入相关内容,按照"一户式"管理要求对资料进行存档。

第三章 资产损失确认证据

第二十条 企业资产损失相关的证据包括具有法律效力的外部证据和特定事项的企业内部证据。

第二十一条 具有法律效力的外部证据,是指司法机关、行政机关、专业技术鉴定部门等依法出具的与本企业资产损失相关的具有法律效力的书面文件,主要包括:

(一)司法机关的判决或者裁定;

(二)公安机关的立案结案证明、回复;

(三)工商部门出具的注销、吊销及停业证明;

(四)企业的破产清算公告或清偿文件;

(五)行政机关的公文;

(六)同级或以上专业技术部门的鉴定报告;

(七)具有法定资质的中介机构的经济鉴定证明,对于企业发生的各类资产损失应按照规定或自愿委托有资质的中介机构出具鉴定证明;

(八)仲裁机构的仲裁文书;

(九)保险公司对投保资产出具的出险调查单、理赔计算单等保险单据;

(十)符合法律规定的其他证据。

第二十二条 特定事项的企业内部证据,是指会计核算制度健全、内部控制制度完善的企业,对各项资产发生毁损、报废、盘亏、死亡、变质等内部证明或承担责任的声明,主要包括:

(一)有关会计核算资料和原始凭证;

(二)资产盘点表;

(三)相关经济行为的业务合同;

(四)企业内部技术鉴定部门的鉴定文件或资料;

(五)企业内部核批文件及有关情况说明;

(六)对责任人由于经营管理责任造成损失的责任认定及赔偿情况说明;

(七)法定代表人、企业负责人和企业财务负责人对特定事项真实性承担法律责任的声明。

第四章 货币资产损失的确认

第二十三条 企业货币资产损失包括现金损失、银行存款损失和应收及预付款项损失等。

第二十四条 现金损失应依据以下证据材料确认：

(一)现金保管人确认的现金盘点表(包括倒推至基准日的记录)；

(二)现金保管人对于短缺的说明及相关核准文件；

(三)对责任人由于管理责任造成损失的责任认定及赔偿情况的说明；

(四)涉及刑事犯罪的，应有司法机关的出具的相关材料；

(五)金融机构出具的假币收缴证明；

(六)会计核算资料和原始凭证；

(七)法定代表人、企业负责人和企业财务负责人对特定事项真实性承担法律责任的声明。

第二十五条 企业因金融机构清算而发生的存款类资产损失应依据以下材料确认：

(一)企业存款类资产的原始凭据；

(二)金融机构破产、清算的法律文件；

(三)金融机构清算后剩余资产分配情况资料；

(四)会计核算资料和原始凭证；

(五)法定代表人、企业负责人和企业财务负责人对特定事项真实性承担法律责任的声明。

金融机构应清算而未清算超过三年的，企业可将该款项确认为资产损失，但应有法院或破产清算管理人出具的未完成清算证明。

第二十六条 企业应收及预付款项坏账损失应依据以下相关证据材料确认：

(一)相关事项合同、协议或说明；

(二)属于债务人破产清算的，应有人民法院的破产、清算公告、清算后剩余资产的分配文件；

(三)属于诉讼案件的，应出具人民法院的判决书或裁决书或仲裁机构的仲裁书，或者被法院裁定终(中)止执行的法律文书；

(四)属于债务人停止营业的，应有工商部门注销、吊销营业执照证明；

(五)属于债务人死亡、失踪的，应有公安机关等有关部门对债务人个人的死亡、失踪证明、资产或遗产分配的文件；

(六)属于债务重组的，应有债务重组协议及其债务人重组收益纳税情况说明；

(七)属于自然灾害、战争等不可抗力而无法收回的，应有债务人受灾情况说明以及放弃债权申明；

(八)属于对外提供与生产经营收入有关的担保，因被担保人不能按期偿还债务而承担的连带还款责任，经清查和追索，被担保人无偿还能力，无法追回的，应有被担保方不能按期偿还债务的证明、向被担保方清查和追索证明、承担担保损失实际支付证明；

(九)会计核算资料和原始凭证；法定代表人、企业负责人和企业财务负责人对特定事项真实性承担法律责任的声明。

第二十七条 企业逾期三年以上的应收款项在会计上已作为损失处理的，可以作为坏账损失，但应说明情况，并出具专项报告。报告应包括以下证据材料：

(一)包括相关事项合同、协议或说明；

(二)催收磋商记录；

(三)会计核算资料和原始凭证；

（四）法定代表人、企业负责人和企业财务负责人对特定事项真实性承担法律责任的声明。

第二十八条 企业逾期一年以上，单笔数额不超过五万或者不超过企业年度收入总额万分之一的应收款项，会计上已经作为损失处理的，可以作为坏账损失，但应说明情况，并出具专项报告。报告应包括以下证据材料：

（一）包括相关事项合同、协议或说明；

（二）催收磋商记录；

（三）会计核算资料和原始凭证。

第五章 非货币资产损失的确认

第二十九条 企业非货币资产损失包括存货损失、固定资产损失、无形资产损失、在建工程损失、生产性生物资产损失等。非货币资产损失应提供会计核算资料和原始凭证，法定代表人、企业负责人和企业财务负责人对特定事项真实性承担法律责任的声明相关证明材料进行确认，此外，还需根据不同类型提供下列相应证明材料。

第三十条 存货盘亏损失，为其盘亏金额扣除责任人赔偿后的余额，应依据以下证据材料：

（一）存货计税成本的确定依据；

（二）企业内部有关责任认定、责任人赔偿说明和内部核批文件；

（三）存货盘点表；

（四）存货保管人对于盘亏的情况说明。

第三十一条 存货报废、毁损和变质损失，为其计税成本扣除残值及责任人赔偿和保险赔偿后的余额，应依据以下证据材料：

（一）存货计税成本的确定依据；

（二）企业内部关于存货报废、毁损、变质、残值情况说明及核销资料；

（三）涉及责任人和保险索赔的，应当有赔偿情况说明和保险公司对投保资产出具的出险调查单、理赔计算单等保险单据；

（四）损失数额较大的存货（占企业该类资产计税成本 10% 以上、或减少当年应纳税所得、增加亏损 10% 以上，下同），应有专业技术鉴定意见或法定资质中介机构出具的专项报告等。

第三十二条 存货被盗损失，为其计税成本扣除保险理赔以及责任赔偿后的余额部分，应依据以下证据材料：

（一）存货计税成本的确定依据；

（二）向公安机关的报案记录；

（三）涉及责任人和保险公司赔偿的，应有赔偿情况说明等。

第三十三条 固定资产盘亏、丢失损失，为其账面净值扣除责任人赔偿后的余额，应依据以下证据材料确认：

（一）企业内部有关责任认定和核销资料；

（二）固定资产盘点表；

（三）固定资产的计税基础相关资料；

（四）固定资产盘亏、丢失情况说明；

（五）损失数额较大的，应有专业技术鉴定报告或法定资质中介机构出具的专项报告等。

第三十四条 固定资产报废、毁损损失，为其账面净值扣除责任人赔偿后的余额，应依据以下证据材料确认：

（一）固定资产的计税基础相关资料；

（二）企业内部有关责任认定和核销资料；

（三）企业内部有关技术部门出具鉴定材料；

（四）涉及责任赔偿的，应当有赔偿情况的说明；

（五）损失数额较大的或自然灾害等不可抗力原因造成固定资产毁损、报废的的固定资产，应有专业技术鉴定意见或法定资质中介机构出具的专项报告等。

第三十五条 固定资产被盗损失，为其账面净值扣除责任人赔偿后的余额，应依据以下证据材料确认：

（一）固定资产的计税基础相关资料；

（二）向公安机关的报案记录，公安机关立案、破案和结案的证明材料；

（三）涉及责任赔偿的，应有赔偿责任的认定及赔偿情况的说明等。

第三十六条 在建工程停建、报废损失，为其账面价值扣除残值后的余额，应依据以下证据材料确认：

（一）工程项目投资账面价值确定依据；

（二）工程项目停建原因说明及相关材料；

（三）因质量原因停建、报废的工程项目和因自然灾害和意外事故停建、报废的工程项目，应出具专业技术鉴定意见和责任认定、赔偿情况的说明。

第三十七条 工程物资发生损失，可比照本办法存货损失的规定确认。

第三十八条 生产性生物资产盘亏损失，为其账面净值扣除责任人赔偿后的余额，应依据以下证据材料确认：

（一）生产性生物资产盘点表；

（二）生产性生物资产盘亏情况说明；

（三）生产性生物资产损失金额较大的，企业应有专业技术鉴定意见和责任认定、赔偿情况的说明。

第三十九条 因森林病虫害、疫情、死亡而产生的生产性生物资产损失，为其账面净值扣除残值、保险赔偿和责任人赔偿后的余额，应依据以下证据材料确认：

（一）损失情况说明；

（二）责任认定及其赔偿情况说明；

（三）损失数额较大的，应有专业技术鉴定意见。

第四十条 被盗伐、被盗、丢失而产生的生产性生物资产损失，为其账面净值扣除保险理赔以及责任赔偿后的余额，应依据以下证据材料确认：

（一）生产性生物资产被盗后，向公安机关的报案记录或公安机关立案、破案和结案的证明材料；

（二）责任认定及赔偿情况说明。

第四十一条 企业由于未能按期赎回抵押资产，使抵押资产被拍卖或变卖造成的损失，为其账面净值大于变卖价值的差额，应依据以下证据材料确认：

(一)抵押合同或协议书;

(二)拍卖或变卖证明、清单;

(三)会计核算资料等其他相关证据材料。

第四十二条 被其他新技术所代替或已经超过法律保护期限,已经丧失使用价值和转让价值,尚未摊销的无形资产损失,应提交以下证据备案:

(一)会计核算资料;

(二)企业内部核批文件及有关情况说明;

(三)技术鉴定意见和企业法定代表人、主要负责人和财务负责人签章证实无形资产已无使用价值或转让价值的书面申明;

(四)无形资产的法律保护期限文件。

第六章 投资损失的确认

第四十三条 企业投资损失包括债权性投资损失和股权(权益)性投资损失。

第四十四条 企业债权投资损失应依据投资的原始凭证、合同或协议、会计核算资料、法定代表人、企业负责人和企业财务负责人对特定事项真实性承担法律责任的声明等相关证据材料确认。下列情况债权投资损失的,还应出具相关证据材料:

(一)债务人或担保人依法被宣告破产、关闭、被解散或撤销、被吊销营业执照、失踪或者死亡等,应出具资产清偿证明或者遗产清偿证明。无法出具资产清偿证明或者遗产清偿证明,且上述事项超过三年以上的,或债权投资(包括信用卡透支和助学贷款)余额在三百万元以下的,应出具对应的债务人和担保人破产、关闭、解散证明、撤销文件、工商行政管理部门注销证明或查询证明以及追索记录等(包括司法追索、电话追索、信件追索和上门追索等原始记录);

(二)债务人遭受重大自然灾害或意外事故,企业对其资产进行清偿和对担保人进行追偿后,未能收回的债权,应出具债务人遭受重大自然灾害或意外事故证明、保险赔偿证明、资产清偿证明等;

(三)债务人因承担法律责任,其资产不足归还所借债务,又无其他债务承担者的,应出具法院裁定证明和资产清偿证明;

(四)债务人和担保人不能偿还到期债务,企业提出诉讼或仲裁的,经人民法院对债务人和担保人强制执行,债务人和担保人均无资产可执行,人民法院裁定终结或终止(中止)执行的,应出具人民法院裁定文书;

(五)债务人和担保人不能偿还到期债务,企业提出诉讼后被驳回起诉的、人民法院不予受理或不予支持的,或经仲裁机构裁决免除(或部分免除)债务人责任,经追偿后无法收回的债权,应提交法院驳回起诉的证明,或法院不予受理或不予支持证明,或仲裁机构裁决免除债务人责任的文书;

(六)经国务院专案批准核销的债权,应提供国务院批准文件或经国务院同意后由国务院有关部门批准的文件。

第四十五条 企业股权投资损失应依据以下相关证据材料确认:

(一)股权投资计税基础证明材料;

(二)被投资企业破产公告、破产清偿文件;

(三)工商行政管理部门注销、吊销被投资单位营业执照文件；

(四)政府有关部门对被投资单位的行政处理决定文件；

(五)被投资企业终止经营、停止交易的法律或其他证明文件；

(六)被投资企业资产处置方案、成交及入账材料；

(七)企业法定代表人、主要负责人和财务负责人签章证实有关投资(权益)性损失的书面申明；

(八)会计核算资料等其他相关证据材料。

第四十六条 被投资企业依法宣告破产、关闭、解散或撤销、吊销营业执照、停止生产经营活动、失踪等,应出具资产清偿证明或者遗产清偿证明。

上述事项超过三年以上且未能完成清算的,应出具被投资企业破产、关闭、解散或撤销、吊销等的证明以及不能清算的原因说明。

第四十七条 企业委托金融机构向其他单位贷款,或委托其他经营机构进行理财,到期不能收回贷款或理财款项,按照本办法第六章有关规定进行处理。

第四十八条 企业对外提供与本企业生产经营活动有关的担保,因被担保人不能按期偿还债务而承担连带责任,经追索,被担保人无偿还能力,对无法追回的金额,比照本办法规定的应收款项损失进行处理。

与本企业生产经营活动有关的担保是指企业对外提供的与本企业应税收入、投资、融资、材料采购、产品销售等生产经营活动相关的担保。

第四十九条 企业按独立交易原则向关联企业转让资产而发生的损失,或向关联企业提供借款、担保而形成的债权损失,准予扣除,但企业应作专项说明,同时出具中介机构出具的专项报告及其相关的证明材料。

第五十条 下列股权和债权不得作为损失在税前扣除：

(一)债务人或者担保人有经济偿还能力,未按期偿还的企业债权；

(二)违反法律、法规的规定,以各种形式、借口逃废或悬空的企业债权；

(三)行政干预逃废或悬空的企业债权；

(四)企业未向债务人和担保人追偿的债权；

(五)企业发生非经营活动的债权；

(六)其他不应当核销的企业债权和股权。

第七章 其他资产损失的确认

第五十一条 企业将不同类别的资产捆绑(打包),以拍卖、询价、竞争性谈判、招标等市场方式出售,其出售价格低于计税成本的差额,可以作为资产损失并准予在税前申报扣除,但应出具资产处置方案、各类资产作价依据、出售过程的情况说明、出售合同或协议、成交及入账证明、资产计税基础、会计核算资料和原始凭证;法定代表人、企业负责人和企业财务负责人对特定事项真实性承担法律责任的声明等确定依据。

第五十二条 企业正常经营业务因内部控制制度不健全而出现操作不当、不规范或因业务创新但政策不明确、不配套等原因形成的资产损失,应由企业承担的金额,可以作为资产损失并准予在税前申报扣除,但应出具损失原因证明材料或业务监管部门定性证明、损失专项说明、会计核算资料和原始凭证;法定代表人、企业负责人和企业财务负责人对特定事项真实性承担法律责任的声明。

第五十三条 企业因刑事案件原因形成的损失,应由企业承担的金额,或经公安机关立案侦查两年以上仍未追回的金额,可以作为资产损失并准予在税前申报扣除,但应出具公安机关、人民检察院的立案侦查情况或人民法院的判决书等损失原因证明材料。

第八章 后续管理

第五十四条 企业应当建立健全资产损失内部核销管理制度,及时收集、整理、编制、审核、申报、保存资产损失税前扣除证据材料,方便税务机关检查。

第五十五条 各级地税机关应按分项建档、分级管理的原则,建立企业资产损失税前扣除管理台账和纳税档案,每年6月30日前,应将上年度《企业资产损失扣除管理清册》(见附件3)报送上级地税机关。同时通过企业所得税汇算、日常管理、纳税评估和纳税检查等方式进行跟踪管理。各级地税机关每年应当开展对企业资产损失税前扣除申报工作的重点检查。对有确凿证据证明其不真实、不合法或不合理的税前扣除,应当依法进行纳税调整,并依法进行税收处理。

第五十六条 加强对专业技术机构和中介机构认定结果的监督管理。地税机关在资产损失税前扣除管理中发现有关专业技术或经济鉴证部门不负责任、弄虚作假,应根据《中华人民共和国税收征收管理法》的有关规定追究其法律责任,并及时向上级地税机关报告。

第五十七条 加强对地税机关内部的监督管理。上级地税机关应加强对下级地税机关企业资产损失税前扣除申报管理工作的监督检查。

第九章 附 则

第五十八条 本实施办法未涉及的资产损失事项,凡符合企业所得税法及其实施条例等法律、法规规定的,也可向主管地税机关申报扣除。

第五十九条 各市地方税务局可根据本办法,制定具体实施细则。

第六十条 本实施办法由安徽省地方税务局负责解释。

第六十一条 本实施办法自下发之日起执行。

附件:(略)

1. 企业资产损失扣除清单申报表
2. 企业资产损失扣除专项申报表
3. 企业资产损失扣除管理清册

滁州市地税局关于企业资产损失税前扣除管理有关问题的通知

（滁地税函〔2010〕143 号　2010 年 8 月 27 日发布　自 2010 年 1 月 1 日起执行）

各县(市)地方税务局,市直各征收管理分局、稽查局:

为维护纳税人合法权益,进一步提高企业资产损失审批管理质量与效能,根据国家税务总局《企业资产损失税前扣除管理办法》(以下简称“办法”),省地税局《转发国家税务总局关于印发〈企业资产损失税前扣除管理办法〉的通知》(皖地税〔2009〕88 号)、《关于贯彻落实省政府全面推开扩大县级经济社会管理权限工作要求的通知》(皖地税〔2009〕111 号)精神,结合我市实际,现就企业资产损失税前扣除管理工作有关问题通知如下:

一、关于资产损失审批权限

(一)除国家税务总局明确由省级税务机关负责审批,和省地税局明确规定由市地税局负责审批外,其他资产损失税前扣除由各县(市)地税局和市直各征收管理分局负责审批。

(二)各县(市)地税局、市直各征收管理分局审批资产损失税前扣除金额在 100 万元以上的,应将审批情况报市地税局备案。

二、关于有关资产损失金额界定

(一)《办法》第十七条“逾期不能收回的应收款项中,单笔数额较小、不足以弥补清收成本的,由企业作出专项说明,对确实不能收回的部分,认定为损失”中“单笔数额较小”,暂定为单笔数额 2 万元以下的应收款项。

(二)《办法》第二十三条第二款“单项或批量金额较大的固定资产盘亏、丢失,企业应逐项作出专项说明,并出具具有法定资质中介机构出具的经济鉴定证明”,及第二十四条第二款“单项或批量金额较大的固定资产报废、毁损,企业应逐项作出专项说明,并出具专业技术鉴定机构的鉴定报告,也可以同时附送中介机构的经济鉴定证明”中的“单项或批量金额较大”,暂定为当年固定资产损失金额 20 万元以上(小型微利企业 10 万元以上)。

(三)《办法》第二十六条“企业对报废、废弃的在建工程项目出具的鉴定意见和原因说明及核批文件,单项数额较大的在建工程项目报废,应当有专业技术鉴定部门的鉴定报告”中“单项数额较大的在建工程项目”,暂定为当年在建工程项目报废损失 20 万元以上。

(四)《办法》第二十九条第二款“单项或批量金额较大的生产性生物资产,企业应逐项作出专项说明”,及《办法》第三十条第二款“单项或批量金额较大的生产性生物资产森林病虫害、疫情、死亡,企业应逐项作出专项说明,并出具专业技术鉴定部门的鉴定报告”中“单项或批量金额较大的生产性生物资产”,暂定为当年生产性生物资产损失(当年如果实行分次报批的,应累计计算)金额 10 万元以上(小型微利企业 5 万元以上)。

(五)上述“以下”金额含本数,“以上”金额不含本数。

三、本通知自 2010 年 1 月 1 日起执行。以前有关规定与本通知不一致的按本通知规定执行。本通知下发后,若国家税务总局或省局有新的规定的从其规定执行。执行中发现问题及时向市地税局报告。

芜湖市地方税务局关于印发《芜湖市地方税务局企业资产损失税前扣除管理工作规程》的通知

(芜地税〔2010〕34 号　2010 年 3 月 8 日发布　自 2009 年 1 月 1 日起执行)

各县地方税务局,市地方税务局各分局(局):

为加强企业资产损失税前扣除管理,促进全市企业所得税征管工作规范化、法制化建设,市局研究制定了《芜湖市地方税务局企业资产损失税前扣除管理工作规程》(以下简称《规程》),现印发给你们,并提出如下要求,请一并遵照执行。

一、《规程》自 2009 年 1 月 1 日起执行,市区各管理分局根据《规程》的管理程序办理企业资产损失税前扣除事项。各县地方税务局可结合当地实际对《规程》中一些具体工作流程做必要的补充,并报市局备案。

二、各单位需要认真组织全体地税干部学习和掌握《规程》,采取多种培训方式,尽快使每位地税干部掌握《规程》的主要内容,并能够按照《规程》进行操作。同时各单位还要通过各种行之有效的方式向纳税人广泛宣传本《规程》的有关规定,按规定程序严格加强企业资产损失税前扣除的管理。

三、根据我市税收征管实际,对《国家税务总局企业资产损失税前扣除管理办法》中第十七条规定"逾期不能收回的应收款项中,单笔数额较小、不足以弥补清收成本"的逾期应收款项确定为单笔余额市内小于 2000 元,省内小于 5000 元,省外小于 10000 元的逾期应收款项。

四、为了做好新老政策的衔接,对企业 2009 年度发生需要审批的资产损失,申请期限可延长至 2010 年 3 月底。

五、芜湖市地方税务局《转发省地税局〈企业财产损失所得税税前扣除管理办法〉的通知》(芜地税〔2006〕9 号)同时废止。各单位在执行中遇到的有关问题,请及时报告市局。

附件(略):

芜湖市地方税务局企业资产损失税前扣除管理工作规程

为贯彻落实省地税局《转发国家税务总局〈企业资产损失税前扣除管理办法〉的通知》(皖地税〔2009〕88 号,以下简称《办法》,见附件一),规范税务机关对企业资产损失税前扣除管理工作,提高工作质量,制定本规程。

一、资产损失税前扣除审批内容

根据《办法》规定,企业实际发生的资产损失除明确规定属于企业自行计算扣除的资产损失外,均须税务机关审批后才能扣除。凡无法准确辨别是否属于自行计算扣除的资产损失,企业可向税务机关提出审批申请。

二、资产损失税前扣除审批权限

市区企业发生的资产损失数额在 50 万元以下(含 50 万元)由所属地税主管分局审批,报市局备案,数额在限额以上的须报市局审批。县属企业发生的资产损失数额在 100 万元以下(含

100万元)由所属县局审批,报市局备案,数额在限额以上的须报市局审批。

三、资产损失税前扣除工作程序

资产损失税前扣除工作分为申请、受理申请、审核审批以及汇总上报四个阶段,各阶段工作流程及工作要求如下:

(一)申请阶段

1.企业在盘点资产损失,清理资产时,应及时向主管地税机关报告,并填写《企业所得税资产损失事项报告表》(见附件三,以下简称《报告表》)。对市区企业所报送的《报告表》,管理科(所)应于接收次日向综合科传递,综合科在3个工作日内根据资产损失报告项目的审批权限,向有权审批部门报送《报告表》。有权审批部门在接受传递的《报告表》后,会同主管地税机关管理科(所)做好损失资产的现场核实工作。各县局参照确定本单位的具体工作流程。

2.企业实际发生须经税务机关审批的财产损失,原则上采取统一受理、分级审批、即报即批的管理办法。市区企业纳税人直接向市区主管地税机关管理科(所)提出书面申请并递交相关资料。各县局根据确定的工作流程确定资产损失的申请受理机关。税务机关每一纳税年度受理纳税人财产损失税前扣除申请的截止时间为年度终了后45日内。企业因特殊原因不能按时申请审批的,经负责审批的地税机关负责人同意后可适当延期申请,但延期最长期限不得超过30日。

3.纳税人申报需经税务机关审批的各项资产损失时,除需按照《办法》的规定提供能够证明资产损失确属已实际发生的合法证据和会计处理凭证外(具体内容参见附件二《企业所得税资产损失税前扣除一览表》),还需填报《企业所得税资产损失税前扣除申请表》(见附件四,以下简称《申请表》)。纳税人报送的材料应真实、准确、齐全,并对报送的资料承担法律责任。

(二)申请受理阶段

1.主管地税机关管理科(所)具体负责资产损失税前扣除申请的受理。主管地税机关管理科(所)在接到纳税人的《申请表》和相关应附报的证明、资料时,应当场进行初审。

2.对申请报告内容填写完整、规范、资料齐全的应予受理,并填写《企业所得税资产损失税前扣除资料受理回执》(见附件五,以下简称《受理回执》)和《企业所得税资产损失税前扣除审批表》(见附件六,以下简称《审批表》)的受理意见,连同《申请表》及受理的资料次日传综合科签收。

3.对经审核资料不完整、不齐全的,应制作《企业所得税资产损失税前扣除申请补正资料告知书》(见附件七),通知纳税人在补齐后重新申请。

(三)审核审批阶段

1.市区分局综合科于接收受理资料当日报单位负责人,对属于市区各管理分局审批权限的事项,由单位负责人指定两名以上调查人员对纳税人提供的申报材料进行实地审查,调查人员根据现场审查情况提交核实报告,并在《审批表》上注明审查意见。经分局长办公会研究决定后,在《审批表》上签署审批或不予审批的意见。各县局根据确定的资产损失工作流程确定审核审批的方式和方法。

2.对属于市地税局审核权限的资产损失项目,县、区主管地税机关自受理之日起3个工作日内直接上报市局,由市局组织调查人员会同县、区级地税机关进行实地审查,对经研究决定审批或不予审批的项目,由市局将《审批表》交县、区级地税机关送达纳税人。

3. 资产损失的审批须自受理之日起30个工作日内办结。因情况复杂需要核实，在规定期限内不能作出审批决定的，经本级税务机关负责人批准，可以适当延长期限，但延期期限不得超过30天。同时，应将延长期限的理由告知申请人。

(四)汇总上报阶段

1. 各县局、市区主管税务分局对已完成审批决定的资产损失税前扣除项目，应及时将签署意见的《审批表》送达给纳税人，填写《税务文书送达回证》，并及时在综合征管信息系统"企业所得税管理"中分户录入相关内容，按照"一户式"要求对资料进行存档。

2. 各县局、市区主管税务分局已审批的资产损失税前扣除事项，于每季度终了10日内，向市局上报《企业所得税资产损失税前扣除审批清单》(见附件八)。

四、资产损失税前扣除监督管理和法律责任

(一)加强对纳税人的监督。主管税务机关应加强对纳税人资产损失税前扣除监督管理，对纳税人申请税前扣除的资产损失的审批不改变纳税人的申报责任，纳税人采用伪造、变造有关资料证明等手段多列多报资产损失，根据《中华人民共和国税收征收管理法》的有关规定进行处理。

(二)加强对专业机构认定结果的监督。主管地税机关在资产损失税前扣除管理中发现有关专业技术或经济鉴证部门不负责任、弄虚作假，应根据《中华人民共和国税收征收管理法》的有关规定追究有关法律责任。并及时向市局报告，市局将在每年企业所得税汇缴工作中予以通报。

(三)加强内部监督。一是把好资产损失税前扣除核实关。对非货币性资产损失，按照审批权限坚持在资产清查阶段现场核实或及时上报，各征管单位应加强宣传，认真落实纳税人资产清查报告制度，确保资产损失税前扣除真实性。二是把好资产损失税前扣除审批程序关。应按规定的时间和程序，按照公正透明、廉洁高效和方便纳税人的原则，及时受理和审批纳税人申报的财产损失审批事项。

非因客观原因造成事后申报无据可查，导致资产损失税前扣除无法落实，或者未按规定程序进行审批和核实造成审批错误的，应按《中华人民共和国税收征收管理法》和税收执法责任制的有关规定追究责任。

五、本《规程》由芜湖市地方税务局负责解释。

安徽省地方税务局转发国家税务总局关于印发《企业资产损失税前扣除管理办法》的通知

(皖地税〔2009〕88 号　2009 年 6 月 16 日发布)

各市地方税务局、省地方税务局直属局：

现将《国家税务总局关于印发〈企业资产损失税前扣除管理办法〉的通知》(国税发〔2009〕88号)转发给你们，并提出以下意见，请一并贯彻执行。

一、对涉及关联方资产转让发生的损失，企业应向税务机关提出审批申请，经税务机关审批后才能在税前扣除。企业在经营管理活动中凡不按公允价值销售、转让、变卖资产发生的损失，不得在财产损失实际发生时自行申报扣除。已申报扣除的，税务机关有权进行合理调整。

二、除国家税务总局明确由省级税务机关负责审批的资产损失由省地税局审批外，其他资产损失税前扣除审批权限的划分，由各市地税局确定。各市审批资产损失税前扣除金额在 200 万元以上的，应报省地税局备案。

三、资产损失的审批时限。由市级地税机关负责审批的，自受理之日起 30 个工作日内办结。

四、安徽省地方税务局《转发国家税务总局〈企业财产损失所得税税前扣除管理办法〉的通知》(皖地税〔2005〕158 号)同时废止。

福　建

厦门市国家税务局关于企业资产损失所得税税前扣除有关问题的公告

（厦国税公告〔2012〕1号　2012年3月12日发布　自2011年1月1日起施行）

根据《国家税务总局关于发布〈企业资产损失所得税税前扣除管理办法〉的公告》（2011年第25号，以下简称25号公告）规定，结合我市实际，现就企业资产损失所得税税前扣除管理的有关问题公告如下：

一、申报扣除

自2011年1月1日起，企业资产损失税前扣除不再实行审批制度，改为由企业根据其资产损失的类型向主管税务机关申报扣除，具体申报形式分为清单申报和专项申报。企业应严格按照25号公告的要求，做好资产损失的确认工作。

企业发生的资产损失应按规定向主管税务机关申报后方能在税前扣除。对未按规定申报而自行扣除的损失，不得在税前扣除，并按《中华人民共和国税收征收管理法》相关规定处理。

二、清单申报

企业发生属于25号公告第九条规定范围内的资产损失，应在企业所得税年度申报时以清单申报的方式向主管税务机关申报税前扣除，并提交《资产损失清单申报表及明细表》（附件1），作为企业所得税年度纳税申报的附件。

三、专项申报

企业发生属于25号公告第十条规定范围的资产损失，应在企业所得税年度申报时以专项申报的方式向主管税务机关申报税前扣除，并按照资产损失类别逐笔填报《资产损失专项申报表及明细表》（附件2），同时附送会计核算资料及25号公告规定的相关证据材料，作为企业所得税年度纳税申报的附件。企业附送的资料应附上目录按编号顺序装订成册。

四、汇总纳税企业申报

在中国境内跨地区经营的汇总纳税企业（以下简称：总机构）及其所属就地预缴企业所得税的分支机构（以下简称：就地预缴分支机构），应按25号公告第十一条及本公告第二条、第三条规定，于企业所得税年度申报时各自向当地主管税务机关报送《资产损失清单申报表及明细表》、《资产损失专项申报表及明细表》。就地预缴分支机构还应将主管税务机关签章受理后的申报表报送总机构留存备查。

二级以下分支机构资产损失由二级分支机构汇总办理申报。

总机构应根据分支机构主管税务机关签章受理后的申报表，填报《汇总纳税企业分支机构资产损失清单申报汇总表》（附件3），附分支机构主管税务机关签章受理的申报表，作为企业所得税年度纳税申报的附件，报送总机构主管税务机关。

五、申报期限

企业在进行企业所得税年度申报时，应将资产损失申报材料作为企业所得税年度纳税申报的附件，在年度终了后五个月内一并向主管税务机关报送。

专项申报的资产损失，企业因特殊原因不能在规定的时限内报送相关资料的，可以向主管税务机关提出申请，经主管税务机关同意后，可适当延期申报。

六、表样下载

新启用的表单《资产损失清单申报表及明细表》、《资产损失专项申报表及明细表》和《汇总纳税企业分支机构资产损失清单申报汇总表》在我局网站表证单书中下载。

本公告自 2011 年 1 月 1 日起施行。本公告生效之日前尚未进行税务处理的资产损失事项，也应按本公告执行。《厦门市国家税务局关于企业资产损失税前扣除有关问题的通知》（厦国税发〔2010〕33 号）同时废止。

特此公告。

福建省地方税务局关于资产损失企业所得税税前扣除管理有关问题的公告

(福建省地方税务局公告2012年第1号 2012年1月31日发布)

根据《国家税务总局关于发布〈企业资产损失所得税税前扣除管理办法〉的公告》(国家税务总局公告2011年第25号,以下简称《公告》)规定,现就企业资产损失所得税税前扣除若干具体问题,公告如下:

一、清单申报

企业发生资产损失,按照《公告》第九条规定应实行清单申报的,应在企业所得税年度纳税申报时,向主管税务机关附报《企业资产损失税前扣除清单申报汇总表》(以下简称《清单申报汇总表》,附件1)。

实行电子申报的纳税人,应按照《福建省地方税务局关于做好对外服务系统推广应用工作的通知》(闽地税函〔2007〕176号)规定报送纸质《企业所得税年度纳税申报表》、《清单申报汇总表》。

《公告》第八条所指企业留存备查的会计核算资料和纳税资料,包括:记账凭证、与取得资产有关的原始凭证、买卖金融产品的交易单据、与存货正常损耗相关的企业内部核销管理制度、销售、转让、变卖、处置非货币资产取得收入的相关票据、《公告》规定的其他内部、外部证据材料。

二、专项申报

企业发生资产损失,按照《公告》第十条规定应实行专项申报的,应在企业所得税年度申报时,向主管税务机关附报《企业资产损失税前扣除专项申报汇总表》(以下简称《专项申报汇总表》,附件2)。

资产损失税前扣除专项申报应报送的纸质资料及要求如下:

(一)纸质《专项申报汇总表》。年度纳税申报采用电子申报的企业,应在5月31日前报送纸质《专项申报汇总表》。

(二)资产损失税前扣除专项申请报告。按《专项申报汇总表》列示的大项分别提交,详细阐述大项、小项、逐笔资产损失发生时间、会计损失处理时间及核算科目、发生损失具体原因、保险理赔、责任人赔偿、残值或处置变价收入、清理费用等情况。涉及会计处理与税收规定存在差异的,应说明以前年度及本纳税年度纳税调整情况。

(三)对有关会计核算资料和纳税资料进行整理汇集,与上述《专项申报汇总表》、《申请报告》一并装订成册,封皮标示企业名称、申报时间以及"资产损失税前扣除专项申报材料"字样,所附资料均需按顺序编排页码。应附送的会计核算资料和纳税资料包括:记账凭证;与取得资产有关的原始凭证;处置非货币资产取得收入的相关票据;《公告》规定的其他内部、外部证据材料。会计核算资料以复印件报送的,须加盖"与原件相符"印戳。

企业发生属于专项申报的资产损失金额,占该类(大类)资产计税基础10%以上,或减少当年应纳税所得额、增加亏损额10%以上,或发生自然灾害、永久或者实质性损害导致资产损失证据灭失,不能在专项申报时提供相关证据材料的(资产损失证据灭失之前告知主管税务机关),

应在专项申报时提供中介机构的鉴证报告。

三、汇总纳税企业资产损失申报

实行汇总纳税就地预缴企业所得税的分支机构(以下简称分支机构),最迟应在4月30日前按《公告》第九条、第十条的规定向其所在地主管税务机关报送纸质《清单申报汇总表》、《专项申报汇总表》及其有关会计核算资料和纳税资料,主管税务机关受理签章后,上述《汇总表》应在5月5日前由分支机构报送总机构。二级以下分支机构资产损失由二级分支机构汇总办理申报。

总机构纳税人应在企业所得税年度纳税申报时,根据所属分支机构经主管税务机关受理签章的《清单申报汇总表》、《专项申报汇总表》,据实汇总并与年度纳税申报一并填报《汇总纳税企业所属分支机构资产损失税前扣除申报汇总表》(附件3)。实行电子申报的总机构纳税人,与年度纳税申报一并附报相关《汇总表》(附件1~3)后,应就本部及不纳入就地预缴范围的分支机构发生的属于专项申报范围的资产损失,按《公告》第二条规定报送纸质《专项申报汇总表》及其他申报资料。

四、资产损失专项申报受理、流转程序

主管税务机关或办税服务厅综合服务岗受理专项申报纸质材料后,应对企业申报资料完整性、规范性进行初步审查,主要审查:资料是否完整、印章是否齐全、填写是否规范,报送的资料为复印件的,是否加盖"与原件相符"印戳。经过初步审查,申报资料符合规定的,即时盖章受理办结。对企业提供资料不符合规定的,应当场一次性告知纳税人补正或重新填报;企业拒绝改正的,不予受理。

税务机关受理企业资产损失专项申报纸质材料后,《专项申报汇总表》一份退还企业,另一份与其他申报资料及时移交税务管理岗进行评估、核查、归档。

五、申报期限

企业资产损失申报税前扣除,应在年度终了五个月内完成清单申报和专项申报。属于专项申报的资产损失,纳税人按期申报确有困难或者因不可抗力,需要延期申报的,可向主管税务机关提出申请,适当延期申报,但最迟不得超过年度终了后六个月。

符合《公告》第六条规定的实际资产损失,需经国家税务总局批准后延长追补确认期限的,企业应于每年2月15日前将申请报告、会计核算资料及相关证明资料上报所在地县(市、区)税务机关,经县(市、区)税务机关审核后,于3月1日前上报省局。

六、后续管理

主管税务机关税务管理岗接收企业资产损失申报材料后,应建立企业资产损失税前扣除管理台帐,详细记录资产损失类别、税前扣除时间、会计科目、金额、纳税调整情况等,进一步加强资产损失税前扣除的管理。对资产损失金额较大或案头审核发现存有疑点、异常情况、涉及纳税调整的资产损失,应及时组织人员进行实地核查,其中对减少当年应纳税所得额、增加亏损额10%以上的,要求逐户逐项(或逐笔)开展评估。对有证据证明申报扣除的资产损失不真实、不合法、不符合《公告》规定的,应按《中华人民共和国税收征收管理法》规定进行处理。

七、其他事项

福建地税综合业务管理系统企业所得税年度纳税申报模块、网上申报系统、介质申报将添加《汇总表》(附件1~3),年度纳税申报实行电子申报的纳税人,应附报相关《汇总表》。

《福建省地方税务局转发国家税务总局关于印发〈企业资产损失税前扣除管理办法〉的通知》(闽地税发〔2009〕153号)同时废止。

附件(略)

福建省国家税务局关于发布《企业资产损失所得税税前扣除管理办法》补充规定的公告

（福建省国家税务局公告 2012 年第 1 号 2012 年 1 月 13 日发布
自 2012 年 1 月 1 日起施行）

根据《国家税务总局关于发布〈企业资产损失所得税税前扣除管理办法〉的公告》（国家税务总局公告 2011 年第 25 号，以下简称 25 号《公告》）规定，结合我省实际，现就企业资产损失所得税税前扣除的有关问题，公告如下：

一、申报扣除

根据 25 号《公告》，企业发生的资产损失应向主管税务机关申报后方能在税前扣除，对未经申报以及未按规定申报而自行扣除的损失，不得在税前扣除，并按《中华人民共和国税收征收管理法》相关规定处理。

企业资产损失申报扣除分为清单申报和专项申报。

二、清单申报

企业发生属于 25 号《公告》第九条规定范围内的资产损失，应在企业所得税年度申报时以清单申报的方式向主管税务机关申报税前扣除，并提交《资产损失清单申报明细表》（附表 1，一式三份），作为企业所得税年度纳税申报表的附件。

企业留存备查的会计核算资料和纳税资料，包括：记账凭证；与取得资产有关的原始凭证；买卖金融产品的交易单据；与存货正常损耗相关的企业内部制度；销售、转让、变卖、处置非货币资产取得收入的相关票据；25 号《公告》规定的其他内部、外部证据材料。

三、专项申报

企业发生属于 25 号《公告》第十条规定范围的资产损失，应在企业所得税年度申报时以专项申报的方式向主管税务机关申报税前扣除，并提交《资产损失专项申报明细表》（附表 2，一式三份），逐项（或逐笔）报送《资产损失专项申请报告表》（附表 4，一式三份），同时附送会计核算资料及其他相关的纳税资料。

企业应附送的会计核算资料及其他相关的纳税资料，包括：记账凭证；与取得资产有关的原始凭证；处置非货币资产取得收入的相关票据；25 号《公告》规定的其他内部、外部证据材料。上述资料原件，企业作为会计核算凭证入账的，以复印件报送，并加盖“与原件相符”印戳。

企业发生属于专项申报的资产损失金额，占该类资产计税基础 10% 以上，或减少当年应纳税所得额、增加亏损额 10% 以上，或发生自然灾害、永久或者实质性损害导致资产损失证据灭失，不能在专项申报时提供相关证据材料的，应在资产损失证据灭失之前报主管税务机关，并在专项申报时提供中介机构的鉴证报告。

四、“总分”机构申报

跨地区经营汇总纳税企业（以下简称：总机构）及其所属就地预缴企业所得税的分支机构（以下简称：就地预缴分支机构），应按 25 号《公告》及本《公告》第二条、第三条规定，于企业所得税年度申报时向其主管税务机关报送《资产损失清单申报明细表》、《资产损失专项申报明细表》、《资产损失专项申请报告表》。

就地预缴分支机构实行清单申报的,相关会计核算资料和纳税资料留存分支机构备查;实行专项申报的,应同时附送会计核算资料及其他相关的纳税资料,并将主管税务机关签章受理后的申报表报送总机构留存备查。二级以下分支机构资产损失由二级分支机构汇总办理申报。

总机构应将经分支机构主管税务机关签章受理后的申报表,分别并入《资产损失清单申报明细表》、《资产损失专项申报明细表》,并填报《汇总纳税企业分支机构资产损失清单申报汇总表》(附表3,一式三份),报送总机构主管税务机关。

五、申报受理

主管税务机关根据25号《公告》的要求,应对企业申报资料完整性进行初步审查,主要审查:资料是否完整、印章是否齐全、填写是否规范,报送的资料为复印件的,是否加盖"与原件相符"印戳。经过初步审查,申报资料符合规定的,即时盖章受理办结。对企业提供资料不符合规定的,应当场一次性告知纳税人补正或重新填报;企业拒绝改正的,不予受理。

主管税务机关受理企业资产损失申报后,申报表一份退还企业,其余随同资产损失申报的其他资料,按岗位职责分工流转、归档。

六、申报期限

企业资产损失申报税前扣除,应在年度终了后五个月内完成。专项申报的资产损失,企业因特殊原因不能在规定的时限内报送相关资料的,可以向主管税务机关提出申请,经主管税务机关同意后,可适当延期申报。

符合25号《公告》第六条规定的实际资产损失,需经国家税务总局批准后延长追补确认期限的,企业应于每年2月15日前将《资产损失专项申请报告表》(附表4)、会计核算资料及相关证明资料上报主管税务机关审核,并于3月15日前逐级上报省局。

七、网上申报

实行企业所得税网上申报的纳税人,对其发生的资产损失,应通过福建省国家税务局"易财税"? 企业财税服务平台网上申报系统进行申报。企业完成网上申报后,于5月31日前,向主管税务机关报送纸质材料,同时需对清单申报和专项申报的资产损失的证据资料完整留存备查。

八、后续管理

主管税务机关受理企业资产损失申报材料后,应建立企业资产损失税前扣除管理台帐,详细记录资产损失类别、税前扣除时间、金额、纳税调整情况等,进一步加强资产损失税前扣除的管理;对资产损失金额较大或案头审核发现存有疑点、异常情况的资产损失,应及时组织人员进行实地核查、评估。

九、其他事项

各地主管税务机关应根据本地区的实际情况,制定具体的管理办法,明确岗位职责分工,做好资产损失的后续管理和监督检查工作,确保税基的完整。

本办法自2012年1月1日起施行,《福建省国家税务局关于企业资产损失税前扣除管理有关问题的通知》(闽国税函〔2010〕8号)同时废止。本办法生效之日前尚未进行税务处理的资产损失事项,也应按本办法执行。

附件(略)

厦门市地方税务局关于发布《企业资产损失所得税税前扣除管理办法》补充规定的公告

（厦门市地方税务局公告2011年第6号　2011年5月10日发布）

根据《国家税务总局关于发布〈企业资产损失所得税税前扣除管理办法〉的公告》（2011年第25号），结合我市实际情况，现就企业资产损失所得税税前扣除管理办法补充规定如下：

一、企业符合清单申报条件的资产损失，应于企业所得税年度纳税申报时向主管税务机关报送《企业资产损失清单申报表》，并将有关会计核算资料和纳税资料留存备查。

二、企业符合专项申报条件的资产损失，应于企业所得税年度纳税申报时向主管税务机关报送《企业资产损失专项申报表》，同时附送会计核算资料及其他相关的纳税资料；从网上报送《企业资产损失专项申报表》的，应于5个工作日内向主管税务机关报送会计核算资料及其他相关的纳税资料。

三、2010年度企业所得税汇算清缴涉及的资产损失，应根据下列情况分别处理：

（一）尚未进行年度申报的企业，应根据本公告第一、二条规定于企业所得税年度申报时报送《企业资产损失清单申报表》、《企业资产损失专项申报表》及相关资料。

（二）已进行企业所得税年度申报的企业，应于2010年度企业所得税汇算清缴结束之前，根据本公告第一、二条规定补送相关资料；原已经税务机关审批的资产损失事项，只需报送《企业资产损失专项申报表》，可不必再报送会计核算资料及其他相关的纳税资料。

四、企业未按规定申报及未按规定报送资料的，所发生的资产损失不得在企业所得税税前扣除。

附件：

1.《企业资产损失清单申报表》（略）

2.《企业资产损失专项申报表》（略）

厦门市国家税务局
关于企业资产损失税前扣除有关问题的通知

（厦国税发〔2010〕33 号　2010 年 3 月 16 日发布）

各区国家税务局，直属税务分局：

为了进一步加强企业资产损失税前扣除的管理，根据《财政部　国家税务总局关于企业资产损失税前扣除政策的通知》（财税〔2009〕57 号），结合我市实际情况，现就企业资产损失所得税税前扣除有关问题的通知如下：

一、审批范围

纳税人发生符合《国家税务总局关于印发〈企业资产损失税前扣除管理办法〉的通知》（国税发〔2009〕88 号）第五条规定的资产损失，除按规定属于由企业自行计算扣除的资产损失外，纳税人应在规定的期限内向主管国税机关报送相关资料并经审核审批后方可在申报企业所得税前扣除。

纳税人发生属于由企业自行计算扣除的资产损失，应在有关资产损失实际发生当期据实自行申报税前扣除。

二、企业资产损失税前扣除审批权限的划分

（一）企业发生的下列资产损失，由市局负责审批。

1. 企业因国务院决定事项所形成的、并经国家税务总局规定具体审批事项的资产损失。

2. 企业资产损失税前扣除申报金额在 500 万元（含 500 万元）以上，报市局审批。

（二）除上述由市局审批的情形外，纳税人发生的其他资产损失由各主管税务机关负责审批。

三、企业自行计算税前扣除的资产损失管理

企业发生属于自行计算扣除的六类资产损失，应按照企业内部管理控制的要求，做好资产损失的确认工作，并保留好相关资产会计核算资料和原始凭证及内部审批证明等证据，以备税务机关日常检查。

福建省国家税务局关于企业资产损失税前扣除有关问题的通知

（闽国税函〔2010〕8号　2010年1月8日发布　自2010年1月1日起执行）

各市、县、区国家税务局，各直属单位：

为了进一步加强企业资产损失税前扣除的管理，根据《财政部　国家税务总局关于企业资产损失税前扣除政策的通知》（财税〔2009〕57号）和《国家税务总局关于印发〈企业资产损失税前扣除管理办法〉的通知》（国税发〔2009〕88号）规定，结合我省的实际情况，现就企业资产损失管理等有关问题通知如下：

一、企业资产损失税前扣除审批权限的划分企业资产损失税前扣除申报金额在2000万元（含2000万元）以上，报省局审批；1000万元（含1000万元）至2000万元，报设区市局审批；1000万元以下的，报县、市、区局审批。

二、特殊企业资产损失税前扣除的申报审批

（一）根据国税发〔2008〕28号、闽财预〔2008〕45号文规定，实行总分机构就地预缴的汇总纳税企业，其二级及二级以下分支机构的资产损失，由二级分支机构汇总，按上述审批权限报相关税务机关审批。

（二）国税发〔2008〕28号文第二条所列的14类行业企业的资产损失，由设区市级分支机构汇总，按上述审批权限报相关税务机关审批扣除；省级本部及直属营业部等分支机构，由省级本部和直属营业部按上述审批权限报相关税务机关审批。

（三）闽财预〔2008〕45号文所列按照现行省对下体制规定为省级收入的，13类省内跨地区经营不实行就地预缴的汇总纳税行业企业的资产损失，由企业总机构按上述审批权限报相关税务机关审批。

（四）企业捆绑资产所发生的资产损失，由企业总机构所在地税务机关审批。

三、企业自行计算税前扣除的资产损失管理

企业应将自行计算税前扣除的六类资产损失的相关资料，根据不同项目采取在损失实际发生年度纳税申报时附报专项资料和建立基础信息台账等方式自行整理归类、汇总备查。

（一）年度申报须附报有关资料的资产损失

1. 企业在正常经营管理活动中因销售、转让、变卖固定资产、生产性生物资产、存货发生的资产损失；

2. 企业按照有关规定通过证券交易场所、银行间市场买卖债券、股票、基金以及金融衍生产品等发生的损失。

上述资产损失的有关资料，在损失实际发生并按规定税前扣除后，于企业所得税年度纳税申报时，作为附件资料报送主管税务机关。

（二）建立基础信息台账的资产损失

1. 企业各项存货发生的正常损耗；

2. 企业固定资产达到或超过使用年限而正常报废清理的损失；

3. 企业生产性生物资产达到或超过使用年限而正常死亡发生的资产损失。

上述资产损失，企业应建立基础信息台账，详细记录资产损失所属年度、类型、资产损失扣除金额等信息备查。

四、企业资产损失税前扣除的追踪、监督管理

各级税务机关应结合每一纳税年度的汇算清缴、纳税评估、税收日常检查和专项检查等工作，加强对企业资产损失税前扣除的管理。

（一）各级税务机关应按照规定的时间和程序，受理企业提出的资产损失税前扣除的申请，并对纳税人报送的资料与法定条件及时进行符合性审查。

（二）企业主管税务机关，应对企业自行计算扣除和审批扣除的资产损失，根据案头审核发现的疑点和企业备案信息结合实地核查进行真实性、合法性和合理性审核。对企业从资产损失的申报到税前扣除实行确认追踪管理，发现企业采用伪造、变造有关资料等手段多列多报资产损失，或需要审批而未审批直接税前扣除资产损失造成少缴税款的，根据《中华人民共和国税收征收管理法》的有关规定进行处理。

（三）各级税务机关应在每年企业所得税汇算清缴结束后，及时组织对企业自行计算扣除和审批扣除的资产损失进行专项检查，并将此项工作作为年度企业所得税管理的一项重要工作。

上级税务机关对下级税务机关企业资产损失的管理，可通过抽查、组织下级税务机关自查、交叉检查等方式进行监督，对检查中发现的问题，及时督促整改；对问题严重的，按有关规定追究责任。

五、本通知自 2010 年 1 月 1 日起执行。

福建省地方税务局转发国家税务总局关于印发《企业资产损失税前扣除管理办法》的通知

（闽地税发〔2009〕153号 2009年7月10日发布）

各市、县（区）地税局，省、各设区市地税局直属分局、稽查局，福州、泉州、漳州市地税局外税分局，泉州、南平市地税局征收分局（不发厦门）：

现将《国家税务总局关于印发〈企业资产损失税前扣除管理办法〉的通知》（国税发〔2009〕88号；以下简称《办法》）转发给你们，并补充如下意见，请一并贯彻执行。

一、资产损失审批权限

根据《办法》第六条规定，资产损失审批权限如下：

（一）企业因国务院决定事项所形成的资产损失，由国家税务总局规定资产损失的具体审批事项后，报省局审批；

（二）企业因省政府决定事项所形成的资产损失，由省局规定资产损失的具体审批事项后，报设区市地税局和省局直征分局审批；

（三）除上述（一）、（二）项资产损失项目外，企业单次申请资产损失税前扣除金额在500万元（含）以上的，由各设区市地税局、省局直征分局审批；损失金额在500万元以下的，由县级地税局、省局直征分局审批。

二、总分机构资产损失审批

（一）因资产捆绑，由总机构统一处置总机构及分支机构资产发生的损失，按《办法》第六条第三款规定，由企业总机构报所在地有权税务机关审批。

（二）除上述第（一）项规定外，总机构下属就地预缴二级分支机构及二级以下分支机构独立处置所发生的各项资产损失，根据《跨地区经营汇总纳税企业所得税征收管理暂行办法》（国税发〔2008〕28号）第三十七条规定，均由就地预缴二级分支机构向所在地有权审批的地税机关申请，经所在地有权地税机关审批后，再由总机构向所在地主管地税机关申报扣除。

三、资产损失申请时限

（一）企业资产损失税前扣除的申请截止日应按照《办法》第八条的规定执行。企业因特殊原因不能按时申请资产损失税前扣除的，应在规定申请期限内将资产损失事项、延期申请理由及延期申请时间等书面报告主管县级地税机关核准。地税机关核准后应以《__地方税务局税务事项通知书》（见附件一）批复申请人，纳税人可在《通知书》核准的延期申请期限内申请资产损失税前扣除。

（二）企业发生的各项需审批的资产损失原则上应在纳税年度终了后集中一次报税务机关审批。企业发生自然灾害、永久或实质性损害需要现场取证的，应在证据保留期间及时申报审批，也可在年度终了后集中申报审批，但必须出据中介机构、国家及授权专业技术鉴定部门等的鉴定材料。

四、资产损失审批时限

根据《办法》第七条第二款规定，由设区市局、省局直征分局、县级局审批的资产损失，审批时限为自受理之日起30个工作日内。

五、资产损失审批文书

企业资产损失税前扣除审批事项统一以《__地方税务局准予审批决定书》(见附件二)批复纳税人,同时应抄送申请人主管税务机关。

六、资产损失数额大小的确定标准

(一)《办法》第十七条"单笔数额较小"具体量化标准为:单笔数额在20000元(含)以下的应收款项确认为"单笔数额较小";

(二)《办法》中"单项或批量金额较小"的标准统一参照《办法》第二十一条第一款第一项执行;《办法》中"单项或批量金额较大"的标准统一为:单项或批量金额超过《办法》第二十一条第一款第一项规定的标准。

七、闽地税发〔2005〕170号、闽地税发〔2009〕109号文废止。各地在具体执行中遇到的问题请及时向上一级地税局反映。

福建省国家税务局关于企业改革和企业破产增值税若干问题的通知

（闽国税流〔1998〕39 号　1998 年 4 月 14 日发布）

各地、市、县（区）国家税务局，省辖市各税务分局，省局直属单位：

随着社会主义市场经济的不断完善，企业原有产权发生转移，主体发生变更情况比较频繁，为了加强对企业改革和企业破产所涉及有关增值税政策的管理，现就有关问题明确如下：

一、企业兼并过程中，被兼并企业应按“视同销售”的规定进行税款清算，“视同销售”的货物按重估价格计算征收增值税，同时允许按实际动用数抵扣其期初存货已征税款。

二、企业实施兼并后，原被兼并企业的作为独立的增值税纳税主体，其纳税管理事项应按省国税局《关于加强纳税人分支机构（场所）增值税管理的通知》（闽国税发〔1997〕71 号）规定办理。

三、小规模纳税人兼并一般纳税人，按现行增值税政策规定一般纳税人移送给小规模纳税人的货物应视同销售处理，又不能开具专用发票，根据兼并企业的实际情况，待符合一般纳税人条件并经税务机关认定为一般纳税人后，被兼并企业存货移送再按视同销售处理，原企业待扣的期初存货已征税款由兼并企业提出申请经主管税务机关审批按现行规定予以抵扣。

四、审批改制改组过程中，企业未发生重组合并或分设的，经主管税务机关批准，期初存货已征税款或期末留抵税款可作沿续保留处理；若发生重组或分设，且财务上实行独立核算的，在原企业先办理税务清算后，对需转移到新企业的材料或产品等应税货物向新企业按规定开具专用发票和缴纳税款，新企业凭票对转移的应税货物作进项税额予以抵扣处理。

五、企业联合兼并、改制改组前享有税收优惠政策，在联合兼并、改制改组后应重新办理资格认定手续，按现行规定，报经有权税务机关确认。

六、根据省政府专题会议纪要闽政纪〔1997〕221 号文第一条规定，在符合国家政策规定的前提下，原则同意被兼并外贸企业以申请更名方式进出口经营权随同转移。对企业产权变动出口免抵退税权可比照上述规定执行。

七、增值税一般纳税人宣布联合兼并、改制改组以及破产后，税务机关应将其增值税专用发票收回代为保管，纳税人销售货物时，可持有关的证明文件，到税务机关按规定自开增值税专用发票，并按规定纳税。

八、企业破产后，如按财产清偿顺序清偿后，不足以清偿所欠税款的，其差额部分主管税务机关根据法院出具的判决书据以办理注销手续。

九、企业联合兼并、改制改组过程中，各主管税务机关应认真做好被兼并、改制改组企业的税款清算工作，根据清算具体情况，及时并填写《注销税务登记清理检查结果表》以便于税务机关内部的衔接，加强管理监督。

广　西

广西壮族自治区地方税务局关于办理企业资产损失企业所得税税前扣除有关事项的公告

（广西壮族自治区地方税务局公告2017年第5号　2017年11月23日发布
自2018年1月1日起施行）

为深入贯彻落实党中央、国务院、自治区以及国家税务总局关于推进“放管服”改革的要求，进一步优化税收环境，激发企业市场竞争活力，规范企业资产损失税前扣除管理，根据《财政部国家税务总局关于企业资产损失税前扣除政策的通知》（财税〔2009〕57号，以下简称57号文）、《国家税务总局关于发布〈企业资产损失所得税税前扣除管理办法〉的公告》（国家税务总局公告2011年第25号，以下简称25号公告）、《国家税务总局关于印发〈跨地区经营汇总纳税企业所得税征收管理办法〉的公告》（国家税务总局公告2012年第57号，以下简称57号公告）、《国家税务总局关于发布〈中华人民共和国企业所得税年度纳税申报表（A类，2014年版）〉的公告》（国家税务总局公告2014年第63号）及《国家税务总局关于企业因国务院决定事项形成的资产损失税前扣除问题的公告》（国家税务总局公告2014年第18号）的有关规定，现对办理企业资产损失企业所得税税前扣除有关事项公告如下：

一、企业发生的资产损失应不迟于年度企业所得税汇算清缴纳税申报时向主管地税机关进行申报，经申报后方能在税前扣除。未经申报的资产损失，不得在税前扣除。

二、企业发生的资产损失按其申报内容和要求的不同，分为清单申报和专项申报两种申报形式。属于清单申报的，应填列企业所得税年度纳税申报表中的《资产损失税前扣除及纳税调整明细表》（A105090）报送主管地税机关，并按25号公告的规定归集相关会计核算资料和纳税资料留存备查；属于专项申报的，应填列企业所得税年度纳税申报表中的《资产损失税前扣除及纳税调整明细表》（A105090）和《资产损失（专项申报）税前扣除及纳税调整明细表》（A105091），连同25号公告所列举资产损失类别的证据材料一并报送主管地税机关。

三、汇总纳税企业的总机构及分支机构发生的资产损失，应按照57号公告的规定申报扣除。二级分支机构申报时，属于清单申报的，应填列《资产损失税前扣除及纳税调整明细表》（附件1）报送所在地主管地税机关，并按25号公告的规定归集相关会计核算资料和纳税资料留存备查；属于专项申报的，应填列《资产损失税前扣除及纳税调整明细表》（附件1）和《资产损失（专项申报）税前扣除及纳税调整明细表》（附件2），连同25号公告所列举资产损失类别的证据材料一并报送所在地主管地税机关。

四、企业以前年度发生的资产损失未能在当年税前扣除的，应按照本公告的规定，向主管地税机关说明并进行专项申报扣除。

五、企业因国务院决定事项形成的资产损失，应按照本公告的规定，以专项申报的方式向主管地税机关申报扣除。

六、本公告自2018年1月1日起施行。《广西壮族自治区地方税务局关于发布〈企业资产损失所得税税前扣除管理实施办法〉的公告》(广西壮族自治区地方税务局公告 2011 年第 14 号)同时废止。

特此公告。

广西壮族自治区国家税务局关于破产企业或没有增值税纳税义务发生的企业取消增值税一般纳税人资格的通知

（桂国税函〔2006〕202号　2006年4月28日发布）

各市、县（区）国家税务局：

《财政部、国家税务总局关于增值税若干政策的通知》（财税〔2005〕165号）文件下发后，各市国家税务局普遍反映，对破产或没有增值税纳税义务发生的企业能否取消增值税一般纳税人资格的问题，要求予以明确。根据《中华人民共和国增值税暂行条例》及其实施细则的规定，有销售货物、加工、修理修配、进口货物的企业为增值税纳税义务人，没有销售货物、加工、修理修配、进口货物的企业不是增值税纳税义务人。经研究，现就有关问题通知如下：

一、对经法院终审裁定破产的企业，从破产之日起6个月后，主管国税机关应取消增值税一般纳税人资格，如有库存产品、原材料仍需继续销售的，可到当地主管国税机关代开增值税专用发票。

二、对从事销售货物、加工、修理修配、进口货物的企业，已认定为增值税一般纳税人超过半年（含半年）没有发生增值税纳税义务的，主管国税机关应主动通知企业法人进行约谈，如确认企业在今后半年内仍没有增值税纳税义务发生的，应取消增值税一般纳税人资格。取消增值税一般纳税人资格后，如企业已经开始销售货物、加工、修理修配、进口货物的，按照规定重新申请认定增值税一般纳税人资格。

三、对已经有销售货物、加工、修理修配、进口货物的增值税一般纳税人，停止销售货物、加工、修理修配、进口货物达到半年（含半年）以上的，主管国税机关应主动通知企业法人进行约谈，如确认企业在今后半年内不再有增值税纳税义务发生的，移送稽查检查完毕后，应取消增值税一般纳税人资格。取消增值税一般纳税人资格后，如企业再重新恢复销售货物、加工、修理修配、进口货物的，按照规定重新申请认定增值税一般纳税人资格。

贵 州

贵州省国家税务局关于进一步加强煤矿企业兼并重组税收服务的通知

（黔国税发〔2013〕96 号 2013 年 9 月 29 日发布）

各市、自治州国家税务局，贵安新区国家税务局筹备组：

为深入贯彻落实《贵州省人民政府办公厅关于进一步深入推进全省煤矿企业兼并重组工作的通知》（黔府办发〔2013〕46 号）精神，积极发挥税收职能作用，全力支持我省煤矿企业兼并重组，省局提出以下意见，请认真贯彻落实。

一、提高认识，服务大局

加快推进煤矿企业兼并重组，实现煤炭产业集约高效和可持续发展，是省委、省政府确定的贵州经济社会发展重大战略，对保增长、保就业、保民生、保稳定，具有十分重要的意义。全省各级国税机关要认真学习领会煤矿企业兼并重组工作会议精神，特别要认真贯彻落实贵州省第十二届人民政府第十一次常务会议精神，进一步统一思想、提高认识，把服务煤矿企业兼并重组作为当前和今后一段时间内的重要工作，充分发挥税收职能作用，积极落实好《贵州省人民政府办公厅关于印发〈贵州省支持煤矿企业兼并重组政策规定〉的通知》（黔府办发〔2013〕47 号）等有关税收政策，提供优质纳税服务，全面支持和服务我省煤矿企业兼并重组健康发展。

二、加强领导，明确职责

为进一步加强领导，完善服务机制，简化办事程序，提高工作效率，切实做好煤矿企业兼并重组工作的组织和协调服务工作，省局决定成立煤矿企业兼并重组涉税工作领导小组。

（一）领导小组主要职责

指导和协调全省国税煤矿企业兼并重组涉税处理重大复杂事项，适时召开领导小组会议，研究解决煤矿企业兼并重组中存在的涉税热点、难点问题；适时开展督查，通报有关情况，抓好跟踪督办。各地要成立领导小组，明确工作部门、工作职责，要有专人负责煤矿企业兼并重组辅导管理。

（二）省局领导小组人员

组长：薛建英（省国税局局长），副组长：乔为建（省国税局副局长）、龙晓耘（省国税局副局长），成员：周进新（所得税处处长）、赵利坤（货物和劳务税处处长）、李泽洋（征管和科技发展处处长）、曾广（政策法规处处长），甘石（稽查局局长）、李坤（纳税服务处副处长）。

领导小组下设办公室，办公室设在所得税处，承担领导小组日常工作，周进新兼任办公室主任。

三、确保落实，强化辅导

煤矿企业兼并重组是今年全省一项重要工作，各级国税机关要切实提高认识，加强领导，明确责任，密切配合，确保“三到位”即征收管理服务到位，税收政策落实到位，纳税服务跟进到位。

（一）确保征收管理服务到位。一要加强沟通协作。要与煤管、工商、地税、国资、银监、经贸等部门加强沟通协作，及时掌握本地煤矿企业兼并重组进度，共同做好企业兼并重组促进工作。二要简化程序，精简资料。凡非必须的程序和环节，一律删减，现场办理，限时办结，最大限度减轻纳税人负担；凡征管档案已有的资料，一律不再要求煤矿企业重复报送。三要严格控制检查次数。对煤矿企业在重组期间，除专项、专案检查和协查、举报外，税务机关一律不得进行税务检查，对确需检查的，应报经省局批准同意后才能检查。四要落实延期申报和缴纳税款政策。对煤矿企业在兼并重组过程中，遇到特殊困难不能按期办理纳税申报或缴纳税款的，要在国家政策规定范围内，审核予以办理延期申报或缴纳税款手续。

（二）确保税收政策落实到位。一要定期召开煤矿企业兼并重组涉税工作领导小组会议，做好跟踪分析、统筹协调、督促检查等工作，及时研究解决政策实施中出现的困难和问题，加强对全省煤矿企业兼并重组工作的指导；重大问题及时向省人民政府报告。二要推行"备案即享受"。认真贯彻落实税收优惠政策，全力支持煤矿企业兼并重组，除税法明确规定实行审批的减免税外，对其他减免税一律实行"备案即享受"，税务机关不再增设任何审核、核准或变相审批手续。凡企业在兼并重组过程中，一并转让企业资产以及与其相关联的债权、负债和劳动力的，不征收增值税，也不需办理审批或备案手续；凡煤矿企业兼并重组符合特殊性税务处理条件的，交易各方对其交易中的股权支付部分，可按特殊性税务处理。三要认真落实煤矿兼并重组资产转让征税审核确认的要求。要正确区分税收征、免界限，对于应当征收的税收，应于审核后 15 日内逐级报送上级税务机关确认；对于应当免征的税收，要及时帮助办理相应手续；对于不应征收的税收，辅导企业完善备查资料。四要引导煤矿企业用好用足用活税收政策，符合条件的按照特殊性税务处理条件进行兼并重组，减少企业流动资金占用，切实支持企业发展。对在执行过程中遇到的难以确认的事项，要及时向上级税务机关请示报告。

（三）确保纳税服务跟进到位。一要建立"一对一"纳税需求响应机制，及时解决煤矿企业的个性化需求。对需求较高的煤矿企业，必要时可成立专题服务组，分别就税收优惠、资产损失、特殊性税务处理、税务风险等开展专项服务，研究企业兼并重组中因资本交易事项众多，涉税业务处理复杂等情况而可能出现的各种矛盾和问题。二要建立"绿色通道"，推行预约服务，指定专人负责，对企业相关申请、审核、备案项目进行专事专办、特事特办、急事急办，跟踪服务。企业因兼并重组实施合并、分立，属于同一登记机关管辖范围的，可同时申请办理注销、新设或变更登记；对不属于同一登记机关管辖范围在同一市（州）范围，市（州）局要做好相关主管税务机关的统筹协调工作，方便企业在最短的时间完成涉税业务的办理；跨市（州）局管辖的企业兼并重组，各地要加强沟通协调，协调中遇到的问题要及时向省局领导小组反映，确保企业兼并重组涉税事项的尽快办理。三要畅通诉求渠道，凡是煤矿企业兼并重组遇到的涉税争议问题，可直接通过 12366 纳税服务热线向省国税局反映，由省局领导小组限时办理。各级税务机关因服务不到位被纳税人投诉，一经查实，严肃处理。四要搭建服务平台，提供权威涉税指引。省局将制定《煤矿企业兼并重组涉税操作指南》，在国税门户网站开设专栏，推广短信、QQ 群、微博等服务方式，加强互动沟通，提供政策指引，为煤矿企业提供公开、便捷、节省的服务。

海　南

海南省地方税务局关于印发企业重组中分立业务所得税税收风险特征的通知

(琼地税函〔2014〕467号　2014年8月21日发布)

各市、县、区地方税务局,各直属稽查局,省局各部门:

税务机关在税务检查过程中,发现部分企业因经营活动需要,进行分立重组,但未按税法相关规定向税务机关报送备案资料或重组完成后一定期间内因生产经营业务、公司性质、资产或股权结构等情况发生变化,不符合企业所得税特殊性税务处理规定,未按规定及将变化情况向税务机关报告并调整重组所属年度的所得税申报表,造成少缴企业所得税,被税务机关依法处罚并追缴税款和加收滞纳金。另外,在重组分立业务中,其自然人股东取得的对价未视同被分立企业分配进行处理,未申报缴纳个人所得税等涉税风险。

现将《企业重组中分立业务所得税税收风险特征》印发给你们,请认真学习,作为开展纳税评估、税务稽查工作参考。

企业重组中分立业务所得税税收风险特征

一、分立的概念

(一)《中华人民共和国公司法》(以下简称《公司法》)规定,公司分立是指一个公司依照公司法有关规定,通过股东会决议分成两个以上的公司。

(二)《财政部　国家税务总局关于企业重组业务企业所得税处理若干问题的通知》(财税〔2009〕59号,以下简称59号文)规定:分立是指一家企业(被分立企业)将部分或全部资产分离转让给现存或新设的企业(分立企业),被分立企业股东换取分立企业的股权或非股权支付,实现企业的依法分立。

二、企业重组分立涉及所得税税务处理的政策规定

(一)企业所得税

1.企业所得税税务处理的具体适用条件

根据《财政部　国家税务总局关于企业重组业务企业所得税处理若干问题的通知》(财税〔2009〕59号,以下简称59号文)及《国家税务总局关于发布〈企业重组业务所得税管理办法〉的公告》(国家税务总局2010年第4号公告,以下简称4号公告)的规定,企业重组应区分不同条件分别适用一般性税务处理和特殊性税务处理:

(1)同时符合下列条件的,适用特殊性税务处理规定:

①具有合理的商业目的,且不以减少、免除或推迟缴纳税款为主要目的;

②被收购、合并或分立部分的资产或股权比例符合规定的比例;

③重组后连续12个月内不改变重组资产原来的实质性经营活动;

④重组交易对价中涉及股权支付金额符合规定比例；

⑤企业重组中取得股权支付的原主要股东，在重组后连续12个月内，不得转让所取得的股权。

(2)符合特殊性税务处理条件，交易各方对其交易中的股权支付部分，可以按以下规定进行特殊性税务处理：被分立企业所有股东按原持股比例取得分立企业的股权，分立企业和被分立企业均不改变原来的实质经营活动，且被分立企业股东在该企业分立发生时取得的股权支付金额不低于其交易总额的85%，可以选择以下规定处理：

①分立企业接受被分立企业资产和负债的计税基础，以被分立企业的原有计税基础确定。

②被分立企业已分立出去资产相应的所得税事项由分立企业承继。

③被分立企业未超过法定弥补期限的亏损额可按分立资产占全部资产的比例进行分配，由分立企业继续弥补。

④被分立企业的股东取得分立企业的股权，如需部分或全部放弃原持有的被分立企业的股权，"新股"的计税基础应以放弃"旧股"的计税基础确定。如不需放弃"旧股"则其取得"新股"的计税基础可以从以下两种方法中选择确定：直接将"新股"的计税基础确定为零；或者以被分立企业分立出去的净资产占被分立企业全部净资产的比例先调减原持有的"旧股"的计税基础，再将调减计税基础平均分配到"新股"上。

⑤对其非股权支付仍应在交易当期确认相应的资产转让所得或损失，并调整相应资产的计税基础。

(3)对于一般性税务理方法，当事各方应按以下方法处理：

①被分立企业对分立出去资产应按公允确认资产转让所得或损失；

②分立企业应按公允价值确认接受资产的计税基础；

③被分立企业继续存在时，其股东取得的对价应视同被分立企业分配进行处理；

④被分立企业不继续存在时，被分立企业及其股东都应按清算进行所得税处理；

⑤企业分立相关企业的亏损不得相互结转弥补。

2. 特殊性税务处理应准备的资料

企业选择特殊性税务处理，应按59号文第九条、第十一条规定，当事各方应在该重组业务完成当年企业所得税年度申报时，向主管税务机关提交书面备案资料，应按4号公告第二十七条的规定，证明其符合各类特殊性重组规定的条件。企业未按规定书面备案的，一律不得按特殊重组业务进行税务处理。应准备以下资料：

(1)当事方企业分立的总体情况说明。情况说明中应包括企业分立的商业目的；

(2)企业分立的政府主管部门的批准文件；

(3)被分立企业的净资产、各单项资产和负债账面价值和计税基础等相关资料；

(4)证明重组符合特殊性税务处理条件的资料，包括分立后企业各股东取得股权支付比例情况、以及12个月内不改变资产原来的实质性经营活动、原主要股东不转让所取得股权的承诺书等；

(5)工商部门认定的分立和被分立企业股东股权比例证明材料；分立后，分立和被分立企业工商营业执照复印件；分立和被分立企业分立业务账务处理复印件；

(6)税务机关要求提供的其他资料证明。

3. 分立重组完成后纳税人需注意的事项

(1)分立选择特殊性税务处理的,根据4号公告第二十九条规定:当事各方应在完成重组业务后的下一年度的企业所得税年度申报时,向主管税务机关提交书面情况说明,以证明企业在重组后的连续12个月内,有关符合特殊性税务处理的条件未发生改变。

(2)分立选择特殊性税务处理的,重组日后连续12个月内当事方的其中一方发生生产经营业务、公司性质、资产或股权结构等情况变化,致使重组业务不再符合特殊性税务处理条件的,根据4号公告第三十条规定:发生变化的当事方应在情况发生变化的30日内书面通知其他所有当事方。主导方在接到通知后30日内将有关变化通知其主管税务机关。上款所述情况发生变化后60日内,应按照59号文第四条的规定调整重组业务的税务处理。原交易各方应各自按原交易完成时资产和负债的公允价值计算重组业务的收益或损失,调整交易完成纳税年度的应纳税所得额及相应的资产和负债的计税基础,并向各自主管税务机关申请调整交易完成纳税年度的企业所得税年度申报表。逾期不调整申报的,按照《中华人民共和国税收征收管理法》的相关规定处理。

(二)个人所得税

企业分立重组中,一般拆分为股东收回投资和再投资两个税收行为,对涉及个人股东权益变动或变更的,应按照个人所得税法的股息、利息、红利所得或财产转让所得规定计征税款。

三、未按规定申报缴纳税款存在的涉税法律风险

根据《中华人民共和国税收征收管理法》中的相关规定,未按规定申报缴纳税款的涉税法律风险主要有三个方面:

(一)纳税人未在规定期限内办理纳税申报和报送纳税资料的,或者扣缴义务人未按规定的期限向税务机关报送代扣代缴、代扣代缴税款报告表和有关资料,由税务机关责令限期改正,可处二千元以下的罚款,情节严重的,可处二千元以上一万元以下的罚款。

(二)纳税人不进行纳税申报、不缴或者少缴应纳税款的,由税务机关追缴其不缴或者少缴的税款、滞纳金,并处不缴或少缴税款百分之五十以上五倍以下的罚款。

(三)纳税人伪造、变造、隐匿、擅自销毁账簿、记账凭证,或者在账簿上多列支出或者不列、少列收入,或者经税务机关通知申报而拒不申报或者进行虚假的纳税申报,不缴或者少缴应纳税款的,是偷税。对纳税人偷税的,由税务机关追缴其不缴或者少缴的税款、滞纳金,并处不缴或者少缴的税款百分之五十以上五倍以下的罚款;构成犯罪的,依法追究刑事责任。

河　北

河北省地方税务局关于企业所得税若干业务问题的公告

（河北省地方税务局公告2014年第4号　2014年6月20日发布）

根据企业所得税法及实施条例的有关规定，现将企业所得税若干业务问题公告如下：

一、关于乘坐交通工具购买的人身意外保险的扣除问题

企业相关人员因公乘坐交通工具随票购买的一份人身意外保险，可按差旅费对待，在计征企业所得税时准予扣除。

二、关于资产评估增减值的计税问题

企业由于合并、分立、股份制改造、债转股、合资等改组改制活动，其资产经有资质的中介机构进行了评估，并按评估后的资产价值进行了账务调整，且对其资产评估增值部分计提了折旧或摊销了费用，对其增值部分应计入企业收入总额计征企业所得税。如企业在纳税申报时按历史成本原则，对评估增值部分计提的折旧或摊销的费用进行了纳税调整，则不计入企业的收入总额计征企业所得税。

企业资产评估减值部分按历史成本原则处理。

三、对企业从金融资产管理公司购买债权的差额计税问题

对企业从金融资产管理公司购买债权，形成的债权金额与企业实际支付数额之间的差额，暂不征税，在企业处置上述债权时，再确认收入或损失计征企业所得税。

四、关于房地产开发企业拆迁补偿计税问题

房地产开发企业在房屋拆迁过程中，返还拆迁户的房屋，按房屋的市场价格确认收入；如不能现房补偿，应在签订拆迁协议时，按房屋的市场价格视同预售收入按规定的预计毛利率计算出毛利润，扣除相关的期间费用、营业税金及附加后，并入其应纳税所得额预缴企业所得税。并在合同约定的时间或交房时确认收入。

五、关于企业使用未签订劳动合同的员工计税人数计算问题

企业使用未签定劳动合同的员工，不能作为企业进行工资扣除的计税人数。

六、关于一人有限责任公司适用所得税政策问题

一人有限责任公司应征收企业所得税。

七、企业进口货物计税基础的确定问题

企业从事进出口贸易，不能取得相应发票的，以合同、付款凭证及报关单等能够证明交易真实发生的凭证上记载的金额作为进口货物或无形资产的计税基础。

八、关于企业借用个人车辆发生的汽油费和修车费的扣除问题

企业因业务需要，可以租用租车公司或个人的车辆，但必须签订六个月以上的租赁协议，租赁协议中规定的汽油费、修车费、过路过桥费等支出允许在税前扣除。

九、关于企业欠发工资的扣除问题

企业因故形成的欠发工资,在次年汇算清缴期限内发放的,准予作为当年工资扣除;超过汇算清缴期限发放的,调整应付工资所属年度的应纳税所得额。

十、关于三年以上未支付的应付账款的税务处理问题

企业因债权人原因确实无法支付的应付账款,包括超过三年未支付的应付账款以及清算期间未支付的应付账款,应并入当期应纳税所得额缴纳企业所得税。企业若能够提供确凿证据(指债权人承担法律责任的书面声明或债权人主管税务机关的证明等,能够证明债权人没有按规定确认损失并在税前扣除的有效证据以及法律诉讼文书)证明债权人没有确认损失并在税前扣除的,可以不并入当期应纳税所得额。已并入当期应纳税所得额的应付账款在以后年度支付的,在支付年度允许税前扣除。

十一、关于电力增容费、管网建设费、集中供热初装费的税务处理问题

对企业因生产经营需要而向电力、供气、供水、供热等单位缴纳的电力增容费、管网建设费、集中供热初装费,应作为其他长期待摊费用,自支出发生月份的次月起,分期摊销,摊销期限不得低于3年。相关单位收取的上述费用,应计入收入总额,在3年内均匀计入其当年应纳税所得额计征企业所得税。

十二、关于差旅费补贴的扣除问题

纳税人支付的差旅费补贴,同时符合下列条件的,准予扣除。

(一)有严格的内部财务管理制度;

(二)参照国家有关规定制定合理的差旅费补贴标准;

(三)有合法有效凭证(包括企业内部票据)。

十三、关于集团公司统贷统还的利息税前扣除问题

对集团公司和所属企业采取"由集团公司统一向金融机构借款,所属企业按一定程序申请使用,并按同期银行贷款利率将利息支付给集团公司,由集团公司统一与金融机构结算"的信贷资金管理方式的,不属于关联企业之间借款。凡集团公司能够出具从金融机构取得贷款的证明文件,其所属企业使用集团公司向金融机构借款所支付的利息,不超过按照省内银行等金融机构同期同类贷款利率计算的数额的部分,准予税前扣除。

十四、关于纳税人以前年度发生的成本和费用的扣除问题

对纳税人发生的成本或费用,如果在次年5月31日以前取得了相关合法票据的,允许在企业所得税汇算清缴期间进行相应的纳税调整。相关票据在次年5月31日以后取得的,企业在做出专项申报及说明后,准予追补至该项目发生年度计算扣除,但追补确认期限不得超过5年。

十五、商场采取购货返积分形式销售商品,确认销售收入问题

商场采取购货返积分形式销售商品的,将销售取得的货款或应收货款在商品销售产生的收入与奖励积分之间进行分配,与奖励积分相关的部分应首先作为递延收益,待客户兑换奖励积分或失效时,结转计入当期损益。

十六、小额贷款公司、典当公司是否适用金融企业贷款损失准备金税前扣除问题

金融企业贷款损失准备金企业所得税税前扣除政策仅适用于人民银行颁发了金融许可证的企业。小额贷款公司和典当公司不在适用范围内,不得在税前扣除贷款损失准备金。

十七、企业支付的各类应收款项清收手续费所得税的处理问题

企业按合同或管理办法,支付给外部单位或个人的应收款项清收手续费,应依据劳务支出发票在税前扣除;对企业按办法支付给内部职工的清收手续费,应按照工资薪金支出的相关规定在税前扣除。

十八、无法归还企业债务的自然人提供的贫困证明可作为企业资产损失税前扣除的有效证据

企业与自然人之间形成的债权,因自然人经济困难等原因确实无法归还的,由县级政府民政部门或乡镇政府、街道办事处提供证明,作为企业损失税前扣除的有效证据。

十九、固定资产达到规定使用年限报废,难以实际处置,其资产损失的所得税处理问题

企业因特殊原因无法处置的固定资产,企业应提供确属无法处置的书面说明,同时按照国家税务总局公告2011年第25号第三十条的规定提供相关证据材料,作为资产损失处理。已申报损失的固定资产在以后年度处置的,处置收入应计入处置年度的应纳税所得额。

二十、企业职工总数(资产总额)如何计算的问题

各类企业职工总人数(资产总额)按企业全年月平均值确定,具体计算公式如下:

月平均值=(月初值+月末值)÷2

全年月平均值=全年各月平均值之和÷12

二十一、不征税收入涉及的专项用途财政性资金的拨付文件、专门管理办法或具体管理要求的问题

不征税收入涉及的专项用途的财政性资金的拨付文件、专门管理办法或具体管理要求,均以县级以上人民政府及其组成部门或直属机构发布,并盖有其印章的正式文件为准。

二十二、关于房地产企业出租地下车位、车库的所得税处理问题

房地产企业利用地下基础设施形成的停车场所,其取得的收入应作为租金收入,按照合同约定的承租人应付租金的日期确认收入的实现。如果交易合同或协议中规定租赁期限跨年度,且租金提前一次性支付的,根据收入与费用配比原则,在租赁期内,分期均匀计入相关年度收入。

二十三、关于法院向当事人出具的“资金往来结算票据”,是否作为税前扣除凭证

各级人民法院使用的《×××行政事业单位资金往来结算票据》和法院出据的调解书已共同构成了企业记账的凭据,可以作为企业所得税扣除凭证。

二十四、企业租赁房屋为职工提供住宿或为职工报销的住宿租金税前扣除问题

企业租赁房屋为职工提供住宿,或为职工报销的住宿租金,凭房屋租赁合同及合法有效凭据在职工福利费中列支。

二十五、企业职工通讯费的税前扣除问题

企业在依据真实、合法的凭据为本企业职工(已签订《劳动合同》)报销的与取得应税收入有关的合理的办公通讯费用,准予在税前据实扣除。

本公告自2014年7月1日施行,有效期5年。河北省地方税务局制定的原《河北省地方税务局关于企业所得税若干业务问题的通知》(冀地税函〔2008〕4号)、《河北省地方税务局关于企业所得税若干业务问题的通知》(冀地税函〔2009〕9号)、《河北省地方税务局关于企业所得税若干业务问题的通知》(冀地税发〔2009〕48号)和《河北省地方税务局关于支持高新技术产业现代服务业发展及改善民生的实施意见》(冀地税发〔2011〕44号)同时废止。纳税人在2013年度汇算清缴工作中涉及的企业所得税业务问题,可参照本公告的有关规定执行。

河北省国家税务局关于企业所得税若干政策问题的公告

（河北省国家税务局公告2014年第5号　2014年4月9日发布）

为加强企业所得税管理，便于全省企业所得税政策的统一执行，现就企业所得税若干政策问题公告如下：

一、商场采取购货返积分形式销售商品的销售收入确认问题

商场采取购货返积分形式销售商品的，应将销售取得的货款或应收货款在商品销售产生的收入与奖励积分之间进行分配，与奖励积分相关的部分应首先作为递延收益，待客户兑换奖励积分或失效时，结转计入当期损益，计算缴纳企业所得税。

二、企业确实无法偿付的应付款项所得税处理问题

企业因债权人原因确实无法支付的应付款项，包括超过三年未支付的应付款项以及清算期间未支付的应付款项，应计入当期应纳税所得额缴纳企业所得税。企业若能够提供确凿证据证明债权人没有确认损失并在税前扣除的，可以不计入当期应纳税所得额。已计入当期应纳税所得额的应付款项在以后年度支付的，在支付年度允许税前扣除。

三、核定征收企业取得的应税财政性资金所得税处理问题

根据税法第六条规定，企业的收入总额为企业以货币形式和非货币形式从各种来源取得的收入。因此，对依法核定征收企业所得税的企业取得的应税财政性资金，应全额计入应税收入额，按照《国家税务总局关于印发〈企业所得税核定征收办法〉（试行）的通知》（国税发〔2008〕30号）的规定进行税务处理。

四、小额贷款公司、典当公司的贷款损失准备金税前扣除问题

根据《财政部　国家税务总局关于金融企业贷款损失准备金企业所得税税前扣除政策的通知》（财税〔2012〕5号）有关规定，小额贷款公司和典当公司不在该文件规定的适用范围内，因此小额贷款公司和典当公司计提的贷款损失准备金不得在税前扣除。

五、金融企业支付的不良贷款清收手续费税前扣除问题

对金融企业支付给外部单位或个人的不良贷款清收手续费，应按劳务支出依据发票在税前扣除；对金融企业支付给内部职工的清收手续费，应按照工资薪金支出的相关规定在税前扣除。

六、企业将取得的银行借款无偿让渡给其他企业使用，利息支出税前扣除问题

企业将取得的银行借款无偿让渡给其他企业使用，凡按照《河北省地方税务局河北省国家税务局关于明确企业所得税若干业务问题的公告》（河北省地方税务局河北省国家税务局公告2012年第1号）第九条规定已计算利息收入并入应纳税所得额的，相应的利息支出允许税前扣除。

七、企业集团统一向金融机构借款转借给集团内部成员企业使用，成员企业的利息支出税前扣除问题

企业集团或其成员企业统一向金融机构借款，分摊给集团内部其他成员企业使用的，借入方凡能出具从金融机构取得借款的证明文件，可以在使用借款的企业间合理地分摊利息费用的，使用借款的企业分摊的合理利息准予按规定在税前扣除。

按照《财政部　国家税务总局关于非金融机构统借统还业务征收营业税问题的通知》（财税

字〔2000〕7号)规定不需要缴纳营业税的利息支出,企业集团及其内部成员企业在税前扣除时,不需要以发票作为税前扣除凭据。

企业集团是指按照《国家工商行政管理局关于印发〈企业集团登记管理暂行规定〉的通知》(工商企字〔1998〕第59号)规定在工商部门办理登记的企业法人联合体。

八、企业为已纳入社会统筹的离退休人员发放的过节费、生活补贴、报刊费、医疗费等支出税前扣除问题

根据税法第十条规定,企业与取得收入无关的其他支出不得税前扣除。企业为已纳入社会统筹的离退休人员发放的过节费、生活补贴、报刊费、医疗费等支出,属于与生产经营无关的支出,不允许税前扣除。

九、企业为提前离岗人员、农村信用社为被置换人员发放的工资薪金税前扣除问题

根据《实施条例》第三十四条规定,企业提前离岗人员、农村信用社被置换人员凡未正式办理退休手续,也未与企业解除劳动关系的,企业为其发放的工资薪金允许按规定在税前扣除。

十、企业租用个人车辆发生的汽油费、维修费等支出税前扣除问题

根据税法第八条规定,"企业实际发生的与取得收入有关的、合理的支出,包括成本、费用、税金、损失和其他支出,准予在计算应纳税所得额时扣除。"企业租用个人的车辆,须与个人签订租赁合同或协议,如租赁合同或协议中明确规定该车发生的汽油费、维修费等支出由企业负担的,企业可根据合同协议的约定及证明该费用发生的合法、有效凭证在税前扣除。

十一、企业自有房屋的装修费税前扣除问题

根据《实施条例》第七十条和《国家税务总局关于企业所得税若干问题的公告》(国家税务总局公告2011年第34号)的规定,企业自有房屋的装修费如属于提升功能、增加面积的改扩建支出,并入房屋的计税基础,并从改扩建完工投入使用后的次月起,重新按税法规定的该房屋折旧年限计提折旧,如该改扩建后的房屋尚可使用年限低于税法规定的最低年限的,可以按尚可使用年限计提折旧。除改扩建支出外,企业自有房屋的装修费,应作为其他长期待摊费用,自支出发生的次月起分期摊销,摊销年限不得低于3年。

十二、企业购进旧固定资产在计算企业所得税时折旧年限确定问题

企业购进旧固定资产的折旧年限,不得低于《实施条例》规定的最低折旧年限减去已经使用年限。

十三、土地使用权摊销问题

根据《实施条例》第六十七条规定,土地使用权的摊销年限不得低于10年。作为投资或者受让的土地使用权,可以按照有关法律规定或者合同约定的使用年限分期摊销。

十四、住房公积金税前扣除问题

根据《实施条例》第三十五条的规定,企业按照《建设部 财政部中国人民银行关于住房公积金管理若干具体问题的指导意见》(建金管〔2005〕5号)或《河北省建设厅关于印发〈河北省住房公积金归集提取管理办法(试行)〉的通知》(冀建法〔2007〕432号)的范围和标准为职工缴纳的住房公积金,准予在税前扣除。

十五、法定资产损失税前扣除年度确定问题

根据《国家税务总局关于发布〈企业资产损失所得税税前扣除管理办法〉的公告》(国家税务总局公告2011年第25号)第四条规定,法定资产损失,应当在企业向主管税务机关提供证据资料证明该项资产已符合法定资产损失确认条件，且会计上已作损失处理的年度申报扣除。企业以前年度发生的法定资产损失未能在当年税前扣除的，应向税务机关说明并进行专项申报，在申报年度扣除。

十六、乡镇民政部门或村委会出具的个人贫困证明、查无下落证明是否可以作为金融企业债权投资损失税前扣除的有效证据问题

根据《国家税务总局关于发布〈企业资产损失所得税税前扣除管理办法〉的公告》（国家税务总局公告2011年第25号）第四十条规定，乡镇民政部门或村委会出具的贫困证明、查无下落证明不属于金融企业债权投资损失税前扣除的有效证据。

十七、金融企业不良贷款打包出售资产损失税前扣除问题

根据《国家税务总局关于发布〈企业资产损失所得税税前扣除管理办法〉的公告》（国家税务总局公告2011年第25号）第三条和第四十七条的规定，金融企业将多笔不良贷款打包出售，以拍卖、询价、竞争性谈判、招标等市场方式出售，其出售价格低于计税成本的差额，可以作为资产损失税前申报扣除，但应出具贷款处置方案、作价依据、出售过程的情况说明、出售合同或协议、成交及入账证明、贷款的计税基础等确定依据。

十八、尾矿库达到设计使用年限报废资产损失税前扣除问题

根据《国家税务总局关于发布〈企业资产损失所得税税前扣除管理办法〉的公告》（国家税务总局公告2011年第25号）第三条规定，达到设计使用年限报废的尾矿库，因特殊原因无法处置的，由企业提供书面说明，可以按照《国家税务总局关于发布〈企业资产损失所得税税前扣除管理办法〉的公告》（国家税务总局公告2011年第25号）第三十条的规定，以尾矿库的账面净值确认为损失金额在税前扣除。已在税前申报扣除损失的尾矿库以后年度又处置的，处置收入应计入处置年度的应纳税所得额。

十九、企业正常销售的产品因市场价格波动造成售价低于成本的差额是否应作为资产损失进行清单申报问题

根据《实施条例》第三十二条规定，损失是指企业在生产经营活动中发生的固定资产和存货的盘亏、毁损、报废损失，转让财产损失，呆账损失，坏账损失，自然灾害等不可抗力因素造成的损失及其他损失。企业正常销售的产品因市场价格波动造成的售价低于成本的差额，不属于《实施条例》第三十二条规定的损失，因此不需进行清单申报。

二十、风电企业取得CDM项目所得是否可以作为基础设施项目（电力类）所得享受企业所得税优惠问题

根据《财政部　国家税务总局关于中国清洁发展机制基金及清洁发展机制项目实施企业有关企业所得税政策问题的通知》（财税〔2009〕30号）第二条规定，CDM项目所得是指企业实施CDM项目取得的温室气体减排量转让收入扣除上缴国家的部分，再扣除企业实施CDM项目发生的相关成本、费用后的净所得。根据《财政部　国家税务总局关于执行公共基础设施项目企业所得税优惠目录有关问题的通知》（财税〔2008〕46号）第二条规定，企业同时从事不在《公共基础设施项目企业所得税优惠目录》范围内的项目取得的所得，应与享受优惠的公共基础设施项目所得分开核算，并合理分摊期间费用。因此风电企业的CDM项目所得与公共基础设施项目（电力类）所得应分别单独核算，按各自项目规定的企业所得税政策处理。

二十一、符合农、林、牧、渔项目减免企业所得税的企业收到政府有关部门拨付的财政性资金所得税处理问题

根据《实施条例》第一百零二条规定，企业同时从事适用不同企业所得税待遇的项目的，其优惠项目应当单独计算所得。因此企业应将取得的有关部门拨付的财政性资金与优惠项目分别核算，对取得的政府有关部门拨付的财政性资金，凡符合不征税收入条件的按不征税收入进行处理，凡不符合不征税收入条件的计入应纳税所得额。

二十二、拍卖公司、工程监理、质量监督、招标代理机构能否核定征收企业所得税问题

根据《国家税务总局关于企业所得税核定征收若干问题的通知》（国税函〔2009〕377 号）第一条第五款规定，经济鉴证类社会中介机构不能核定征收企业所得税。拍卖公司、工程监理、质量监督、招标代理机构从事的主营项目若属于《国务院办公厅转发国务院清理整顿经济鉴证类社会中介机构领导小组关于经济鉴证类社会中介机构与政府部门实行脱钩改制意见的通知》（国办发〔2000〕51 号）规定的经济鉴证类社会中介机构的经营范围，则不能核定征收企业所得税。

特此公告。

河北省国家税务局转发国家税务总局关于印发《企业资产损失税前扣除管理办法》的通知

（冀国税发〔2009〕94号　2009年5月22日发布）

各市国家税务局、各扩权县（市）国家税务局：

现将《国家税务总局关于印发〈企业资产损失税前扣除管理办法〉的通知》（国税发〔2009〕88号，以下简称《办法》）转发给你们，结合我省情况，补充如下规定，请一并贯彻执行。

一、企业资产损失税前扣除的申请截止日应按照《办法》第八条的规定执行。企业因特殊原因不能按时申请审批的，经负责审批的国家税务局同意后可适当延期申请。如无特殊原因，原则上逾期不再受理。

二、资产损失税前扣除报批程序

企业可直接向有权审批的国家税务局申请，也可向所在地县级国家税务局申请，由所在地县级国家税务局核准后转报有权审批的国家税务局。

三、资产损失审批权限

（一）金融企业当年申请扣除的资产损失（专指贷款损失），每笔损失金额在500万元（含）以上的，由省国家税务局审批，100－500万元的，由市国家税务局审批，100万元（不含）以下的，由县级国家税务局审批。

（二）其他企业当年申请扣除的资产损失和金融企业贷款损失外的其他损失，金额在2000万元（含）以上的，由省国家税务局审批，500－2000万元的，由市国家税务局审批，500万元（不含）以下的，由县级国家税务局审批。

（三）扩权县（市）国家税务局审批权限比照市国家税务局权限执行。

四、成立重大资产损失税前扣除事项审批委员会

为确保审批工作的准确性和严肃性，省、市、县级国家税务局要分别成立重大资产损失税前扣除事项审批委员会。主任委员由局长担任，副主任委员由主管局领导担任，委员会成员由税政、法规、征管、稽查、计统等职能部门的主要负责人组成。

（一）下列资产损失税前扣除事项应由审批委员会审核决定

1. 税前扣除金额较大的事项。具体标准为：省国家税务局审批的资产损失税前扣除金额在5000万元（含）以上的；市级国家税务局审批的资产损失税前扣除金额在1500万元（含）以上的；县级国家税务局审批的资产损失税前扣除金额在300万元（含）以上的。

2. 税前扣除复杂的事项。

（二）重大资产损失税前扣除事项审批委员会的审核决定按照下列程序进行

1. 对于由审批委员会审核决定的资产损失税前扣除事项，主管职能部门审核结束后，提交审批委员会各成员；

2. 各成员审核后，签署审核意见，返还主管职能部门；

3. 主管职能部门根据审批委员会审核结果，经局长或主管局领导批示后，作出准予或不予税前扣除的决定，并在规定的时间内送达纳税人。

五、资产损失税前扣除审批时限

负责审批的国家税务局应对企业资产损失税前扣除审批申请即报即批。省、市、县级国家税务局应自受理之日起30个工作日内完成。

因情况复杂需要核实,在规定期限内不能作出审批决定的,经本级国家税务局负责人批准,可以适当延长期限,但延期期限不得超过30天。同时,应将延长期限的理由告知申请人。

六、各级国家税务局要按照权责统一的原则,落实谁审批、谁负责的制度要求,强化责任意识,把好审核审批关。审批企业资产损失税前扣除,依据要充分,资料要齐全,手续要完备,要有审核人的调查报告。

七、负责审批资产损失税前扣除的国家税务局,应设立资产损失税前扣除管理台账,详细登记损失类别、申报金额、审批金额、批准时间、批准文号、扣除年度等内容,建立资产损失税前扣除动态管理监控机制,加强税前扣除的后续管理。要适时开展对资产损失税前扣除审批工作的抽查监督和专项执法检查,对检查中发现的问题,要严格按照税收征管法和执法责任制的有关规定进行处理。

河 南

河南省国家税务局关于企业资产损失所得税税前扣除管理有关问题的公告

（河南省国家税务局公告2012年第1号 2012年2月27日发布并执行）

为方便企业进行资产损失税前扣除申报，规范和完善企业资产损失所得税税前扣除管理工作，根据《国家税务总局关于发布〈企业资产损失所得税税前扣除管理办法〉的公告》（国家税务总局公告2011年第25号）（以下简称《总局公告》）规定，现就企业资产损失税前扣除管理的有关问题公告如下：

一、企业发生的资产损失，应按规定的程序和要求向主管国税机关申报后方能在税前扣除。未经申报的损失，不得在税前扣除。

二、企业发生的资产损失，可在年度汇算清缴申报前向税务机关报送。也可在进行企业所得税年度汇算清缴申报时，将资产损失申报材料和纳税资料作为企业所得税年度纳税申报表的附件一并向税务机关报送。

三、属于专项申报的资产损失，企业因特殊原因不能在规定的时限内报送相关资料的，可以依法向主管国税机关提出申请，报送《企业资产损失所得税税前扣除延期申报申请表》，经主管国税机关同意后，可适当延期申报。企业提请资产损失延期申报并经税务机关依法同意的，在汇算清缴申报时可以暂按企业自行计算的资产损失额进行扣除。企业应在规定的延期期限内进行资产损失所得税税前扣除申报，在规定的期限内不能按时进行资产损失所得税税前扣除申报或者申报扣除的资产损失与事先计算的损失额有差异的，按照相关规定进行税务处理。

四、企业发生的属于《总局公告》规定需经国家税务总局批准后才能扣除或延长追补确认期限的资产损失，企业应于申报当年尽快将资产损失专项申报材料按有关规定向主管国税机关报送，由主管国税机关层报国家税务总局批准。

五、企业发生属于《总局公告》规定应以清单方式申报扣除的资产损失，企业可按会计核算科目进行归类、汇总，有关会计核算资料和纳税资料留存备查，并依法向主管国税机关提供以下材料：

（一）企业资产损失税前扣除清单申报的申请报告；

（二）《企业资产损失（清单申报）所得税税前扣除汇总表》；

（三）税务机关要求的其他资料。

六、企业发生属于《总局公告》规定应以专项申报方式申报扣除的资产损失，企业应逐项（或逐笔）报送，并依法向主管国税机关提供以下材料：

（一）企业资产损失税前扣除专项申报的申请报告；

（二）《企业资产损失（专项申报）所得税税前扣除申报表》；

（三）《总局公告》规定的各类具体资产损失对应的证据材料；

（四）企业对提供的证据材料真实性承担法律责任的声明；

（五）税务机关要求的其他资料。

七、在中国境内跨地区（指跨省、自治区、直辖市和计划单列市）经营的汇总纳税企业（含缴纳企业所得税未纳入中央和地方分享范围的企业）发生的资产损失，按以下规定依法申报扣除：

（一）总机构及其二级分支机构、三级分支机构发生的资产损失，除应按专项申报和清单申报的有关规定，各自向当地主管国税机关申报外，各分支机构同时还应上报上级机构；

（二）总机构及其二级分支机构对下属分支机构上报的资产损失，除税务机关另有规定外，应以清单申报的形式向当地主管国税机关进行申报；

（三）三级以下分支机构发生的资产损失，由其三级分支机构按照专项申报和清单申报的规定，统一向当地主管国税机关申报。

八、在河南省内跨市经营的汇总纳税企业发生的资产损失，按以下规定依法申报扣除：

（一）总机构及其二级分支机构发生的资产损失，按专项申报和清单申报的有关规定，各自向当地主管国税机关进行资产损失税前扣除申报，各分支机构同时还应上报总机构；

（二）总机构对各分支机构上报的资产损失，除税务机关另有规定外，应以清单申报的形式向当地主管国税机关进行申报；

（三）三级（含）以下分支机构发生的财产损失，统一由其二级分支机构按照专项申报和清单申报的有关规定，向当地主管国税机关申报。

九、企业资产损失统一由主管国税机关办税服务厅（室）窗口受理，在受理过程中发现有不符合法律规定、《总局公告》和本公告要求的，税务机关应当主动提供提醒服务，告知企业改正。

主管国税机关办税服务厅（室）窗口受理企业申报的资产损失后，应在《企业资产损失（清单申报）所得税税前扣除汇总表》或《企业资产损失（专项申报）所得税税前扣除申报表》相应的栏内加盖受理专用章，注明受理日期。并自受理之日起 3 个工作日内将企业申报资料传递给企业资产损失税前扣除管理部门。

十、国税机关应加强企业资产损失税前扣除的后续管理，按照分项建档、分级管理的原则，建立《企业资产损失所得税税前扣除管理台账》，记录资产损失税前扣除年度、类别、会计科目、金额等内容，对企业申报的资产损失税前扣除资料存档备查。

对单笔资产损失金额在 100 万元（含）以上或经审核后发现不符合资产损失税前扣除规定、或存有疑点、异常情况的资产损失，应及时进行核查。对有证据证明申报扣除的资产损失不真实、不合法的，应依法作出税收处理。

十一、国税机关应加强对企业资产损失税前扣除工作的监督检查。对单笔资产损失金额在 1 亿元（含）以上的，各地受理后应及时报备省级国税机关。市级国税机关报备标准由各地自行制定。

十二、本公告自发布之日起执行。2011 年度企业所得税汇算清缴工作适用于本公告。

特此公告。

附件：

1.《企业资产损失所得税税前扣除延期申报申请表》

2.《企业资产损失（清单申报）所得税税前扣除汇总表》

3.《企业资产损失（专项申报）所得税税前扣除申报表》

4.《企业资产损失所得税税前扣除管理台账》（略）

附件1

企业资产损失所得税税前扣除延期申报申请表

金额单位:元

纳税人名称			
纳税人识别号		申报扣除年度	
资产类别	会计科目	申报扣除金额	申报损失原因
申请延期申报理由: 经办人: 纳税人(签章): 申报日期: 年 月 日			
以下由税务机关填写			
核准延期申报期限	年 月 日前		
经办人: 年 月 日	负责人: 年 月 日	税务机关(签章) 年 月 日	

注:

1. 本表为 A4 竖表;
2. 本表适用于申请企业资产损失所得税税前扣除延期申报的企业填报;
3. 资产损失类别按照《总局公告》确定的类别填报;
4. 申报损失原因按照实际发生的原因填报;
5. 核准延期申报期限指税务机关批准的准予延期申报的截止日期;
6. 本表一式两份,企业、主管国税机关分别留存一份。

附件 2

企业资产损失(清单申报)所得税税前扣除汇总表

金额单位:元

纳税人名称			
纳税人识别号		申报扣除年度	
资产类别	会计科目	申报扣除金额	申报损失原因
合计	----------		-----------
纳税人公章: 经办人: 申报日期:　　年　　月　　日		主管国税机关受理专用章: 受理人: 受理日期:　　年　　月　　日	

注:

1. 本表为 A4 竖表;
2. 本表适用于以清单申报方式申报资产损失税前扣除的企业填报;
3. 资产损失类别按照《总局公告》确定的类别填报;
4. 申报损失原因按照实际发生的原因填报;
5. 本表一式两份,企业、主管国税机关分别留存一份。

附件3

企业资产损失(专项申报)所得税税前扣除申报表

金额单位:元

纳税人名称			
纳税人识别号		申报扣除年度	
资产损失类别			
申报扣除金额			
损失原因			
证据资料清单	1. 对提供的证据材料真实性承担法律责任的声明; 2. 企业资产损失税前扣除专项申报的申请报告; 3. 4. 5. 6. … 共　份		
纳税人公章: 经办人: 申报日期:　年　月　日		主管国税机关受理专用章: 受理人: 受理日期:　年　月　日	

注:

1. 本表为A4竖表;
2. 本表适用于以专项申报方式申报资产损失税前扣除的企业填报;
3. 资产损失类别按照《总局公告》确定的类别填报;
4. 申报损失原因按照实际发生的原因填报;
5. 本表一式两份,企业、主管国税机关分别留存一份。

湖　北

企业资产损失税前扣除管理实施办法(试行)

(湖北省国家税务局公告2011年第13号　2011年9月5日发布
自2011年10月1日起施行)

第一条　为进一步规范和完善企业资产损失所得税税前扣除管理工作,根据《中华人民共和国企业所得税法》及其实施条例、《财政部、国家税务总局关于企业资产损失税前扣除政策的通知》(财税〔2009〕57号)和《国家税务总局关于发布〈企业资产损失所得税税前扣除管理办法〉的公告》(国家税务总局2011年第25号公告)(以下简称"《公告》")的有关规定,结合我省工作实际,特制定本办法。

第二条　凡我省范围内由国税机关征收管理企业所得税纳税人的资产损失税前扣除事项均按本办法执行。

第三条　本办法所称资产是指企业拥有或者控制的、用于经营管理活动相关的资产,包括现金、银行存款、应收及预付款项(包括应收票据、各类垫款、企业之间往来款项)等货币性资产,存货、固定资产、无形资产、在建工程、生产性生物资产等非货币性资产,以及债权性投资和股权(权益)性投资。

第四条　企业发生的资产损失,应当按照规定的程序和要求向主管国税机关申报后方能在税前扣除。未经申报的损失,不得在税前扣除。

第五条　企业发生属于《公告》第九条规定范围内的资产损失,应当以清单申报的方式向主管国税机关申报扣除的,企业在进行年度申报时,填写《企业资产损失(清单申报)税前扣除申报表》(表式见附件1),该表作为企业所得税年度纳税申报表的附件一同报送。

第六条　企业发生属于《公告》第十条规定范围内的资产损失,应当以专项申报的方式向主管国税机关申报扣除。专项申报应当提供下列资料:

(一)《企业资产损失(专项申报)税前扣除申报表》(表式见附件2);

(二)《资产损失专项申报明细表》(表式见附件3);

(三)《企业资产损失(专项申报)税前扣除报送资料清单》(表式见附件4);

(四)会计核算资料及其他相关的纳税资料,如相关帐页、凭证、发票等复印件;

(五)按《公告》要求的企业资产损失相关证据材料(按资产损失类别提供)。

第七条　属于清单申报的资产损失,可即时申报也可在年度申报时一并报送,但不得延期申报。

属于专项申报的资产损失,应当在损失已发生或符合法定资产损失确认条件,且会计上已作损失处理后,向主管国税机关申报扣除;也可在年度申报时一并报送。企业因特殊原因不能在规定的时限内报送相关资料的,可以向主管国税机关提出申请,填写《企业资产损失专项申报延期申请表》(表式见附件5),经主管国税机关同意后,可适当延期申报,但最长不得超过30日。

第八条　对跨县(市)经营的汇总纳税企业,应按《公告》第十一条的规定申报扣除,具体要求是：

（一）总机构及其分支机构发生的资产损失，应按专项申报和清单申报的有关规定，各自分别向当地主管国税机关申报，各分支机构同时还应将其所在地主管国税机关已受理的《企业资产损失（清单申报）税前扣除申报表》、《企业资产损失（专项申报）税前扣除申报表》逐级上报总机构；我省范围之外的分支机构发生的资产损失，应按当地主管税务机关的要求进行申报，并据此上报总机构。

（二）总机构以清单申报形式向所在地主管国税机关汇总申报各分支机构上报的资产损失时，应提供各分支机构所在地主管国税机关已受理的《企业资产损失（清单申报）税前扣除申报表》、《企业资产损失（专项申报）税前扣除申报表》；我省范围之外的分支机构发生的资产损失，应提供已向当地主管税务机关申报的相关资料。总机构及其各分支机构未经申报的资产损失，不得在税前扣除。

第九条 属于专项申报的资产损失，有下列情形之一的，主管国税机关应及时进行实地核查，并进行跟踪管理。

（一）资产损失数额较大的（指占企业该类资产计税成本 10% 以上，或减少当年应纳税所得、增加亏损 10% 以上，下同）；

（二）经评估后发现不符合资产损失税前扣除规定的；

（三）存有疑点、异常情况的；

（四）损失证据不易保存的；

（五）其他有必要实施实地核查的。

第十条 主管国税机关企业资产损失管理工作分为受理、评估、复核三个环节：

（一）受理，由办税服务窗口负责。

办税服务窗口受理企业申报资产损失申请资料时，应根据《公告》的相关规定对资料的完整性以及是否符合法定形式进行审查。对符合资产损失申报要求的，受理人员在企业填报的《企业资产损失（清单申报）税前扣除申报表》、《企业资产损失（专项申报）税前扣除申报表》的相应行次填写受理意见并签章后，交一份（或三份）（具体见填表说明）给企业留存备查。对不符合资产损失申报要求的，受理人员应将原申报资料退回企业，并告知企业需补正的相关资料、补正期限等要求。企业拒绝改正的，主管国税机关有权不予受理。

办税服务窗口受理后，应自受理之日起 2 个工作日内将企业申报表及相关资料传递给税源管理部门。

（二）评估，由税源管理部门负责。

1. 企业属于清单申报的资产损失，税源管理部门应结合日常管理工作开展评估。对符合规定的，评估报告完成后 2 个工作日内传递给所得税管理部门归档备案；在评估中发现有疑问的，应组织实地核查，并根据核查情况出具书面核查报告，经税源管理部门负责人签署意见后 2 个工作日内传递给所得税管理部门。

2. 企业属于专项申报的资产损失，税源管理部门的评估人员负责审核评估资料中的数字逻辑关系、政策依据的正确性、准确性以及企业提供的外部证据合法性；核实资产损失税前扣除金额和扣除年度的准确性。对存在本办法第九条所列情形之一的，应重点就以下内容进行实地评估：

(1)有关资产管理的内部控制是否存在、有效且一贯遵守;

(2)确认损失前资产是否存在并为企业拥有或控制;

(3)对因报废、毁损、废弃、拆除、变质或停建的资产,应到现场查看资产的现状,并记录或拍照或者查验相关影像资料等;

(4)审核外部证据是否具有合法性;

(5)根据相关会计记录及其他资料判定企业资产损失的真实性、合理性及其所属年度;

(6)审核确定企业资产损失前计税基础、损失后账面价值、累计折旧或已摊费用、残值及责任赔偿等;

(7)其他需要核查的。

评估完成后,评估人员应提交书面评估报告,经税源管理部门负责人同意并签署意见后,连同企业申报资料一并在2个工作日内传递给所得税管理部门。

(三)复核,由所得税管理部门负责。

所得税管理部门应及时对税源管理部门评估情况进行复核。复核人员在复核过程中发现疑点的,可进行实地核查。复核结束后,复核人员应提交书面复核报告,经所得税管理部门负责人签署意见,报分管局领导审签后转税源管理部门执行。

第十一条　对企业发生的单笔(或单项)金额在2000万元(含)以上,且已经主管国税机关复核过的资产损失,由复核部门于复核工作完成后的5个工作日内上报至市州局所得税管理部门进行复审,各市州局应在30个工作日内完成复审工作,出具复审报告,并交主管国税机关执行。

对企业发生的单笔(或单项)金额在5000万元(含)以上的资产损失,由各市州局所得税管理部门在复审工作完成后10个工作日内将复审报告和相关资料报省局备案。

第十二条　各级国税机关在对企业资产损失进行复核、复审后,应区分不同情况,作出相应税收处理。

(一)对符合政策规定的,将有关资料归档,由主管国税机关的所得税管理部门录入企业资产损失税前扣除管理台账或管理系统。

(二)对未按规定的程序和要求向主管国税机关申报或申报扣除的资产损失不真实、不合法的,按以下情形作出税务处理:

1. 未进行年度汇缴申报的,由税源管理部门制作《税务事项告知书》通知企业在年度申报时依法作出纳税调整。

2. 已进行年度汇缴申报且仍然在申报期内的,由税源管理部门制作《税务事项告知书》通知企业进行更正申报;超过申报期的通知企业进行补充申报,并按有关规定处理。

3. 涉嫌逃避缴纳税款的,按有关规定移交稽查处理。

第十三条　主管国税机关的所得税管理部门应建立企业资产损失所得税税前扣除管理台账,按照档案管理的有关规定和“一户一档”的原则,对企业资产损失申报资料和相关文书实施档案管理。

第十四条　年度汇算清缴工作结束后,各市州局应对下级国税机关的企业资产损失管理工作进行检查;省局将对各地企业资产损失的管理工作进行抽查,并通报抽(检)查结果。

第十五条　主管国税机关负责对已受理的资产损失申报事项进行汇总统计,填写并逐级上报《企业资产损失评估、核查情况汇总表》(表式见附件6)。各市州、林区、直管市国家税务局应于每年6月底前汇总相关数据,将《企业资产损失评估、核查情况汇总表》和专项工作报告上报省局。报告内容应包括资产损失申报、评估或核查情况(含实地核查情况)、主要做法、存在问题及建议。

第十六条 本办法所称"主管国税机关"是指县(市、区)国家税务局(包括县级直属分局)。

附件(略)

企业填报类:

1.《企业资产损失(清单申报)税前扣除申报表》

2.《企业资产损失(专项申报)税前扣除申报表》

3.《资产损失专项申报明细表》

4.《企业资产损失(专项申报)税前扣除报送资料清单》

5.《企业资产损失专项申报延期申请表》

各级国税机关填报表:

6.《企业资产损失评估、核查情况汇总表》

湖北省地方税务局转发国家税务总局印发的《企业资产损失税前扣除管理办法》的通知

(鄂地税发〔2009〕144 号　2009 年 6 月 2 日发布)

各市、州、林区、县(市、区)地方税务局:

现将《国家税务总局关于印发〈企业资产损失税前扣除管理办法〉的通知》(国税发〔2009〕88 号,以下简称《办法》)转发给你们,并就有关问题明确如下,请一并遵照执行。

一、自行扣除资产损失管理

《办法》对企业自行计算扣除的资产损失采取了正列举的方式,对在此范围外的各类资产损失明确必须经税务机关审批后方可扣除。对于企业发生的资产损失,凡无法准确辨别属于自行计算扣除的资产损失,须向税务机关提出审批申请。企业在正常经营管理中因销售、转让、变卖固定资产、生产性生物资产、存货发生的资产损失可自行计算扣除,但要注意防止企业利用关联交易或非正常经营管理需要交易人为形成资产损失,侵蚀税基。

对企业自行扣除的资产损失,主管税务机关应要求纳税人做好相关资产会计核算资料、凭据及证明的保存、归档,以备税务机关日常检查需要。

二、资产损失审批程序及权限

企业发生的须经税务机关审批后才能扣除的资产损失,不须层层审批,可直接向有权审批的税务机关申请。结合近几年我省的实际执行情况,对企业年度内申请扣除的损失净额在 500 万元(武汉市 1000 万元,均含本数)以上的财产损失由市州局负责审批。限额以下的损失由县(市、区)局负责审批。

三、资产损失审批时限

负责审批的税务机关应当自受理之日起 30 个工作日内做出审批决定。因情况复杂需要核实,在规定期限内不能做出审批决定的,经本级税务机关负责人批准,可以适当延长期限,但延期期限不得超过 30 天。同时应将延长期限的理由告知申请人。

四、资产损失受理时间

负责审批的税务机关受理企业当年的资产损失审批申请的截止日为本年度终了后 45 日。如无特殊原因,原则上逾期不再受理。如需延期,须经负责审批的税务机关同意。对《办法》第三条规定的以前年度的损失在本年提出税前扣除审批申请的,应及时受理,按程序报批。

五、资产损失的监督管理

在审批时,负责审批的税务机关对企业按规定提供的资产损失税前扣除申报材料与法定条件进行符合性审查,不改变企业的依法申报责任。但审批扣除后,主管税务机关应对企业自行申报扣除和审批扣除的资产损失进行实地核查确认。上一级税务机关每年汇算清缴结束后应组织对下一级税务机关每一纳税年度审批的损失事项进行抽查监督。省级税务机关每年在市州局统计上报户中抽查部分户进行重点检查,对检查中发现的问题,严格按照税收征管法和执法责任制的有关规定处理。

六、资产损失的台账管理

负责审批资产损失税前扣除的税务机关,应设立资产损失税前扣除登记管理台账,详细登记损失类别、申报金额、审批金额、批准文号、扣除年度等。每年6月底前各市州局应认真填写《企业资产损失审批情况统计表》(见附件)上报省局(税政二处)。

湖　南

湖南省国家税务局企业资产损失所得税税前扣除管理实施办法

（湖南省国家税务局公告2013年第2号　2013年5月31日发布
自2013年7月1日起施行）

第一条　根据《国家税务总局关于发布〈企业资产损失所得税税前扣除管理办法〉的公告》（国家税务总局公告2011年第25号，以下简称《管理办法》）规定，制定本实施办法。

第二条　本实施办法适用于湖南省各级国家税务机关及其征管的企业所得税纳税义务人。

第三条　企业资产损失税前扣除由企业根据《管理办法》的规定向主管税务机关进行清单申报（表样见附件1）和专项申报（报告样式见附件2）。

进行专项申报的资产损失，必须附送《管理办法》规定的相关证据资料。

第四条　企业应在年度企业所得税汇算清缴时向主管税务机关申报税前扣除的资产损失。申报资料及相关证据资料至少一式两份，一份报送主管税务机关，一份由企业留存备查。

第五条　主管税务机关应及时受理企业申报的资产损失税前扣除事项并签收申报资料。

企业必须对申报资料的真实性、完整性和合法性负责，对虚报多报资产损失、变造伪造申报资料的行为承担相应法律责任。

第六条　跨省（市、自治区）经营的汇总纳税企业总机构及其二级分支机构（二级以下汇总到二级）发生的资产损失，以及省内跨市（州）、县（市、区）经营的汇总纳税企业总机构及其二级、三级分支机构（三级以下汇总到三级）发生的资产损失，按如下规定申报扣除：

（一）总机构本身及其分支机构发生的资产损失，应分别向所在地税务机关申报，并报送所有申报资料。分支机构还应向总机构上报所有申报资料，其中向总机构上报的《企业资产损失税前扣除清单》和《企业资产损失税前扣除专项报告》应有分支机构所在地税务机关的签收字样。

（二）总机构对各分支机构上报的资产损失，汇总后在汇算清缴申报时以清单申报形式向所在地主管税务机关申报。

第七条　主管税务机关在汇算清缴工作结束后，要对企业资产损失税前扣除事项进行风险评估，对资产损失金额较大或经评估后发现不符合资产损失税前扣除规定，或存有疑点、异常情况的，应及时进行核查和调整。

有证据证明企业申报税前扣除的资产损失不真实、不合法甚至提供虚假证明的，应及时按《中华人民共和国税收征收管理法》及其实施细则的有关规定处理。

第八条　各级国税机关按照规定权限和程序对企业资产损失进行核查。

第九条　主管税务机关负责对受理的企业资产损失申报资料进行收集整理、分户归档，档案的保管要求和时限与纳税人的其他纳税资料一致。

各级国税机关应建立资产损失受理、档案保管检查制度。

第十条　主管税务机关应建立资产损失税前扣除管理台账，市（州）局应于每年6月底前按相关要求将上年度资产损失税前扣除管理情况上报省局。

第十一条 本实施办法由湖南省国家税务局负责解释。

第十二条 本实施办法自2013年7月1日起执行,《湖南省国家税务局关于发布〈湖南省国家税务局企业资产损失所得税税前扣除管理实施办法〉的公告》(湖南省国家税务局公告2011年第6号)同时废止。本实施办法生效之日前尚未进行税务处理的企业资产损失事项按本实施办法执行。

湖南省国家税务局企业资产损失所得税税前扣除管理实施办法

（湖南省国家税务局公告2011年第6号　2011年7月1日发布
自2011年1月1日起施行）

第一条　根据《国家税务总局关于发布〈企业资产损失所得税税前扣除管理办法〉的公告》（国家税务总局公告2011年第25号，以下简称《管理办法》）规定，制定本实施办法。

第二条　本实施办法适用于湖南省各级国家税务机关及其征管的企业所得税纳税义务人。

第三条　企业资产损失税前扣除由企业根据《管理办法》的规定向主管税务机关进行清单申报（表样见附件1）和专项申报（报告样式见附件2）。

进行专项申报的资产损失，必须附送《管理办法》规定的相关证据资料和具有法定资质、纳入注册税务师行业监管的中介机构的经济鉴定证明。

第四条　企业应在年度企业所得税汇算清缴时向主管税务机关申报税前扣除的资产损失。申报资料及相关证据资料至少一式两份，一份报送主管税务机关，一份由企业留存备查。

第五条　主管税务机关应及时受理企业申报的资产损失税前扣除事项并签收申报资料。签收仅表示税务机关收到企业报送的资料，不作为企业合法扣除依据。

企业必须对申报资料的真实性、完整性和合法性负责，对虚报多报资产损失、变造伪造申报资料的行为承担相应法律责任。

第六条　跨省（市、自治区）经营的汇总纳税企业总机构及其二级分支机构（二级以下汇总到二级）发生的资产损失，以及省内跨市（州）、县（市、区）经营的汇总纳税企业总机构及其二级、三级分支机构（三级以下汇总到三级）发生的资产损失，按如下规定申报扣除：

（一）总机构本身及其分支机构发生的资产损失，应分别向所在地税务机关申报，并报送所有申报资料。分支机构还应向总机构上报所有申报资料，其中向总机构上报的《企业资产损失税前扣除清单》和《企业资产损失税前扣除专项报告》应有分支机构所在地税务机关的签收字样。

（二）总机构对各分支机构上报的资产损失，汇总后在汇算清缴申报时以清单申报形式向所在地主管税务机关申报。

第七条　主管税务机关在汇算清缴工作结束后，要对企业资产损失进行重点评估，对资产损失金额较大或经评估后发现不符合资产损失税前扣除规定，或存有疑点、异常情况的，应及时进行核查和调整。

有证据证明企业申报税前扣除的资产损失不真实、不合法甚至提供虚假证明的，应及时按《中华人民共和国税收征收管理法》及其实施细则的有关规定处理。

第八条　税务机关可根据以下原则对企业资产损失进行核查：

（一）就地缴纳企业所得税的企业资产损失由市（州）国税局或县（市、区）国税局进行核查，核查方式由各市州国税局确定。

（二）总机构在省外的跨省（市、自治区）经营的汇总纳税企业的分支机构资产损失税前扣除，由二级（二级以下汇总到二级）分支机构所在地主管国税机关进行核查。金额在2000万元以上(含2000万元)的可由二级分支机构所在地市(州)国税局进行核查。

(三)总机构在省内的跨省(市、自治区)经营和省内跨市(州)经营的汇总纳税企业资产损失核查由省国税局负责牵头组织;市(州)内跨县(市、区)经营的汇总纳税企业资产损失核查由各市州国税局负责牵头组织。

(四)省国税局可视具体情况对市(州)、县(市、区)所属各类企业资产损失税前扣除事项进行抽查。

第九条 主管税务机关负责对受理的企业资产损失申报资料进行收集整理、分户归档,档案的保管要求和时限与纳税人的其他纳税资料一致。

各级国税机关应建立资产损失受理、档案保管检查制度。

第十条 主管税务机关应建立资产损失税前扣除管理台账,市(州)局应于每年6月底前按相关要求将上年度资产损失税前扣除管理情况上报省局。

第十一条 本实施办法由湖南省国家税务局负责解释。

第十二条 本实施办法自2011年1月1日起执行,本办法生效之日前尚未进行税务处理的企业资产损失事项按本办法执行。

湖南省国家税务局注销登记管理工作制度(试行)

(湖南省国家税务局公告2010年第2号　2010年10月20日发布
自2011年1月1日起施行)

第一条　为加强注销税务登记管理,提高征管质效,根据《税务登记管理办法》(国家税务总局令〔2003〕第7号)规定,结合我省税收工作实际,制定本制度。

第二条　注销税务登记适用范围:

(一)纳税人发生解散、破产、撤销、迁移以及其他情形,依法终止纳税义务的;

(二)按照规定不需要在工商行政管理机关办理注销登记的纳税人,被有关机关批准或者宣告终止的;

(三)纳税人因生产、经营场所变动而涉及改变税务登记机关的;

(四)纳税人被工商行政管理机关吊销营业执照或者被其他机关予以撤销登记的。

第三条　纳税人申请办理注销税务登记时,国税机关需要审核以下资料:

(一)《注销税务登记申请审批表》;

(二)主管国税机关原发放的税务登记证件及发票领购簿;

(三)主管部门或董事会(职代会)的决议,或其它有关证明文件;

(四)符合清算条件的企业注销税务登记必须提供清算组织的清算报告;

(五)有分支机构的应提交证明分支机构已经注销的《税务事项通知书》;

(六)营业执照被吊销的应提交工商行政管理部门送达的吊销决定文书。

第四条　纳税人提交注销税务登记申请后,主管国税机关税源管理部门或征管部门原则上应于5个工作日内进行注销结算,并出具结算报告。报告应当包括以下内容:

(一)纳税人近三年的税款缴纳情况以及欠税清理情况;

(二)纳税人的税收优惠情况、查补处罚情况、发票领用存情况;

(三)小规模纳税人年应税销售额超过标准,是否按规定办理一般纳税人资格认定相关情况;

(四)纳税人清算时存货、设备的处置情况等。

第五条　实行定期定额征收且年应税销售额未超过小规模纳税人标准的个体工商户,可以不制作注销结算报告。

第六条　对于稽查部门正在检查的纳税人,主管国税机关应在税务稽查事项全部处理完毕后,方可办结注销。

对于符合清算条件进行清算的企业所得税纳税人,主管国税机关应督促其在清算期间按规定申报,对清算所得依法征税后,方可办结注销。

对于增值税抵扣凭证清分比对信息尚未下发的增值税纳税人,主管国税机关应在接收总局清分比对结果后,结清税款,方可办结注销。

第七条　主管国税机关在办理注销结算时,结合实际情况,可以参考纳税人自愿委托税务代理等中介机构所出具的注销清算报告。

第八条　主管国税机关在进行注销结算时,发现纳税人有下列情形之一的,应移送稽查部门进行查处：

（一）有偷税、逃避追缴欠税、骗取出口退税、抗税或其他需要立案查处的税收违法行为嫌疑的；

（二）有伪造、倒卖、非法代开、虚开发票等其他重大发票违法违章行为的；

（三）增值税专用发票稽核比对异常的、税控系统开具的机动车销售统一发票稽核比对异常的。

第九条 纳税人填写《注销税务登记申请审批表》并报送有关资料后，主管国税机关有关部门应为其办结以下相关事项：

（一）办税服务厅收缴税务登记证正副本（有分支机构的先办理分支机构注销）、发票领购簿，办结发票验旧业务，收缴纳税人结存未用的纸质增值税专用发票、各类普通发票，以及税控收款机的税控 IC 卡等税控设备，并结清税款。使用机动车销售统一发票税控系统的机动车零售企业，应接收其机动车销售统一发票开具数据（通过税控系统采集），并收缴税控盘、传输盘及结存未用的纸质机动车销售统一发票。

（二）税政部门进行相关资格注销处理，包括注销增值税一般纳税人资格、出口退税资格等，并收缴相应证件；属于防伪税控企业的，应先办理抄报税和注销发行等相关手续，再收缴金税卡、IC 卡等防伪税控专用设备。

（三）稽查部门办结在查案件。

（四）收入核算部门办理清退多缴税款。

（五）有未处理的违法违章行为，相关部门在办理注销事项前应及时办结。

（六）其它按照规定应于注销前办理的事项。

第十条 办税服务厅将受理的《注销税务登记申请审批表》经登记环节、发票环节、征收环节、税政环节、稽查（检查）环节签署意见后，连同相关资料报税源管理部门或征管部门审核。

实行定期定额征收且年应税销售额未超过小规模纳税人标准的个体工商户，由税源管理部门或征管部门负责人批准注销；其他纳税人由县（市、区）局主管局领导批准注销。

第十一条 办理注销税务登记事项，主管国税机关原则上应当月受理，当月办结；当月未能办结的，应督促纳税人按规定办理纳税申报。

第十二条 县（市、区）国税机关的征管部门应当按季组织对本单位当年的注销户进行抽查，监察部门参与监督，检查其是否仍在继续经营。

对于抽查中发现注销户仍在继续经营的，应责令其办理税务登记或纳入无证户管理，追缴税款、滞纳金，并按《中华人民共和国税收征收管理法》及其实施细则的相关规定进行处罚。

第十三条 各级国税机关应加强与工商、地税等部门的信息共享，了解掌握注销户的相关信息，加强跟踪管理，防止纳税人通过注销的方式来逃避纳税义务。

第十四条 税务人员因未按规定办理注销，导致发票流失或失控、未能清缴税款等后果的，视情节轻重给予通报批评或按规定给予党纪、政纪处分。

第十五条 本制度由湖南省国家税务局负责解释。各地可根据本制度要求，结合当地实际情况，制定具体的实施办法。

第十六条 本制度自 2011 年 1 月 1 日起施行。

湖南省国家税务局关于破产企业增值税政策业务问题的通知

（湘国税函〔1998〕235 号　1998 年 6 月 30 日发布）

最近,各地反映了一些增值税政策业务问题。经研究,现就破产企业增值税政策业务问题明确如下,请遵照执行。

破产企业的增值税政策业务问题,在国家税务总局没有明确规定之前,暂按如下原则处理：

一、人民法院受理破产案件并发布公告后,主管国税机关应及时组织人员对破产企业进行税款结算,积极清理欠税,核实破产企业欠缴税款,滞纳金、罚款数额。

主管国税机关在核实破产企业的欠税额时,应根据纳税人的具体情况对属于国税机关职责范围内的各个税种进行全面核实。

破产企业属增值税一般纳税人的,应以破产企业进入清算期前的欠税额,扣除进入清算期前的尚未抵扣的留抵税额和尚未抵扣的期初存货已征税款后的余额,作为破产企业应清偿的欠税额。若企业的欠税额为负数(不包括期初存货已征税款),属多缴税款的,应予以退税;属留抵税额的,应当允许其在清算期间发生的应纳税额中抵减,抵减后还有余额的,不予退税。主管国税机关应当自接到人民法院受理破产通知之日起 1 个月内,未收到通知的应当自人民法院公告之日起 3 个月内,向人民法院提交破产。

企业应缴未缴税款资料,说明破产企业欠缴税款、滞纳金、罚款的数额以及有无纳税担保等情况。

二、人民法院发布企业破产公告后,主管国税机关应指定专人积极参加人民法院商同级人民政府成立的清算组,协调处理企业破产清算中的涉税事宜。

三、破产企业在和解整顿期间或破产清算过程中,出售和变卖破产企业的应税货物,或生产销售的货物应按规定征收增值税。原为一般纳税人的,按一般纳税人的有关规定征税;原为小规模纳税人的,按小规模纳税人的有关规定征税。其应纳税额的计算方法如下：

(一)对一般纳税人按应税销售额乘以适用税率计征税款;对销售自己使用过的游艇、摩托车和应纳消费税的汽车应按 6% 计征增值税。

(二)工业小规模纳税人按应税销售额乘以 6% 计征税款。商业小规模纳税人按应税销售额乘以 4% 计征税款。

对破产企业出售或变卖本企业生产的应征收消费税的货物应同时按规定征收消费税。

四、人民法院受理破产案件并发布公告后,主管国税机关应及时收回企业的全部发票和发票购领簿,实行代管监开,并将税款及时征收入库。

五、人民法院宣告企业破产后,主管国税机关征收部门应按人民法院裁定的清偿税款、滞纳金、罚款数额,及时组织入库。对无法清偿的欠税额,凭法院的裁定书经县(市)级国税机关批准,予以核销,并将核销数额通知本级计财部门,以法院裁定书影印件作核销欠税的原始凭证,同时报送地、州、市国税机关税政部门备案。

六、人民法院宣告企业破产之日起 15 日内,由主管国税机关注销其企业税务登记,收回原税务登记证正、副本,并对企业破产前的税收征管资料进行整理、归档。

吉　林

吉林省地方税务局关于企业资产损失有关问题的公告

（吉林省地方税务局公告2012年第2号　2012年3月21日发布）

根据《国家税务总局关于发布〈企业资产损失所得税税前扣除管理办法〉的公告》（2011年第25号，以下简称25号公告），结合工作实际，现就我省企业资产损失管理的有关问题补充公告如下：

一、企业发生的资产损失，应当按照规定的程序和要求向县（市、区）地税机关进行申报。属于清单申报的，应当报送《企业资产损失税前扣除清单申报表》或者《汇总纳税企业资产损失税前扣除清单申报表（适用总机构）》及本公告第四条第（二）项规定的材料；属于专项申报的，应当报送本公告第四条规定的材料。

二、企业资产损失事项，可以在年度中间随时向县（市、区）地税机关申报，也可以在年度汇算清缴时作为企业所得税年度纳税申报表的附件一并申报。

三、企业发生资产损失时，应当保留影像资料，如有必要，可以通知主管地税机关到场查验；对于需要销毁的损失资产，应当制作现场销毁记录，并保留影像资料；如有必要，可以通知主管地税机关和政府有关主管部门派人到场监督销毁。

四、企业发生的资产损失，属于专项申报的，除25号公告规定的材料外，还应当向县（市、区）地税机关报送如下材料：

（一）企业资产损失税前扣除专项申报表；

（二）企业资产损失明细情况，内容主要包括发生损失的年度、具体资产损失项目、原因、金额、残值处理情况及净损失金额等；

（三）现场销毁记录（需要销毁的资产损失事项出具），内容主要包括销毁资产的类别、数量、金额及明细表，销毁的时间、地点、方式以及监督销毁人员的签字；如果依法应当由政府有关部门监督销毁的，还应当出具政府有关部门的监督销毁证明材料；

（四）损失资产的照片或照片影印件，其中需要销毁的资产，还应当提供销毁时的照片或照片影印件；

（五）地税机关要求提供的其它材料。

上述材料规格以A4纸为标准，一式两份；符合下列条件之一的，一式三份：

1. 汇总纳税企业的总机构在省内，跨省或市（州）设立的分支机构发生资产损失的；

2. 企业一个纳税年度内发生的资产损失或者一次申报扣除的资产损失金额超过500万元（含500万元）的；

3. 汇总纳税企业的总机构在省内，其将跨省或市（州）设立的分支机构所属资产捆绑打包转让所发生的资产损失。

上述汇总纳税企业总机构还应报送全部专项申报资产损失情况说明。

五、25号公告中规定的资产损失数额较大的标准中，占企业同类资产10%以上的比例计算基数应以损失发生月份的月初同类资产余额为准。

本公告自发布之日起实施。

特此公告。

附件(略)

江　苏

江苏省国税局所得税处　国际税收处关于下发《江苏省国税局企业重组业务企业所得税操作指南》的通知

（2011 年 5 月 17 日发布）

各省辖市、苏州工业园区国家税务局，常熟市、张家港保税区国家税务局，省局直属税务分局：

根据《财政部　国家税务总局关于企业重组业务企业所得税处理若干问题的通知》（财税〔2009〕59 号）、《国家税务总局关于发布〈企业重组业务企业所得税管理办法〉的公告》税务总局公告 2010 年第 4 号，省局制订了《江苏省国税局企业重组业务企业所得税操作指南》，请各地在企业重组所得税税务处理时遵照执行，实务操作中如有问题，请及时向省局反映。

本指南下发时企业已经完成重组业务的，如适用《财政部　国家税务总局关于企业重组业务企业所得税处理若干问题的通知》（财税〔2009〕59 号）特殊税务处理，企业没有按照本指南要求准备相关资料的，建议补备相关资料；需要税务机关确认的，按照本指南要求补充确认。2008—2010 年度企业重组业务尚未进行税务处理的，按本指南处理。

江苏省国税局企业重组业务企业所得税操作指南（试行）

第一章　总　　则

第一条　为规范和加强企业重组业务的企业所得税管理，根据《中华人民共和国企业所得税法》（以下简称《税法》）及其实施条例（以下简称《实施条例》）、《中华人民共和国税收征收管理法》及其实施细则（以下简称《征管法》）、《财政部　国家税务总局关于企业重组业务企业所得税处理若干问题的通知》（财税〔2009〕59 号）（以下简称《通知》）、《国家税务总局关于发布〈企业重组业务企业所得税管理办法〉的公告》（国家税务总局公告（2010）4 号）（以下简称《公告》）等有关规定，制定本指南。

第二条　本指南适用于企业所得税在江苏国税部门征管的纳税人发生《通知》第一条所规定的企业法律形式改变、债务重组、股权收购、资产收购、合并、分立等各类重组业务的企业所得税处理。

第三条　各级国税机关应按照企业重组有关政策规定和本指南要求，切实履行以下职责：

省局负责对全省企业重组所得税管理的指导工作；企业重组适用特殊性税务处理需要确认的相关工作；对全省企业重组适用特殊性税务处理的督查。

省辖市局负责做好本地区企业重组所得税管理工作；本地区企业重组适用特殊性税务处理并申请确认的层报工作；负责组织本地区企业重组适用特殊性税务处理的专业化审核。

县（区）局负责做好本地区企业重组所得税管理工作，本地区企业重组适用特殊性税务处理并申请确认的层报工作。

主管税务机关负责做好所辖范围企业重组适用一般性税务处理的管理工作，企业重组适用特殊性税务处理的备案受理工作，所辖范围企业重组适用特殊性税务处理并申请确认的上报工作以及企业重组的后续管理。

第四条　各级国税机关应对企业重组适用特殊性税务处理实行专业化审核、集体审议。

第二章　一般性税务处理

第五条　企业发生各类重组业务，适用或选择一般性税务处理的，重组当事各方应在重组业务完成年度按规定准备相关资料备查，涉及清算的应及时向主管税务机关报告。

第六条　企业发生《通知》第四条第（一）项规定的由法人转变为个人独资企业、合伙企业等非法人组织，或将登记注册地转移至中华人民共和国境外（包括港澳台地区），应按照《财政部 国家税务总局关于企业清算业务企业所得税处理若干问题的通知》（财税〔2009〕60 号）规定进行清算。

企业清算时，应在报送《企业清算所得税申报表》时，同时附报以下资料：

（一）企业改变法律形式的工商部门或其他政府部门的批准文件；

（二）企业全部资产和负债的计税基础以及评估机构出具的资产评估报告，企业债权、债务处理或归属情况说明；

（三）《资产处置损益明细表》、《负债清偿损益明细表》、《剩余财产计算和分配明细表》；

（四）税务机关要求提供的其他资料证明。

第七条　企业发生《通知》第四条第（二）项规定的债务重组，应准备以下相关资料，以备税务机关检查。

（一）当事各方签订的清偿债务或债权转股权的协议、合同或法院裁定书；

（二）以非货币资产清偿债务的，非货币资产公允价格确认的合法证据；

（三）债权转股权的，债权人取得股权公允价格的合法证据。

第八条　企业发生《通知》第四条第（三）项规定的股权收购、资产收购重组业务，转让方和受让方应准备以下相关资料，以备税务机关检查。

（一）当事各方所签订的股权收购、资产收购业务合同或协议；

（二）相关股权、资产公允价值的合法证据；

（三）转让方以公允价值计算被收购股权、资产转让所得或损失的涉税证明。

第九条　企业发生《通知》第四条第（四）项规定的合并，合并企业和被合并企业应分别按以下规定准备资料：

（一）合并企业应准备以下相关资料，以备税务机关检查。

1. 企业合并的工商部门或其他政府部门的批准文件；

2. 取得被合并企业资产及负债公允价值的合法证据；

3. 被合并企业所得税清算的相关证明；

4. 并入资产帐面价值与计税基础不一致的，提供会计与税法差异台帐。

（二）被合并企业应按照财税〔2009〕60 号文件规定进行清算。在报送《企业清算所得纳税申报表》时，应同时报送以下资料：

1. 企业合并的工商部门或其他政府部门的批准文件；

2. 企业全部资产和负债的计税基础以及评估机构出具的资产评估报告，企业债务处理或归属情况说明；

3.《资产处置损益明细表》、《负债清偿损益明细表》、《剩余财产计算和分配明细表》；

4. 税务机关要求提供的其他资料证明。

第十条 企业发生《通知》第四条第(五)项规定的分立，被分立企业和分立企业应分别按以下规定准备资料：

(一)被分立企业继续存在的，应准备以下相关资料，以备税务机关检查。

1. 企业分立的工商部门或其他政府部门的批准文件；

2. 被分立资产及负债公允价值的合法证据；

3. 被分立资产帐面价值与计税基础不一致的，分立企业提供会计与税法差异台帐。

(二)被分立企业不再继续存在的，应按照财税〔2009〕60号文件规定进行清算。在报送《企业清算所得纳税申报表》时，应同时报送以下资料：

1. 企业分立的工商部门或其他政府部门的批准文件；

2. 被分立企业全部资产和负债公允价值的合法证据，企业债务处理或归属情况说明；

3.《资产处置损益明细表》、《负债清偿损益明细表》、《剩余财产计算和分配明细表》；

4. 税务机关要求提供的其他资料证明。

(三)分立企业应准备以下相关资料，以备税务机关检查：

1. 企业分立的工商部门或其他政府部门的批准文件；

2. 评估机构出具的分立资产公允价值的评估报告；

3. 被分立企业以公允价值计算分立资产转让所得或损失的涉税证明。

第十一条 企业合并或分立涉及税收优惠承继的，应按以下规定办理：

(一)企业合并或分立，存续企业原享受《税法》第五十七条规定中就企业整体(即全部生产经营所得)享受的税收优惠过渡政策尚未期满可以承继的，以及合并或分立各方企业按照《税法》的税收优惠规定和税收优惠过渡政策中就企业有关生产经营项目的所得享受的税收优惠可以承继的，应按总局、省局有关减免税管理要求做好相关审批或备案工作。

(二)注销的被合并企业、以及分立后不再存续的被分立企业因重组经营期发生变化，导致其不符合《中华人民共和国外商投资企业和外国企业所得税法》规定条件的，应据此补缴其之前(包括在优惠过渡期内)已经享受的定期减免税税款。

主管税务机关对上述重组不再存续的企业进行清算时，应着重核查经营期限变化影响的所得税涉税事项，包括分期确认的收入、已享受的税收优惠等。

第十二条 企业合并或分立涉及亏损弥补的，合并或分立后的存续企业在年度所得税申报时应按照《通知》第四条第四、第五款的规定，准确填写以前年度尚未弥补的亏损额。被合并企业的亏损不得在合并企业结转弥补，企业分立相关企业的亏损不得相互结转弥补。

第三章 特殊性税务处理

第十三条 企业重组选择特殊性税务处理，重组当事各方应按规定报主管税务机关备案，如企业重组各方需要税务机关确认，由重组主导方向主管税务机关提出申请，层报省局给予确认。未按规定报主管税务机关书面备案，或企业提出申请经省局确认不符合特殊性重组规定的条件的不得按特殊重组业务进行税务处理。

企业分立，如被分立企业存续的，由被分立企业作为重组主导方；如被分立企业不再存续的，由新成立的接受被分立企业净资产金额较大的企业作为重组主导方。

第十四条　企业重组选择特殊性税务处理的，应按以下规定备案：

（一）当事各方应在该重组业务完成年度企业所得税年度申报前，向主管税务机关提交《企业重组所得税特殊性税务处理备案表》（附表一）及相关备案资料（见《企业重组业务所得税处理附报资料一览表》附表十一），证明其符合该类重组特殊性税务处理规定的条件。

（二）主管税务机关受理重组当事方备案资料时，应对资料的完整性．是否符合法定形式进行审查，并在备案表加盖本机关受理专用印章并注明日期。对报送的资料不完整或者不符合法定形式的，应一次性告知并退回资料要求补正。

第十五条　企业重组选择特殊性税务处理并需要税务机关确认的，应按以下规定办理：

（一）由重组主导方在企业重组行为发生但尚未办理税务登记注销手续之前，及时向主管税务机关提出确认申请，并报送《企业重组所得税特殊性税务处理确认申请表》（附表二）及相关资料。

（二）主管税务机关受理本年度企业重组确认申请的截止日期为年度终了后45日。

（三）主管税务机关受理申请后，应在10个工作日内上报县（区）局；县（区）局、省辖市局应对上报的资料进行审核并签署意见后，在10个工作日内上报上一级税务机关，县（区）级税务机关需要出具企业重组专项核查报告。

（四）省局收到确认申请后，原则上应在当年度企业所得税汇算清缴前完成确认，特殊情况需要延长的，应将延长理由告知主导方。省局应将确认结果同时抄送当事各方所在地省辖市局，省辖市局、县（区）局税务机关应及时传递，确保当事方所在地主管税务机关及时了解确认结果。

主导方在我省，重组当事各方不在同一省（市）的，省局还应将确认结果抄送其他当事方所在地省（市）级税务机关。

主导方在外省的，省局收到确认书后应在10个工作日内传递到当事方所在地税务机关。

第十六条　企业同一项重组业务涉及在连续12个月内分步交易，且跨两个纳税年度的，重组当事各方应分别以下情形办理：

（一）当事各方在第一步交易完成时预计整个交易可以符合特殊性税务处理条件，可以协商一致选择特殊性税务处理的，可在第一步交易完成后，向主管税务机关申请备案（备案要求参照本指南，对暂不能提供的资料应具体说明）。主管税务机关在审核有关资料后，符合条件的，可以暂认可适用特殊性税务处理。第二年进行下一步交易后，应按本《指南》要求，准备相关资料确认适用特殊性税务处理，对上一年度已报送的资料且内容没有改变的，税务机关不得要求企业重复报送。

（二）当事方在首个纳税年度不能预计整个交易是否符合特殊性税务处理条件，应适用一般性税务处理，并按本《指南》第二章规定办理。在下一纳税年度全部交易完成后，适用特殊性税务处理的，企业应按本《指南》第三章办理。经备案或确认的，可以调整上一纳税年度的企业所得税年度申报表，涉及多缴税款的，各主管税务机关应退税，或抵缴当年应纳税款。

第十七条　企业重组报送的资料一般应使用A4纸，按附件所列顺序逐页编号并装订。凡报送的资料属于复印件的，纳税人应加盖公章并注明“经核对与原件一致”，受理人员如认为确需提供原件的，应验证后当场退还。部分资料涉及内容、数据较多的，经主管税务机关同意可采用电子介质形式附报。企业应对备案资料的真实性、合法性负责,承担因资料虚假而产生的法律责任。

第十八条 企业发生《通知》第六条第(一)款规定的债务重组,应分别不同情形准备相关资料:

(一)发生债权转股权业务的,应准备以下相关资料:

1.《企业重组所得税特殊性税务处理备案表(债务重组)》(附表三);

2.当事方的债务重组的总体情况说明,应包括债务重组方案.基本情况,并逐条说明债务重组的商业目的;

3.双方所签订的债转股合同.协议或法院裁定书;

4.债权人债权的计税基础;

5.工商部门及有关部门核准相关企业股权变更事项的证明材料;

6.重组当事各方一致选择特殊性税务处理的证明资料(加盖当事各方公章);

7.税务机关要求提供的其他资料证明。

(二)除本条(一)以外的债务重组,应准备以下相关资料:

1.《企业重组所得税特殊性税务处理备案表(债务重组)》(附表三);

2.当事方的债务重组的总体情况说明,应包括债务重组方案、基本情况、逐条说明债务重组的商业目的、债务重组所产生的应纳税所得额、企业当年应纳税所得额情况;

3.当事各方所签订的债务重组合同、协议或法院裁定书;

4.重组当事各方一致选择特殊性税务处理的证明资料(加盖当事各方公章);

5.税务机关要求提供的其他资料证明。

第十九条 企业发生《通知》第六条第(二)项规定的股权收购,应准备以下相关资料:

(一)《企业重组所得税特殊性税务处理备案表(股权收购)》(附表四);

(二)当事方的股权收购业务总体情况说明,应包括股权收购方案、基本情况,并逐条说明股权收购的商业目的;

(三)当事各方所签订的股权收购业务合同或协议;

(四)由评估机构出具的所转让及支付的股权公允价值;

(五)证明重组符合特殊性税务处理条件的资料,包括股权比例,支付对价情况,以及12个月内不改变重组资产原来的实质性经营活动和原主要股东不转让所取得股权的承诺书等;

(六)工商等相关部门核准相关企业股权变更事项的证明材料;

(七)重组当事各方一致选择特殊性税务处理的证明资料(加盖当事各方公章);

(八)涉及非货币性资产支付的,需要具有合法资质的评估机构出具的资产公允价值的合法证据;

(九)税务机关要求提供的其他资料证明。

第二十条 企业发生《通知》第六条第(三)项规定的资产收购,应准备以下相关资料:

(一)《企业重组所得税特殊性税务处理备案表(资产收购)》(附表五);

(二)当事方的资产收购业务总体情况说明,应逐条说明资产收购的商业目的;

(三)当事各方所签订的资产收购业务合同或协议;

(四)收购的资产公允价值的合法证据;

(五)受让企业股权的计税基础的有效凭证;

(六)证明重组符合特殊性税务处理条件的资料,包括资产收购比例,支付对价情况,以及12个月内不改变资产原来的实质性经营活动、原主要股东不转让所取得股权的承诺书等;

(七)工商部门核准相关企业股权变更事项证明材料;

(八)重组当事各方一致选择特殊性税务处理的证明资料(加盖当事各方公章);

(九)涉及非货币性支付的,需要具有合法资质的评估机构出具的资产公允价值的合法证据;

(十)税务机关要求提供的其他资料证明。

第二十一条　企业发生《通知》第六条第(四)项规定的合并,应准备以下相关资料:

(一)《企业重组所得税特殊性税务处理备案表(企业合并)》(附表六);

(二)当事方企业合并的总体情况说明,应逐条说明企业合并的商业目的;

(三)企业合并需政府主管部门批准的,应提供批准文件;

(四)企业合并各方当事人的股权关系说明;

(五)被合并企业的净资产、各单项资产和负债及其账面价值和计税基础等相关资料;

(六)证明重组符合特殊性税务处理条件的资料,包括合并前企业各股东取得股权支付比例情况、以及12个月内不改变资产原来的实质性经营活动、原主要股东不转让所取得股权的承诺书等;

(七)工商部门核准合并企业或其直接控制的子公司股权相关企业股权变更事项证明材料;

(八)涉及合并各方享受税收优惠剩余年限不一致的,其合并日各合并企业资产公允价值证明材料,被合并企业税收优惠的享受情况;

(九)涉及可由合并企业弥补的被合并企业亏损的,需要提供其合并日净资产公允价值证明材料,及主管税务机关确认的亏损弥补台账;

(十)重组当事各方一致选择特殊性税务处理的证明资料(加盖当事各方公章);

(十一)涉及非货币性支付的,需要具有合法资质的评估机构出具的资产公允价值的合法证据;

(十二)税务机关要求提供的其他资料证明。

第二十二条　企业发生《通知》第六条第(五)项规定的分立,应准备以下资料:

(一)《企业重组所得税特殊性税务处理备案表(企业分立)》(附表七);

(二)当事方企业分立的总体情况说明,应逐条说明企业分立的商业目的;

(三)企业分立需政府主管部门批准的,应提供批准文件;

(四)被分立企业的净资产、各单项资产和负债账面价值和计税基础等相关资料;

(五)证明重组符合特殊性税务处理条件的资料,包括分立后企业各股东取得股权支付比例情况、以及12个月内不改变资产原来的实质性经营活动、原主要股东不转让所取得股权的承诺书等;

(六)工商部门认定的分立和被分立企业股东股权比例证明材料;分立后,分立和被分立企业工商营业执照复印件;分立和被分立企业分立业务账务处理复印件;

(七)重组当事各方一致选择特殊性税务处理的证明资料(加盖当事各方公章);

(八)涉及非货币性支付的,需要具有合法资质的评估机构出具的资产公允价值的合法证据；

（九）税务机关要求提供的其他资料证明。

第二十三条 企业重组的当事各方应取得并保管与该重组有关的凭证、资料，保管期限按照《征管法》的有关规定执行。

企业重组涉及资产或股权等帐面价值与计税基础存在差异的，应在重组完成当年及时建立台账备查。影响以后年度应纳税所得额的，应及时做好台账的维护。

第二十四条 企业合并或分立涉及税收优惠承继的，应按以下规定办理：

合并前各企业或被分立企业原享受《税法》第五十七条规定中就企业整体（即全部生产经营所得）享受的税收优惠过渡政策尚未期满，合并或分立后的企业性质及适用税收优惠条件未发生改变可以承继的，以及按照《税法》的税收优惠规定和税收优惠过渡政策中就企业有关生产经营项目的所得享受的税收优惠可以承继的，除按总局、省局有关减免税管理要求做好相关审批或备案工作外，合并企业和分立企业还应报送被合并企业或被分立企业及项目原享受的税收优惠的批复或《企业所得税优惠项目备案报告表》，同时应详细说明承继的减免税金额的计算明细。

第二十五条 企业合并或分立涉及亏损弥补的，合并或分立后的企业在年度所得税申报时应向主管税务机关报送被合并企业或被分立企业重组完成年度经其主管税务机关确认的亏损弥补台账，同时按照《通知》第六条第（四）、（五）款的规定，准确计算本年可弥补的以前年度尚未弥补的亏损额。

第二十六条 适用《通知》第五条第（三）项和第（五）项的当事各方应在完成重组业务后的下一年度的企业所得税年度申报时，向主管税务机关提交由企业法人代表签字的书面情况说明，以证明企业在重组后的连续12个月内，有关符合特殊性税务处理的条件未发生改变。

第二十七条 企业重组适用特殊性税务处理的，重组当事方的其中一方在规定时间内发生生产经营业务、公司性质、资产或股权结构等情况变化，致使重组业务不再符合特殊性税务处理条件的，发生变化的当事方应在情况发生变化的30天内书面通知其他所有当事方。主导方在接到通知后30日内将有关变化通知其主管税务机关。如该重组是申请确认的，主导方主管税务机关还应层报省级税务机关备案。

上款所述情况发生变化后60日内，应按照《通知》第四条的规定调整重组业务的税务处理。原交易各方应各自按原交易完成时资产和负债的公允价值计算重组业务的收益或损失，调整交易完成纳税年度的应纳税所得额及相应的资产和负债的计税基础，并向各自主管税务机关申请调整交易完成纳税年度的企业所得税年度申报表。上述调整涉及税款的或逾期不调整申报的，按照《征管法》的相关规定处理。

第四章 跨境重组税收管理

第二十八条 企业发生《通知》第七条第（一）项规定的重组，适用特殊税务处理的，除报送本指南第三章规定的资料外，还应补充提交：

1. 交易各方控股情况说明；

2. 3年内不转让拥有受让方非居民企业股权的书面承诺；

3. 该项股权转让所得预提税负担未发生变化的说明。

第二十九条 企业发生《通知》第七条第（二）项规定的重组，适用特殊税务处理的，除报送本指南第三章规定的资料外,还应补充提交交易各方控股情况说明。

第三十条　企业发生《通知》第七条第(三)项规定的重组,适用特殊税务处理的,居民企业应向其所在地主管税务机关报送以下资料:

1.《企业重组所得税特殊性税务处理备案表(非居民企业投资)》(附表八);

2. 当事方的重组情况说明,申请文件中应说明股权转让的商业目的;

3. 双方所签订的股权转让协议;

4. 双方控股情况说明;

5. 由评估机构出具的资产或股权评估报告。报告中应分别列示涉及的各单项被转让资产和负债的公允价值;

6. 证明重组符合特殊性税务处理条件的资料,包括股权或资产转让比例,支付对价情况,以及12个月内不改变资产原来的实质性经营活动、不转让所取得股权的承诺书等;

7. 税务机关要求提供的其他资料证明。

第五章　后续管理

第三十一条　主管税务机关在汇缴审核时,对年度申报表中涉及的资产、股权转让相关信息应重点关注,结合日常管理了解企业当年发生重组业务的应加强后续管理。

第三十二条　企业重组适用一般性税务处理的后续管理主要包括:

(一)涉及以前年度亏损弥补的,主管税务机关应做好与亏损管理台帐的比对;

(二)涉及有关资产的转让所得、股权、债权或资产计税价值有疑问的,主管税务机关可实地查看企业的备查资料进一步核实;

(三)对重组涉及税收优惠承继的,主管税务机关应对企业报送的备案资料结合年度申报进行审核,重点关注税收优惠的承继是否符合相关规定以及优惠金额的计算是否准确等。

第三十三条　企业重组适用特殊性税务处理未申请确认的,由省辖市局负责组织专业化审核,汇算清缴后省局将组织抽审。经专业化审核发现不符合特殊性税务处理条件的,应及时告知,并由主管税务机关通知企业按规定进行纳税调整。省辖市局应于每年6月底前将《企业重组所得税特殊性税务处理清册》(附表九)上报省局(所得税处),将《企业跨境重组所得税特殊性税务处理清册》(附表十)上报省局(大企业国际处)。

第三十四条　企业重组适用特殊性税务处理的后续管理主要包括:

(一)主管税务机关对重组当事方在重组完成下一年度报送的书面情况说明结合日常检查、纳税评估等进行重点审核,必要时可实地调查其重组后的连续12个月内其实质性经营活动是否发生改变、取得股权支付的原主要股东在重组后连续12个月内是否转让。发现有问题的,应及时提请企业进一步说明或调整重组业务的税务处理。

(二)企业重组涉及亏损弥补的,主管税务机关应在重组完成当年结合被合并企业或被分立企业报送的亏损弥补台帐,确定其待弥补亏损额及剩余年限并做好亏损台帐的维护;对合并企业以后年度应重点审核每年可弥补的限额计算是否准确。

涉及税收优惠承继的,主管税务机关应对企业报送的备案资料结合年度申报进行审核,重点关注税收优惠的承继是否符合相关规定,优惠划分的比例以及优惠金额的计算是否准确等,并及时做好减免税优惠管理台帐的维护。

第三十五条 主管税务机关应加强对企业重组的跟踪管理,对有确凿证据证明由于不真实、不合法或不合理的证据或计算而造成不当税收利益的,应依法进行纳税调整,并及时与其他当事方主管税务机关沟通联系。

附表(略)

江苏省地方税务局关于办理资产损失所得税前扣除有关事项的公告

（苏地税规〔2011〕2号　2011年5月17日公布并实施）

根据《国家税务总局关于发布〈企业资产损失所得税税前扣除管理办法〉的公告》（国家税务总局公告2011年第25号）规定，现对企业办理资产损失有关事项公告如下：

一、企业发生应以清单申报方式申报扣除的资产损失，应于企业所得税年度纳税申报的同时，向主管地税机关报送《企业资产损失（清单申报）税前扣除申报表》（见附件1）。

企业发生应以专项申报方式申报扣除的资产损失，应于企业所得税年度纳税申报的同时，向主管地税机关报送《企业资产损失（专项申报）税前扣除申报表》（见附件2）。纳税人应按照《国家税务总局关于发布〈企业资产损失所得税税前扣除管理办法〉的公告》（国家税务总局公告2011年第25号）的要求，同时附送会计核算资料及其他相关的纳税资料。

不符合上述要求的，主管地税机关应当要求其改正；企业拒绝改正的，主管地税机关不予受理。

二、不进行企业所得税年度纳税申报的二级分支机构，发生资产损失时，应在年度终了后向该分支机构所在地主管地税机关报送企业资产损失税前扣除申报表。

三、本公告自公布之日起施行。本公告生效之日前尚未进行税务处理的资产损失事项，按本公告执行。

特此公告。

附件（略）：

1. 企业资产损失（清单申报）税前扣除申报表

2. 企业资产损失（专项申报）税前扣除申报表

江苏省地方税务局关于破产企业资产处置过程中有关营业税问题的批复

（苏地税函〔2007〕340 号　2007 年 12 月 29 日发布）

南通市地方税务局：

你局《关于破产企业资产处置过程中有关营业税问题的请示》（通地税发〔2007〕134 号）收悉，经研究，现批复如下：

根据现行税收政策规定，企业破产清算期间转让无形资产或销售不动产应依法缴纳营业税。该项税款是破产企业在破产过程中转让无形资产或销售不动产所产生的税款，其不同于破产企业进入破产还债程序前形成的欠税，应作为破产清算期间发生的破产费用处理。

因此，对企业破产清算期间转让形资产或销售不动产应按照税法规定计征营业税并依据有关规定予以优先清偿。

江　西

江西省国家税务局关于企业资产损失所得税税前扣除有关问题的通知

（赣国税函〔2012〕23号　2012年1月18日发布　自2011年1月1日起施行）

各市、县（区）国家税务局：

根据《国家税务总局关于发布〈企业资产损失所得税税前扣除管理办法〉的公告》（国家税务总局公告2011年第25号）（以下简称《办法》），结合我省实际，现就企业资产损失税前扣除有关问题通知如下：

一、企业发生的资产损失，应按《办法》规定的程序和要求向主管或监管国税机关申报。企业未按规定申报的资产损失，不得在税前扣除。

二、清单申报的办理

（一）企业发生属于《办法》第九条规定范围的资产损失，应当于企业所得税年度申报时以清单申报的方式向主管或监管国税机关申报税前扣除。企业申报时需提交《企业资产损失税前扣除清单申报表》（见附件1）。与清单申报资产损失有关的会计核算资料和纳税资料由企业整理后留存备查。

（二）主管或监管国税机关收到企业资产损失清单申报资料后，在《企业资产损失税前扣除清单申报表》盖章受理。

三、专项申报的办理

（一）企业发生属于《办法》第十条规定范围的资产损失，应以专项申报方式在企业所得税年度申报时向主管或监管国税机关申报税前扣除。需提交的资料包括：

1.《企业资产损失税前扣除专项申报表》（见附件2）；

2. 会计核算资料及其它相关纳税资料；

3.《办法》要求的企业资产损失相关证据资料。

（二）企业应按资产损失类别将上述资料整理装订成册，编排页码。

（三）属于专项申报的资产损失，因特殊原因不能在规定时限内报送相关资料的，可向主管或监管国税机关提出申请，报送《企业资产损失专项申报延期申请表》（见附件3），经同意后，可适当延期申报。

（四）主管或监管国税机关收到企业申报的资产损失专项申报资料后，对于符合本条第（一）、（二）款规定申报要求的，在《企业资产损失税前扣除专项申报表》盖章受理。对于不符合资产损失申报要求的，应要求企业在限期内改正。企业拒绝改正的，主管或监管国税机关有权不予受理。

四、总分机构资产损失的申报

（一）总机构在省外的跨省经营汇总纳税企业，其在我省分支机构的资产损失根据清单（专项）申报规定向主管或监管国税机关进行申报，并同时上报总机构。

（二）总机构在省内的跨省经营汇总纳税企业和省内跨地区经营汇总纳税企业，其分支机构资产损失由二级分支机构（二级以下汇总至二级）根据清单（专项）申报规定向主管或监管国税机关进行申报。同时将主管或监管国税机关已受理盖章的资产损失税前扣除清单（专项）申报表上报总机构；总机构将本部资产损失根据清单（专项）申报规定向主管或监管国税机关进行申报，同时将其分支机构上报的已申报受理的资产损失以清单申报形式向主管或监管国税机关申报。

五、以前年度发生的资产损失扣除

对于符合《办法》第六条规定需经国家税务总局批准后延长追补确认期限的实际资产损失，企业应向主管或监管国税机关提出申请，经审核，逐级上报国家税务总局批准后可适当延长。

六、主管或监管国税机关对于企业符合申报要求的资产损失税前扣除事项应及时盖章受理。企业必须对申报资料的真实性、完整性和合法性负责，对虚报多报资产损失、变造伪造申报资料的行为承担法律责任。

七、资产损失的后续管理

（一）年度汇算清缴工作结束后，各级国税机关对企业申报的资产损失组织评估核查。对于资产损失金额较大的（指占企业该类资产计税成本10%以上，或减少当年应纳税所得、增加亏损10%以上的），或发现不符合资产损失税前扣除规定、或存有疑点、异常情况的资产损失，主管或监管国税机关应及时进行评估核查。对有证据证明申报扣除的资产损失不真实、不合法的，应依法作出税收处理。

（二）上级国税机关可对下级国税机关已评估核查的资产损失进行抽查复审。

（三）各级国税机关应按分项建档、分级管理的原则，建立企业资产损失税前扣除管理台账。企业所得税年度纳税申报结束后，各级国税机关负责对已受理的资产损失情况进行统计，并于每年6月30日前将《企业资产损失税前扣除申报明细表》（见附件4）层报至省局。省局、市局按照资产损失申报金额、类别以及可能存在的风险等具体情况依次选定省、市级评估核查对象，分级进行评估。县级国税机关对省、市局选定评估对象以外的纳税人进行评估。资产损失评估核查工作结束后，设区市国税局应于每年11月30日前将资产损失税前扣除管理工作报告及《企业资产损失评估核查情况汇总表》（见附件5）上报省局。报告的内容应包括资产损失申报受理及评估核查情况、主要做法、存在问题及工作建议等。

八、本通知自2011年1月1日起施行，《江西省国家税务局转发〈国家税务总局关于印发〈企业资产损失税前扣除管理办法〉的通知〉的通知》（赣国税发〔2009〕201号）同时废止。各级国税机关可结合本地实际，制定企业资产损失税前扣除管理具体实施办法，并报省局备案。各地在执行中有何问题，应及时向上级国税部门反映。

附件（略）

企业所得税税前弥补亏损管理办法(试行)

(赣地税发〔2010〕45号　2010年3月30日公布并实施)

第一条　为进一步加强企业所得税税前弥补亏损的管理,根据《中华人民共和国企业所得税法》及其实施条例,结合我省实际,制定本办法。

第二条　凡在我省范围内设立具有法人资格,财务会计制度健全,企业所得税由地税机关负责征收且实行查账征收方式的纳税人,其纳税年度发生的亏损,以及用以后年度的所得弥补时适用本办法。

第三条　本办法所指亏损,是指纳税人依照企业所得税法及其实施条例的规定将每一纳税年度的收入总额减除不征税收入、免税收入和各项扣除后小于零的数额。也即指企业所得税年度纳税申报表中"纳税调整后所得"经地税机关审核或中介机构确认后小于零的金额。

第四条　纳税人纳税年度发生的亏损,准予向以后年度结转,用以后年度的所得弥补,但结转年限最长不得超过5年。5年内不论是盈利或亏损,都作为实际弥补年限计算。

第五条　合并、分立企业的亏损弥补

(一)企业发生合并、分立不符合财政部　国家税务总局《关于企业重组业务企业所得税处理若干问题的通知》(财税〔2009〕59号)规定的特殊重组条件的亏损按如下规定处理:

1. 被合并企业的亏损不得在合并企业结转弥补;

2. 企业分立相关企业的亏损不得相互结转弥补。

(二)企业发生合并、分立符合财政部　国家税务总局《关于企业重组业务企业所得税处理若干问题的通知》(财税〔2009〕59号)规定的特殊重组条件并选择特殊税务处理的,其亏损按如下规定处理:

1. 可由合并企业弥补的被合并企业亏损的限额=被合并企业净资产公允价值×截至合并业务发生当年年末国家发行的最长期限的国债利率。

2. 被分立企业未超过法定弥补期限的亏损额可按分立资产占全部资产的比例进行分配,由分立企业继续弥补。

被合并企业亏损、被分立企业亏损需税前弥补的,当事各方应在其重组业务完成当年企业所得税年度申报时,向主管地税机关提交书面备案资料,证明其符合特殊性重组规定的条件,方可进行税前弥补。

第六条　纳税人年度发生亏损,必须在企业所得税汇算清缴期内,向主管地税机关报送企业所得税年度纳税申报表和财务决算报表以及《企业所得税税前弥补亏损报备表》(附件1)。主管地税机关要依据企业所得税法及有关规定,认真审核纳税人年度纳税申报表及有关资料,必要时要调阅纳税人的账册、凭证等有关资料或深入实地进行审核。对年度发生亏损数额较大的企业,应按照省局《关于进一步加强中介机构从事涉税鉴证业务管理的通知》(赣地税发〔2008〕173号)规定,要求其提供中介机构出具企业所得税年度汇算清缴鉴证报告,以确保纳税人年度发生亏损准予税前弥补数额的真实性和准确性。

第七条　纳税人在盈利期间办理企业所得税预缴时,其当期实现的利润可先用于弥补以前年度经主管地税机关确认的待弥补亏损,就其余额部分计算预缴企业所得税。

第八条 纳税人在规定的亏损弥补期内，以年度实现的所得弥补以前年度亏损的，应在报送企业所得税年度纳税申报表时，向主管地税机关报送财务决算报表及《企业所得税税前弥补亏损报备表》（附件1）和上一年度企业所得税纳税申报表及企业所得税税前弥补亏损报备表，主管地税机关对其实行备案管理，对税前弥补亏损金额较大且以前年度亏损数额未提供中介机构出具涉税鉴证报告的，主管地税机关应按照省局《关于进一步加强中介机构从事涉税鉴证业务管理的通知》（赣地税发〔2008〕173号）规定，要求纳税人税前弥补亏损时报送具有资质的中介机构出具的涉税鉴证报告。

对纳税人以往年度发生的亏损已经中介机构出具涉税鉴证报告的，其在税前弥补亏损时不需再出具中介机构涉税鉴证报告。

第九条 主管地税机关接到纳税人《企业所得税税前弥补亏损报备表》后，应及时受理，并依据企业所得税税法及有关规定和纳税人弥补亏损台帐的有关资料进行审核的内容如下：

（一）纳税人税前弥补亏损数额是否是按税法规定核实调整后的数额；与企业以前年度申报的亏损额是否相一致。且与主管地税机关备案的电子台帐登记的金额是否一致。

（二）纳税人当年可用于弥补以前年度亏损的应纳税所得额计算是否正确。

（三）纳税人税前弥补亏损是否超过规定的弥补期限。

对纳税人税前弥补亏损提供中介机构出具了涉税鉴证报告的，其税前弥补亏损金额的确定可依据中介机构出具的涉税鉴证报告数据。

第十条 主管地税机关应在汇算清缴结束前对纳税人报送的《企业所得税税前弥补亏损报备表》审核完毕。经主管地税机关核实无误，在《企业所得税税前弥补亏损报备表》上签署意见进行盖章确认后，退一份给纳税人，作为纳税人税前弥补亏损的依据。同时，纳税人税前弥补亏损相关数据应与企业所得税年度纳税申报表附表四数据保持一致。

第十一条 对连续亏损两年以上或亏损额较大的企业，以及享受减免税政策到期后变为亏损的企业，主管地税机关要将其列入汇算清缴重点审核或评估检查对象，加强调查研究，必要时可深入企业进行实地调研，了解企业亏损原因。如发现企业有意调节利润，在减免年度多计算利润，造成以后年度少缴税款或亏损的，应及时进行纳税调整，并按有关规定进行处理。

第十二条 主管地税机关通过纳税评估或税务检查，发现纳税人的申报不符合弥补亏损有关税收政策规定的，应及时进行纳税调整，依法补征税款；如发现企业故意虚报亏损，在行为当年或相关年度造成不缴或少缴应纳税款的，应依法查处。

第十三条 主管地税机关对中介机构出具的企业弥补亏损鉴证报告可以核查。如发现中介机构出具的鉴证报告不实或出具虚假的鉴证报告，应及时向上级地税部门反映，一经核实，备案地税机关应立即取消其出具企业弥补亏损鉴证报告资格。同时，将有关情况向省局备案。

第十四条 每年度企业所得税汇算清缴结束后，主管地税机关要建立纳税人年度亏损及税前弥补亏损电子台账（附件2）。并根据纳税人年度亏损和税前弥补亏损情况做好分户电子台帐和统计表（附件3）的登记、汇总工作。

第十五条 各级地税机关可结合本地实际，积极推行纳税人年度发生亏损或税前弥补亏损需提供中介机构出具涉税鉴证的办法，具体推行范围和办法由各地自行确定。

第十六条 其他与本办法规定不一致的，以本办法为准。

第十七条 各地可以根据本办法，对纳税人亏损和税前弥补亏损制定具体实施办法或操作规程。

第十八条　本办法由江西省地方税务局负责解释。

第十九条　本办法从公布之日起实施。

附件:1.《企业所得税税前弥补亏损报备表》(略)

辽　宁

大连市国家税务局关于企业资产损失所得税税前扣除有关问题的公告

（大连市国家税务局公告2014年第8号　2014年3月31日发布并执行）

为了更好地贯彻落实《国家税务总局关于发布〈企业资产损失所得税税前扣除管理办法〉》的公告（国家税务总局公告2011年第25号）中关于应收及预付款项坏账损失专项申报的有关问题，公告如下：

一、企业应收及预付款项坏账损失专项申报应提供以下材料：

1.《坏账损失（专项申报）税前扣除申报表》；

2.应收及预付款项明细账和相关发票复印件（若债务人与债权人曾持续发生购销业务的，可在提供最后一笔销售业务发票复印件的基础上抽样提供之前几笔销售业务发票复印件）；

3.坏账损失已记入损益的记账凭证复印件；

4.相关事项合同、协议或说明；

5.董事会等权力机构决议或上级公司批复或由董事会、上级公司授权的部门的批复（国有企业还需提供国有资产监管机构或由其授权的部门的批复）；

6.属于债务人破产清算的，应有人民法院的破产、清算公告；

7.属于诉讼案件的，应出具人民法院的判决书或裁决书或仲裁机构的仲裁书，或者被法院裁定终（中）止执行的法律文书；

8.属于债务人停止营业的，应有工商部门注销、吊销营业执照证明；

9.属于债务人死亡、失踪的，应有公安机关等有关部门对债务人个人的死亡、失踪证明；

10.属于债务重组的，应有债务重组协议、债务人重组收益纳税情况说明（“纳税情况说明”可提供债务人确认债务重组所得的承诺书，承诺书须有债务人全称，纳税人识别号、债务人主管税务机关名称、按税法规定确认债务重组所得的年度及金额等要素，并加盖债务人公章；或提供债务人已将债务重组所得在年度纳税申报表中反映并经主管税务机关受理盖章的企业所得税年度纳税申报表复印件）；

11.属于自然灾害、战争等不可抗力而无法收回的，应有债务人受灾情况说明以及放弃债权申明；

12.属于逾期三年以上的应收款项，应有情况说明并出具专项报告；

13.属于企业逾期一年以上，单笔数额不超过五万或者不超过企业年度收入总额万分之一的应收款项，应有情况说明并出具专项报告；

14.属于对外提供与本企业生产经营活动有关的担保而发生的担保损失，除提供上述相对应的材料外，还需提供被担保单位与本企业应税收入、投资、融资、材料采购、产品销售等生产经营活动密切相关的证明材料；

15.税务机关所需的其他材料。

(企业应在提供的复印资料上注明“与原件核对无误,原件存于我处”字样,并加盖公章。)

二、为方便纳税人填写,对《大连市国家税务局企业资产损失税前扣除申报表》中的《贷款损失(专项申报)税前扣除申报表》进行修改。

本公告自发布之日起执行。《大连市国家税务局关于印发〈企业资产损失所得税税前扣除申报事项操作规程(试行)〉的公告》(大连市国家税务局公告〔2013〕13 号)中的第三章第八条第三项以及《大连市国家税务局企业资产损失税前扣除申报表》同时废止。

特此公告。

附件:略

大连市国家税务局关于印发《企业资产损失所得税税前扣除申报事项操作规程(试行)》的公告

(大连市国家税务局公告2013年第13号 2013年6月19日发布)

现将大连市国家税务局《企业资产损失所得税税前扣除申报事项操作规程(试行)》予以发布,特此公告。

根据《中华人民共和国企业所得税法》及其实施条例、《财政部 国家税务总局关于企业资产损失税前扣除政策的通知》(财税〔2009〕57号)和《国家税务总局关于发布〈企业资产损失所得税税前扣除管理办法〉的公告》(国家税务总局公告2011年第25号)(以下简称《公告》)的有关规定,结合实际情况,为做好我市资产损失税前扣除工作,提出如下实施意见。

一、企业资产损失按其申报内容和要求的不同,分为清单申报和专项申报两种申报形式。其中,属于清单申报的资产损失,企业应按会计核算科目进行归类、汇总后,然后按照《企业资产损失所得税税前扣除申报事项操作规程(试行)》(以下简称《操作规程》)的有关规定向主管税务机关进行申报,有关会计核算资料和纳税资料留存备查;属于专项申报的资产损失,企业应按照《操作规程》的有关规定逐项(或逐笔)向主管税务机关进行申报。

申报表表样由纳税人主管税务机关免费提供或从大连市国家税务局网站下载。

二、企业发生的资产损失,应按《公告》及《操作规程》规定的程序和要求向主管税务机关申报后方能在税前扣除。未经申报的损失,不得在税前扣除。

三、符合《公告》第六条规定的实际资产损失,需经国家税务总局批准后延长追补确认期限的,企业应将资产损失专项申报表、会计核算资料及相关证明资料报送主管税务机关审核后报送大连市国家税务局,由大连市国家税务局审核后报送国家税务总局。

四、在中国境内跨地区经营的汇总纳税企业发生的资产损失,应按以下规定申报扣除:

(一)总机构及其分支机构发生的资产损失,除应按专项申报和清单申报的有关规定,各自向其主管税务机关申报外,各分支机构同时还应上报总机构。总机构在本市的,其在本市的分支机构,不单独进行资产损失专项申报和清单申报,由总机构一并进行资产损失专项申报和清单申报。总机构在外地的,其本市二级分支机构及二级分支机构所属在本市的三级及以下分支机构发生的资产损失,由二级分支机构一并向二级分支机构主管税务机关进行专项申报和清单申报。总机构在外地且二级分支机构不在本市的,其本市三级分支机构及其所属在本市的三级以下分支机构发生的资产损失,由三级分支机构一并向三级分支机构主管税务机关进行专项申报和清单申报。四级及四级以下分支机构按上述原则进行申报。

(二)总机构对外地各分支机构申报的资产损失,除税务机关另有规定外,应以清单申报的形式向其主管税务机关进行申报。

(三)总机构将跨地区分支机构所属资产捆绑打包转让所发生的资产损失,由总机构向其主管税务机关进行专项申报。

五、大连市各区、市(县)国家税务局应按分项建档、分级管理的原则,建立企业资产损失税前扣除管理台账和纳税档案,做好后续管理工作。对资产损失金额较大或经后续管理发现不符合资产损失扣除规定、或存有疑点、异常情况的资产损失,应及时进行核查。对有证据证明申报扣除的资产损失不真实、不合法的,应依法做出税收处理。

六、在《公告》前税务机关已受理,但尚未进行审批和企业尚未进行税务处理的资产损失事项,依《公告》第五十二条规定处理。

七、大连市各区、市(县)国家税务局应在每年6月20日之前将《大连市国家税务局企业资产损失税前扣除专项申报汇总表》、《大连市国家税务局企业资产损失税前扣除清单申报汇总表》(样式附后)上报大连市国家税务局。

企业资产损失所得税税前扣除申报事项操作规程(试行)

第一章 总　　则

第一条　为规范和加强对企业资产损失税前扣除的管理,依据《中华人民共和国企业所得税法》及其实施条例、《财政部　国家税务总局关于企业资产损失税前扣除政策的通知》(财税〔2009〕57号)和《国家税务总局关于发布〈企业资产损失所得税税前扣除管理办法〉的公告》(国家税务总局公告2011年第25号)制定本操作规程。

第二条　企业资产损失按其申报内容和要求的不同,分为清单申报和专项申报两种申报形式。

第二章 清单申报

第三条　申报时限:在企业所得税年度汇算清缴期间,企业应在报送《企业所得税年度纳税申报表》之前,向主管税务机关报送《企业资产损失(清单申报)税前扣除申报表》、《境内跨地区经营汇总纳税企业资产损失申报汇总表》(包括纸质申报表和电子版申报表)及相关材料。

第四条　受理流程:主管税务机关受理窗口应认真核对企业申报的资料是否齐全,企业申报资料不全的,应当要求其补报资料。企业拒绝补报的,税务机关有权不予受理。主管税务机关应在企业报送的《企业资产损失(清单申报)税前扣除申报表》、《境内跨地区经营汇总纳税企业资产损失申报汇总表》上加盖主管税务机关受理专用章。

第五条　申报的确认:属于清单申报的资产损失,企业应按会计核算科目进行归类、汇总,并将《企业资产损失(清单申报)税前扣除申报表》按填表要求填写后报送主管税务机关,有关会计核算资料和纳税资料留存备查。申报时企业应提供以下材料:

1.《企业资产损失(清单申报)税前扣除申报表》。

2.属于境内跨地区经营汇总纳税的总机构,须向其主管税务机关报送《境内跨地区经营汇总纳税企业资产损失申报汇总表》,并附报分支机构所在地主管税务机关确认的资产损失申报表或其他相关资料复印件。

3.税务机关所需的其他材料。

(企业应在提供的复印资料上注明"与原件核对无误,原件存于我处"字样,并加盖公章。)

第三章 专项申报

第六条　申报时限:在企业所得税年度汇算清缴期间,企业应在报送《企业所得税年度纳税申报表》之前,向主管税务机关报送《××(专项申报)税前扣除申报表》(包括纸质申报表和电子版申报表)及相关材料。

第七条 受理流程:主管税务机关受理窗口应认真核对企业申报的资料是否齐全,企业申报资料不全的,应当要求其补报资料。企业拒绝补报的,税务机关有权不予受理。主管税务机关应在企业报送的《XX(专项申报)税前扣除申报表》上加盖主管税务机关受理专用章。

第八条 申报的确认:企业发生符合专项申报要求的资产损失,申报时应按下列要求逐项(或逐笔)提供材料,属于按独立交易原则向关联企业转让资产而发生的损失,或向关联企业提供借款、担保而形成的债权损失的,均应作专项说明,同时提供法定资质中介机构出具的专项报告及其相关的证明材料。

(一)现金损失专项申报

企业应提供以下材料:

1.《现金损失(专项申报)税前扣除申报表》;

2. 现金保管人确认的现金盘点表(包括倒推至基准日的记录);

3. 现金保管人对于短缺的说明;

4. 现金损失已记入损益的记账凭证复印件;

5. 董事会等权力机构决议或上级公司批复或由董事会、上级公司授权的部门的批复(国有企业还需提供国有资产监管机构或由其授权的部门的批复);

6. 由于管理责任造成的,应有对责任认定及赔偿情况的说明;

7. 涉及刑事犯罪的,应有司法机关出具的相关材料;

8. 被金融机构收缴假币造成的,应有金融机构出具的假币收缴证明;

9. 税务机关所需的其他材料。

(企业应在提供的复印资料上注明"与原件核对无误,原件存于我处"字样,并加盖公章。)

(二)因金融机构清算而发生的存款类资产损失专项申报

企业应提供以下材料:

1.《存款类损失(专项申报)税前扣除申报表》;

2. 企业存款类资产的原始凭据复印件;

3. 存款类损失已记入损益的记账凭证复印件;

4. 董事会等权力机构决议或上级公司批复或由董事会、上级公司授权的部门的批复(国有企业还需提供国有资产监管机构或由其授权的部门的批复);

5. 金融机构破产、清算的法律文件(如政府责令停业、关闭文件等外部证据等);

6. 金融机构清算后剩余资产分配情况资料(若属金融机构应清算而未清算超过三年的,应有法院或破产清算管理人出具的未完成清算证明);

7. 税务机关所需的其他材料。

(企业应在提供的复印资料上注明"与原件核对无误,原件存于我处"字样,并加盖公章。)

(三)应收及预付款项坏账损失专项申报

企业应提供以下材料:

1.《坏账损失(专项申报)税前扣除申报表》;

2. 应收及预付款项明细账和相关发票复印件(若债务人与债权人曾持续发生购销业务的,可在提供最后一笔销售业务发票复印件的基础上抽样提供之前几笔销售业务发票复印件)；

3. 坏账损失已记入损益的记账凭证复印件；

4. 相关事项合同、协议或说明；

5. 董事会等权力机构决议或上级公司批复或由董事会、上级公司授权的部门的批复(国有企业还需提供国有资产监管机构或由其授权的部门的批复)；

6. 属于债务人破产清算的,应有人民法院的破产、清算公告；

7. 属于诉讼案件的,应出具人民法院的判决书或裁决书或仲裁机构的仲裁书,或者被法院裁定终(中)止执行的法律文书；

8. 属于债务人停止营业的,应有工商部门注销、吊销营业执照证明；

9. 属于债务人死亡、失踪的,应有公安机关等有关部门对债务人个人的死亡、失踪证明；

10. 属于债务重组的,应有债务重组协议、债务人重组收益纳税情况说明(“纳税情况说明”可提供债务人确认债务重组所得的承诺书,承诺书须有债务人全称,纳税人识别号、债务人主管税务机关名称、按税法规定确认债务重组所得的年度及金额等要素,并加盖债务人公章;或提供债务人已将债务重组所得在年度纳税申报表中反映并经主管税务机关受理盖章的企业所得税年度纳税申报表复印件)；

11. 属于自然灾害、战争等不可抗力而无法收回的,应有债务人受灾情况说明以及放弃债权申明；

12. 属于逾期三年以上的应收款项,应有情况说明并提供法定资质中介机构出具的专项报告；

13. 属于企业逾期一年以上,单笔数额不超过五万或者不超过企业年度收入总额万分之一的应收款项,应有情况说明并提供法定资质中介机构出具的专项报告；

14. 属于对外提供与本企业生产经营活动有关的担保而发生的担保损失,除提供上述6至13项相对应的材料外,还需提供被担保单位与本企业应税收入、投资、融资、材料采购、产品销售等生产经营活动密切相关的证明材料；

15. 税务机关所需的其他材料。

(企业应在提供的复印资料上注明“与原件核对无误,原件存于我处”字样,并加盖公章。)

(四)存货损失专项申报

企业应提供以下材料：

1.《存货损失(专项申报)税前扣除申报表》；

2. 存货损失已记入损益的记账凭证复印件；

3. 董事会等权力机构决议或上级公司批复或由董事会、上级公司授权的部门的批复(国有企业还需提供国有资产监管机构或由其授权的部门的批复)；

4. 属于盘亏的存货损失,为其盘亏金额扣除责任人赔偿后的余额,应相应提供下列材料：

(1)存货计税基础的确定依据；

(2)企业内部有关责任认定、责任人赔偿说明和内部核批文件；

(3)存货盘点表；

(4)存货保管人对于盘亏的情况说明。

5. 属于存货报废、毁损或变质的损失,为其计税成本扣除残值及责任人赔偿后的余额,应相应提供下列材料：

(1)存货计税基础的确定依据；

(2)企业内部关于存货报废、毁损、变质、残值情况说明及核销资料；

(3)涉及责任人赔偿的，应当有赔偿情况说明；

(4)该项损失数额较大的(指占企业该类资产计税成本10%以上，或减少当年应纳税所得、增加亏损10%以上)，应有专业技术鉴定意见或法定资质中介机构出具的专项报告；

(5)该项损失数额较小的(指占企业该类资产计税成本10%及以下且减少当年应纳税所得、增加亏损10%及以下)，应有《企业资产损失金额说明表》。

6. 属于存货被盗的损失，为其计税成本扣除保险理赔以及责任人赔偿后的余额，应相应提供下列材料：

(1)存货计税基础的确定依据；

(2)向公安机关的报案记录；

(3)涉及责任人和保险公司赔偿的，应有赔偿情况说明等。

7. 税务机关所需的其他材料。

(企业应在提供的复印资料上注明“与原件核对无误，原件存于我处”字样，并加盖公章。)

属于工程物资发生的损失，可比照存货损失的规定确认。

(五)固定资产损失专项申报

企业应提供以下材料：

1.《固定资产损失(专项申报)税前扣除申报表》；

2. 固定资产损失已记入损益的记账凭证复印件；

3. 董事会等权力机构决议或上级公司批复或由董事会、上级公司授权的部门的批复(国有企业还需提供国有资产监管机构或由其授权的部门的批复)；

4. 属于固定资产盘亏、丢失的损失，为其账面净值扣除责任人赔偿后的余额，应相应提供下列材料：

(1)企业内部有关责任认定和核销资料；

(2)固定资产盘点表；

(3)固定资产的计税基础相关资料；

(4)固定资产盘亏、丢失情况说明；

(5)损失金额较大的(指占企业该类资产计税成本10%以上，或减少当年应纳税所得、增加亏损10%以上)，应有专业技术鉴定意见或法定资质中介机构出具的专项报告；

(6)该项损失数额较小的(指占企业该类资产计税成本10%及以下且减少当年应纳税所得、增加亏损10%及以下)，应有《企业资产损失金额说明表》。

5. 属于固定资产报废、毁损的损失，为其账面净值扣除残值和责任人赔偿后的余额，应相应提供下列材料：

(1)固定资产的计税基础相关资料；

(2)企业内部有关责任认定和核销资料；

(3)企业内部有关部门出具的鉴定材料；

(4)涉及责任赔偿的，应当有赔偿情况的说明；

(5)损失金额较大的(指占企业该类资产计税成本10%以上,或减少当年应纳税所得、增加亏损10%以上)或自然灾害等不可抗力原因造成固定资产毁损、报废的,应有专业技术鉴定意见或法定资质中介机构出具的专项报告;

(6)该项损失数额较小的(指占企业该类资产计税成本10%及以下且减少当年应纳税所得、增加亏损10%及以下),应有《企业资产损失金额说明表》。

6. 属于固定资产被盗的损失,为其账面净值扣除责任人赔偿后的余额,应相应提供下列材料:

(1)固定资产的计税基础相关资料;

(2)公安机关的报案记录,公安机关立案、破案和结案的证明材料;

(3)涉及责任赔偿的,应有赔偿责任的认定及赔偿情况的说明。

7. 税务机关所需的其他材料。

(企业应在提供的复印资料上注明“与原件核对无误,原件存于我处”字样,并加盖公章。)

(六)在建工程损失专项申报

在建工程停建、报废损失,为其工程项目投资账面价值扣除残值后的余额,企业应提供以下材料:

1.《在建工程损失(专项申报)税前扣除申报表》;

2. 在建工程损失已计入损益的记账凭证复印件;

3. 董事会等权力机构决议或上级公司批复或由董事会、上级公司授权的部门的批复(国有企业还需提供国有资产监管机构或由其授权的部门的批复);

4. 工程项目投资账面价值确定依据;

5. 工程项目停建原因说明及相关材料;

6. 因质量原因停建、报废的工程项目和因自然灾害和意外事故停建、报废的工程项目,应出具专业技术鉴定报告和责任认定、赔偿情况的说明等;

7. 税务机关所需的其他材料。

(企业应在提供的复印资料上注明“与原件核对无误,原件存于我处”字样,并加盖公章。)

(七)生产性生物资产损失专项申报

企业应提供以下材料:

1.《生产性生物资产损失(专项申报)税前扣除申报表》;

2. 生产性生物资产损失已记入损益的记账凭证复印件;

3. 董事会等权力机构决议或上级公司批复或由董事会、上级公司授权的部门的批复(国有企业还需提供国有资产监管机构或由其授权的部门的批复);

4. 属于生产性生物资产盘亏的损失,为其账面净值扣除责任人赔偿后的余额,应相应提供下列证据:

(1)生产性生物资产盘点表;

(2)生产性生物资产盘亏情况说明;

(3)损失金额较大的(指占企业该类资产计税基础10%以上,或减少当年应纳税所得、增加亏损10%以上),应有专业技术鉴定报告;

(4)该项损失数额较小的(指占企业该类资产计税成本10%及以下且减少当年应纳税所得、

增加亏损10%及以下),应有《企业资产损失金额说明表》。

5.属于因森林病虫害、疫情、死亡而产生的生产性生物资产损失,为其账面净值扣除残值、保险赔偿和责任人赔偿后的余额,应相应提供下列证据:

(1)损失情况说明;

(2)责任认定及其赔偿情况的说明;

(3)损失金额较大的(指占企业该类资产计税基础10%以上,或减少当年应纳税所得、增加亏损10%以上),应有专业技术鉴定报告;

(4)该项损失数额较小的(指占企业该类资产计税成本10%及以下且减少当年应纳税所得、增加亏损10%及以下),应有《企业资产损失金额说明表》。

6.属于对被盗伐、被盗、丢失而产生的生产性生物资产损失,为其账面净值扣除保险赔偿以及责任人赔偿后的余额,应相应提供下列证据:

(1)生产性生物资产被盗后,向公安机关的报案记录或公安机关立案、破案和结案的证明材料;

(2)责任认定及其赔偿情况的说明。

7.税务机关所需的其他材料。

(企业应在提供的复印资料上注明"与原件核对无误,原件存于我处"字样,并加盖公章。)

(八)抵押资产损失专项申报

由于未能按期赎回抵押资产,使抵押资产被拍卖或变卖,其账面净值大于变卖价值的差额,可认定为资产损失,企业应提供以下材料:

1.《抵押资产损失(专项申报)税前扣除申报表》;

2.抵押资产损失已记入损益的记账凭证复印件;

3.董事会等权力机构决议或上级公司批复或由董事会、上级公司授权的部门的批复(国有企业还需提供国有资产监管机构或由其授权的部门的批复);

4.抵押合同或协议书;

5.拍卖或变卖证明、清单;

6.会计核算资料等其他相关证据材料;

7.税务机关所需的其他材料。

(企业应在提供的复印资料上注明"与原件核对无误,原件存于我处"字样,并加盖公章。)

(九)被其他新技术所代替或已经超过法律保护期限,已经丧失使用价值和转让价值,尚未摊销的无形资产损失专项申报,企业应提供以下材料:

1.《无形资产损失(专项申报)税前扣除申报表》;

2.无形资产损失已记入损益的记账凭证复印件;

3.董事会等权力机构决议或上级公司批复或由董事会、上级公司授权的部门的批复(国有企业还需提供国有资产监管机构或由其授权的部门的批复);

4.企业有关无形资产成本、价值回收、损失等情况说明;

5.属于被其他新技术所代替的,应提供技术鉴定报告和企业法定代表人、主要负责人和财务负责人签章证实无形资产已无使用价值或转让价值的书面申明;

6.属于超过法律保护期限的,应提供无形资产的法律保护期限文件;

7. 税务机关所需的其他材料。

(企业应在提供的复印资料上注明"与原件核对无误,原件存于我处"字样,并加盖公章。)

(十)债权性投资损失专项申报

企业应提供以下材料:

1.《债权性投资损失(贷款损失除外)(专项申报)税前扣除申报表》或《贷款损失(专项申报)税前扣除申报表》;

2. 债权性投资合同(或贷款合同)以及债权性投资(或发放贷款、还款)的相关凭证复印件;

3. 债权性投资(或贷款)损失已计入损益的记账凭证复印件;

4. 董事会等权力机构决议、上级公司(或企业总机构)批复、国有资产监管机构批复或国有资产监管机构授权的部门的批复;

5. 属于债务人或担保人依法被宣告破产、关闭、被解散或撤销、被吊销营业执照、失踪或者死亡等,应出具资产清偿证明或者遗产清偿证明。无法出具资产清偿证明或者遗产清偿证明,且上述事项超过三年以上的,或债权投资(包括信用卡透支和助学贷款)余额在三百万元以下的,应出具对应的债务人和担保人破产、关闭、解散证明、撤销文件、工商行政管理部门注销证明或查询证明以及追索记录等(包括司法追索、电话追索、信件追索和上门追索等原始记录);

6. 属于债务人遭受重大自然灾害或意外事故,企业对其资产进行清偿和对担保人进行追偿后,未能收回的债权,应出具债务人遭受重大自然灾害或意外事故证明、保险赔偿证明、资产清偿证明等;

7. 属于债务人因承担法律责任,其资产不足归还所借债务,又无其他债务承担者的,应出具法院裁定证明和资产清偿证明;

8. 属于债务人和担保人不能偿还到期债务,企业提出诉讼或仲裁的,经人民法院对债务人和担保人强制执行,债务人和担保人均无资产可执行,人民法院裁定终结或终止(中止)执行的,应出具人民法院裁定文书;

9. 属于债务人和担保人不能偿还到期债务,企业提出诉讼后被驳回起诉的、人民法院不予受理或不予支持的,或经仲裁机构裁决免除(或部分免除)债务人责任,经追偿后无法收回的债权,应提交法院驳回起诉的证明,或法院不予受理或不予支持证明,或仲裁机构裁决免除债务人责任的文书;

10. 属于经国务院专案批准核销的债权,应提供国务院批准文件或经国务院同意后由国务院有关部门批准的文件;

11. 税务机关所需的其他材料。

(企业应在提供的复印资料上注明"与原件核对无误,原件存于我处"字样,并加盖公章。)

企业委托金融机构向其他单位贷款,或委托其他经营机构进行理财,到期不能收回贷款或理财款项,按照债权性投资损失有关规定进行处理。

(十一)股权(权益)性投资损失专项申报

企业应提供以下材料:

1.《股权(权益)性投资损失(专项申报)税前扣除申报表》;

2. 对外投资的协议书(合同)、被投资单位公司章程、验资报告复印件;

3. 股权(权益)性初始投资、追加投资的相应投资凭证和股权(权益)性投资明细账户复印件；

4. 股权(权益)性投资损失已记入损益的记账凭证复印件；

5. 企业法定代表人、主要负责人和财务负责人签章证实有关投资(权益)性损失的书面声明；

6. 股权性投资是否涉及特殊重组业务的情况说明，如果存在则需对其计税基础和账面价值是否存在差异进行具体说明；

7. 董事会等权力机构决议或上级公司批复或由董事会、上级公司授权的部门的批复(国有企业还需提供国有资产监管机构或由其授权的部门的批复)；

8. 属于被投资企业依法宣告破产、关闭、解散或撤销、吊销营业执照、停止生产经营活动、失踪等，应提供下列证据：

(1)以下证据之一：

a. 被投资企业破产公告、破产清偿文件；

b. 工商行政管理部门注销、吊销被投资单位营业执照文件；

c. 政府有关部门对被投资单位的行政处理决定文件；

d. 被投资企业终止经营、停止交易的法律或其他证明文件；

(2)资产清偿或遗产清偿证明(若上述事项超过三年以上且未能完成清算的，应出具被投资企业破产、关闭、解散或撤销、吊销等的证明以及不能清算的原因说明)。

9. 税务机关需要的其他材料。

(企业应在提供的复印资料上注明"与原件核对无误，原件存于我处"字样，并加盖公章。)

(十二)其他损失

企业应提供以下材料：

1.《其他资产损失(专项申报)税前扣除申报表》；

2. 其他资产损失已记入损益的记账凭证复印件；

3. 董事会等权力机构决议或上级公司批复或由董事会、上级公司授权的部门的批复(国有企业还需提供国有资产监管机构或由其授权的部门的批复)；

4. 属于企业将不同类别的资产捆绑(打包)，以拍卖、询价、竞争性谈判、招标等市场方式出售的，应提供下列证据：

(1)资产处置方案(已向相关政府监管部门备案)；

(2)各类资产作价依据；

(3)出售过程的情况说明；

(4)出售合同或协议；

(5)成交及入账证明；

(6)资产计税基础确定依据。

5. 属于企业正常经营业务因内部控制制度不健全而出现操作不当、不规范或因业务创新但政策不明确、不配套等原因形成资产损失的，应提供下列证据：

(1)损失原因证明材料或业务监管部门定性证明；

(2)损失专项说明。

6. 属于企业因刑事案件原因形成的损失，应由企业承担的金额，或经公安机关立案侦查两年以上仍未追回的金额,应提供公安机关、人民检察院的立案侦查情况或人民法院的判决书等损失原因证明材料。

7.税务机关所需的其他材料。

(企业应在提供的复印资料上注明“与原件核对无误,原件存于我处”字样,并加盖公章。)

附件(略)

企业清算所得税管理暂行办法

(辽宁省地方税务局公告2013年第1号 2013年1月23日发布
自2013年2月1日起施行)

第一章 总 则

第一条 为进一步加强企业所得税征收管理,规范企业清算所得税管理工作,切实维护国家利益及纳税人合法权益,根据《中华人民共和国企业所得税法》及其实施条例、《中华人民共和国税收征收管理法》及其实施细则、《财政部 国家税务总局关于企业清算业务企业所得税处理若干问题的通知》(财税〔2009〕60号)、《国家税务总局关于印发〈中华人民共和国企业清算所得税申报表〉的通知》(国税函〔2009〕388号)、《国家税务总局关于企业清算所得税有关问题的通知》(国税函〔2009〕684号)等相关法律、法规、规章的规定,结合我省企业所得税征管实际,制定本暂行办法。

第二条 由辽宁省地方税务系统负责征收管理企业所得税的企业,清算所得税适用本办法。

第三条 企业清算的所得税处理,是指企业在不再持续经营,发生结束自身业务、处置资产、偿还债务以及向所有者分配剩余财产等经济行为时,对清算所得、清算所得税、股息分配等事项的处理。

第四条 企业所得税的清算,由企业依据国家有关法律、法规、规章等规定,以合法有效的合同、章程、协议等为基础,按照合法、公平、公允、及时的原则自行计算清算所得、办理清算申报、提供税务机关要求提供的有关资料、结清税款。

第二章 清算对象及清算期间

第五条 居民企业(包括查账征收和核定征收)有下列情形之一的,应按本暂行办法的规定进行企业清算所得税管理:

(一)按《公司法》《企业破产法》等规定需要进行清算的企业:

1. 企业章程规定的营业期限届满或者其他解散事由出现;

2. 企业股东会、股东大会或者类似机构决议解散;

3. 企业依法被吊销营业执照、责令关闭或者被撤销;

4. 企业被人民法院依法予以解散或者宣告破产;

5. 企业因其他原因解散或者注销。

(二)企业重组中需要进行清算的企业:

1. 企业由法人变更为个人独资企业、合伙企业、个体工商户等非法人组织;

2. 企业因登记注册地转移至中华人民共和国境外(包括港澳台地区);

3. 适用于一般性税务处理的企业合并(吸收合并,新设合并)中被合并的企业;

4. 适用于一般性税务处理的企业分立时,被分立的企业不再继续存在时被分立的企业;

5. 其他因重组不再保留法人资格的企业。

第六条 清算期间是指企业自终止正常的生产经营活动开始清算之日起,至主管税务机关办理注销税务登记前的期间。

第七条 企业清算开始的日期,按照以下规定确定:

1. 企业章程规定的营业期限届满或者出现其他解散事由的日期;

2. 企业股东会、股东大会或者类似机构决议企业解散的日期;

3. 企业依法被吊销营业执照、责令关闭或者被撤销,相关行政机关文件的签发日期;

4. 企业被人民法院依法予以解散或者宣告破产的日期;

5. 企业重组中需要按清算处理的企业,经董事会等权力机构批准的企业重组协议或合同约定生效的日期;

6. 企业由法人变更为个人独资企业、合伙企业、个体工商户等非法人组织或者企业登记注册地转移至中华人民共和国境外(包括港澳台地区),经董事会等权利机构做出决定生效的日期;

7. 有关法律、法规、规章规定的清算开始的日期;

第八条 纳税人依法清算时,应当以清算期间作为一个独立纳税年度,依法计算清算所得及其应纳所得税额。

第三章 清算资产及处置损益

第九条 清算资产包括企业清算开始时的全部资产以及在清算期间取得的资产。企业清算的全部资产包括货币性资产、固定资产、生物资产、无形资产、投资资产、存货、其他资产等。

第十条 企业应对清算资产逐一进行盘点,分资产类别建立资产清算盘点表,以清算盘点确认的资产作为清算资产。

第十一条 资产处置损益是指企业的全部资产按可变现价值或交易价格减除其计税基础后确认的资产处置所得或损失金额。

资产可变现价值或交易价格是指企业清算过程中各项清算资产隐含的经济利益,按照其正常对外销售所能达到的实际成交价格。

第十二条 企业清算期间未实际处置的资产,按以下原则确定可变现价值:

1. 投资性房地产、固定资产、在建工程、工程物资、生物资产、油气资产、无形资产、存货等资产以评估价值作为资产可变现价值。

评估价值是指具有法定资质的中介机构出具的清算资产在评估之日确定的价值。

2. 外购商誉的可变现价值按零计算。

3. 递延资产(或长期待摊费用)、待摊费用可变现价值为零。

4. 交易性金融资产(短期投资)、可供出售金融资产(长期股权投资)、持有至到期投资(长期债券投资)、长期应收款原则上需进行清理、收回,体现可变现价值。

对清算期间确实无法收回的投资资产,以评估价值作为可变现价值。

5. 除上述以外的清算资产,按账面价值确认可变现价值。

第十三条 清算资产的账面价值是指纳税人在清算日前账面记载的按照国家统一会计制度确定的各项资产的账面金额。

第十四条 清算资产的计税基础是指企业取得资产时确定的计税基础减除在清算日前以前纳税年度内按照税收规定已在税前扣除的折旧、摊销、准备金等的余额。其中:

1. 现金、应收账款、预付账款、应收票据等货币性资产的计税基础为企业货币性资产的账面原值减除在清算日前以前纳税年度内按照税收规定已在税前扣除的准备金后的余额。

2. 存货、工程物资、在建工程、各项投资资产、固定资产、生产性生物资产、油气资产、无形资产（含外购商誉）、待摊（含长期）费用等非货币性资产的计税基础为企业取得该项资产时实际发生的支出（即历史成本），减除在清算日前以前纳税年度内按照税收规定已在税前扣除的折旧、摊销后的余额。

"实际发生的支出"是指税法允许税前扣除的部分。

3. 对企业在取得非货币性资产时按规定以公允价值确认增值或收益的，其计税基础为取得时的公允价值减除在清算日前以前纳税年度内按照税收规定已在税前扣除的折旧、摊销后的余额。

4. 清算期内盘盈的各项资产，其计税基础为零。

5. 企业有关资产隐含的增值或损失未在税收上确认实现的，其增值或损失不得计入清算资产计税基础。

第十五条 企业在清算过程中处置不征税收入形成的资产时，应以处置价格或评估价格扣除相应的计税基础、清理费用后的余额计入清算所得。

第十六条 企业在清算期间已经处置的资产，其价值一般按实际交易价格确定，但实际交易价格明显偏低的，主管税务机关可要求企业说明理由，并提供具有法定资质的中介机构的资产评估报告等证明资料。

第十七条 企业清算资产的损失，应书面向主管税务机关申报，按国家税务总局 2011 年第 25 号公告的要求提供相关证明材料。

第四章 负债及负债清偿损益

第十八条 负债清偿损益是指企业全部负债按计税基础减除其负债的实际清偿金额后确认的负债清偿所得或损失金额。

第十九条 企业的负债是指企业清算日前由于过去交易或事项所形成的、预期会导致经济利益流出的现时义务。包括短期借款、长期借款等流动负债和非流动负债。

第二十条 负债的账面价值按照企业清算日前国家统一会计制度确定的各项负债的账面价值金额确定。

第二十一条 负债的清偿金额是指清算期间各项负债的实际清偿金额，企业在清算期间由于各种原因无法偿还或支付的债务，其清偿金额为零。

第二十二条 负债的计税基础按照企业清算日前按照税收规定确定的各项负债计税基础的金额确定。即负债的账面价值减去清算期间计算应纳税所得额时按照税收规定可予扣除金额的余额。其中：

1. 短期借款、应付票据、应付账款、应付股利、长期借款、长期应付款、专项应付款的计税基础为负债账面价值。

2. 除上述以外的负债，按负债的账面价值金额减去清算期间计算应纳税所得额时按照税收规定可予扣除金额的余额。

"清算期间计算应纳税所得额时按照税收规定可予扣除的金额"是指企业在以前年度计提，但已按税法规定予以纳税调增的负债金额。

第五章　清算费用、清算税金及附加

第二十三条　清算费用是指企业清算过程中发生的与清算业务有关的费用支出。包括：

1. 清算组人员的报酬；
2. 清算财产的管理、变卖及分配所需的评估、咨询等费用；
3. 清算过程中支付的诉讼、仲裁及公告费用；
4. 为维护债权人和股东的合法权益支付的其他费用。

第二十四条　清算税金及附加是指企业清算期间因处理资产、负债而产生的除企业所得税和允许抵扣的增值税以外的各项税金及其附加。

第六章　清 算 管 理

第二十五条　清算备案

企业在年度中间终止经营活动进行清算的，以该年度实际经营期间作为一个纳税年度，自实际经营终止之日起60日内，向主管税务机关办理当期企业所得税汇算清缴。同时自清算开始之日起15日内向主管税务机关报告，进行清算备案并附送以下资料，主管税务机关将其纳入清算期企业所得税管理：

1. 企业终止正常生产经营活动并开始清算的证明文件；
2. 企业清算业务联络人员名单、联系方式；
3. 企业清算方案或计划书；
4. 主管税务机关要求提供的其他资料。

第二十六条　企业清算申报

企业应当自开始清算之日起六个月内完成清算工作，并自清算结束之日起15日内，向主管税务机关报送以下资料，结清税款：

1.《中华人民共和国企业清算所得税申报表》及其附表；
2. 资产盘点表；
3. 企业债务处理或归属情况说明；
4. 企业清算期间未实际处置的资产应按照本办法第十二条规定提供具有法定资质的中介机构出具的《资产评估报告》；
5. 企业或具有法定资质的税务师事务所出具的《企业所得税清算报告》；
6. 清算日前财务报表(资产负债表，损益表，现金流量表)；
7. 清算当年度实际经营期《企业所得税年度纳税申报表》；
8. 主管税务机关要求报送的其他资料。

第二十七条　企业确有困难不能按照规定的期限办理企业所得税清算纳税申报需要延期的，应在期限届满前15日内向主管税务机关提出书面延期申报申请，经主管税务机关批准后，在核准的期限内办理。

企业因不可抗力不能按照规定的期限办理清算纳税申报的，税务机关经核实后可以批准延期申报，但是企业在不可抗力情形消除后应立即向税务机关报告。

第二十八条　主管税务机关对完成清算申报的企业要及时进行注销检查，按规定程序进行注销。

第二十九条 企业在经营期间无论采取查账征收还是核定征收方式缴纳企业所得税，均需要进行清算，并在清算期间采取查账征收方式计算缴纳企业所得税。

第三十条 被清算企业全部资产的可变现价值或交易价格减除清算费用、职工的工资、社会保险费用、法定补偿金，清算税费、清算所得税、以前年度欠税和企业其他债务后的余额，为可向所有者分配的剩余资产。

第三十一条 被清算企业的股东分得的剩余资产的金额，其中相当于被清算企业累计未分配利润和累计盈余公积中按该股东所占股份比例计算的部分，应确认为股息所得；剩余资产减除股息所得后的余额，超过或低于股东投资成本的部分，应确认为股东的投资转让所得或损失。

被清算企业的股东从被清算企业分得的资产应按可变现价值或实际交易价格确定计税基础。

第三十二条 清算期间有关所得税政策：

1. 清算所得是指企业的全部资产可变现价值或者交易价格，减除资产计税基础、清算费用、相关税费，加上债务清偿损益等后的余额。

2. 清算所得计算企业所得税一律适用税率25%。

3. 企业清算的应纳税所得额以清算所得减除清算期间取得的符合规定的免税收入、不征税收入、其他免税所得、弥补以前年度亏损后的余额确定。

免税收入是指纳税人清算过程中取得的按税收规定免税的收入。不征税收入是指纳税人清算过程中取得的按税收规定不征税的收入。其他免税所得是指纳税人清算过程中取得的按税收规定免税的所得。弥补以前年度亏损是指纳税人按税法规定可在税前弥补的以前纳税年度尚未弥补的亏损额。弥补亏损以5年为限，清算日前实际经营期不满一年的按一个纳税年度计算。

4. 企业在清算前购买环保、节能节水、安全生产专用设备享受抵免税额尚未执行到期的，允许纳税人从清算所得税额中减去上述应享受的抵免税额。

5. 创业投资企业在清算日前投资于未上市的中小高新技术企业，符合抵扣该企业应纳税所得额条件的，当年未抵扣完毕的投资额可以用清算所得抵扣。

6. 企业在清算期内取得来源于我国境外的所得，仍需要根据《财政部　国家税务总局关于企业境外所得税收抵免有关问题的通知》（财税〔2009〕125号）的相关规定，按照分国（地区）不分项原则，计算可抵免境外所得税税额，采取"抵免法"抵免清算所得税额。

第三十三条 对属于下列情形之一的企业，应作为清算检查的重点：

1. 拥有房屋、建筑物、土地等不动产的；

2. 涉及到企业重组、整体转让的；

3. 房地产开发企业；

4. 多次受过税务机关处罚的企业；

5. 主管税务机关认为应当进行重点清算管理的。

第三十四条 主管税务机关负责受理企业清算备案及清算所得税申报。

第三十五条 企业未按本办法进行企业所得税清算的，税务机关不得为其办理注销手续。

第七章 法律责任

第三十六条 企业在所得税清算过程中未按照规定的期限办理纳税申报、报送纳税资料、缴纳税款,存在偷税、抗税、妨碍追缴欠税行为的;企业未处置财产保管人擅自处置财产、处置后未及时报告主管税务机关缴纳欠税的等税收违法行为,根据《中华人民共和国税收征收管理法》及其实施细则的有关规定处理。

第三十七条 中介机构在为清算企业办理资产评估、清算鉴证等过程中,违反税收法律、行政法规,为其提供虚假的报告,造成纳税人未缴、少缴税款或存在其他税收违法行为的,除由纳税人缴纳或者补缴应纳税款、滞纳金外,对中介机构处纳税人未缴或少缴税款50%以上3倍以下的罚款。同时由省级税务部门在税务系统内部进行通报,并向中介机构同级行业主管部门通报其违法行为。

第三十八条 税务机关、税务人员在企业清算期间有违反税收法律法规行为的,按照征管法等相关规定处理。

第八章 附 则

第三十九条 本暂行办法未尽事宜,按有关税收法律、法规的规定执行。

第四十条 本暂行办法由辽宁省地方税务局负责解释。

第四十一条 本暂行办法自2013年2月1日起施行。此前发生的未处理事项,按本办法处理。

分送:各市地方税务局(不含大连),绥中、昌图县地方税务局。

附件2:资产处置损益明细表

附件5:《资产处置损益明细表》填报说明

其他附件(略)

附件2

资产处置损益明细表

填报时间: 年 月 日 金额单位:元(列至角分)

行次	项目	账面价值(1)	计税基础(2)	可变现价值或交易价格(3)	资产处置损益(4)=(3)-(2)
1	货币资金				
2	短期投资*#				
3	交易性金融资产#				
4	应收票据				
5	应收账款				
6	预付账款				
7	应收利息				
8	应收股利				

续表

行次	项目	账面价值(1)	计税基础(2)	可变现价值或交易价格(3)	资产处置损益(4)=(3)-(2)
9	应收补贴款*				
10	其他应收款				
11	存货				
12	待摊费用*				
13	一年内到期的非流动资产				
14	其他流动资产				
15	可供出售金融资产#				
16	持有至到期投资#				
17	长期应收款#				
18	长期股权投资				
19	长期债券投资*#				
20	投资性房地产#				
21	固定资产				
22	在建工程				
23	工程物资				
24	固定资产清理				
25	生物资产#*				
26	油气资产#				
27	无形资产				
28	开发支出#				
29	商誉#				
30	长期待摊费用				
31	其他非流动资产				
32	总计				

经办人签字：　　　　　　　　　　　　　　　　纳税人盖章：

附件 5

《资产处置损益明细表》填报说明

一、适用范围

本表适用于按税收规定进行清算、缴纳企业所得税的居民企业纳税人(以下简称纳税人)申报。

二、填报依据

根据《中华人民共和国企业所得税法》及其实施条例和相关税收政策规定计算填报。

三、填报说明

(一)总括说明

1. 标有 * 行次由执行企业会计制度的纳税人填报;标有#行次由执行企业会计准则的纳税人填报;标有 *#行次由执行企业会计制度、小企业会计准则的纳税人填报;标有# * 行次由执行企业会计准则、小企业会计准则的纳税人填报;其他行次执行企业会计制度和企业会计准则、小企业会计准则的纳税人均填报。

执行企业会计制度和企业会计准则以及小企业会计准则以外的纳税人,按照本表的行次内容根据其资产情况分析填报。

2. "账面价值(1)"列:填报纳税人按照国家统一会计制度规定确定的清算开始日的各项资产账面价值的金额。

3. "计税基础(2)"列:填报纳税人按照税收规定确定的清算开始日的各项资产计税基础的金额,即取得资产时确定的计税基础减除在清算开始日以前纳税年度内按照税收规定已在税前扣除折旧、摊销、准备金等的余额。

4. "可变现价值或交易价格(3)"列:填报纳税人清算过程中各项资产可变现价值或交易价格的金额。

5. "资产处置损益(4)"列:填报纳税人各项资产可变现价值或交易价格减除其计税基础的余额。

(二)行次说明

各行次,"账面价值(1)"列和"计税基础(2)"列按照总括说明结合行次说明填报;"可变现价值或交易价格(3)"列和"资产处置损益(4)"列按照总括说明填报。

1. 第 1 行"货币资金":第 1 列"账面价值"填报纳税人库存现金、银行结算存款、外埠存款、银行汇票存款等的合计数,本列根据"现金"、"银行存款"、"其他货币资金"科目的清算开始日余额合计填列;第 2 列"计税基础"填报纳税人按照税收规定确定的清算开始日的"货币资金"计税基础的金额,本列填报第 1 列"账面价值"金额。

2. 第 2 行"短期投资 * #":第 1 列"账面价值"填报纳税人购入的各种随时变现、并准备随时变现的、持有时间不超过 1 年(含 1 年)的股票、债券等,减去已计提跌价准备后的净额,本列根据"短期投资"科目的清算开始日余额,减去"短期投资跌价准备"科目的清算开始日余额后的金额填列;第 2 列"计税基础"填报纳税人按照税收规定确定的清算开始日的"短期投资"计税基础的金额,本列填报"短期投资"的历史成本,其中:(1)通过支付现金方式取得的投资资产,填报购买价款金额;(2)通过支付现金以外的方式取得的投资资产,填报该资产的公允价值和支付的相关税费金额。

3. 第 3 行"交易性金融资产#":第 1 列"账面价值"填报纳税人取得交易性金融资产时的公允价值(不包含交易手续费)金额,本列根据"交易性金融资产"科目的清算开始日余额填列;第 2 列"计税基础"填报纳税人按照税收规定确定的清算开始日的"交易性金融资产"计税基础的金额,本列填报纳税人取得该资产时的账面价值与交易手续费合计金额。

4. 第4行“应收票据”：第1列“账面价值”填报纳税人收到的未到期收款也未向银行贴现的应收票据，包括商业银行承兑汇票和银行承兑汇票金额，本列根据“应收票据”科目的清算开始日余额填列；第2列“计税基础”填报纳税人按照税收规定确定的清算开始日的“应收票据”计税基础的金额，本列填报取得该项资产时的账面价值金额（历史成本）。

5. 第5行“应收账款”：第1列“账面价值”填报纳税人因销售商品、产品和提供劳务等而应向购买单位收取的各种款项，减去已计提的坏账准备后的净额，本列根据“应收账款”科目所属各明细科目的清算开始日借方余额合计，减去“坏账准备”科目中有关应收账款计提的坏账准备清算开始日余额后的金额填列；第2列“计税基础”填报纳税人按照税收规定确定的清算开始日的“应收账款”计税基础的金额，本列填报取得该项资产时的账面价值金额（历史成本）。

6. 第6行“预付账款”：第1列“账面价值”填报纳税人因购入商品. 劳务等预付的各种款项的公允价值金额，本列根据“预付账款”科目的清算开始日余额填列；第2列“计税基础”填报纳税人按照税收规定确定的清算开始日的“预付账款”计税基础的金额，本列填报第1列“账面价值”金额。

7. 第7行“应收利息”：第1列“账面价值”填报纳税人因进行债权投资应收取的利息金额，本列根据“应收利息”科目的清算开始日余额填列；第2列“计税基础”填报纳税人按照税收规定确定的清算开始日的“应收利息”计税基础的金额，本列填报第1列“账面价值”金额。

8. 第8行“应收股利”：第1列“账面价值”填报纳税人因进行股权投资应收取的现金股利或应收其他单位的利润金额，本列根据“应收股息”科目的清算开始日余额填列；第2列“计税基础”填报纳税人按照税收规定确定的清算开始日的“应收股利”计税基础的金额，本列填报第1列“账面价值”金额。

9. 第9行“应收补贴款＊”：第1列“账面价值”填报纳税人应收的各类政策性资金的公允价值金额，本列根据“应收补贴款”科目的清算开始日余额填列；第2列“计税基础”填报纳税人按照税收规定确定的清算开始日的“应收补贴款”计税基础的金额，本列填报第1列“账面价值”金额。

10. 第10行“其他应收款”：第1列“账面价值”填报纳税人对其他单位和个人的应收和暂付的款项，减去已计提的坏账准备后的净额，本列根据“其他应收款”科目的清算开始日余额，减去“坏账准备”科目中有关其他应收款计提的坏账准备清算开始日余额后的金额填列；第2列“计税基础”填报纳税人按照税收规定确定的清算开始日的“其他应收款”计税基础的金额，本列填报取得该项资产时的账面价值金额（历史成本）。

11. 第11行“存货”：第1列“账面价值”填报纳税人清算开始日在库、在途和在加工中的各项存货的可变现净值，包括各种材料、商品、在产品、半成品、包装物、低值易耗品、委托代销商品、消耗性生物资产等，本列根据“在途物资”、“材料”、“低值易耗品”、“库存商品”、“委托加工物资”、“委托代销商品”、“生产成本”等科目的清算开始日余额合计，减去“存货跌价准备”科目清算开始日余额后的金额填列，材料采用计划成本核算，以及库存商品采用计划成本或售价核算的纳税人，应按加或减材料成本差异、商品进销差价后的金额填列；第2列“计税基础”填报纳税人按照税收规定确定的清算开始日的“存货”计税基础的金额，本列填报取得该项资产时的账面价值金额（历史成本）。

12. 第12行“待摊费用＊”：第1列“账面价值”填报纳税人已经支出但应由以后各期分期摊销的费用[摊销期限在1年以上（不含1年）的其他待摊费用，应在本表“长期待摊费用”项目反映，不包括在本项目内]，本列根据“待摊费用”科目的清算开始日余额填列（“长期待摊费用”科目中将于1年内到期的部分，也在本项目内反映）；第2列“计税基础”填报纳税人按照税收规定确定的清算开始日的“待摊费用”计税基础的金额，本列填报第1列“账面价值”金额；第3列“可变现价值或交易价格”填报纳税人清算过程中各项资产可变现价值或交易价格的金额，本列填报金额为零。

13. 第13行“一年内到期的非流动资产”：第1列“账面价值”填报纳税人取得该类资产的账面价值金额，本列根据“一年内到期的非流动资产”有关科目清算开始日余额填列；第2列“计税基础”填报纳税人按照税收规定确定的清算开始日的“一年内到期的非流动资产”计税基础的金额，本列填报取得该项资产时的账面价值金额（历史成本）。

14. 第14行“其他流动资产”：第1列“账面价值”填报纳税人除以上流动资产项目外的其他流动资产的账面价值金额，本列根据“其他流动资产”有关科目清算开始日余额填列；第2列“计税基础”填报纳税人按照税收规定确定的清算开始日的“其他流动资产”计税基础的金额，本列填报取得该项资产时的账面价值金额（历史成本）。

15. 第15行“可供出售金融资产#”：第1列“账面价值”填报纳税人取得该项金融资产时的公允价值金额，本列根据“可供出售金融资产”科目清算开始日余额填列；第2列“计税基础”填报纳税人按照税收规定确定的清算开始日的“可供出售金融资产”计税基础的金额，本列填报取得该项资产时的账面价值金额（历史成本）。

16. 第16行“持有至到期投资#”：第1列“账面价值”填报纳税人取得该项资产时的公允价值金额，本列根据“持有至到期投资”科目清算开始日余额填列；第2列“计税基础”填报纳税人按照税收规定确定的清算开始日的“持有至到期投资”计税基础的金额，本列填报取得该项资产时的账面价值金额（历史成本）。

17. 第17行“长期应收款#”：第1列“账面价值”填报填报纳税人取得该项资产时的公允价值金额，本列根据“长期应收款”科目清算开始日余额填列；第2列“计税基础”填报纳税人按照税收规定确定的清算开始日的“长期应收款”计税基础的金额，本列填报取得该项资产时的账面价值金额（历史成本）。

18. 第18行“长期股权投资”：第1列“账面价值”填报纳税人不准备在1年内（含1年）变现的各种股权性质投资的账面余额，本列根据“长期股权投资”科目的清算开始日余额减去“长期股权投资减值准备”或“长期投资减值准备”科目的清算开始日余额填列；第2列“计税基础”填报纳税人按照税收规定确定的清算开始日的“长期股权投资”计税基础的金额，本列填报取得该项资产时的账面价值金额（历史成本）。

19. 第19行“长期债权投资＊#”：第1列“账面价值”填报纳税人不准备在1年内（含1年）变现的各种债权性质投资的账面余额（长期债权投资中，将于1年内到期的长期债权投资，应在“一年内到期的非流动资产”项目反映），本列根据“长期债权投资”科目的清算开始日余额减去“长期投资减值准备”科目的清算开始日余额填列；第2列“计税基础”填报纳税人按照税收规定确定的清算开始日的“长期债权投资”计税基础的金额，本列填报取得该项资产时的账面价值金额（历史成本）。

20. 第20行“投资性房地产#”：第1列“账面价值”填报纳税人公允价值模式及成本计量模式下相应核算的账面价值，本列根据“投资性房地产”科目的清算开始日余额及“投资性房地产累计折旧”、“投资性房地产减值准备”科目的清算开始日余额分析填列；第2列“计税基础”填报纳税人按照税收规定确定的清算开始日的“投资性房地产”计税基础的金额，本列填报取得该项资产时的历史成本减去按税法规定计提折旧后的余额。

21. 第21行“固定资产”：第1列“账面价值”填报纳税人取得该项资产时的公允价值减去累计折旧以及固定资产减值准备后的余额，本列根据“固定资产”科目的清算开始日余额及“累计折旧”、“固定资产减值准备”科目的清算开始日余额分析填列；第2列“计税基础”填报纳税人按照税收规定确定的清算开始日的“固定资产”计税基础的金额，本列填报取得该项资产时的历史成本减去按税法规定计提折旧后的余额。

22. 第22行“在建工程”：第1列“账面价值”填报纳税人清算开始日各项未完工程的实际支出，包括交付安装的设备价值，未完建筑安装工程已经耗用的材料、工资和费用支出、预付出包工程的价款、已经建筑安装完毕但尚未交付使用的工程等的账面余额，本列根据“在建工程”科目的清算开始日余额减除在建工程减值准备后的余额填列；第2列“计税基础”填报纳税人按照税收规定确定的清算开始日的“在建工程”计税基础的金额，本列填报各项未完工程的实际支出金额。

23. 第23行“工程物资”：第1列“账面价值”填报纳税人各项工程尚未使用的工程物资的实际成本，本列根据“工程物资”科目的清算开始日余额填列；第2列“计税基础”填报纳税人按照税收规定确定的清算开始日的“工程物资”计税基础的金额，本列填报取得该项资产时的账面价值金额（历史成本）。

24. 第24行“固定资产清理”：第1列“账面价值”填报纳税人转入清理的各项固定资产的净值，本列根据“固定资产清理”科目的清算开始日余额填列；第2列“计税基础”填报纳税人按照税收规定确定的清算开始日的“固定资产清理”计税基础的金额，本列填报固定资产取得时的公允价值减去按税法规定计提折旧后转入清理的余额。

25. 第25行“生物资产#＊”：第1列“账面价值”填报纳税人取得该项资产时的公允价值减去累计折旧、减值准备（生产性）后的余额，本列根据“生物资产”科目的清算开始日余额及“生产性生物资产累计折旧”、“生产性生物资产减值准备”科目的清算开始日余额分析填列；第2列“计税基础”填报纳税人按照税收规定确定的清算开始日的“生物资产”计税基础的金额，本列填报取得该项资产时的历史成本减去按税法规定计提折旧后的余额。

26. 第26行“油气资产#”：第1列“账面价值”填报纳税人取得该项资产时的公允价值减去累计折耗、减值准备后的余额，本列根据“油气资产”科目的清算开始日余额及“累计折耗”、“油气资产减值准备”科目的清算开始日余额分析填列；第2列“计税基础”填报纳税人按照税收规定确定的清算开始日的“油气资产”计税基础的金额，本列填报取得该项资产时的历史成本减去按税法规定计提折旧后的余额。

27. 第27行“无形资产”：第1列“账面价值”填报纳税人取得该项资产时的公允价值减去累计摊销以及无形资产减值准备后的余额，本列根据“无形资产”科目的清算开始日余额及“累计摊销”、“无形资产减值准备”科目的清算开始日余额分析填列；第2列“计税基础”填报纳税人按照税收规定确定的清算开始日的“无形资产”计税基础的金额，本列填报取得该项资产时的历史成本减去按税法规定计提摊销后的余额。

28. 第28行“开发支出#”：第1列“账面价值”填写纳税人研发发生的的实际支出金额，本列根据“研发支出”科目的清算开始日余额填列；第2列“计税基础”本列填报第1列“账面价值”金额。

29. 第29行“商誉#”：第1列“账面价值”填报非同一控制下纳税人合并时产生的商誉支出金额减去减值准备的余额，本列根据“商誉”科目的清算开始日余额减去“商誉减值准备”科目的清算开始日余额后的金额填列；第2列“计税基础”填列非同一控制下纳税人合并时产生的商誉支出金额（历史成本）。

30. 第30行“长期待摊费用”：第1列“账面价值”填报纳税人尚未摊销的摊销期限在1年以上（不含1年）的各种费用金额［长期待摊费用中在1年内（含1年）摊销的部分，应在本表“待摊费用”项目填列］，本列根据“长期待摊费用”科目的清算开始日余额减去将于1年内（含1年）摊销的数额后的金额填列；第2列“计税基础”填报纳税人按照税收规定确定的清算开始日的“长期待摊费用”计税基础的金额，本列填报第1列“账面价值”金额；第3列“可变现价值或交易价格”填报纳税人清算过程中各项资产可变现价值或交易价格的金额，本列填报金额为零。

31. 第31行“其他非流动资产”：第1列“账面价值”填报纳税人取得该类资产的账面价值金额，本列根据“其他非流动资产”有关科目清算开始日余额填列；第2列“计税基础”填报纳税人按照税收规定确定的清算开始日的“其他非流动资产”计税基础的金额，本列填报取得该项资产时的账面价值金额（历史成本）。

四、表内及表间关系

1. “资产处置损益（4）”列＝本表“可变现价值或交易价格（3）”列－“计税基础（2）”列。

2. 第32行“账面价值（1）”列总计＝本表“账面价值（1）”列第1＋…＋31行总计。

3. 第32行“计税基础（2）”列总计＝本表“计税基础（2）”列第1＋…＋31行总计。

4. 第32行“可变现价值或交易价格（3）”列总计＝本表“可变现价值或交易价格（3）”列第1＋…＋31行总计。

5. 第32行“资产处置损益（4）”列总计＝本表第32行“可变现价值或交易价格（3）”列总计－本表第32行“计税基础（2）”列总计＝本表“资产处置损益（4）”列第1＋…＋31行总计。

6. 第32行“资产处置损益（4）”列总计＝主表第1行。

辽宁省地方税务局关于企业资产损失所得税税前扣除有关事项的公告

（辽宁省地方税务局公告2012年第1号　2012年3月14日公布并实施）

根据《国家税务总局关于发布〈企业资产损失所得税税前扣除管理办法〉的公告》（国家税务总局公告2011年第25号，以下简称《25号公告》）的规定，现对企业资产损失所得税税前扣除有关事项公告如下：

一、企业发生以清单申报、专项申报方式申报扣除的资产损失，应于企业所得税年度纳税申报的同时，向主管地税机关分别报送《企业资产损失（清单申报）税前扣除申报表》（见附件1）、《企业资产损失（专项申报）税前扣除申报表》（见附件2）。专项申报按照《25号公告》的要求，应附送会计核算资料及其他相关的纳税资料。

由主管地税机关对上述材料完整性进行案头审核，企业申报扣除的资产损失不符合政策要求的，主管地税机关应要求其限期改正，企业在限期内未改正或拒绝改正的，主管地税机关不予受理。

二、总机构所属的不进行企业所得税年度汇算清缴申报的二级分支机构，发生资产损失时，应在年度终了后向该分支机构所在地主管地税机关及总机构分别报送企业资产损失税前扣除申报表。

三、总机构的申报方式按照《25号公告》第十一条规定执行。

四、本公告自公布之日起施行。本公告生效之日前尚未进行税务处理的资产损失事项，按本公告执行。

特此公告。

附件（略）

沈阳市国家税务局关于印发企业清算所得税操作办法(试行)的通知

(沈国税发〔2010〕1号 2010年1月7日发布 自2010年1月1日起实行)

第一章 总 则

第一条 为进一步加强企业所得税征收管理,完善企业清算所得税征管,推进所得税管理的科学化、专业化、精细化,防止税收流失,切实维护国家税收利益和保障纳税人合法权益,根据《中华人民共和国企业所得税法》及其实施条例、《中华人民共和国税收征收管理法》及其实施细则、《财政部 国家税务总局关于企业清算业务企业所得税处理若干问题的通知》(财税〔2009〕60号)和有关法律、法规及政策规定,结合沈阳市企业所得税征收管理实际,制定本(试行)办法。

第二条 企业清算,是指企业因解散、合并、兼并、破产等原因终止生产经营活动,并对企业资产、债权、债务所作的清查、收回和清偿工作。

第三条 沈阳市国家税务局管辖的企业所得税居民纳税人(以下简称纳税人)有下列情形之一的,应按本办法的规定进行清算的所得税处理:

(一)按《公司法》、《企业破产法》等规定需要进行清算的企业;

(二)企业重组中需要按清算处理的企业。

第四条 需要进行清算的包括以下类型:

1. 企业解散

2. 企业破产

3. 企业重组

(一)企业解散

1. 公司章程规定的营业期限届满或者公司章程规定的其他解散事由出现;

2. 股东会或者股东大会决议解散;

3. 依法被吊销营业执照、责令关闭或者被撤销;

4. 原有的企业所得税纳税人变更为个人独资企业、个人合伙企业、个体工商户;

5. 企业因登记注册地址迁移至中华人民共和国境外(包括港澳台地区);

6. 纳税人因其他情形解散或注销。

(二)企业破产,是指企业法人不能清偿到期债务,并且资产不足以清偿全部债务或者明显缺乏清偿能力的,或者有明显丧失清偿能力可能的,债务人可以向人民法院申请破产清算。企业法人已解散但未清算或者未清算完毕,资产不足以清偿债务的,依法负有清算责任的人应当向人民法院申请破产清算。

(三)企业重组,是指企业在日常经营活动以外发生的法律结构或经济结构重大改变的交易,包括企业法律形式改变、债务重组、股权收购、资产收购、合并、分立等。重组中需要清算的类型,比照《财政部 国家税务总局关于企业重组业务企业所得税处理若干问题的通知》(财税〔2009〕59号)执行。

第五条 企业所得税清算应当以国家有关法律、行政法规为依据,以合法有效的合同、章程为基础,按照公平、合理和保护国家、纳税人、投资者、债权人和职工合法权益的原则进行。

第二章 清算期间的确认

第六条 清算期间是指纳税人自清算开始之日至税务部门办理注销登记前的期间。清算期间视为一个独立纳税年度。纳税人应在清算期间,办理企业所得税清算申报,缴清所有应纳税款。

第七条 纳税人清算开始之日具体为:

(一)公司章程规定的营业期限届满或者公司章程规定的其他解散事由出现;

(二)纳税人股东会、股东大会决议解散;

(三)纳税人依法被吊销营业执照、责令关闭或者被撤销;

(四)公司经营管理发生严重困难,继续存续会使股东利益受到重大损失,通过其他途径不能解决的,持有公司全部股东表决权百分之十以上的股东,可以请求人民法院解散公司。人民法院依法予以解散;

公司因上述第(一)项、第(二)项、第(三)项、第(四)项规定而解散的,应当在解散事由出现之日起十五日内成立清算组,开始清算;

(五)其他有关法律、行政法规规定清算开始之日。

第三章 申报资料及清算后续管理

第八条 纳税人在年度中间终止经营活动的,应当自实际经营终止之日起六十日内,向主管税务机关办理当期企业所得税汇算清缴。

第九条 纳税人应当在清算组织成立之日起15日内向主管税务机关报告,并报送下列相关资料:

(一)清算证明文件,具体包括:

1. 公司章程规定的营业期限届满或者公司章程规定的其他解散事由出现的,需要提供董事会等权力机构的解散决议;

2. 股东会、股东大会决议解散,需提供股东会、股东大会决议;

3. 企业重组中需要按清算处理的企业,需要提供董事会等权力机构批准的企业重组协议或合同;

4. 依法被吊销营业执照、责令关闭或者被撤销的,需提供相关行政机关文件;

5. 公司经营管理发生严重困难,继续存续会使股东利益受到重大损失,通过其他途径不能解决的,持有公司全部股东表决权百分之十以上的股东,请求人民法院解散公司,人民法院予以解散,需提供人民法院裁决书或判决书;

6. 人民法院依照《破产法》规定宣告债务人破产,需提供人民法院宣告书;

7. 其他需要清算的情形,需提供相关证明文件。

(二)清算组负责人联系方式;

(三)清算方案。

第十条 纳税人应当在办理注销登记前,就其清算所得向税务机关申报并依法缴纳企业所得税。应向主管税务机关报送下列资料:

(一)《中华人民共和国企业所得税清算申报表》、《资产处置损益明细表》、《负债清偿损益明细表》、《剩余财产计算和分配明细表》;

(二)清算期间财务会计报告(资产负债表、资产盘点表);

(三)具有法定资质的中介机构出具的确定资产公允价值的资产评估报告;

(四)企业所得税清算报告。纳税人有下列情况之一的,应同时提供具有法定资质的中介机构出具的企业所得税清算报告:

1. 实收资本在1000万元(含)以上的;

2. 注销前三年累计销售(营业)收入在2000万元(含)以上的;

3. 注销前三年缴纳各税合计在200万元(含)以上的。

(五)企业清算资产的损失,应按照资产税前扣除审批规定的要求提供相关证明材料;

(六)主管税务机关要求报送的其他资料。

第十一条 企业所得税清算的后续管理

(一)主管税务机关在企业所得税清算结束后,应按规定的期限督促纳税人结清所有应纳税款。

(二)纳税人结清税款后,向主管税务机关申报办理注销登记有关事宜。

第四章 清算的所得税处理

第十二条 企业清算的所得税处理,是指企业在不再持续经营,发生结束自身业务、处置资产、偿还债务以及向所有者分配剩余财产等经济行为时,对清算所得、清算所得税、股息分配等事项的处理。

第十三条 清算所得,是指企业的全部资产可变现价值或者交易价格减除资产净值、清算费用以及相关税费等后的余额。企业的全部资产可变现价值是指企业清理所有债权债务关系、完成清算后,所剩余的全部资产折现计算的价值。

第十四条 企业依法清算时,以前年度的亏损可以用清算所得弥补。

第十五条 纳税人依法进行清算时,其清算终了后的清算所得,应当依照《中华人民共和国企业所得税法》及其实施条例的规定计算缴纳企业所得税。

第五章 清算损益的确认

第十六条 纳税人在清算期间的下列收益,应当作为清算收益:

(一)资产盘盈取得的收益;

(二)资产变现取得的净收益;

(三)确实无法偿付的应付款项;

(四)股权转让取得的收益;

(五)接受捐赠的资产收益;

(六)其他收益。

第十七条 清算财产的作价一般以变现价值或重估价值为依据。

1. 变现价值:是指将财产投放到相应市场上所能实现的市场价格。

2. 重估价值:是指有资质的评估机构评估确定的财产价值。

对于因合并、兼并等原因终止而清算的,资产现值的确定需经有资质的资产评估机构评估。

对于因破产原因终止而清算的,资产现值应以变现额为依据。

第十八条 纳税人财产变现价值明显偏低又无正当理由的,主管税务机关应责令其限期提供中介机构的资产评估报告,经税务机关确认的评估价值作为清算财产的价值。纳税人确实无法提供资产评估报告的,主管税务机关按下列原则确定财产变现价值:

(一)存货资产按下列顺序确定财产变现价值:

1. 按纳税人最近时期同类货物的平均销售价格确定;

2. 按其他纳税人最近时期同类货物的平均销售价格确定;

3. 按组成计税价格确定。组成计税价格的公式为:

组成计税价格 = 成本 × (1 + 成本利润率)

属于应征消费税的货物,其组成计税价格中应加计消费税额。

公式中的成本是指:销售自产货物的为实际生产成本,销售外购货物的为实际采购成本。公式中的成本利润率为国家税务总局确定的成本利润率。

(二)对房产、土地按重估价值计价。

第六章 法律责任

第十九条 纳税人、清算组织、清算人员、未处置财产保管人或管理人在企业所得税清算过程中有《中华人民共和国税收征收管理法》、《中华人民共和国企业所得税法》及《中华人民共和国企业所得税法实施条例》等有关税收法律法规所规定的税收违法行为,依照有关法律、法规的规定进行处理。

第二十条 有关税务机关及税务人员违法法律、行政法规的规定的徇私舞弊、滥用职权侵犯纳税人权益,或者与纳税人勾结,不征或者少征税款,造成国家税款流失的,按照《中华人民共和国税收征收管理法》等有关法律的规定追究行政责任、经济责任或者刑事责任。

第七章 附 则

第二十一条 本办法由沈阳市国家税务局负责解释。

第二十二条 本办法自 2010 年 1 月 1 日起实行。

关于对如何执行市局企业清算所得税操作办法有关要求的通知工作通知

（2010年3月1日发布并执行）

各相关纳税人：

现对《沈阳市国家税务局企业清算所得税操作办法（试行）》（以下简称《办法》）的具体执行提出以下几点要求，请遵照执行。

一、企业所得税纳税人在办理注销登记前，到办税服务厅领取《中华人民共和国企业所得税清算申报表》、《资产处置损益明细表》、《负债清偿损益明细表》、《剩余财产计算和分配明细表》以及注销清算申报所需资料明细表。

二、纳税人到科、所由税收管理员审核企业有无待办事宜的同时，将清算资料（详见《办法》第九条、第十条）一并上报税收管理员，税收管理员审核无误后，在注销登记表的右下角处，注明"清算资料齐全"并签字，然后将《中华人民共和国企业所得税清算申报表》、《资产处置损益明细表》、《负债清偿损益明细表》、《剩余财产计算和分配明细表》返还纳税人，其他资料存档，已留备查。

三、纳税人携带《中华人民共和国企业所得税清算申报表》、《资产处置损益明细表》、《负债清偿损益明细表》、《剩余财产计算和分配明细表》到办税服务厅进行注销清算申报。

四、税务检查人员在对企业进行注销检查时，检查人员应在《稽查报告》中对企业的清算情况进行详细说明，具体包括：

1. 企业是否提供了清算证明文件、清算组负责人联系方式和清算方案，以及清算方案的主要内容；

2. 企业提供了相关报表；

3. 是否提供了清算期间的财务清算报告；

4. 是否提供了具有法定资质的中介机构出具的确定资产公允价值的资产评估报告；

5. 符合《办法》第十条第四款规定条件的，是否提供了具有法定资质的中介机构出具的企业所得税清算报告；

6. 企业清算发生资产损失的，是否按照资产税前扣除审批规定的要求提供相关证明材料。

五、本通知要求从2010年3月1日起执行。

大连市地方税务局关于加强企业注销和重组自然人股东个人所得税管理的通知

（大地税函〔2009〕212 号 2009 年 12 月 30 日发布）

各基层局，市局机关各业务处：

为了加强对企业注销税务登记和重组自然人股东的个人所得税管理，根据个人所得税法及其实施条例、《国家税务总局关于股份制企业转增股本和派发红股征免个人所得税的通知》（国税发〔1997〕198 号）、《国家税务总局关于城市信用社在转制为城市合作银行过程中个人股增值所得应纳个人所得税的批复》（国税函〔1998〕289 号）、《国家税务总局关于盈余公积金转增注册资本征收个人所得税问题的批复》（国税函〔1998〕333 号）等文件规定，现将有关事宜明确如下：

一、企业注销税务登记的管理

企业注销税务登记按照《财政部 国家税务总局关于企业清算业务企业所得税处理若干问题的通知》（财税〔2009〕60 号）规定清算的，股东分得的剩余资产扣除投资成本后的余额，按照“利息、股息、红利所得”项目计算征收个人所得税。

企业注销税务登记未进行清算或无法取得清算所得相关信息的，以企业期末留存收益和资本公积之和，按照股东所占股份比例计算的部分确认为应纳税所得额，计算征收“利息、股息、红利所得”项目个人所得税，不得因企业存在的债权、债务而调整应纳税所得额。

本条所指的“注销税务登记”，不包括企业因住所、经营地点变动而改变税务登记机关的情形。

二、企业合并的管理

企业合并，被合并企业应当按照清算进行所得税处理，其自然人股东的个人所得税管理按照本通知第一条规定执行。

对按照《财政部 国家税务总局关于企业重组业务企业所得税处理若干问题的通知》（财税〔2009〕59 号）规定，企业合并选择特殊性税务处理的，以被合并企业合并前的企业期末留存收益、资本公积和非股权支付对应清算所得和损失之和，按股东所占股份比例计算的部分确认为应纳税所得额，计算征收“利息、股息、红利所得”项目个人所得税，应纳税所得额 = [企业期末留存收益 + 企业期末资本公积 +（被转让资产的公允价值 − 被转让资产的计税基础）×（非股权支付金额 ÷ 被转让资产的公允价值）] × 股东所占股份比例。

三、企业分立的管理

企业分立后，被分立企业存续的，其自然人股东取得的对价应当视为被分立企业的分配，在扣除投资成本后确认为所得，按“利息、股息、红利所得”项目计算征收个人所得税。

企业分立后，被分立企业不存续的，被分立企业应当按照清算进行所得税处理，其自然人股东的个人所得税管理按照本通知第一条规定执行。

对按照《财政部 国家税务总局关于企业重组业务企业所得税处理若干问题的通知》（财税〔2009〕59 号）规定，企业分立选择特殊性税务处理的，以被分立企业分立前的企业期末留存收益、资本公积和非股权支付对应清算所得和损失之和，按股东所占股份比例计算的部分确认为应纳税所得额，计算征收“利息、股息、红利所得”项目个人所得税，应纳税所得额 = [企业期末留存收益 + 企业期末资本公积 +（被转让资产的公允价值 − 被转让资产的计税基础）×（非股权支付金额 ÷ 被转让资产的公允价值）] × 股东所占股份比例。

本通知第二条、第三条所指“企业合并”、“企业分立”、“被转让资产的计税基础”与《财政部 国家税务总局关于企业重组业务企业所得税处理若干问题的通知》（财税〔2009〕59 号）所定义的“企业合并”、企业分立”和“被转让资产的计税基础”口径一致。

四、企业改变登记类型及迁移到境外的管理

企业由法人组织转变为个人独资企业、合伙企业等非法人组织的，或将登记注册地转移至中华人民共和国境外（包括港澳台地区）的，视为企业进行清算、分配，重新投资成立新企业。原法人企业的自然人股东个人所得税管理按照本通知第一条规定执行。

五、纳税人应当提供的相关资料

进行清算的企业应当向主管税务机关提供清算报表（包括《中华人民共和国企业清算所得税申报表》、《资产处置损益明细表》、《负债清偿损益明细表》和《剩余财产计算和分配明细表》）及其他相关信息，主管税务机关应当留存备查。

没有进行清算的企业应当向主管税务机关提供注销当期财务报表（包括资产负债表、利润表）及其他相关信息，主管税务机关应当留存备查。

青　海

青海省地方税务局转发《国家税务总局关于印发〈企业资产损失税前扣除管理办法〉的通知》的通知

（青地税发〔2009〕82号　2009年5月19日发布）

稽查局、征收局，各分局、各市地税局：

现将《国家税务总局关于印发〈企业资产损失税前扣除管理办法〉的通知》（国税发〔2009〕88号）转发给你们，并提出如下意见，请一并贯彻执行。

一、关于审批权限时限确定问题

企业年度内报批的损失净额在500万元（含500万元）以上的财产损失，由各基层局审核同意后报市局审批；损失净额在500万元以下的财产损失，由各基层局负责审批。

由各基层局审核同意后报市局审批的，企业按规定提供的申报材料齐全后，自受理之日起，各基层局在15个工作日内完成审核同意后报市局，市局在15个工作日内完成审批；由各基层局负责审批的，企业按规定提供的申报材料齐全后，自受理之日起，各基层局在30个工作日内完成审批。

因情况复杂需要核实，在规定期限内不能作出审批决定的，经本级税务机关负责人批准，可以适当延长期限，但延期期限不得超过30天。同时，应将延长期限的理由告知申请人。

二、关于企业可自行计算扣除资产损失备查问题

为加强后续管理，掌握和了解资产损失扣除情况，对企业自行计算扣除资产损失，企业应参照《企业财产损失说明报告》、《企业财产损失税前扣除（备查）表》、《企业财产损失明细表》要求的相关内容，保留好有关资产会计核算资料和原始凭证及内部审批证明等证据，将自行计算扣除资产损失的相关情况在财务部门登记、存档、以备税务机关日常检查。

三、关于未及时扣除资产损失的处理

根据国家税务总局《企业资产损失税前扣除管理办法》第三条规定，应在按税收规定实际确认或者实际发生的当年申报扣除，不得提前或延后扣除。因各类原因导致资产损失未能在发生当年准确计算并按期扣除的，经税务机关批准后，可追补确认在损失发生的年度税前扣除，并相应调整该资产损失发生年度的应纳所得税额。各基层局要做好政策宣传，对存在因各类原因导致资产损失未能在发生当年准确计算并按期扣除的，应一律查实原因经集体审议确认后，主管税务机关方可审批，可追补确认在损失发生的年度税前扣除，并相应调整该资产损失发生年度的应纳所得税额。

四、关于《企业资产损失税前扣除管理办法》中数额大小的具体量化问题

1.《企业资产损失税前扣除管理办法》第十七条中涉及的“单笔数额较小”，具体量化标准为：单笔数额在5000元（含）以下的应收款项确认为“单笔数额较小”。

2.《企业资产损失税前扣除管理办法》涉及的“单项或批量金额较小”，具体量化标准统一为：占企业同类存货10%以下、或减少当年应纳税所得、增加亏损10%以下、或10万元以下。

《企业资产损失税前扣除管理办法》涉及的“单项或批量金额较大”，具体量化标准统一为：单项或批量金额超过上述规定标准的为较大。

3. 上述资产损失如属同一债务方或属同项、同批量的资产损失的不得分次报批。

五、关于加强税务机关内部审核、审批管理问题

各基层局审批资产损失必须实行集体审议。为加强审核、审批工作，主管税务机关相关审核、审批人员要对纳税人的申请按照政策规定进行认真审核落实，并形成审核、审批工作底稿。工作底稿主要内容应包括：审核实施情况、金额、数量、申请事项是否符合税收政策规定（应详细注明适应的相关税收政策条款）、初审意见、复审意见等，有关人员签字后连同企业申请资料一并保存。

六、具体执行中遇到的问题请及时向市局反映。

青海省国家税务局关于人民法院受理企业破产案件后通知税务部门申报债权有关问题的通知

（青国税发〔2008〕119号　2008年6月4日发布并执行）

全省各级人民法院，西宁市、各自治州、海东地区国家税务局、地方税务局、西宁经济技术开发区国家税务局、省地方税务局各分局：

为加强税务部门对破产企业的税收管理，防止国家税款流失，根据《中华人民共和国税收征收管理法》、《中华人民共和国企业破产法》及相关法律、法规的规定，现将我省人民法院在受理企业破产案件后及时通知当地国税、地税部门申报债权有关问题通知如下：

一、申请人向人民法院申请企业破产的案件，人民法院在受理后，无论破产企业账面上是否反映欠税情况，都应通知主管该企业的国税、地税部门，以便税务部门能够准确核实该破产企业是否欠税及欠税金额等情况，并及时申报债权。

二、各级国税、地税部门要主动加强与当地人民法院的联系，建立健全联系制度，及时掌握人民法院受理破产企业的情况。

三、本通知自下发之日起执行。

全省各级人民法院、国税、地税部门在执行过程中遇到的问题，应分别向省高级人民法院、省国税局、省地税局反映。

青海省国家税务局转发《国家税务总局关于企业财产损失所得税前扣除管理办法》的通知

（青国税发〔2006〕16号 2006年1月16日发布）

西宁市、各自治州、海东地区、西宁经济技术开发区国家税务局：

现将《企业财产损失所得税前扣除管理办法》（国家税务总局令第13号）（以下简称《办法》）转发给你们，并结合我省实际提出如下补充意见，请一并贯彻执行。

一、关于审批范围企业需经税务机关审批后在所得税前扣除的财产损失，按《办法》第二章第七条规定执行。企业发生的各项需审批的财产损失，应按规定在损失发生当年及时申报扣除，不得提前或延后。

二、关于报批办法企业发生的各项需审批的财产损失，可按照《办法》第二章第十三条规定的原则办理。既对纳税人当年发生的财产损失，应于纳税年度终了后15日内集中一次报税务机关审批。

三、关于申报程序按照“不得实行层层审批”的规定，我省对企业财产损失税前扣除采取纳税人直接向审批机关申报的审批办法。

（一）对于实行独立核算的企业所得税纳税人，其财产损失金额达到省局审批权限的，可直接报省国税局审批；达到州、地、市国税局审批权限的，可直接报企业所在地的州、地、市国税局审批。

（二）实行汇总和合并纳税的成员企业及单位（包括在我省实行汇总就地纳税的企业）发生的财产损失，均应报经所在地县级主管国税机关进行初审并签字盖章（见附表），由其省一级汇总成员企业汇总后，直接报送省国税局审批。

（三）对于实行报帐制的汇总纳税成员企业发生的财产损失，报经所在地县级主管国税机关审核，并签字盖章（见附表）后，交成员企业报省一级实行独立核算的汇总成员企业汇总，由省级汇总纳税成员企业直接报送省国税局审批。

（四）县级主管国税机关应在收到成员企业及单位财产损失申请之日起十日内完成初审，并在附表上签字盖章后，退还汇总和合并纳税的成员企业。

（五）各级国税机关收到企业财产损失的申请后，必须认真进行调查核实。省国税局或各州、地、市国税局在深入企业调查核实有关情况时，应会同企业所在地县级主管国税机关配合工作。

四、关于审批权限对本通知第三条第一款有关财产损失的审批权限明确如下：纳税人每年财产损失总额在1000万元（含）以上的，由省国税局审批；财产损失总额在1000万元以下的，由州、地、市国税局及县级国税机关审批（县级国税机关的具体审批权限，由各州、地、市国税局确定）。审批机关应在《办法》规定的时限内做出审批决定，同时将批文抄送纳税人所在地县级主管国税机关并做好台帐的登记工作。

五、关于三年以上未支付帐款的处理企业超过三年以上未支付的应付帐款应并入当期应纳税所得额，以后年度实际支付时准予税前扣除。

六、各类中介机构在按照《办法》规定为纳税人出具具有法律效力的外部证据和经济签证证明的同时，还应帮助企业收集各类财产损失的合法凭据，积极配合税务机关，贯彻落实好企业财产损失所得税前扣除管理办法。

七、各州、地、市国税局可根据本办法制定具体实施办法并报省局（所得税管理处）备案。

八、青海省国家税务局转发《国家税务总局关于企业财产损失税前扣除管理办法》的通知（青国税所字〔1998〕055号）同时废止。

九、以前规定与本通知不符的，以本通知为准。各地国税机关在贯彻执行本通知过程中有什么问题和建议，请及时向省局（所得税管理处）反映。

附件（略）

山　东

山东省财政厅　山东省地方税务局转发财政部　国家税务总局《关于企业改制重组有关土地增值税政策的通知》的通知

（鲁财税〔2015〕15号　2015年10月4日发布）

各市财政局、地方税务局：

现将《财政部　国家税务总局关于企业改制重组有关土地增值税政策的通知》（财税〔2015〕5号，以下简称《通知》）转发给你们，并提出以下意见或说明，请一并贯彻执行。

一、《通知》第二条“投资主体存续”是指原企业的出资人必须存在于合并后的企业，出资人的出资比例可以发生变动；《通知》第三条所称“投资主体相同”是指公司分立前后出资人不发生变动，出资人的出资比例可以发生变动。

二、根据《通知》第六条规定，企业在改制重组过程中，符合规定条件，可以按土地作价入股时省级以上（含省级）国土资源管理部门批准的评估价格，作为该企业“取得土地使用权所支付的金额”扣除的，应包括企业因取得土地权属缴纳的契税。

三、企业改制重组后再转让房地产申报缴纳土地增值税时，所扣除的“取得土地使用权所支付的金额”部分，应参照《通知》第六条规定执行。同时，《通知》第六条规定适用于在改制重组中“暂不征土地增值税”的企业，但不包括在改制重组中已按照规定缴纳了土地增值税的企业。

四、凡符合《通知》规定“暂不征土地增值税”的企业，应及时向主管税务机关提交相关房产、国有土地权证、价值证明及其他资料等；主管税务机关应采集影像资料存档备查。

山东省国家税务局关于企业资产损失所得税税前扣除有关问题的公告

（山东省国家税务局公告 2015 年第 3 号　2015 年 3 月 27 日发布
自 2015 年 1 月 1 日起施行）

根据《国家税务总局关于发布〈企业资产损失所得税税前扣除管理办法〉的公告》（国家税务总局公告 2011 年第 25 号，以下简称 25 号《公告》）、《国家税务总局关于印发〈跨地区经营汇总纳税企业所得税征收管理办法〉的公告》（国家税务总局公告 2012 年第 57 号）以及《国家税务总局关于发布〈中华人民共和国企业所得税年度纳税申报表（A 类，2014 年版）〉的公告》（国家税务总局公告 2014 年第 63 号，以下简称 63 号《公告》）等有关规定，现将企业资产损失所得税税前扣除有关问题公告如下：

一、资产损失申报管理

企业发生资产损失，应按 25 号《公告》和 63 号《公告》有关要求向主管税务机关申报后方能税前扣除。未经申报的损失，不得税前扣除。

二、跨地区经营汇总纳税企业资产损失管理

汇总纳税企业（包括跨省和省内跨市）发生的资产损失，应按以下规定申报扣除：

（一）总机构及二级分支机构发生的资产损失，除应按专项申报和清单申报的有关规定各自向所在地主管税务机关申报外，二级分支机构还应同时上报总机构；三级及以下分支机构发生的资产损失不需向所在地主管税务机关申报，应并入二级分支机构，由二级分支机构统一申报。

（二）总机构对各分支机构上报的资产损失，除税务机关另有规定外，应以清单申报的形式向所在地主管税务机关申报。

（三）总机构将分支机构所属资产捆绑打包转让所发生的资产损失，由总机构向所在地主管税务机关专项申报。

三、资产损失资料报送

企业发生资产损失，应在进行企业所得税年度汇算清缴时报送《资产损失税前扣除及纳税调整明细表》及《资产损失（专项申报）税前扣除及纳税调整明细表》。属于专项申报的资产损失，企业还应逐项（逐笔）报送申请报告，同时附送会计核算资料及其他相关的纳税资料；属于清单申报的资产损失，有关会计核算资料和纳税资料由企业留存备查。

四、本公告自 2015 年 1 月 1 日起施行，《山东省国家税务局关于企业资产损失所得税税前扣除有关问题的公告》（山东省国家税务局公告〔2012〕4 号）、《山东省国家税务局关于汇总纳税企业资产损失申报扣除有关问题的公告》（山东省国家税务局公告 2013 年第 21 号）同时废止。

特此公告

山东省地方税务局关于加强企业资产损失所得税税前扣除管理的公告

（山东省地方税务局公告2012年第2号　2012年4月9日发布
自2012年4月9日起施行）

根据《企业资产损失所得税税前扣除管理办法》（国家税务总局2011年第25号公告，以下简称25号公告）的规定，现将企业资产损失所得税税前扣除管理的有关问题公告如下：

一、资产损失税前扣除的申报

企业发生资产损失的税前扣除，应按有关规定分别进行清单申报和专项申报。

（一）清单申报

1. 企业以清单申报方式申报资产损失税前扣除的范围，应按照25号公告的规定执行。

2. 以清单申报方式申报资产损失税前扣除的，企业应按会计核算科目进行归类、汇总，并填写《企业资产损失税前扣除清单申报明细表》（附表1）、《企业资产损失税前扣除清单申报汇总表》（附表2），有关会计核算资料和纳税资料留存备查。

3. 企业在进行年度汇算清缴申报时，可将《企业资产损失税前扣除清单申报明细表》、《企业资产损失税前扣除清单申报汇总表》作为企业所得税年度纳税申报表的附件一并报送；也可在年度汇算清缴申报前将上述资料单独报送。

（二）专项申报

1. 除25号公告规定属于清单申报以外的资产损失，企业均应以专项申报的方式申报扣除。企业无法准确判别是否属于清单申报扣除的资产损失，可以采取专项申报的方式申报扣除。

2. 以专项申报方式申报资产损失税前扣除的，企业应逐项（或逐笔）报送申请报告，并分年度填写《企业资产损失税前扣除专项申报明细表》（附表3）、《企业资产损失税前扣除专项申报汇总表》（附表4），同时附送会计核算资料及其他相关的纳税资料。

3. 企业可在进行年度汇算清缴申报的同时，将上述申报资料作为企业所得税年度纳税申报表的附件一并报送；也可在年度汇算清缴申报前将上述资料单独报送。

4. 企业因特殊原因不能按上述时间报送相关资料的，应将资产损失事项、延期申报理由及延期申报时间等向地税机关提出书面申请，经地税机关同意后，可适当延期申报。

（三）企业以前年度发生的资产损失未能在当年税前扣除的，应向地税机关说明并进行专项申报扣除。

（四）省内跨市经营的汇总纳税企业发生的资产损失，比照25号公告第十一条的规定申报扣除。

（五）企业发生的资产损失，应按规定的程序和要求申报后方能在税前扣除，未经申报的资产损失，不得在税前扣除。

二、资产损失税前扣除的受理、评审与核查

（一）受理

企业在向受理年度汇算清缴申报的地税机关申报资产损失税前扣除时，应按有关规定附报相关资料，并填写《企业资料报送清单》（附表5）。

地税机关应按有关规定对企业的申报资料进行初审，对不符合规定的，应要求企业限期改正，企业拒绝改正的，有权不予受理。

（二）评审

对企业以清单申报方式申报扣除的资产损失，除属于非货币资产损失占该项资产比例较高、资产损失金额较大、有关联方交易的情形外，地税机关应逐户对申报资料进行评审，经评审无疑点的，对申报金额进行确认；有疑点或情况异常的应进行核查。其中，非货币资产损失占该项资产比例较高和资产损失金额较大的具体标准，由各市地方税务局结合当地实际自行确定。

（三）核查

地税机关对需要核查的资产损失应逐户分项进行核查。

1. 核查的范围

（1）以清单申报方式申报企业资产损失税前扣除项目中，非货币资产损失占该项资产比例较高、资产损失金额较大、有关联方交易的；

（2）以清单申报方式申报企业资产损失税前扣除，经评审有疑点或情况异常的；

（3）以专项申报方式申报企业资产损失税前扣除的。

2. 核查结果的处理

核查结束后，核查部门应出具核查意见，并将企业资产损失税前扣除的申报资料及核查意见一并报送县级地税机关进行复核，由县级地税机关确认税前扣除金额，对不符合税前扣除规定的资产损失，应向企业出具《企业资产损失不予税前扣除通知书》（附件6）。

市局直属单位所管辖企业资产损失税前扣除的复核权限由各市自行确定；省局直属征收局管辖企业资产损失的税前扣除由省局直属征收局自行复核，确认税前扣除金额。

三、资产损失税前扣除的后续管理

（一）企业应当建立健全资产损失内部核销管理制度，及时收集、整理、编制、审核、申报、保存资产损失税前扣除证据资料，以备税务机关检查。

（二）地税机关应根据企业申报资料逐户登记《企业资产损失税前扣除管理台账》（附表7），并于每年10月底前，将上年度税前扣除金额超过5000万元的企业资产损失管理台账层报省地税局。

（三）地税机关应将企业资产损失申报材料和评审、核查意见按档案管理的要求，建立企业资产损失税前扣除管理档案。

（四）地税机关应对企业资产损失税前扣除事项加强日常管理，上级地税机关应对下级地税机关的企业资产损失税前扣除管理情况进行重点检查。

（五）各市地方税务局可根据本通知的有关规定制定具体的管理意见。

四、本公告自2012年4月9日起施行，有效期至2017年4月8日。

特此公告。

附件（略）

山东省国家税务局关于企业资产损失所得税税前扣除有关问题的公告

（山东省国家税务局公告2012年第4号 2012年4月1日发布
自2012年1月1日起执行）

根据《国家税务总局关于发布〈企业资产损失所得税税前扣除管理办法〉的公告》(国家税务总局2011年公告第25号，以下简称25号《公告》)的有关规定，现将企业资产损失所得税税前扣除有关问题公告如下：

一、资产损失申报管理

企业发生的资产损失，应按25号《公告》关于清单申报和专项申报的有关要求向主管税务机关申报后方能税前扣除。对未经申报以及未按规定申报而自行扣除的损失，不得税前扣除。

二、清单申报管理

企业发生属于25号《公告》第九条规定范围内的资产损失，应在所得税年度申报时以清单申报的方式向主管税务机关申报扣除，并提交《企业资产损失税前扣除清单申报汇总表》(附件1)，作为所得税年度纳税申报表的附件。有关会计核算资料及纳税资料企业留存备查。

三、专项申报管理

企业发生属于25号《公告》第十条规定的资产损失，应在所得税年度申报时以专项申报的方式向主管税务机关申报扣除，并提交《企业资产损失税前扣除专项申报汇总表》(附件2)，逐项(或逐笔)报送《资产损失专项申请报告表》(附件3)，同时附送会计核算资料及其他相关的纳税资料。

企业发生属于专项申报的资产损失，因特殊原因不能在规定的时限内报送相关资料的，可以向主管税务机关提出申请，经主管税务机关同意后，可适当延期申报。

四、跨地区经营汇总纳税企业资产损失管理

跨地区经营汇总纳税企业发生的资产损失，应按以下规定申报扣除：

(一)总机构及其所属分支机构应按25号《公告》及本《公告》第二条、第三条规定，分别向当地主管税务机关报送《企业资产损失税前扣除清单申报汇总表》、《企业资产损失税前扣除专项申报汇总表》、《资产损失专项申请报告表》及相关资料。

(二)分支机构应将主管税务机关签章受理的《企业资产损失税前扣除清单申报汇总表》、《企业资产损失税前扣除专项申报汇总表》及《资产损失专项申请报告表》，在总机构年度申报之前上报总机构。

(三)总机构收到经分支机构主管税务机关签章受理的资产损失相关申报资料后，连同自身发生的资产损失，分别按清单申报和专项申报项目汇总填入《企业资产损失税前扣除清单申报汇总表》及《企业资产损失税前扣除专项申报汇总表》，同时填报《汇总纳税企业分支机构资产损失清单申报汇总表》(附件4)，一并报送总机构主管税务机关。分支机构上报的经主管税务机关签章受理的资产损失相关申报资料由总机构留存备查。

(四)对所得税收入全额归属中央的企业，其下属二级及二级以下分支机构发生的资产损失,由二级分支机构汇总办理申报;对其他企业,其下属二级及二级以下分支机构发生的资产损失,由各级分支机构分别办理申报,上一级分支机构收到下一级分支机构经主管税务机关签章受理的资产损失申报资料后,逐级汇总上报。

五、资产损失资料报送

按照25号《公告》第七条的要求,企业资产损失申报材料和纳税资料作为所得税年度纳税申报表的附件在进行汇算清缴申报时,一并向主管税务机关报送。采取所得税电子申报的企业,其资产损失申报材料和纳税资料应于汇算清缴申报前向主管税务机关报送,主管税务机关签章受理后,企业方能进行汇算清缴申报。发生资产损失的企业可从山东省国家税务局网站(http://www.sd－n－tax.gov.cn/)下载有关表格。

六、资产损失税前扣除受理

主管税务机关应根据25号《公告》的要求,对企业资产损失申报材料和纳税资料是否完整、印章是否齐全、填写是否规范、资料复印件是否注明“与原件相符”字样并加盖公章等进行初步审查。经审查,相关申报资料符合规定的,予以受理;不符合规定的,应告知企业补正或重新填报,企业拒绝改正的,主管税务机关不予受理。

七、本公告自2012年1月1日起执行。《山东省国家税务局转发〈国家税务总局关于印发企业资产损失税前扣除管理办法的通知〉的通知》(鲁国税发〔2009〕69号)同时废止。

特此公告。

附件(略)

青岛市国家税务局　青岛市地方税务局关于印发《企业清算环节所得税管理暂行办法》的通知

（青国税发〔2008〕161号　2008年10月15日发布　自2008年11月1日起实行）

第一章　总　　则

第一条　为进一步加强所得税征收管理工作，完善企业清算环节所得税征管，推进所得税管理的科学化、专业化、精细化，防止税收流失，切实维护国家税收利益和保障纳税人合法权益，根据《中华人民共和国企业所得税法》及其实施条例、《中华人民共和国个人所得税法》及其实施条例、《中华人民共和国税收征收管理法》及其实施细则和有关法律、行政法规规定，结合青岛市所得税征收管理实际，制定本暂行办法。

第二条　青岛市行政区域内企业所得税纳税人有下列情形之一的，应当进行所得税清算。（一）纳税人章程规定的营业期限届满或者其他解散事由出现；（二）纳税人股东会、股东大会或类似机构决议解散；（三）纳税人依法被吊销营业执照、责令关闭或者被撤销；（四）纳税人被人民法院依法予以解散或宣告破产；（五）纳税人因其他原因解散或注销。

第三条　主管税务机关对纳税人所得税的清算，应当根据国家有关法律、行政法规、规章等的规定，以合法有效的合同、章程、协议等为基础，按照合法、公平、公允、及时和保护国家税收利益、保障纳税人合法权益的原则进行。

第二章　企业所得税的清算

第四条　纳税人清算开始之日具体为：（一）纳税人章程规定的经营期限届满或其它解散事由出现之日；（二）纳税人股东会、股东大会或类似机构决议解散之日；（三）纳税人依法被吊销营业执照、责令关闭或者被撤销之日；（四）纳税人被人民法院依法予以解散或宣告破产之日；（五）有关法律、行政法规规定清算开始之日；（六）纳税人因其他原因解散之日。

第五条　所得税清算期间是指纳税人自终止正常的生产经营活动开始清算之日起，至主管税务机关办理注销税务登记止的期间。所得税清算期间应当作为一个独立纳税年度。

第六条　纳税人依法进行清算时，其清算所得应当依照《中华人民共和国企业所得税法》及其实施条例、有关法律、行政法规、规范性文件的规定计算缴纳企业所得税。

第七条　清算所得是指企业的全部资产可变现价值或者交易价格减除资产计税基础、清算费用、相关税费等后的余额。

清算所得的计算公式如下：

清算所得＝企业的全部资产可变现价值或者交易价格－资产计税基础－清算费用和共益债务－相关税费＋清算期间经营性收益－清算期间经营性费用＋债务清偿损益

清算所得应纳企业所得税额＝清算所得×法定税率（25%）

第八条　投资方企业从被清算企业分得的剩余资产，其中相当于从被清算企业累计未分配利润和累计盈余公积中应当分得的部分，应当确认为股息所得；剩余资产减除上述股息所得后的余额，超过或者低于投资成本的部分，应当确认为投资资产转让所得或者损失。

第九条　企业的全部资产可变现价值或者交易价格是指企业全部资产在清算处置时为企业带来的经济利益，即公允价值或实际成交价。

第十条　纳税人的清算财产包括固定资产、生物资产、无形资产、投资资产、存货和金融资产等。

第十一条　清算开始日前12个月内，纳税人发生下列行为涉及的财产，应列入清算财产范围。(一)无偿转让财产的；(二)以明显不合理的价格进行交易的；(三)对没有财产担保的债务提供财产担保的；(四)对未到期的债务提前清偿的；(五)放弃债权的。

第十二条　清算财产以其公允价值或评估价格或合同价格作为确认价值的依据。已经处置的财产应使用实际交易价，但实际交易价不公允的除外。

第十三条　纳税人清算财产变现价值明显偏低又无正当理由的，主管税务机关应要求其限期提供中介机构的资产评估报告，并按经主管税务机关确认的评估价值作为清算财产的价值。因财产已经处置等原因纳税人确实无法提供资产评估报告的，主管税务机关按下列原则确定财产变现价值。

(一)存货资产按下列顺序确定财产变现价值：1. 按纳税人清算开始日前三个月同类货物的平均销售价格确定；2. 按纳税人最近时期同类货物的平均销售价格确定；3. 按组成计税价格确定。组成计税价格的公式为：组成计税价格 = 成本 ×(1 + 成本利润率)

属于应征消费税的货物，其组成计税价格中应加计消费税额。

公式中的成本是指：销售自产货物的为实际生产成本，销售外购货物的为实际采购成本。公式中的成本利润率为国家税务总局规定的成本利润率。

(二)固定资产、无形资产等财产按其同类或类似资产公允价值计价。

第十四条　接受捐赠的非货币性资产，按当时的有关规定未计算缴纳企业所得税的，纳税人在清算过程中处置该资产时，若处置价格低于接受捐赠时的实物价格，应以接受捐赠时的实物价格计入清算所得；若处置价格高于接受捐赠时的实物价格，应以出售收入扣除清理费用后的余额计入清算所得。

纳税人其他有关资产的增值或收益未在税收上确认过的，其增值或收益计入清算所得。

第十五条　资产的计税基础是资产按照《中华人民共和国企业所得税法》及其实施条例等有关税收规定进行折旧、摊销等后的余额，即在计算清算所得时可以扣除的金额。

第十六条　清算费用是指纳税人在清算过程中实际发生的、与清算活动有关的费用，包括：清算组组成人员的工资、差旅费、办公费、公告费、诉讼费、评估费、咨询费等。清算费用按实扣除。

共益债务是指纳税人清算过程中清算组为所有债权人的共同利益，管理、变价和分配清算财产而负担的债务，包括：(一)因清算组或者纳税人请求对方当事人履行双方均未履行完毕的合同所产生的债务；(二)纳税人财产受无因管理所产生的债务；(三)因纳税人不当得利所产生的债务；(四)为纳税人继续营业而应支付的劳动报酬和社会保险费用以及由此产生的其他债务；(五)清算组或者相关人员执行职务致人损害所产生的债务；(六)纳税人财产致人损害所产生的债务。

共益债务按实扣除。

第十七条　清算期间经营性收益和经营性费用是指在清算期间纳税人因处理未了结业务而

取得的经营性收入以及相应发生的经营性费用。

第十八条 债务清偿损益指因债务人的原因纳税人确实无法支付且以后也不会被要求支付的应付款项。

第十九条 纳税人在经营期间无论采取查帐征收方式还是核定征收方式缴纳企业所得税，在清算期间均应按照《中华人民共和国企业所得税法》及其实施条例和有关法律、行政法规规定清算企业所得税。

第二十条 纳税人清算期间不属于正常生产经营，其清算所得不享受企业所得税优惠。

第二十一条 纳税人应当自清算开始之日起15内向主管税务机关备案并附送下列资料，主管税务机关将其纳入清算期企业所得税管理。

（一）纳税人终止正常生产经营活动开始清算的证明文件；

（二）清算组联络人员名单及联系方式；

（三）清算方案；

（四）欠税报告表（如有欠税）。

第二十二条 纳税人在年度中间终止经营活动的，应当自实际经营终止之日起六十日内，先向税务机关办理当期企业所得税汇算清缴。

第二十三条 主管税务机关获知或收到纳税人清算组发布的债权申报通知后，及时向清算组申报税务债权。

第二十四条 纳税人清算结束，办理注销税务登记前依法填报清算申报表，并向主管税务机关报送下列资料，完成清算所得税申报。（一）企业所得税清算申报表；（二）清算期间资产负债表、损益表；（三）资产盘点表；（四）会计师事务所等具有法定资质的中介机构出具的资产评估报告；（五）税务师事务所等具有法定资质的中介机构出具的税收清算报告；（六）纳税人清算结束如有尚未处置的财产，同时报送尚未处置的财产清单、清算组指定保管人的授权委托书、组织机构代码证或身份证复印件；（七）股东分配剩余财产明细表；（八）主管税务机关要求报送的其他资料。

第二十五条 纳税人按照法定程序清算结束后，按照有关规定向税务机关办理所得税清算申报、注销税务登记。

第三章　个人所得税的清算

第二十六条 个人独资企业、合伙企业个人所得税的清算比照企业所得税的清算进行。

清算所得＝全部资产公允价值－清算费用－损失－负债－以前年度留存的利润－实缴资本

个人独资企业和合伙企业投资者的清算所得，应当比照个人所得税法中规定的“个体工商户的生产经营所得”应税项目，适用5%～35%的五级超额累进税率，计算清算期间的应纳个人所得税。其计算公式为：

清算所得应纳个人所得税＝清算所得×适用税率－速算扣除数

第二十七条 企业（个人独资企业、合伙企业除外）按照法定程序清偿债务后尚有可供股东分配的剩余财产的，按照章程、协议约定的比例或出资比例，自然人股东从被清算企业分配的剩余财产，按照“利息、股息、红利所得项目”依法征收个人所得税。

应纳个人所得税＝自然人股东从被清算企业分配的剩余财产×适用税率（20%）

自然人股东应纳的个人所得税由清算企业代扣代缴。

第二十八条　自然人股东部分或全部放弃或赠与他人其按照章程、协议约定的比例或出资比例应取得的剩余财产的，仍应按照章程、协议约定的比例或出资比例，对应取得的剩余财产依法征收个人所得税。

第四章　征收管理

第二十九条　主管税务机关应利用信息系统建立纳税人清算环节所得税征收管理登记台帐，逐户登记所得税清算的有关情况，加强清算环节所得税的征收管理。

第三十条　主管税务机关受理纳税人所得税汇算清缴和清算申报后，应按照有关规定进行注销检查，并根据检查情况做好以下工作：

（一）主管税务机关在所得税清算结束后注销税务登记前督促纳税人结清所有税款。

（二）纳税人清算结束，按法定程序缴清税款、滞纳金、罚款或人民法院作出终结破产程序的裁定后，主管税务机关按规定办理注销税务登记，否则不得注销税务登记。

（三）主管税务机关在企业注销税务登记后，应将有关的注销资料整理归集，按户建立注销档案。

（四）注销资料档案按照市局档案资料管理的要求进行保管。

第三十一条　纳税人在所得税清算过程中未按照规定进行纳税申报、报送纳税资料、缴纳税款、注销税务登记以及偷税、抗税、编造虚假计税依据、妨碍追缴欠税等税收违法行为，按照《中华人民共和国税收征收管理法》及其实施细则有关规定处理。

第三十二条　主管税务机关对于进入清算状态的以下纳税人应当重点管理，按照第二章、第三章的规定进行所得税清算。（一）拥有土地、房屋等不动产的；（二）帐面资产总额超过500万元的；（三）当年度享受过税收优惠的；（四）主管税务机关认为应当进行重点清算管理的。

第三十三条　外商投资企业和外国企业按照《中华人民共和国外商投资企业和外国企业所得税法》规定享受定期减免税优惠后，其经营期不符合规定条件的，仍应按规定补缴其此前（包括在优惠过渡期内）已经享受的定期减免税税款。

第三十四条　对于第三十二条所列情形以外的进入清算状态的纳税人，主管税务机关可以适当简化所得税清算工作。纳税人进行清算所得税申报时可只提供企业所得税清算申报表、清算期间资产负债表、损益表、资产盘点表及主管税务机关要求报送的其他资料。

第五章　附　　则

第三十五条　本暂行办法未尽事宜，按有关法律法规的规定执行。

第三十六条　本暂行办法自2008年11月1日起实行。

山　西

山西省地方税务局关于破产企业清算组变卖或拍卖破产企业的不动产征收营业税的批复

（晋地税税一发〔2000〕第11号　2000年10月20日发布）

运城地区地方税务局：

你局《关于破产清算组变卖或拍卖破产企业的不动产是否应缴纳营业税的请示》（运署地税流发〔2000〕32号）收悉。经请示国家税务总局，现批复如下：

企业宣告破产以后，由清算组接管破产企业，但破产企业仍拥用财产所有权。清算组在清算过程中发生变卖或拍卖破产企业不动产的行为，根据《中华人民共和国营业税暂行条例》第一条及其《实施细则》第四条、第十一条的规定，属于“销售不动产”营业税税目征税范围，纳税义务人为破产企业。

鉴于原企业已宣告破产，因此由清算小组负责缴纳销售不动产营业税税款。

特此批复。

山西省人民政府办公厅转发省地税局关于进一步做好煤矿企业兼并重组涉税服务意见的通知

（晋政办发〔2009〕171 号　2009 年 11 月 13 日发布）

各市、县人民政府，省人民政府各委、厅，各直属机构：

省地税局提出的《关于进一步做好煤矿企业兼并重组涉税服务的意见》已经省人民政府同意，现转发给你们，请认真贯彻。

关于进一步做好煤矿企业兼并重组涉税服务的意见

（省地税局　2009 年 10 月）

加快推进煤矿企业兼并重组，实现煤炭产业集约高效和可持续发展，是省委、省人民政府确定的山西经济社会发展重大战略，对实现“三个发展”战略目标，应对当前严峻经济形势，保增长、保就业、保民生、保稳定，具有十分重要的意义。为支持和服务全省煤矿企业兼并重组大局，进一步做好煤矿企业兼并重组涉税服务，提出如下意见：

一、认真落实税收优惠政策

全省各级地税部门要把落实税收优惠政策作为规范执法、依法征税的重要组成部分，切实加强对煤矿企业兼并重组税收优惠政策的研究，把该落实的税收优惠不折不扣地落实到位，充分发挥地税部门服务地方经济和社会发展的职能作用。现对有关的税收优惠政策重申如下：

（一）营业税：

1. 对煤炭企业在兼并重组过程中，整体转让煤矿资产、债权、债务及劳动力的行为，不征收营业税等相关税费。

2. 在煤炭企业兼并重组过程中，单位和个人销售或转让其购置的不动产或受让的土地使用权，要以全部收入减去不动产或土地使用权的购置或受让原价后的余额作为营业额。

（二）土地增值税：在煤炭企业兼并重组过程中，对被兼并企业将房地产转让到兼并企业的，暂免征收土地增值税。

（三）个人所得税：对个人将非货币性资产进行评估后投资于企业，其评估增值取得的所得在投资取得企业股权时，暂不征收个人所得税。

（四）企业所得税：对煤矿企业兼并重组区别不同方式进行企业所得税纳税处理，凡煤矿企业兼并重组同时符合下列条件的股权支付部分，暂不征收企业所得税：

1. 具有合理的商业目的，且不以减少、免除或者推迟缴纳税款为主要目的。

2. 被收购、合并或分立部分的资产或股权比例符合规定的比例。

3. 企业重组后连续 12 个月内不改变重组资产原来的实质性经营活动。

4. 重组交易中涉及股权收购、资产收购、企业合并、企业分立的，其重组交易对价中股权支付金额不低于其交易支付总额的 85%。

5. 重组交易中涉及股权收购的，收购企业购买的股权不低于被收购企业全部股权的75%；涉及资产收购的，受让企业收购的资产不低于转让企业全部资产的75%。

6. 企业重组中取得股权支付的原主要股东，在重组后连续12个月内，不得转让所取得的股权。

（五）印花税：在煤炭企业兼并重组过程中签订的产权转移书据、新企业启用的资金账簿已贴花部分、各类已贴花仅改变执行主体的应税合同，免征印花税。

（六）契税

1. 在股权转让中，单位、个人承受企业股权，企业土地、房屋权属不发生转移，不征收契税。

2. 两个或两个以上的企业，依据法律规定、合同约定，合并改建为一个企业，且原投资主体存续的，对其合并后的企业承受原合并各方的土地、房屋权属，免征契税。

3. 企业依照法律规定、合同约定分设为两个或两个以上投资主体相同的企业，对派生方、新设方承受原企业土地、房屋权属，不征收契税。

4. 企业依照有关法律、法规的规定实施注销、破产后，债权人承受注销、破产企业土地、房屋权属以抵偿债务的，免征契税；对非债权人承受注销、破产企业土地、房屋权属等同出售，买受人按照《中华人民共和国劳动法》等国家有关法律、法规、政策妥善安置原企业全部职工，其中与原企业30%以上职工签订服务年限不少于三年的劳动用工合同的，对其承受所购企业的土地、房屋权属，减半征收契税；与原企业全部职工签订服务年限不少于三年的劳动用工合同的，免征契税。

5. 经国务院批准实施债权转股权的企业，对债权转股权后新设立的公司承受原企业的土地、房屋权属，免征契税。

6. 政府主管部门对国有资产进行行政性调整和划转过程中发生的土地、房屋权属转移，不征收契税。

7. 企业改制重组过程中，同一投资主体内部所属企业之间土地、房屋权属的无偿划转，包括母公司与其全资子公司之间，同一公司所属全资子公司之间，同一自然人与其设立的个人独资企业、一人有限公司之间土地、房屋权属的无偿划转，不征收契税。

二、切实规范征收管理工作

为支持和服务好全省煤矿企业兼并重组工作，切实做好税收征收管理工作，采取以下工作措施：

（一）对在煤矿企业兼并重组过程中确无所得的，不征收企业所得税和个人所得税。

（二）对被兼并的煤矿企业以前年度发生的欠税，可暂先将欠税清理入库，滞纳金延后征收。

（三）对清缴欠税有困难的煤矿企业，凡已经落实由兼并重组方承担清欠义务的，可暂缓追缴被兼并企业欠税。

（四）对煤矿企业在兼并重组整合过程中，遇到特殊困难不能按期缴纳税款的，地税机关要结合实际把握延期纳税申请条件，加快各环节审核速度，提高审批效率，缓解企业资金紧张，帮助企业渡过难关。

（五）对煤矿企业兼并重组中有争议的涉税问题，在不影响兼并重组工作进程的情况下，税企双方可在兼并重组过程中，根据有关规定和实际情况妥善解决。

三、积极做好涉税服务工作

全省各级地税部门要进一步增强大局意识、服务意识，积极主动、最大限度地为煤矿企业兼并重组提供高效、便捷、周到的涉税服务。

（一）积极做好税收政策引导。国家对不同形式的兼并重组有不同的税务处理方式，且重组成本差异较大，全省各级税务机关要主动做好煤矿企业兼并重组税收政策引导工作，正确引导企业做出符合国家政策导向的政策选择，有效降低兼并重组成本。一是要引导煤矿企业尽量采用法定的“股权支付”形式进行兼并重组结算。二是要引导煤矿企业尽量保持原有煤矿经营管理的延续性，通过整体转让企业产权完成兼并重组。三是要切实采取有效措施、多种渠道为煤矿企业提供兼并重组相关税收政策支持，确保煤矿企业能够全面、及时、准确地了解国家各项税收政策。

（二）实行煤矿企业兼并重组跟踪服务。全省各级地税机关要按照省地税局《关于为重大投资项目纳税人提供跟踪服务的实施意见》（晋地税发〔2006〕164号）要求，对煤矿企业兼并重组工作实施全程跟踪服务。主管地税机关要指定专人负责，深入煤矿企业进行辅导、答疑，帮助企业准确把握政策界限，全面落实各项税收优惠政策。

（三）严格落实首办负责制和限时办结制。全省各级地税机关要对煤矿企业兼并重组涉税事项，实行优先受理，特事特办，办结时限应在省地税局《涉税事项限时办结制》所规定时限的基础上尽可能地缩短。

四、工作要求

全省各级地税机关要牢固树立“大税收、大服务”理念，切实提高认识，加强组织领导，协调处理好有关涉税问题，积极服务于全省煤矿企业兼并重组工作。

（一）全省各级地税机关要向当地党委、政府汇报好有关煤矿企业兼并重组涉税方面的情况，重大事项要及时请示、及时汇报；要进一步加强与煤炭、国土资源等政府各有关部门的协作配合，共同解决好煤矿企业兼并重组中的涉税问题。

（二）全省各级地税机关要切实加强对兼并重组煤矿企业政策落实、涉税服务工作的监督检查，确保各项工作落实到位；对有政策而不落实，或者落实不到位，或者有意抬高税收优惠政策门槛、刁难兼并重组煤矿企业的单位和个人，要通报批评并对有关责任人进行责任追究。

省地税局将组织开展全省煤炭企业兼并重组涉税服务工作落实情况的督促检查，以确保各项工作落实到位，以实际行动支持全省煤矿企业兼并重组工作，服务好山西地方经济和社会发展。

山西省地方税务局关于加强煤矿企业兼并重组税收管理和服务的通知

（晋地税函〔2009〕111号　2009年6月11日发布）

各市地方税务局，省局局内各单位：

加快推进煤矿企些兼并重组，实现煤炭产业集约高效和可持续发展，是省委、省政府确定的山西经济社会发展重大战略，对实现"三个发展"战略目标，应对当前严峻经济形势，保增长、保就业、保民生、保稳定，具有十分重要的意义。为切实发挥地税部门税收管理和服务职能作用，以实际行动支持和服务我省煤矿企业兼并重组工作，省局对煤矿企业兼并重组过程中的有关税收问题明确如下，请各地认真贯彻执行。

一、认真落实各项税收政策

各级地税部门要加强对煤矿企业兼并重组相关税收政策的研究，按照依法征税、优化服务的工作要求，认真落实好国家各项税收政策，把该收的税一分不少地收回来，把该落实的税收优惠不抹不扣地落实剑位。

（一）准确把握相关税收政策

1. 严格区分转让企业产权和出售企业资产。对以转让企业为名销售不动产、转让土地使用权的行为，税务机关要严格按照新修订的《中华人民共和国营业税暂行条例》和有关税收法律法规的规定，征收营业税及附加、印花税和土地增值税等相关税费；对企业在兼并重组过程中，整体转让企业资产、债权、债务及劳动力的行，不应征收营业税。

2. 各级地税机关要严格按照《财政部　国家税务总局关于企业重组业务企业所得税处理若干问题的通知》（财税〔2009〕59号）的有关规定，对煤矿企业兼并重组区别不同方式进行企业所得税纳税处理。凡煤矿企业兼并重组不能同时符合下列条件的，一律按照一般性税务处理规定征收企业所得税：

（1）具有合理的商业目的，且不以减少、免除或者推迟缴纳税款为主要目的。

（2）被收购、合并或分立部分的资产或股权比例符合规定的比例。

（3）企业兼并重组后的连续12个月内不改变重组资产原来的实质性经营活动。

（4）重组交易中涉及股权收购、资产牧购、企业合并、企业分立的，其重组交易对价中股权支付金额不低于其交易支付总额的85%；重组交易中涉及企业债务重组的，其债务重组确认的应纳税所得额占该企业当年应纳税所得额50%以上。

（5）企业重组中取得股权支付的原主要股东，在重组后连续12个月内，不得转让所取得的股权。

符合上述条件的非股权支付部分，仍应在煤矿企业发生兼并重组当期确认相应的资产转让所得，征收企止所得税。

3. 对煤矿企业兼并重组过程中，被兼并企业取得的各类经济补偿收入，各级地税机关要按照《企业所得税法》的规定，在企业取得经济补偿当期，确认相应的收益，征收企业所得税。

4. 对煤矿企业兼并重组过程中，个人取得的股权转让所得，税务机关要按照《个人所得税法》及其实施条例和《国家税务总局关于股权转让收入征收个人所得税问题的批复》（国税函〔2007〕244 号）的规定，按“财产转让所得”项目征收个人所得税。

5. 严格掌握契税征、减、免税收政策界限，对不符合《财政部　国家税务总局关于企业改制重组若干契税政策的通知》（财税〔2008〕175 号）限定条件的，应按照《中华人民共和国契税暂行条例》的规定征收契税。税务机关要严格按照《国家税务总局关于企业改制重组契税政策若干执行问题的通知》（国税发〔2009〕89 号）的有关规定，对煤矿企业进行股权转让时，新设企业承受原企业的土地、房屋权属应征收契税；以出让或国家作价出资（入股）方式承受原改制重组企业划拨用地的，对承受方应征收契税。

（二）督促相关企业履行法定义务

1. 纳税人有合并、分立情形的，应当向税务机关报告，并依法缴清税款。纳税人合并时未缴清税款的，应当由合并后的纳税人继续履行未履行的纳税义务；纳税人分立时未缴清税款的，分立后的纳税人对未履行的纳税义务应当承担连带责任。

2. 欠缴税款数额较大的纳税人在处分其不动产或者大额资产之前，应当向税务机关报告。

3. 纳税人有解散、撤销、破产情形的，在清算前应当向其主管税务机关报告；未结清税款的，由其主管税务机关参加清算。

（三）积极落实税收优惠政策

1. 对煤矿企业兼并重组过程中，签订的产权转移书据、新企业启用的资金账簿中已贴花部分、各类已贴花未变动主要条款的应税合同，按照《财政部　国家税务总局关于企业改制过程中有关印花税政策的通知》（财税〔2003〕183 号）的规定免征印花税。

2. 对兼并重组企业承接被兼并煤矿企业土地、房屋权属，按照《财政部　国家税务总局关于企业改制重组若干契税政策的通知》（财税〔2008〕175 号）的规定减征或免征契税。

二、切实加强税费征收管理

根据省政府《关于加快推进煤矿企业兼并重组的实施意见》（晋政发〔2008〕23 号）要求，到 2010 年全省矿井数量要控制在 1000 座以内；兼并重组的主要形式是由兼并重组企业在被兼并企业注册地设立子公司，各项税费收入仍维持原归属不变，以稳定和保障各市县地方财力。各级地税机关要密切关注本地煤矿企业的兼并重组工作，切实采取取有力措施，加强税费征管，防范税费流失。

1. 建立动态控管工作机制。各市、县地税机关要认真组织开展好摸底调查工作，彻底澄清和掌握辖区内煤矿企业兼并重组情况。在此基础上，主管税务机关要指定专人负责对有兼并重组意向的煤矿企业特别是中小型煤矿企业建立监控台账，健全征管档案资料，实施动态控管，针对煤矿企业兼并重组进度，及时采取相应的税收管理和服务措施。同时，要进一步加强与煤管、国土、工商、国税等相关部门的联系和协作，及时掌握本地煤矿企业兼并重组工作进展情况，切实加强对煤矿企业兼并重组的源头控管。

2. 加强煤矿企业兼并重组税务事项报告管理。各主管税务机关要按照《税收征管法》的有关规定，加强对税务事项报告落实情况的监督管理，督促涉及煤矿企业兼并重组的纳税人在签订重组整合协议、编制完成重组整合方案、接到看关部门批准文件、开始实施重组整合时，及时向主管税务机关报告。

……

云 南

云南省国家税务局　云南省地方税务局关于企业资产损失所得税税前扣除管理问题的公告

（云南省国家税务局　云南省地方税务局公告2011年第4号　2011年5月3日发布
自2011年1月1日起施行）

根据《国家税务总局关于发布〈企业资产损失所得税税前扣除管理办法〉的公告》（国家税务总局公告2011年第25号，以下简称管理办法）第五十一条规定，现就云南省企业资产损失税前扣除管理的有关问题公告如下：

一、自2011年1月1日起，企业资产损失税前扣除不再实行审批制度，改为由企业根据其资产损失的类型向主管税务机关自主实行清单申报和专项申报税前扣除（表单式样见附件）。专项申报税前扣除的资产损失，需同时附送相关证据资料。未经申报的资产损失，不得在税前扣除。

二、清单申报和专项申报的证据资料企业需完整留存备查。

三、企业进行清单申报和专项申报时间为企业所得税年度汇算清缴申报前，最迟不得超过年度汇算清缴申报。专项申报的资产损失，企业因特殊原因不能在规定的时限内报送相关资料的，可以向主管税务机关提出申请，经主管税务机关同意后，可适当延期申报。

四、汇总纳税企业发生的资产损失，应按以下规定自行申报扣除：总机构及其分支机构（二级及二级以下）发生的资产损失，除应按专项申报和清单申报的有关规定，各自向当地主管税务机关申报外，各分支机构同时还应上报其上级机构；上级机构对所属各分支机构上报的资产损失，应以清单申报的形式向当地主管税务机关进行申报。

五、本公告自2011年1月1日起施行。2010年企业资产损失年度申报事项，一律按照本公告及管理办法执行。《云南省国家税务局云南省地方税务局转发国家税务总局关于印发〈企业资产损失税前扣除管理办法〉的通知》（云国税发〔2009〕171号）同时废止。

特此公告。

附件（略）。

云南省国家税务局　云南省地方税务局转发国家税务总局关于印发《企业资产损失税前扣除管理办法》的通知

(云国税发〔2009〕171 号　2009 年 7 月 17 日发布并执行)

各州、市国家税务局、地方税务局:

现将《国家税务总局关于印发〈企业资产损失税前扣除管理办法〉的通知》(国税发〔2009〕88 号,以下简称《办法》)转发给你们。为规范企业资产损失税前扣除管理工作,结合我省实际,现将有关问题明确如下,请一并贯彻执行。

一、审批类资产损失税前扣除的申请

(一)企业发生《办法》第五条规定的属于须经税务机关审批后才能税前扣除的资产损失,应按本通知规定,向县(市、区)级主管税务机关提出书面申请,填列相关表格(示范文书见附件 1),并提交相关材料。

(二)税务机关受理企业当年的资产损失审批申请的截止日为本年度终了后第 45 日。企业发生的资产损失需向主管税务机关申请现场核实的,须及时申请并由主管税务机关出具核实意见。企业因特殊原因不能按时申请审批的,经县(市、区)级主管税务机关同意后,可申请适当延期(示范文书见附件 2 和 3)。

(三)其他相关事宜。《办法》第十七条所述"单笔金额较小"的标准,暂定为 2 万元以下(含 2 万元)。《办法》第二十三条和第二十四条所述"金额较大"的标准,暂定为 20 万元以上(含 20 万元)。

二、资产损失税前扣除的审批

(一)审批权限划分

国税机关审批权限:企业申请税前扣除金额在 2000 万元以上(含 2000 万元)的资产损失或企业因国务院决定事项形成的资产损失,由省级国税机关负责审批;金额在 2000 万元以下 500 万元以上的,由州(市)级国税机关负责审批;金额在 500 万元以下(含 500 万元)的,由县(市、区)级国税机关负责审批。

地税机关审批权限:企业申请税前扣除金额在 2000 万元以上(含 2000 万元)的资产损失或企业因国务院决定事项形成的资产损失,由省级地税机关负责审批;金额在 2000 万元以下 200 万元以上(含 200 万元)的,由州(市)级地税机关负责审批;金额在 200 万元以下的,由县(市、区)级地税机关负责审批。

(二)审批流程

对县(市、区)级税务机关接收、应由上级税务机关审批的资产损失审批申请,县(市、区)级税务机关应自接收申请之日起 15 个工作日内,对企业申请情况进行调查,形成调查报告和处理意见,与企业申请材料一并转报州(市)级税务机关。对应由省级税务机关审批的资产损失审批申请,州(市)级税务机关应在收到县(市、区)级税务机关转报申请之日起 5 个工作日内,提出处理意见,连同接收材料一并转报省级税务机关(示范文书见附件 4)。

（三）审批受理

对资产损失税前扣除审批申请的受理（或补正）决定，均应由具有审批权限的税务机关作出。具有审批权限的税务机关应在接收企业申请或下一级税务机关转报材料及企业补正材料之日起5个工作日内，作出受理或补正通知（示范文书见附件5和6）。

（四）审批形式

具有审批权限的税务机关，应以本局正式公文批复，其中，由省级或州（市）级税务机关负责审批的，应批复下一级税务机关，同时抄送申请人执行；由县（市、区）级税务机关负责审批的，应批复申请人执行，同时抄报上一级税务机关备案。

（五）审批时限

县（市、区）级税务机关负责审批的，应自受理之日起20个工作日内作出审批决定；州（市）级税务机关负责审批的，应自受理之日起25个工作日内作出审批决定；省级税务机关负责审批的，应自受理之日起30个工作日内作出审批决定。

因情况复杂需要核实，在规定时限内不能作出审批决定的，经本级税务机关负责人批准，可以适当延长期限，但延长期限不得超过30天。同时，应将延长期限的理由告知申请人（示范文书见附件7）。

（六）按照《国家税务总局关于印发〈跨地区经营汇总纳税企业所得税征收管理暂行办法〉的通知》（国税发〔2008〕28号）、《国家税务总局关于印发〈企业所得税汇算清缴管理办法〉的通知》（国税发〔2009〕79号）和《办法》相关规定，企业分支机构需要审批税前扣除的资产损失，应由分支机构所在地县（市、区）级主管税务机关按照本通知规定的程序和权限审核并出具证明或审批文件后，再由总机构向其所在地主管税务机关申报扣除。

企业总机构主管税务机关对汇总计算纳税申报资料审核时，发现其分支机构资产损失税前扣除事项有疑点需进一步核实的，应向相关分支机构主管税务机关发出税务事项协查函；分支机构主管税务机关应在对方要求的时限内进行调查核实，并将核查结果函复总机构主管税务机关。

三、资产损失税前扣除的管理

（一）各级税务机关所得税（税政）管理部门应建立健全《资产损失税前扣除审批（审核）情况登记簿》（格式见附件8），逐件详细登记资产损失税前扣除审批情况。

（二）年度企业所得税汇算清缴工作结束后，各级税务机关应编制《资产损失税前扣除审批情况统计表》（格式见附件9），并与汇算清缴工作报告一并报送上级税务机关（含纸质、电子文档）。

（三）上级税务机关要结合本地工作情况，有针对性地选择部分所属税务机关，对其审批的资产损失事项抽取一定的数量进行专项检查。检查的情况应纳入年度工作目标管理考核内容进行考核。

本通知自下发之日起执行。原相关规定与本通知规定不一致的按本通知执行。

附件（略）。

浙 江

浙江省国家税务局关于企业资产损失税前扣除申报有关问题的公告

（浙江省国家税务局公告2014年第10号　2014年12月31日发布
自2015年1月1日起施行）

近期，《国家税务总局关于发布〈中华人民共和国企业所得税年度纳税申报表（A类，2014年版）〉的公告》（国家税务总局公告2014年第63号）及《国家税务总局关于企业因国务院决定事项形成的资产损失税前扣除问题的公告》（国家税务总局公告2014年第18号）对企业资产损失税前扣除申报相关事项进行了调整。为方便我省企业资产损失税前扣除申报，现将有关事项公告如下：

一、发生资产损失的法人企业（含汇总纳税企业总机构），只需填报国家税务总局发布的《中华人民共和国企业所得税年度纳税申报表（A类，2014年版）》中包含的《资产损失税前扣除及纳税调整明细表》和《资产损失（专项申报）税前扣除及纳税调整明细表》，不再填报《浙江省国家税务局关于贯彻〈企业资产损失所得税税前扣除管理办法〉的公告》（浙江省国家税务局公告2011年第3号）附件中的《资产损失清单申报明细表》、《资产损失专项申报明细表》、《汇总纳税企业资产损失申报汇总表》及《资产损失专项申报报告表》。

二、适用《国家税务总局关于印发〈跨地区经营汇总纳税企业所得税征收管理办法〉的公告》（国家税务总局公告2012年第57号）的汇总纳税企业，其三级及以下分支机构发生的资产损失不需向主管税务机关申报，应并入二级分支机构，由二级分支机构统一申报；二级分支机构申报时仍需将《浙江省国家税务局关于贯彻〈企业资产损失所得税税前扣除管理办法〉的公告》（浙江省国家税务局公告2011年第3号）附件中的《资产损失清单申报明细表》、《资产损失专项申报明细表》、《汇总纳税企业资产损失申报汇总表》及《资产损失专项申报报告表》作为年度纳税申报表附件报送主管税务机关。

三、企业所得税收入全额归属中央的企业，仍按现行规定执行，其建账级分支机构发生的资产损失仍需向主管税务机关报送《浙江省国家税务局关于贯彻〈企业资产损失所得税税前扣除管理办法〉的公告》（浙江省国家税务局公告2011年第3号）附件中的《资产损失清单申报明细表》、《资产损失专项申报明细表》、《汇总纳税企业资产损失申报汇总表》及《资产损失专项申报报告表》。

四、《中华人民共和国企业所得税年度纳税申报表（A类，2014年版）》启用后，实行网上申报的纳税人（包括汇总纳税企业二级分支机构）可以通过网上申报系统填报上述表格；企业所得税收入全额归属中央的企业，其三级及以下建账级分支机构通过纸质形式报送。

五、《浙江省国家税务局关于贯彻〈企业资产损失所得税税前扣除管理办法〉的公告》（浙江省国家税务局公告2011年第3号）第三条同时废止。

六、本公告自2015年1月1日起施行。

特此公告。

浙江省国家税务局关于企业重组业务企业所得税特殊性税务处理备案事项的公告

（浙江省国家税务局公告2011年第6号　2011年8月1日公布并执行）

根据《财政部　国家税务总局关于企业重组业务企业所得税处理若干问题的通知》（财税〔2009〕59号，以下简称《通知》）、《国家税务总局关于发布〈企业重组业务企业所得税管理办法〉的公告》（国家税务总局公告2010年第4号，以下简称《办法》）规定，现将企业重组业务企业所得税特殊性税务处理备案事项公告如下：

一、企业发生符合《通知》规定的特殊性重组条件并选择特殊性税务处理的，由重组主导方提出备案申请，向主管税务机关提交书面备案资料，证明其符合各类特殊性重组规定的条件。企业未按规定书面备案的，一律不得按特殊重组业务进行税务处理。

二、企业重组主导方提出企业重组所得税适用特殊性税务处理备案申请，一般不超过次年3月底。税务机关原则上应在当年企业所得税汇算清缴前完成备案确认。特殊情况需要延长的，应将延长理由及时告知重组主导方以及各当事方税务机关。

三、企业重组主导方提出备案申请时，应按规定向主管税务机关报送企业重组所得税特殊性税务处理备案申请表及相关资料，主管税务机关在收到备案申请后，依据《通知》、《办法》规定，对企业上报的重组资料进行符合性审核，确认企业重组业务符合企业所得税特殊性税务处理条件的，应出具《企业重组业务—所得税特殊性税务处理备案结果通知书》（见附件1）。

主导方收到主管税务机关《企业重组业务—所得税特殊性税务处理备案结果通知书》后，应与其他重组资料一并交与重组当事各方主管税务机关。

四、若同一项重组业务涉及在连续12个月内分步交易，且跨两个纳税年度，当事各方在第一步交易完成时预计整个交易可以符合特殊性税务处理条件，并协商一致选择特殊性税务处理的，可在第一步交易完成后，由重组主导方向主管税务机关提出预备案申请，主管税务机关在审核有关资料后，符合条件的，可以暂认可适用特殊性税务处理，出具《企业重组业务—所得税特殊性税务处理预备案结果通知书》（见附件2），第2年进行下一步交易后，重新准备相关备案资料报税务机关确认适用特殊性税务处理。

五、企业合并主导方（吸收合并为合并后拟存续的企业，新设合并为合并前资产较大的企业），应在被合并企业办理税务、工商注销登记前，办理企业重组所得税特殊性税务处理预备案手续，经主管税务机关确认，出具《企业重组业务—所得税特殊性税务处理预备案结果通知书》后，通知被合并企业办理税务、工商注销登记。重组主导方或新设立企业在被合并企业办理完税务、工商注销登记后30个工作日内再向其主管税务机关报送被合并企业注销登记情况相关资料。主管税务机关重新出具《企业重组业务—所得税特殊性税务处理备案结果通知书》。

六、企业债务重组所得税特殊性税务处理，由债务人作为重组主导方提出备案申请，提交如下备案资料：

1. 当事方债务重组的总体情况说明，包括债务人发生财务困难情况说明和债务重组当事各方的商业目的（商业目的按《办法》第十八条规定的条款逐项说明）；

2.《企业重组业务—债务重组企业所得税特殊性税务处理备案申请表》(见附件3);

3. 当事各方所签订的债务重组(含债权转股权)合同或协议;

4. 属于以债权转股权方式重组的,应提供资产评估公司出具的企业所转换的股权公允价格证明、工商部门及有关部门核准相关企业股权变更事项证明资料;

5. 债务重组所产生的应纳税所得额、企业当年应纳税所得额的情况说明;

6. 税务机关要求提供的其他材料。

七、企业股权收购所得税特殊性税务处理,由股权转让方作为重组主导方提出备案申请,若涉及两个及两个以上股权转让方,则由转让被收购企业股权比例较大的一方作为主导方,提交如下备案资料:

1. 当事方的股权收购业务总体情况说明,情况说明中应包括股权收购的商业目的(商业目的按《办法》第十八条规定的条款逐项说明);

2.《企业重组业务—股权收购企业所得税特殊性税务处理备案申请表》(见附件3);

3. 双方或多方所签订的股权收购业务合同或协议;

4. 由资产评估机构出具的所转让及支付的股权公允价值的报告;

5. 证明重组符合特殊性税务处理条件的资料,包括股权比例,支付对价情况,以及重组日起连续12个月内不改变资产原来的实质性经营活动和原主要股东(持有20%以上股权)不转让所取得股权的承诺书等;

6. 工商等相关部门核准相关企业股权变更事项证明材料;

7. 税务机关要求的其他材料。

八、企业资产收购所得税特殊性税务处理,由资产转让方作为重组主导方提出备案申请,提交如下备案资料:

1. 当事方的资产收购业务总体情况说明,情况说明中应包括资产收购的商业目的(商业目的按《办法》第十八条规定的条款逐条说明);

2.《企业重组业务—资产收购企业所得税特殊性税务处理备案申请表》(见附件3);

3. 当事各方所签订的资产收购业务合同或协议;

4. 资产评估机构出具的资产收购所体现的资产评估报告;

5. 受让企业股权的计税基础的有效凭证;

6. 证明重组符合特殊性税务处理条件的资料,包括资产收购比例,支付对价情况,以及重组日起连续12个月内不改变资产原来的实质性经营活动和原主要股东(持有20%以上股权)不转让所取得股权的承诺书等;

7. 工商等相关部门核准相关企业股权变更事项证明材料;

8. 税务机关要求的其他材料。

九、企业合并所得税特殊性税务处理,吸收合并为合并后拟存续企业,新设合并为合并前资产较大的企业,作为重组主导方提出备案申请,提交如下备案资料:

(一)企业申请(预)备案时应提交的资料:

1. 当事方企业合并的总体情况说明,情况说明中应包括企业合并的商业目的(商业目的按《办法》第十八条规定的条款逐项说明);

2.《企业重组业务—企业合并企业所得税特殊性税务处理备案申请表》(见附件3);

3.《企业合并业务申请企业所得税特殊性税务处理资产和负债计税基础明细表》(见附件3);

4. 企业合并当事方签订的合并协议或决议;

5. 企业合并各方当事人的股权关系说明。若属于同一控制下且不需要支付对价的企业合并,还需提供在企业合并前,参与合并各方受最终控制方的控制在12个月以上的股权登记机关的证明材料;

6. 被合并企业的净资产以及各单项资产和负债账面价值等相关报表;

7. 证明重组符合特殊性税务处理条件的资料,包括合并前企业各股东取得股权支付比例情况、以及重组日起连续12个月内不改变资产原来的实质性经营活动、原主要股东(持有20%以上股权)不转让所取得股权的承诺书等;

8. 被合并企业重组日前一个年度企业所得税年度纳税申报表(A类)主表、附表及其对重组日资产和负债计税基础的相关情况说明,具有资质的中介机构出具的被合并企业资产和负债计税基础的审计报告,资产评估公司出具的被合并企业资产和负债公允价值的评估报告;

9. 若需要政府部门批准合并的,提供企业合并的政府部门批准文件;

10. 若被合并企业合并前有尚未税前弥补亏损额的,则需提供亏损发生年度及已弥补亏损年度的企业所得税年度纳税申报表(A类)主表和亏损明细表及相关说明;

11. 若被合并企业有《办法》第二十八条规定的尚未享受期满的税收优惠政策,则需提供税务机关已给予的有关减免税批准或备案结果文件;

12. 税务机关要求提供的其他材料。

(二)被合并企业注销后应提交的资料:

1. 被合并企业税务注销证明;

2. 被合并企业工商注销证明;

3. 工商部门核准相关被合并企业股东股权变更证明材料(同一控制下且不需要支付对价的企业合并除外)。

重组主导方在申请备案时除将上述资料报送其主管税务机关外,同时还需将下列资料报送被合并企业主管税务机关:

1. 当事方企业合并的总体情况说明;

2.《企业重组业务—企业合并企业所得税特殊性税务处理备案申请表》;

3.《企业合并业务申请企业所得税特殊性税务处理资产和负债计税基础明细表》;

4. 被合并企业重组日前一个年度企业所得税年度纳税申报表(A类)主表和附表及其计税基础相关说明;

5. 具有资质的中介机构出具的被合并企业资产和负债计税基础的审计报告。

十、企业分立所得税特殊性税务处理,由被分立企业或存续企业作为重组主导方提出备案申请,提交以下备案资料:

1. 当事方企业分立的总体情况说明,情况说明中应包括企业分立的商业目的(商业目的按《办法》第十八条规定的条款逐项说明);

2.《企业重组业务—企业分立企业所得税特殊性税务处理备案申请表》(见附件3);

3.《企业分立业务申请企业所得税特殊性税务处理资产和负债计税基础明细表》(见附件3);

4. 被分立企业的净资产、各单项资产和负债账面价值等相关报表；

5. 证明重组符合特殊性税务处理条件的资料，包括分立后企业各股东取得股权支付比例情况、以及12个月内不改变资产原来的实质性经营活动、原主要股东（持有20%以上股权）不转让所取得股权的承诺书等；

6. 工商部门认定的分立和被分立企业股东股权比例证明材料，分立后、分立和被分立企业工商营业执照，分立和被分立企业分立业务账务处理；

7. 被分立企业重组日前一年度企业所得税年度纳税申报表（A类）主表、附表及其计税基础相关说明，具有资质的中介机构出具的被分立企业资产和负债计税基础的审计报告，资产评估公司出具的被合并企业资产和负债公允价值的评估报告；

8. 若需要政府批准分立的，提供企业分立的政府部门批准文件；

9. 若被分立企业分立前有尚未税前弥补亏损额的，还应提供亏损发生年度及已弥补亏损年度的企业所得税年度纳税申报表（A类）主表和亏损明细表及其相关说明；

10. 若被分立企业有《办法》第二十八条规定的尚未享受期满的税收优惠政策，则需提供税务机关已给予的有关减免税审批或备案文件；

11. 税务机关要求提供的其他材料。

十一、企业对非居民企业投资所得税特殊性税务处理应提交如下备案资料：

1. 企业股权投资业务总体情况说明，情况说明中应包括股权投资的商业目的（商业目的按《办法》第十八条规定和《通知》第五条第二至五款内容的条款逐项说明）；

2.《企业重组业务—对非居民企业投资企业所得税特殊性税务处理备案申请表》（见附件3）；

3. 双方签订的股权投资协议；

4. 企业与100%直接控股的非居民企业的股权关系证明材料；

5. 由中国资产评估机构出具的所投资股权及转让的资产或股权公允价值的报告；

6. 证明重组符合特殊性税务处理条件的资料，包括股权或资产转让比例，支付对价情况，以及12个月内不改变资产原来的实质性经营活动、不转让所取得股权的承诺书等；

7. 税务机关要求的其他材料。

十二、企业当事各方应在完成重组业务后的下一年度的企业所得税年度申报时，向主管税务机关提交书面情况说明，证明企业在重组后的连续12个月内，有关股权收购、资产收购、企业合并、企业分立、非居民企业投资所得税符合特殊性税务处理的条件未发生改变。

十三、企业重组当事方的其中一方在规定时间内发生生产经营业务、公司性质、资产或股权结构等情况变化，致使重组业务不再符合特殊性税务处理条件的，发生变化的当事方应在情况发生变化的30日内书面通知其他所有当事方。主导方在接到通知后30日内将有关变化通知其主管税务机关。

上款所述情况发生变化后60日内，应按照《通知》第四条的规定调整重组业务的税务处理。原交易各方应各自按原交易完成时资产和负债的公允价值计算重组业务的收益或损失，调整交易完成纳税年度的应纳税所得额及相应的资产和负债的计税基础，并向各自主管税务机关申请调整交易完成纳税年度的企业所得税年度申报表。逾期不调整申报的，按照《征管法》的相关规定处理。

十四、企业重组所得税特殊性税务处理需要税务机关确认的,可由重组主导方向所在地主管税务机关提出申请,经市、县国家税务局审核后,报省国家税务局给予确认。企业应于重组业务完成当年、最迟于次年3月底前提出申请。

跨境、跨省企业重组,主导方在我省的,由重组主导方向所在地主管税务机关提出申请,经市、县局税务机关审核后,报省国家税务局给予确认。企业应于重组业务完成当年、最迟于次年3月底前提出申请。

上述企业应上报的重组资料与本公告第六条、第七条、第八条、第九条、第十条、第十一条相同。

十五、企业在重组过程中应加强与税务部门的沟通,及时将重组方案告知主管税务机关。

十六、税务部门要对企业重组涉税工作全程跟踪服务,提供税收政策宣传辅导,了解重组企业的动态变化情况,与工商局、国资委、证监局等部门建立协作机制,定期获取第三方信息,并按特殊事项的管理要求,指派专门人员,做好重组所得税审核、备案、后续监管工作。

十七、本公告自公布之日起施行。

特此公告。

附件(略)

重　庆

重庆市地方税务局关于企业所得税资产损失资料留存备查有关事项的公告

（2018 年 4 月 20 日发布）

为了进一步深化税务系统“放管服”改革，简化企业纳税申报资料报送，减轻企业办税负担，现就企业所得税资产损失资料留存备查有关事项公告如下：

一、企业向税务机关申报扣除资产损失，仅需填报企业所得税年度纳税申报表《资产损失税前扣除及纳税调整明细表》，不再报送资产损失相关资料。相关资料由企业留存备查。

二、企业应当完整保存资产损失相关资料，保证资料的真实性、合法性。

三、本公告规定适用于 2017 年度及以后年度企业所得税汇算清缴。《国家税务总局关于发布〈企业资产损失所得税税前扣除管理办法〉的公告》（国家税务总局公告 2011 年第 25 号）第四条、第七条、第八条、第十三条有关资产损失证据资料、会计核算资料、纳税资料等相关资料报送的内容同时废止。

特此公告。

重庆市地方税务局　重庆市国家税务局
关于税务注销登记涉税鉴证有关问题的通知

（渝地税发〔2014〕89 号　2014 年 5 月 16 日发布　自 2014 年 6 月 1 日起施行）

各区县（自治县）地方税务局、国家税务局，市局各直属单位：

为进一步规范税务注销登记管理，提升办税效率，降低税收风险，根据《中华人民共和国税收征收管理法》及其实施细则、《注册税务师管理暂行办法》（国家税务总局令〔2005〕114 号）、《税务登记管理办法》（国家税务总局令〔2003〕7 号）以及《国家税务总局关于税务师事务所公告栏有关问题的公告》（国家税务总局公告 2011 年第 67 号）等有关文件规定，现就我市单位纳税人办理注销税务登记，向主管税务机关出具注销税务登记涉税鉴证报告的有关事项通知如下：

一、税务注销登记涉税鉴证报告是指符合国家税务总局规定条件的税务师事务所等涉税专业服务机构（以下简称涉税专业服务机构），按照《税务登记管理办法》有关注销登记的要求，出具的纳税人税款缴纳情况、发票领用开具情况及税务管理证件使用情况的涉税鉴证书面报告。

二、涉税专业服务机构接受单位纳税人委托办理注销登记鉴证业务，应对其所涉及的所有税种及注销登记事项进行全面认真审查，并在鉴证报告中进行全面披露。单位纳税人需要分别在国税、地税办理注销登记的，可出具同一鉴证报告分别向主管的国、地税主管机关提供。

三、单位纳税人中请办理注销登记时，对出具有涉税专业服务机构注销登记事项鉴证报告的，主管税务机关可简化清算办税流程，及时为其办理注销登记手续；如不能提供鉴证报告的，主管税务机关需派人实地开展注销税务登记的清算工作。

四、主管税务机关应稳妥地推进单位纳税人税务注销登记的涉税鉴证工作，严格按照纳税人自愿的原则，在办理注销税务登记过程中，不得强行要求纳税人提供注销税务登记事项鉴证报告，同时要切实保障纳税人委托税务代理的自主权，不得指定涉税专业服务机构。

五、本通知自 2014 年 6 月 1 日起施行。

重庆市国家税务局　重庆市地方税务局
关于企业所得税部分涉税事项鉴证有关问题的公告

（重庆市国家税务局　重庆市地方税务局公告2013年第1号　2013年3月25日发布
自2013年4月1日起施行）

为进一步规范企业所得税管理，根据《中华人民共和国税收征收管理法》及其实施细则，《中华人民共和国企业所得税法》及其实施条例，以及《注册税务师管理暂行办法》（国家税务总局令〔2005〕第14号）、《国家税务总局关于加强企业所得税管理的意见》（国税发〔2008〕88号）、《国家税务总局关于进一步加强企业所得税汇算清缴工作的通知》（税总发〔2013〕26号）、《国家税务总局关于税务师事务所公告栏有关问题的公告》（国家税务总局公告2011年第67号）等有关规定，结合我市企业所得税征管实际，现对企业所得税部分涉税事项鉴证有关问题公告如下：

一、企业所得税纳税人发生下列涉税事项时，提供符合国家税务总局规定条件的税务师事务所等涉税专业服务机构（以下简称涉税专业服务机构）出具的涉税鉴证报告。

（一）纳税人向税务机关申报扣除属于《国家税务总局发布〈企业资产损失所得税税前扣除管理办法〉的公告》（国家税务总局公告2011年第25号）第二十七条、第二十九条、第三十条、第四十五条规定情形的专项申报资产损失时，应按规定提供涉税专业服务机构出具的专项鉴证报告或专业技术机构出具的专业技术鉴定意见；纳税人专项申报的其它资产损失可提供涉税专业服务机构出具的专项鉴证报告。

（二）房地产开发企业在开发产品完工年度进行年度纳税申报时，应提供涉税专业服务机构对该开发产品实际毛利额与预计毛利额之间差异调整情况的鉴证报告。

（三）企业重组选择特殊性税务处理的，应根据《财政部　国家税务总局关于企业重组业务企业所得税处理若干问题的通知》（财税〔2009〕59号）以及《国家税务总局关于发布〈企业重组业务企业所得税管理办法〉的公告》（国家税务总局公告2010年第4号）的规定提供涉税专业服务机构就其符合特殊性重组条件出具的鉴证报告。

（四）当年亏损超过10万元（含）且连续三年亏损的纳税人，或当年亏损超过50万元（含）的纳税人进行年度纳税申报时，可提供涉税专业服务机构就其亏损情况出具的鉴证报告。

（五）当年弥补以前年度亏损超过50万元（含）的纳税人进行年度纳税申报时，可提供涉税专业服务机构就其亏损弥补情况出具的鉴证报告。

（六）年度销售（营业）收入在5000万元（含）以上的纳税人进行年度纳税申报时，可提供涉税专业服务机构就其年度纳税申报出具的鉴证报告。

二、主管税务机关应积极稳妥地推进企业所得税涉税事项鉴证工作，不得自行扩大涉税鉴证事项的范围，不得指定涉税专业服务机构代理，切实保障纳税人委托税务代理的自主权。

三、本公告自2013年4月1日起施行。企业尚未处理的上述事项，按照本公告的规定处理；已经处理的，不再调整。

特此公告。

图书在版编目(CIP)数据

中国企业清算重整与兼并重组财税政策汇编 / 王辉主编. -- 北京：法律出版社，2019
ISBN 978-7-5197-3411-4

Ⅰ. ①中… Ⅱ. ①王… Ⅲ. ①企业兼并-企业法-研究-中国②企业兼并-税法-研究-中国 Ⅳ. ①D922.291.924②D922.220.4

中国版本图书馆CIP数据核字(2019)第072989号

中国企业清算重整与兼并重组财税政策汇编
ZHONGGUO QIYE QINGSUAN CHONGZHENG YU JIANBING CHONGZU CAISHUI ZHENGCE HUIBIAN

王 辉 主编

策划编辑 刘晓萌
责任编辑 刘晓萌
装帧设计 贾丹丹

出版 法律出版社
总发行 中国法律图书有限公司
经销 新华书店
印刷 中煤(北京)印务有限公司
责任校对 杨锦华
责任印制 吕亚莉

编辑统筹 法治与经济出版分社
开本 787毫米×1092毫米 1/16
印张 30.25
字数 720千
版本 2019年7月第1版
印次 2019年7月第1次印刷

法律出版社/北京市丰台区莲花池西里7号(100073)
网址/www.lawpress.com.cn
投稿邮箱/info@lawpress.com.cn
举报维权邮箱/jbwq@lawpress.com.cn
销售热线/400-660-8393
咨询电话/010-63939796

中国法律图书有限公司/北京市丰台区莲花池西里7号(100073)
全国各地中法图分、子公司销售电话：
统一销售客服/400-660-8393/6393
第一法律书店/010-83938432/8433　西安分公司/029-85330678　重庆分公司/023-67453036
上海分公司/021-62071639/1636　深圳分公司/0755-83072995

书号：ISBN 978-7-5197-3411-4　**定价**：128.00元
(如有缺页或倒装，中国法律图书有限公司负责退换)